Medizinische Eingriffe
bei geistig behinderten Menschen

Europäische Hochschulschriften

Publications Universitaires Européennes
European University Studies

Reihe II
Rechtswissenschaft

Série II Series II
Droit
Law

Bd./Vol. 3885

PETER LANG
Frankfurt am Main · Berlin · Bern · Bruxelles · New York · Oxford · Wien

Helly Posselt-Wenzel

Medizinische Eingriffe bei geistig behinderten Menschen

PETER LANG
Europäischer Verlag der Wissenschaften

Bibliografische Information Der Deutschen Bibliothek
Die Deutsche Bibliothek verzeichnet diese Publikation in der Deutschen Nationalbibliografie; detaillierte bibliografische Daten sind im Internet über <http://dnb.ddb.de> abrufbar.

Zugl.: Augsburg, Univ., Diss., 2003

D 384
ISSN 0531-7312
ISBN 3-631-52222-3

www.peterlang.de

Inhaltsverzeichnis

Vorwort

Die vorliegende Arbeit beruht auf einer von Herrn Prof. Dr. Jörg Neuner betreuten Dissertation, die im Frühjahr 2003 von der Juristischen Fakultät der Universität Augsburg angenommen wurde. Das Manuskript wurde im März 2003 abgeschlossen. Gesetzgebung, Rechtsprechung und Literatur konnten für die Drucklegung im wesentlichen bis zum Sommer 2003 eingearbeitet werden.

Mein besonderer Dank gilt meinem verehrten Doktorvater und akademischen Lehrer, Herrn Prof. Dr. Jörg Neuner, der die Arbeit angeregt, ihre Entstehung in jeglicher Hinsicht gefördert und mir die größtmögliche wissenschaftliche Freiheit gewährt hat. Mein Dank gilt auch Herrn Prof. Dr. Herbert Buchner für die zügige Erstellung des Zweitgutachtens.

Weiteren Dank möchte ich allen aussprechen, die zum erfolgreichen Abschluß des Promotionsvorhabens beigetragen haben.

Meinen Eltern und meinem Mann sei auch an dieser Stelle für jede Unterstützung ganz herzlich gedankt.

Augsburg, im September 2003 *Helly Posselt-Wenzel*

§ 1 Einleitung

I. Menschen mit geistiger Behinderung

1. Historischer Rückblick

Menschen mit geistigen Behinderungen gab es zu allen Zeiten. Die Geschichte geistig behinderter Menschen war über Jahrhunderte hinweg die Geschichte ihrer Verfolgung und Mißachtung.[1]

Art. 1 GG konstituiert mit dem Gebot auf Achtung und Schutz der Würde des Menschen das oberste Verfassungsprinzip.[2] Der Schutz der Schwachen und Behinderten gilt heute als besonderes Gebot der Menschenwürde. Die gegenwärtige verfassungsrechtliche Anerkennung des Rechts auf Leben und Achtung der Menschenwürde von Geistigbehinderten war in der Vergangenheit keineswegs selbstverständlich. Lebensrecht und Lebenswert von Menschen mit geistiger Behinderung waren seit jeher umstritten und ungesichert.

Das Schicksal geistig behinderter Menschen soll im Folgenden überblickartig aufgezeigt werden, soweit dies zum Verständnis der hier bezweckten Untersuchung wichtig erscheint. Obgleich sich in den antiken Quellen relativ wenige Hinweise zum Schicksal geistig behinderter Menschen finden, geht aus den Überlieferungen hervor, daß bereits im Altertum eine Selektion Geistigbehinderter stattfand.

Die Spartaner entledigten sich der mißgebildeten Neugeborenen in den Schluchten des Taygetos-Gebirges. Für Athen galt die Tötung dieser „Nutzlosen" als Erfordernis im Sinne des Gemeinwohls. Es gab keine Anerkennung ihres Lebensrechtes und ihrer Menschenwürde. Aristoteles[3] sprach in seiner Nikomachischen Ethik bewußt „entehrend" von „Erscheinungsformen eines tierischen Wesens". Die Tötung neugeborener mißgestalteter Kinder wurde im übrigen auch von den Römern praktiziert.[4]

Im Mittelalter wurden die geistig und körperlich schwergeschädigten Kinder geschmäht und als untergeschobene Kinder, mithin als „Wechselbälge" verfolgt. Luther bezeichnet in einer seiner „Tischreden"[5] Geistigbehinderte als eine „massa carnis", einen Klumpen Fleisch ohne Seele. Für Kant bedeutete „Blödsinnigkeit" ebenfalls Seelenlosigkeit.[6]

---

[1] Speck, Menschen mit geistiger Behinderung und ihre Erziehung, S. 11.

[2] Benda, NJW 2001, S. 2147.

[3] Aristoteles, Nikomachische Ethik, Buch VII, Kapitel 1, S. 177.

[4] Speck, a.a.O., S. 11.

[5] D. Martin Luthers Werke, Tischrede Nr. 5207; bei der zitierten Tischrede Martin Luthers handelt es sich um eine Nachschrift von Johannes Mathesius aus dem Jahre 1540.

[6] Kant, Band XII, Anthropologie in pragmatischer Hinsicht, S. 526.

Gleichwohl gab es schon im Mittelalter eine christlich motivierte Fürsorgepflicht für Geistesschwache und Geisteskranke.[7] Im 19. Jahrhundert wurden von kirchlich-caritativen Institutionen zahlreiche „Schwachsinnigenanstalten" gegründet, die in erster Linie vom christlichen Ethos, aber auch von medizinischen Impulsen und Erkenntnissen getragen wurden.
Ende des 19. Jahrhunderts verbreiteten sich in Europa und Nordamerika rassehygienische Tendenzen, die vor allem auf eine Verhütung und Ausgrenzung „minderwertigen Lebens" hinausliefen. Die Forderungen der sozialdarwinistischen Thesen reichten sogar bis hin zur Forderung nach „Euthanasie". 1920 erschien in Deutschland die von Binding und Hoche verfaßte Schrift mit dem Titel „Die Freigabe der Vernichtung lebensunwerten Lebens". Sie richtete sich gegen die Existenzberechtigung von Menschen mit schweren geistigen Mängeln, deren Versorgung als sinnlos und kostspielig angesehen wurde.[8] Diese Entwicklungen gipfelten in der nationalsozialistischen Rassenlehre der „Ausmerze erbkranken Nachwuchses". Unter der nazi-ideologischen Herrschaft wurde systematisch „lebensunwertes Leben" in den als Pflegeanstalten oder Spezialkliniken getarnten Tötungseinrichtungen vernichtet. Dem Euthanasieprogramm fielen mindestens 5000 geistig behinderte Kinder zum Opfer. Insgesamt fanden 70 000 Menschen aus psychiatrischen Anstalten, Alters- und Pflegeheimen in diesen Einrichtungen den Tod.[9]
Seit dem Kriegsende hat in Deutschland das tief verankerte Tabu, nie wieder Leben als „lebensunwert" einzustufen, unangefochten Gültigkeit. Das „Recht auf Leben" (Art. 2 Abs. 2 GG) ist im Zusammenhang mit der Abschaffung der Todesstrafe (Art. 102 GG) als umfassend anzusehen. Die Entscheidung über die Vernichtung „lebensunwerten" Lebens ist dem Staat gänzlich entzogen.
Trotz der zeitlichen Nähe zu den Gräueltaten des Dritten Reiches gewinnen eugenische Tendenzen wieder an Boden. So stellt der australische Philosoph Peter Singer mit seinem 1984 erschienenen Werk „Praktische Ethik" abermals den Lebenswert geistig behinderter Menschen auf den Prüfstand.[10] Erneut wird das Leben von Menschen in Frage gestellt, weil deren Organismus schwer geschädigt ist und sie deshalb nur ein elendes Leben zu erwarten hätten.[11] Die vorbezeichnete Position zur Fraglichkeit des Lebenswertes und des Lebensrechtes geistig schwerbehinderter Menschen ist, wie die aufgezeigten Parallelen zur Geschichte erkennen lassen, nicht neu.
Die gegenwärtige Diskussion hinsichtlich Beendigung „sinnlos gewordenen Lebens", „Leidbefreiung" oder Befreiung von „elendem Leben" sollte vor allem

---

[7] Speck, a.a.O., S. 12; Speck verweist diesbezüglich auf die Tradition der belgischen Stadt Geel, in der seit Jahrhunderten behinderte, geistig behinderte und geisteskranke Menschen in mehr als tausend Pflegefamilien betreut werden.

[8] Binding/ Hoche, Die Freigabe der Vernichtung lebensunwerten Lebens, 31 ff.

[9] Speck, a.a.O., S. 28.

[10] Singer, Praktische Ethik, 232 ff.

[11] Singer, Praktische Ethik, S. 236, 244; nach Singer ist die Tötung eines behinderten, beispielsweise an Spina bifida leidenden Säuglings „moralisch nicht gleichbedeutend mit der Tötung einer Person," also „ sehr oft ...überhaupt kein Unrecht".

berücksichtigen, daß die Achtung vor dem Leben keinerlei Reduktionen des Lebenswertes bestimmter Menschen zuläßt.

2. Geistige Behinderung – Begriff und Klassifizierung

Bevor genaue und überprüfbare Aussagen im Rahmen der Untersuchung medizinischer Eingriffe bei Geistigbehinderten getroffen werden können, muß vorab geklärt werden, was genau unter dem Terminus der „geistigen Behinderung" zu verstehen ist.

Eine allgemein anerkannte Definition des Begriffs der geistigen Behinderung gibt es weder in der Medizin, noch in den Sozialwissenschaften oder der Rechtswissenschaft.[12]
Der vom Gesetzgeber in § 1896 Abs. 1 BGB verwendete Begriff der „geistigen Behinderung" ist im BGB nicht definiert. Durch den Terminus „geistige Behinderung" sollten die als diskriminierend empfundenen Begriffe „Geisteskrankheiten" und „Geistesschwäche" des alten Rechts abgelöst werden. Soweit in anderen Vorschriften Definitionen von „Behinderung" oder „Behinderte" normiert sind, gelten diese nur für den jeweiligen Regelungsbereich und können daher allenfalls ergänzend herangezogen werden. Das Schwerbehindertengesetz[13] definierte in § 3 Abs. 1 S. 1 SchwbG a.F. den Begriff der Behinderung als Auswirkung einer nicht nur vorübergehenden Funktionsbeeinträchtigung, die auf einem regelwidrigen körperlichen, geistigen oder seelischen Zustand beruht.[14]
§ 3 Abs. 1 S. 2 und S. 3 SchwbG a.F. definierten die Tatbestandsmerkmale der altersspezifischen Gesundheitsabweichung und der sechsmonatigen Dauer.
§ 2 Abs. 1 SGB IX[15] enthält erstmals einen für das gesamte Sozialrecht geltenden Behinderungsbegriff[16]: „Menschen sind behindert, wenn ihre körperliche Funktion, geistige Fähigkeit oder seelische Gesundheit mit hoher Wahrscheinlichkeit länger als sechs Monate von dem für das Lebensalter typischen Zustand abweichen und daher ihre Teilhabe am Leben in der Gemeinschaft beeinträchtigt ist."

Die amtliche Begründung zum Regierungsentwurf[17] des Betreuungsgesetzes versteht unter dem Begriff der geistigen Behinderung „angeborene oder frühzeitig erworbene Intelligenzdefekte verschiedener Schweregrade".[18] Die Einschränkung auf angeborene oder frühzeitig erworbene Schädigungen ist zu eng.

---

[12] Jürgens-Jürgens, § 1896 Rdn. 3.

[13] Das Schwerbehindertengesetz ist zum 1.7.2001 außer Kraft getreten.

[14] So im Ergebnis auch BVerfG, NJW 1998, S. 131.

[15] Das Neunte Buch des Sozialgesetzbuchs – Rehabilitation und Teilhabe behinderter Menschen ist am 1.7.2001 in Kraft getreten.

[16] Welti, NJW 2001, S. 2211.

[17] BT-Drucks. 11/ 4528, S. 116.

[18] So auch Palandt-Diederichsen, § 1896 Rdn. 6; Jürgens/ Kröger/ Marschner/ Winterstein, Rdn. 48.

Zu Recht geht Bienwald[19] davon aus, daß der Intelligenzdefekt pränatal, perinatal oder postnatal erworben sein kann.[20]

Von zentraler Bedeutung für jede geistige Behinderung ist die Schädigung des Gehirns. Die Fülle der zugrundeliegenden Ursachen und die Vielfalt der Erscheinungsbilder sind nahezu unüberschaubar und erschweren somit die Bestimmung der jeweiligen Entstehungsbedingungen. Hieraus erklärt sich, daß bei etwa der Hälfte der Kinder und Jugendlichen mit geistiger Behinderung keine kausal klaren Diagnosen vorliegen.[21]
Als häufige Ursache für pränatale Schädigungen kommen Chromosomenanomalien (wie z.B. die Trisomien, von denen das Down-Syndrom als Trisomie 21 am häufigsten anzutreffen ist), Fehlbildungen des Nervensystems, exogen verursachte Entwicklungsstörungen (bedingt durch Virusinfektionen, Alkohol, Medikamente, Strahlen bzw. sonstige Umweltbelastungen), sowie idiopathische Formen geistiger Behinderung in Betracht.
Als perinatale Ursachen kommen das sog. Geburtstrauma (Verletzung von Gehirnteilen), durch Sauerstoffmangel bedingte Enzephalopathie, neonatale Meningitis, Blutgruppenunverträglichkeit oder Frühgeburten u.a. in Betracht.
Postnatal können geistige Behinderungen durch Meningitis, Enzephalitis, Hirntumore oder ein unfallbedingtes Schädel-Hirn-Trauma verursacht werden. Eine Schädigung des Gehirns kann auch durch Intoxikation, Sauerstoffmangel oder Stoffwechselkrisen ausgelöst werden.
Hinzuweisen ist noch auf die zusätzlich möglichen und häufig auftretenden Störungen, wie z.B. Epilepsien. Vererbung geistiger Behinderungen kommt als Ursache nur in sehr geringem Maße, mithin bei etwa 5-7 % der auftretenden geistigen Behinderungen in Betracht.[22]

Geistige Behinderungen können von sehr unterschiedlicher Intensität sein.[23] Die Klassifizierung erfolgt deshalb nach dem jeweiligen Schweregrad der Intelligenzminderung.[24] Geistige Behinderungen werden nach ihrem Schweregrad in leichtere bis hin zu schwersten Formen eingeteilt.[25] Für die Einteilung der geminderten Intelligenz wird der errechnete Intelligenzquotient (IQ) zugrunde gelegt. Nach der seit 1979 üblichen Klassifizierung von Krankheiten (ICD 1979) unterscheidet man zwischen leichter Oligophrenie bei einem IQ von 50 bis 69, mittelgradiger bei einem IQ von 35 bis 49, schwerer bei einem IQ von 20 bis 34

---

[19] Staudinger-Bienwald, § 1896 Rdn. 35.

[20] Vgl. hierzu auch Erman-Holzhauer, § 1896 Rdn. 11; MünchKomm-Schwab, § 1896 Rdn. 15; Sonnenfeld, Rdn. 11.

[21] Speck, a.a.O., S. 45.

[22] Vgl. zu diesem Abschnitt näher Speck, a.a.O., S. 46 ff; *a.A.* Bayerlein in Schmidt/ Böcker, Rdn. 990. Nach Bayerlein beträgt das Risiko einer Oligophrenie für Kinder geistig behinderter Eltern 65-90 %.

[23] Quambusch, Das Recht der Geistigbehinderten, Rdn. 2.

[24] Pschyrembel, S. 768.

[25] Vgl. hierzu auch von Sachsen Gessaphe, § 3 II. 2.

und hochgradiger bzw. schwerster bei einem IQ unter 20. Die Grenzen zur geistigen Lernbehinderung bei einem IQ von über 65 sind fließend.[26]
An diesen Grenzwerten orientieren sich auch die folgenden Untersuchungen hinsichtlich der intellektuellen Leistungsfähigkeit und der Intelligenzentwicklung. Die Einteilung der geminderten Intelligenz ausschließlich nach dem IQ ist jedoch nicht unproblematisch. Ingesamt ist die Ausprägung einer geistigen Behinderung, außer in schwersten Fällen, von individuellen und situativen Faktoren abhängig.[27] Deshalb ist es sinnvoll, zur Abschätzung des Schweregrades der Intelligenzminderung auch die bisherige Lebensbewältigung und die soziale Tüchtigkeit des geistig Behinderten zu berücksichtigen.
Bei Vorliegen einer leichten Oligophrenie bzw. Debilität sind die Betroffenen regelmäßig in der Lage, Schulen für geistig Behinderte[28] zu besuchen. Sie sind imstande, eine einfache Erwerbstätigkeit auszuüben. Bei einer leichteren Ausprägung der Behinderung ist eine selbständige Lebensbewältigung möglich. Durchschnittlichen intellektuellen oder sozialen Aufgaben ist der geistig Behinderte jedoch nicht gewachsen. Er benötigt hierfür eine gewisse Hilfestellung von außen. Ehe und Kindererziehung werden deshalb nur mit kontinuierlicher Beratung und Begleitung von außen bewältigt.[29]
Bei mittelgradigen Oligophrenien bzw. Imbezibilität verfügen die Betroffenen über ein realitätsbezogenes Denken mit geringem Abstraktionsvermögen, wobei das Gedächtnis oftmals erstaunlich gut ist. Es liegt eine deutliche Verzögerung der motorischen und sprachlichen Entwicklung vor. Die Betroffenen haben eine deutliche Schreib- und Leseschwäche und beherrschen nur eine einfache Sprache. Der Geistigbehinderte ist in der Lage, unter beschützenden Bedingungen in einer Werkstatt für Behinderte zu arbeiten.[30] Obgleich einfache Kulturtechniken erlernt werden können, ist eine selbständige Lebensbewältigung nicht möglich.[31]
Bei Vorliegen einer schweren Oligophrenie erfolgt der Spracherwerb sehr verlangsamt und unvollständig. Bei den Betroffenen sind kaum verbale Ausdrucksmöglichkeiten vorhanden, so daß die sprachlichen Fähigkeiten meist nicht zur Verständigung ausreichen. Es werden nur die einfachsten lebenspraktischen Fähigkeiten erlernt. Der geistig Behinderte benötigt daher zu seiner Lebensbewältigung Aufsicht und Führung. Oftmals wird die Unterbringung in einer Behinderteneinrichtung erforderlich sein.[32]
Bei schwerster Oligophrenie[33] können die Betroffenen nur einfachste lautliche Äußerungen von sich geben. Ein Erwerb von Kulturtechniken ist nicht möglich,

---

[26] Jürgens-Jürgens, § 1896 Rdn. 7; Jürgens/ Kröger/ Marschner/ Winterstein, Rdn. 48.

[27] Vgl. von Sachsen Gessaphe, § 3 II. 2; Bayerlein in Schmidt/ Böcker, Rdn. 998.

[28] Schulen für geistig Behinderte sind eigenständige Sonderschulen. Vgl. Speck, a.a.O., S. 230.

[29] Vgl. hierzu auch Bayerlein in Schmidt/ Böcker, Rdn. 999.

[30] Vgl. näher zur Tätigkeit Geistigbehinderter in Werkstätten für Behinderte, Lachwitz, BtPrax 1995, S. 114.

[31] Vgl. hierzu auch Bayerlein in Schmidt/ Böcker, Rdn. 1000.

[32] Vgl. hierzu auch Bayerlein in Schmidt/ Böcker, Rdn. 1001.

[33] Bei schwerster bzw. hochgradiger Oligophrenie wurde früher von „Idiotie“ gesprochen.

so daß der geistig Behinderte wie ein Säugling ständige Beaufsichtigung und Pflege benötigt.[34]

Um eine umfassende Aufarbeitung der Problematik medizinischer Eingriffe bei Geistigbehinderten zu ermöglichen, wird im Folgenden entgegen dem Regierungsentwurf [35] eine weitgefaßte Definition der „geistigen Behinderung“ zugrunde gelegt.

[34] Vgl. hierzu auch Bayerlein in Schmidt/ Böcker, Rdn. 1002.

[35] BT-Drucks. 11/ 4528, S. 116.

II. Grundzüge des Betreuungsrechts

Da es im Rahmen der hier bezweckten Untersuchung medizinischer Eingriffe bei geistig behinderten Patienten, die unter Betreuung stehen, stets erforderlich sein wird, auf die allgemeinen Strukturen und Regelungszusammenhänge des Betreuungsrechts Bezug zu nehmen, sollen zunächst dessen Grundstrukturen erläutert werden.

1. Das Betreuungsgesetz

a) Gesetzliche Grundlagen

Das Gesetz zur Reform des Rechts der Vormundschaft und Pflegschaft für Volljährige (Betreuungsgesetz-BtG)[36] wurde am 12.9.1990 verabschiedet und ist am 1.1.1992 in Kraft getreten.
Das Institut der Betreuung ersetzt die alten Rechtsinstitute der Entmündigung, der Vormundschaft über Volljährige und der Gebrechlichkeitspflegschaft.
Nach altem Recht war Voraussetzung der Vormundschaft über einen Volljährigen, daß der Betroffene zuvor entmündigt wurde, § 1896 BGB a.F. Nach § 6 BGB a.F. konnte u.a. entmündigt werden, wer infolge von Geisteskrankheit oder Geistesschwäche seine Angelegenheiten nicht zu besorgen vermochte. Die Entmündigung wegen Geisteskrankheit hatte stets den Verlust der Geschäftsfähigkeit zur Folge, § 104 Nr. 4 BGB a.F.[37].
Grundsätzlich können nur volljährige geistig Behinderte unter Betreuung gestellt werden. Erst mit Vollendung des 18. Lebensjahres endet die elterliche Sorge. Jedoch kann unter den Voraussetzungen des § 1908a BGB für einen Siebzehnjährigen eine Betreuungsanordnung erfolgen, wenn anzunehmen ist, er werde mit Eintritt der Volljährigkeit eines Betreuers bedürfen.

b) Reformziele

Mit dem BtG verfolgte der Gesetzgeber das Ziel, die grundlegenden Mängel des bisherigen Rechts zu beseitigen und die Rechtsstellung kranker und behinderter Menschen zu verbessern.[38] Das alte Recht war zu starr und unflexibel und der eigentlich zu schützende Personenkreis wurde unnötig entrechtet.[39] Die Neuregelung soll Eingriffe in die Rechte der Betroffenen auf das unabdingbar notwendige Maß beschränken.[40] Die Betreuung soll sich an den individuellen Bedürfnissen der Betroffenen ausrichten und deren verbliebene Fähigkeiten berücksichtigen.[41] Hauptanliegen der Reform ist es, die verbliebene Eigenkompetenz der Betroffenen zu fördern und die bisher vernachlässigte Personensorge zu

---

[36] BGBl., 1990 I, 2002.

[37] Vgl. hierzu näher Zimmermann/ Damrau, NJW 1991, 538 ff.

[38] BT-Drucks. 11/ 4528, S. 52.

[39] BT-Drucks. 11/ 6949, S. 1.

[40] Staudinger-Bienwald, § 1896 Rdn. 38.

[41] BT-Drucks. 11/ 6949, S. 2.

stärken.[42] Die Personensorge wird insbesondere durch die in den Vorschriften §§ 1904, 1905 BGB enthaltenen Regelungen der Heilbehandlung und der Sterilisation gestärkt.

2. Das Betreuungsrechtsänderungsgesetz

a) Gesetzliche Grundlagen

Das am 25.6.1998 verabschiedete Betreuungsrechtsänderungsgesetz[43] (BtÄndG) ist in zwei Stufen am 1.7.1998 und am 1.1.1999 in Kraft getreten.
Das BtÄndG brachte Änderungen im materiellen Betreuungsrecht und im Verfahrensrecht.
Die Vorsorgevollmacht wird nunmehr auch in nicht vermögensrechtlichen Angelegenheiten ausdrücklich anerkannt. Damit ist die Frage der Zulässigkeit einer Bevollmächtigung in persönlichen Angelegenheiten seitens des Gesetzgebers geklärt worden. Für die Einwilligung in riskante Heilbehandlungen benötigt der Bevollmächtigte jedoch eine vormundschaftsgerichtliche Genehmigung, § 1904 Abs. 2 BGB.

b) Reformziele

Ziel des BtÄndG war es, die Vergütungsregeln im Interesse einer einheitlichen und leichteren Handhabung zu präzisieren und einzelne Überregulierungen des Verfahrensrechts behutsam zu korrigieren. Zudem sollte das von der Praxis als überaus kompliziert empfundene Verfahren vereinfacht werden.
Im materiellen Betreuungsrecht sollte weiterhin der Schutz der Betroffenen bei Erteilung einer Vorsorgevollmacht verbessert und damit dieses Rechtsinstitut als Alternative zur Betreuung gestärkt werden.[44]

3. Die Grundstrukturen des Betreuungsrechts

a) Der Grundsatz der Erforderlichkeit

Der mit Verfassungsrang[45] ausgestattete Grundsatz der Erforderlichkeit (§ 1896 Abs. 2 S. 1 BGB) durchzieht das gesamte Betreuungsrecht. Der zentrale Grundgedanke besteht darin, sowohl die staatliche Fürsorge für den Betroffenen als auch die Beschränkung seiner Rechtsstellung auf das jeweils im Einzelfall erforderliche Maß zu beschränken.[46] Das Erforderlichkeitsprinzip ist Ausdruck des verfassungsmäßigen Verhältnismäßigkeitsgrundsatzes.[47]

---

[42] BT-Drucks. 11/ 6949, S. 2; Mayer, S. 15.

[43] BGBl. 1998 I , 1580.

[44] BT-Drucks. 13/ 7158, 1ff.

[45] BT-Drucks. 11/ 4528, S. 58.

[46] Vgl. hierzu auch Lipp, § 3 II.1.

[47] Seitz, BtPrax 1999, S. 216.

Das Erforderlichkeitsprinzip betrifft nicht nur die Frage, für welche Aufgaben ein Betreuer zu bestellen ist, sondern auch die Frage, ob überhaupt eine Betreuung zulässig ist. Der Erforderlichkeitsgrundsatz ist danach Ausdruck und Voraussetzung einer Betreuerbestellung schlechthin.[48] Eine geistige Behinderung macht keineswegs „automatisch" eine Betreuungsanordnung erforderlich.[49] Vielmehr hat der Richter in der Anhörung zu klären, ob und inwieweit der Betroffene trotz Behinderung sein Leben meistern kann.
Eine Betreuerbestellung darf deshalb, wenn überhaupt, nur für solche Aufgabenkreise erfolgen, in denen eine Betreuung im konkreten Einzelfall unabweisbar nötig ist, weil der Zustand des Betroffenen oder seine Lebensverhältnisse dies zwingend erfordern.[50]
Der Erforderlichkeitsgrundsatz wird auch in anderen Regelungen[51] des Betreuungsrechts mehrfach ausdrücklich erwähnt. Gleichwohl ergibt sich aus Wortlaut und Zweck der Vorschrift, daß der aus dem Rechtsstaatsprinzip[52] abgeleitete Erforderlichkeitsgrundsatz auch für andere Fragen zu beachten ist.[53] So auch, wenn sich im Zusammenhang mit der Wahrnehmung der Betreuung in den einzelnen Aufgabenkreisen die Frage stellt, ob bestimmte Maßnahmen, etwa eine Heilbehandlung, eine Sterilisation oder ein sonstiger Eingriff entgegen den Wünschen des Betreuten zu seinem Wohl durchgeführt werden sollen.

b) Das Subsidiaritätsprinzip

Aus dem Erforderlichkeitsgrundsatz ergibt sich auch, daß staatliche Hilfen für einen Betreuungsbedürftigen, die mit einer Beeinträchtigung seiner Rechtsposition verbunden sind, nur dann in Betracht kommen, wenn andere Hilfen nicht ausreichen.[54] Eine rechtliche Betreuung ist insbesondere nicht erforderlich, wenn die Angelegenheiten durch einen Bevollmächtigten besorgt oder die notwendigen Hilfen durch andere, z.B. durch Nachbarn, die Familie oder soziale Dienste geleistet werden können.[55] § 1896 Abs. 2 S. 2 BGB enthält den Grundsatz der Subsidiarität der Betreuungsanordnung gegenüber anderen Hilfen.
Durch die Anerkennung der Bevollmächtigung im Bereich der gefährlichen medizinischen Maßnahmen, § 1904 Abs. 2 BGB durch das BtÄndG wurde der Vorrang der Vollmacht vor staatlicher Betreuung noch stärker hervorgehoben.[56]

---

[48] Staudinger-Bienwald, § 1896 Rdn. 109.

[49] Von Looz, BtPrax 1997, S. 92.

[50] Mayer, S. 17.

[51] Vgl. u.a. §§ 1897 Abs. 1, 1903 Abs. 1, 1906 Abs. 1, 1908a, 1908b Abs. 4, 1908d Abs. 3 BGB; § 67 Abs. 1 FGG.

[52] Bienwald, Betreuungsrecht, § 1896 Rdn. 85.

[53] BT-Drucks. 11/ 4528, S. 120.

[54] BT-Drucks. 11/ 4528, S. 59.

[55] BT-Drucks. 11/ 4528, S. 121.

[56] Sonnenfeld, Rdn. 20a.

c) Das Selbstbestimmungsrecht

Zentrales Anliegen der Reform ist es, die Fähigkeit des Betreuten zur Selbstbestimmung soweit als möglich zu achten.[57]
Das Selbstbestimmungsrecht des Betreuten ist in besonderer Weise sowohl im Rahmen der Betreuerbestellung (§ 1896 Abs. 1 und 2 BGB) und Auswahl des Betreuers (§§ 1897 Abs. 4, 1901a BGB) als auch bei der Durchführung der Betreuung zu berücksichtigen. Zum Wohl des Betreuten (§ 1901 Abs. 2 S. 1 BGB) gehört auch die Möglichkeit, sein Leben im Rahmen seiner Fähigkeiten nach seinen Wünschen und Vorstellungen zu gestalten (§ 1901 Abs. 2 S. 2 BGB). Der Betreuer hat deshalb den Wünschen des Betreuten zu entsprechen, soweit dies dessen Wohl nicht zuwiderläuft und dem Betreuer zuzumuten ist (§ 1901 Abs. 3 S. 1 BGB). Dies gilt auch für die in einer Betreuungsverfügung vor Bestellung des Betreuers geäußerten Wünsche (§ 1901 Abs. 3 S. 2 BGB).[58]
Die unterstützende Tätigkeit des Betreuers darf die Selbstbestimmung des Betreuten nicht verringern, sondern muß sie erweitern.[59] Nur so kann das Selbstbestimmungsrecht des Betreuten gewahrt werden.

III. Voraussetzungen und Rechtswirkungen der Betreuung

1. Voraussetzungen der Betreuerbestellung

Die Voraussetzungen für die Anordnung der Betreuung sind in § 1896 Abs. 1 und Abs. 2 BGB geregelt. Die Betreuungsanordnung ist danach nur statthaft, wenn ein Volljähriger auf Grund einer psychischen Krankheit oder einer körperlichen, geistigen[60] oder seelischen Behinderung seine Angelegenheiten ganz oder teilweise nicht besorgen kann und die Betreuung erforderlich ist. Die Aufzählung der medizinischen Befunde ist abschließend, gesellschaftliche Unangepaßtheit, Neigung zu Straftaten oder sog. soziale Behinderungen rechtfertigen eine Betreuungsanordnung nicht.[61]

2. Rechtswirkungen der Betreuerbestellung

Im Gegensatz zur Entmündigung alten Rechts hat die Bestellung eines Betreuers keinen Einfluß auf die Geschäftsfähigkeit des Betreuten, dieser kann jedoch nach § 104 Nr. 2 BGB geschäftsunfähig sein. In jedem Fall ist der Betreuer im Rahmen des übertragenen Aufgabenkreises gesetzlicher Vertreter des Betreuten, §§ 1896 Abs. 2, 1902 BGB.[62]

---

[57] Vgl. MünchKomm-Schwab, vor § 1896 Rdn. 12; vgl. näher zur Selbstbestimmung des Betreuten Lipp, § 3 II. 2.

[58] Vgl. hierzu näher MünchKomm-Schwab, vor § 1896 Rdn. 12.

[59] Jürgens/ Kröger/ Marschner/ Winterstein, Rdn. 154.

[60] Zum Begriff der geistigen Behinderung: s.o. (I. 2.).

[61] Sonnenfeld, Rdn. 9.

[62] Jürgens-Jürgens, § 1896 Rdn. 42 ; § 1902 Rdn. 1.

Das Betreuungsrecht vermeidet eine Typisierung von Aufgaben. Das Vormundschaftsgericht hat deshalb den Aufgabenkreis des Betreuers im Beschluß zur Betreuerbestellung unter strenger Beachtung des Erforderlichkeitsgrundsatzes festzulegen. Bei der Übertragung von Aufgaben der Personensorge kommt auch die Übertragung der Zustimmung zur Heilbehandlung in Betracht. Der Aufgabenkreis „Sorge für die Gesundheit“ umfaßt die Zuführung zum Arzt oder Krankenhaus, die Einwilligung in eine medizinische Maßnahme, den Abschluß von Arzt- und Krankenhausverträgen, mithin die Gesundheitsfürsorge in allen Bereichen der Medizin.[63] Die Vertretungsmacht des Betreuers wird durch den gerichtlich bestimmten Aufgabenkreis begrenzt. Dieser bestimmt Inhalt und Umfang der gesetzlichen Vertretungsmacht.[64]

IV. Problemstellung und Gang der Untersuchung

Nach den Angaben der Behindertenverbände leben in Deutschland, basierend auf Schätzungen der WHO[65], rund 420.000 Menschen mit geistigen Behinderungen.[66] Dies entspricht, bezogen auf die Gesamtbevölkerung, einer Prävalenz von 0,6 %.[67] Auf 1000 Geburten kommen 6 bis 8 Kinder mit einer geistigen Behinderung zur Welt, die in ihrer Entwicklung so sehr beeinträchtigt sind, daß sie in der Regel während ihres ganzen Lebens auf Hilfe angewiesen sind.[68] Von den heute in Deutschland lebenden 420.000 geistig behinderten Menschen sind 235.000 Erwachsene.[69] Viele der erwachsenen Patienten werden nicht oder nur bedingt fähig sein, in ihre eigene medizinische Versorgung rechtswirksam einzuwilligen. Oftmals müssen daher in Gesundheitsfragen Stellvertreterentscheidungen auf der Grundlage des Betreuungsrechts getroffen werden.

Ziel der vorliegenden Untersuchung soll es deshalb sein, die Voraussetzungen medizinischer Eingriffe an geistig behinderten Betreuten darzustellen.
Augenscheinlich betreffen im Rahmen des Betreuungsrechts sowohl die Rechtsprechung als auch die Publikationen überwiegend die Personengruppe der Betreuten mit seniler Demenz.[70] Besonderes Anliegen dieser Arbeit ist es deshalb, die Problematik medizinischer Eingriffe vor allem im Hinblick auf den Personenkreis der betreuten Geistigbehinderten zu untersuchen.

Dabei sind zunächst die medizinische Untersuchung, die Heilbehandlung und der ärztliche Eingriff (Teil 1) einleitend darzulegen. Sodann soll auf den Spezialfall der Sterilisation eingegangen werden (Teil 2). Ferner werden anschließend

---

[63] Erman-Holzhauer, § 1896 Rdn. 60.

[64] Bienwald, Betreuungsrecht, § 1902 Rdn. 19.

[65] Weltgesundheitsorganisation (WHO).

[66] Vgl. hierzu Lebenshilfe, Hrsg. Lebenshilfe für geistig Behinderte e.V. Augsburg.

[67] Strätling/ Eisenbart/ Scharf, MedR 2000, S. 253.

[68] Strätling/ Eisenbart/ Scharf, MedR 2000, S. 253.

[69] Strätling/ Eisenbart/ Scharf, MedR 2000, S. 253.

[70] Senile Demenz (im Alter erworbene Intelligenzminderung) wird unter den medizinischen Befund der psychischen Krankheit subsumiert.

die gängigen Sonderregelungen medizinischer Eingriffe außerhalb des Betreuungsrechts untersucht. Hierbei ist der Blick auf die wissenschaftliche Erprobung von Arzneimitteln und Medizinprodukten sowie auf die Voraussetzungen von Organtransplantationen zu lenken (Teil 3). Abschließend erfolgt die Untersuchung der gesetzlich nicht geregelten Problematik des Abbruchs lebenserhaltender Maßnahmen (Teil 4). Ausgeklammert bleibt in der vorliegenden Untersuchung lediglich das Problem des Schwangerschaftsabbruchs, da es hierbei primär um Drittinteressen des nasciturus geht.
Für eine schlüssige Darstellung ist es unerläßlich, die wesentlichen Grundlagen eines jeden medizinischen Eingriffs zunächst im Allgemeinen und darauf aufbauend im Besonderen zu erarbeiten.

Die Unterbringung gem. § 1906 BGB ist, auch wenn sie zum Zweck der Untersuchung, einer Heilbehandlung oder eines ärztlichen Eingriffs gem. § 1906 Abs. 1 Nr. 2 BGB erfolgt, nicht Gegenstand der vorliegenden Arbeit. Die Genehmigung der Unterbringung berechtigt nicht zu medizinischen Maßnahmen gegen den Willen des Betroffenen.[71] Hierzu bedarf es einer eigenen Rechtsgrundlage in Form der Einwilligung oder einer zusätzlichen vormundschaftsgerichtlichen Genehmigung nach § 1904 BGB.

---

[71] Palandt-Diederichsen, § 1906 Rdn. 3.

1. Teil: Untersuchung, Heilbehandlung und ärztlicher Eingriff

§ 2 Grundlagen

I. Medizinische Eingriffe – Begriffliches

Der Begriff des medizinischen Eingriffs umfaßt die medizinische Untersuchung, die Heilbehandlung und sonstige ärztliche Eingriffe, sowie die Spezialfälle der Sterilisation, der Organtransplantation, der klinischen Prüfung und des Schwangerschaftsabbruchs. Mithin lassen sich alle Eingriffe und Maßnahmen am Patienten entweder in Diagnose- oder Therapiemaßnahmen einteilen.
In der Literatur ist die Terminologie nicht einheitlich und reicht von „ärztlichen Eingriffen“, „ärztlichen Maßnahmen“, „medizinischen Maßnahmen“ bis hin zu „Gesundheitsmaßnahmen“, gleichwohl versteht sich hierunter nichts anderes, als die bereits oben definierten medizinischen Eingriffe.

1. Untersuchung

Unter einer Untersuchung des Gesundheitszustandes ist jedes diagnostische Verfahren zu verstehen, gleichviel ob es mit einer körperlichen Untersuchung oder mit einem körperlichen Eingriff verbunden ist oder nicht. Hierzu zählen neben der Anamnese und den rein äußerlichen körperlichen Untersuchungen auch die Eingriffe in den Körper, wie z.B. die Angiographie.[72]

2. Heilbehandlung

Als Heilbehandlung ist jede therapeutische Maßnahme zu qualifizieren, die auf Herstellung der Gesundheit, Linderung der Krankheit, Beseitigung oder Linderung von Krankheitsfolgen sowie Verhütung von Krankheiten und ihrer Verschlimmerung gerichtet ist.[73] Unter den Begriff der Heilbehandlung ist auch die Gabe von Medikamenten zu subsumieren.[74]

3. Ärztliche Eingriffe

Von einem ärztlichen Eingriff spricht man, wenn mit der Behandlung des Patienten ein Eingriff in die körperliche Unversehrtheit, beispielsweise bei einer Operation, einhergeht. In aller Regel werden die ärztlichen Eingriffe ohnehin unter den Begriff der Heilbehandlung zu subsumieren sein.[75] Gleichwohl sind auch medizinische Eingriffe ohne jeglichen kurativen Zweck denkbar, wie z.B. bei einer „Schönheitsoperation“, einem medizinisch nicht indizierten Schwangerschaftsabbruch oder bei einem medizinischen Experiment.[76]

---

[72] Erman-Roth, § 1904 Rdn. 13; MünchKomm-Schwab, § 1904 Rdn. 25.

[73] Erman-Roth, § 1904 Rdn. 14; MünchKomm-Schwab, § 1904 Rdn. 25.

[74] Dodegge, NJW 1997, S. 2432.

[75] MünchKomm-Schwab, § 1904 Rdn. 25.

[76] Erman-Roth, § 1904 Rdn. 18.

Die Zulässigkeit der soeben näher definierten medizinischen Maßnahmen der Untersuchung, der Heilbehandlung und sonstiger Eingriffe an Betreuungsbedürftigen wird in § 1904 Abs. 1 S. 1 BGB detailliert geregelt. Gleichwohl hat es der Gesetzgeber unterlassen, eine umfassende Normierung der Untersuchung und Heilbehandlung Betreuungsbedürftiger vorzunehmen.
§ 1904 Abs. 1 S. 1 BGB regelt als Sondervorschrift lediglich die Spezialfälle der Vornahme medizinischer Maßnahmen, nämlich solche, bei denen die Gefahr besteht, daß der Betreute auf Grund der Maßnahme stirbt oder einen schweren und länger andauernden gesundheitlichen Schaden erleidet.

II. Der ärztliche Heileingriff als tatbestandsmäßige Köperverletzung

Ärztliche Eingriffe werfen nicht nur bei geistig behinderten Patienten Probleme auf. Äußerst strittig ist die Frage, ob und inwieweit ärztliche Maßnahmen, zu denen neben operativen Eingriffen und medikamentösen Behandlungen und Verschreibungen auch sonstige somatisch-psychische Einwirkungen, wie Bestrahlungen, Elektroschock, Psychotherapie u. dgl. zählen, als Körperverletzung zu behandeln sind.

Nach ständiger Rechtsprechung der Zivil[77]- und Strafgerichte[78] ist auch der medizinisch indizierte und lege artis durchgeführte ärztliche Heileingriff tatbestandlich als Körperverletzung im Sinne der §§ 223 ff. StGB zu qualifizieren, die auch die zivilrechtliche Haftung gem. §§ 823, 253 Abs. 2 BGB auslösen kann.[79]
Die Rechtsprechung geht von dem sog. „Indikationsmodell"[80] aus, demzufolge die Tatbestandsmäßigkeit die Rechtswidrigkeit indiziert, wenn es an der grundsätzlich erforderlichen Einwilligung des Patienten fehlt und auch keiner der Fälle vorliegt, in denen sich die Berechtigung des Eingriffs unter dem Gesichtspunkt der „mutmaßlichen Einwilligung" oder der berechtigten Geschäftsführung ohne Auftrag ergibt.
Demgegenüber wird im Schrifttum[81] teilweise die Auffassung vertreten, daß der lege artis durchgeführte ärztliche Heileingriff, selbst bei fehlender Einwilligung, per se keine Körperverletzung darstelle. Der ärztliche Eingriff könne nicht als Körperverletzung behandelt werden, da er gerade nicht auf Verschlechterung, sondern auf Verbesserung des körperlichen Zustandes und auf Heilung gerichtet sei. Lediglich der medizinisch indizierte, nicht kunstgerecht durchgeführte Ein-

---

[77] RGZ 68, 431 (434); BGHZ 29, 46 (49); 29, 176 (179 f.).

[78] Seit RGSt 25, 345 (378); BGHSt 111, 11; 12, 379; 16, 309; zuletzt wieder BGH NStZ 1996, 34 f.

[79] Dröge, BtPrax 1998, S. 199.

[80] Erman-Schiemann, § 823 Rdn. 135.

[81] *1.)* Überwiegende Meinung in der strafrechtlichen Literatur, vgl. zu den einzelnen Begründungen statt aller Schönke/ Schröder-Eser, § 223 Rdn. 30;
2.) Während das zivilrechtliche Schrifttum überwiegend der Rechtsprechung zustimmt. Vgl. zum Meinungsstand auch MünchKomm-Mertens, § 823 Rdn. 358; Mayer, S. 23.

griff lasse sich als Körperverletzung qualifizieren. Fehlt es hingegen bei einem sachgerechten Eingriff an der erforderlichen Einwilligung, so hat man es nach dieser Meinung[82] in zivilrechtlicher Hinsicht mit einer Verletzung des Selbstbestimmungsrechts und damit mit einer Verletzung des allgemeinen Persönlichkeitsrechts zu tun.[83]
Dem kann nicht gefolgt werden. Das strafrechtliche Anliegen dieser Ansicht geht dahin, den mangels wirksamer Einwilligung eigenmächtig, aber lege artis zu Heilzwecken handelnden Arzt typologisch nicht auf eine „Ebene mit Messerstechern" zu stellen.[84] Diese Ansicht übersieht, daß auch der lege artis durchgeführte Heileingriff die körperliche Integrität des Betroffenen berühren kann. Zu denken ist hierbei an die Zufügung von Schmerzen, sonstige Beeinträchtigungen des Befindens, Behandlungsrisiken u. dgl.. Der eigenmächtige, wenn auch kunstgerechte Heileingriff ist daher durchaus als Körperverletzung i.S. des § 823 BGB zu qualifizieren.[85] Schließlich unterliegt die Disposition über den eigenen Körper allein dem Rechtsgutträger.
Zudem ist die Problematik im Zivilrecht eine andere als im Strafrecht. Im Zivilrecht geht es um die richtige Kennzeichnung des verletzten Rechts oder Rechtsgutes innerhalb des § 823 Abs. 1 BGB. Es gilt also zwischen der Persönlichkeitsrechtsverletzung und der Körperverletzung zu unterscheiden. Der Kern des Problems liegt hier in der Abgrenzung des allgemeinen Persönlichkeitsrechts vom Schutz des besonderen Persönlichkeitsrechts am eigenen Körper.[86] Der eigenmächtig handelnde Arzt greift auf jeden Fall in das freie Selbstbestimmungsrecht des Patienten ein und verletzt damit widerrechtlich sein allgemeines Persönlichkeitsrecht,[87] mithin ein sonstiges Recht i.S. des § 823 Abs. 1 BGB.

---

[82] Vgl. hierzu näher MünchKomm-Mertens, § 823 Rdn. 359, m.w.N.; Soergel-Zeuner § 823 Rdn. 18, m.w.N.

[83] Vgl. hierzu auch Katzenmeier, Arzthaftung, § 2 III.1.c. Eine medizinisch indizierte und fachgerecht ausgeführte, jedoch ohne die erforderliche Einwilligung des Patienten vorgenommene Heilbehandlung verletze allein die Motivationsfreiheit des Kranken, die von den §§ 223 ff. StGB nicht geschützt sei; *a.A.* Horn in SK-Horn, § 223 Rdn. 33, der in dem Selbstbestimmungsrecht des Patienten ein eigenständiges Rechtsgut i.S.d. § 223 StGB sieht und deshalb jeden ärztlichen Eingriff in die körperliche Integrität, der nicht durch eine wirksame Einwilligung getragen ist, als tatbestandsmäßige Körperverletzung – und zwar ohne Rücksicht auf den damit verbundenen oder jedenfalls bezweckten Erfolg - qualifiziert. Vgl. auch Lackner-Kühl, § 223 Rdn. 1. So auch im Ergebnis Schnorbus, JuS 1994, S. 835, nach dessen Ansicht schützen die § 223 ff. StGB bei einem lege artis, aber ohne Einwilligung des Patienten vorgenommenen Heileingriff in gewissem Umfang auch das Selbstbestimmungsrecht.

[84] Schönke/ Schröder-Eser, § 223 Rdn. 29.

[85] Vgl. auch Staudinger-Schäfer, § 823 Rdn. 22; im Ergebnis auch Staudinger-Hager, § 823 Rdn. B 12.

[86] So auch Schnorbus, JuS 1994, S. 834.

[87] Von Münch/ Kunig , Art. 2 Rdn. 72: Nach Kunig leitet sich das Selbstbestimmungsrecht des Patienten direkt aus Art. 2 Abs. 2 S. 1 GG ab. „Der Kranke hat aufgrund von Art. 2 Abs. 2 S. 1 GG das volle Selbstbestimmungsrecht über seine leiblich-seelische Integrität."

Fraglich ist insoweit, ob mit der Persönlichkeitsrechtsverletzung zugleich eine Körperverletzung, mithin eine Verletzung des besonderen Persönlichkeitsrechts am eigenen Körper, einhergeht. Nicht in jeder Verletzung der persönlichen Integrität kann zugleich eine Verletzung des Körpers liegen. Gleichwohl ist zu bedenken, daß der Begriff der Körperverletzung von Rechtsprechung und Wissenschaft seit jeher weit ausgelegt wird. Danach genügt jede Störung der körperlichen, geistigen und seelischen Lebensvorgänge.[88]
Auch nach Auffassung des BGH[89] ist der Begriff der Körperverletzung i.S. von §§ 823 Abs. 1, 847 Abs. 1 a.F. BGB weit auszulegen. Der BGH versteht das Recht am eigenen Körper als gesetzlich ausgeformten Teil des allgemeinen Persönlichkeitsrechts. Eine Verletzung des Körpers, die § 823 Abs. 1 BGB ausdrücklich neben der Gesundheit erwähnt, liege deshalb in jedem unbefugten, weil von der Einwilligung des Rechtsträgers nicht gedeckten Eingriff in die körperliche Befindlichkeit. Schutzgut des § 823 Abs. 1 BGB sei nicht die Materie, sondern das Seins- und Bestimmungsfeld der Persönlichkeit, das in der körperlichen Befindlichkeit materialisiert sei. § 823 Abs. 1 BGB schütze den Körper als Basis der Persönlichkeit und das daraus folgende Selbstbestimmungsrecht des Rechtsträgers über seinen Körper umfassend.[90]
Das Urteil des BGH überzeugt. § 823 BGB schützt demzufolge mit der körperlichen Integrität auch die Selbstbestimmung des Patienten.[91] Mit den in § 823 BGB normierten Gütern wird zugleich die Freiheit des Rechtsgutsträgers geschützt, über diese weitgehend zu disponieren. Eingriffe in diese Rechtsgüter sind dann nicht rechtswidrig, wenn der Betroffene in sie einwilligt. Die Einwilligung ist jedoch nichts anderes als die Ausübung des Selbstbestimmungsrechts. Daraus läßt sich der Schluß ziehen, daß das Rechtsgut der Persönlichkeit in den Schutz von Körper, Gesundheit und Freiheit schon weitgehend einbezogen ist. Folglich liegt nach der hier vertretenen Ansicht im Falle eines lege artis vorgenommenen ärztlichen Heileingriffs ohne Einwilligung des Betroffenen eine Körperverletzung i.S. des § 823 BGB, und nicht nur eine Verletzung des allgemeinen Persönlichkeitsrechts vor. Diese Folgerung läßt sich auch durch die Überlegung rechtfertigen, daß es als Eigentumsverletzung i.S. des § 823 BGB anzusehen ist, wenn jemand in die Verfügungsbefugnis des Eigentümers eingreift, indem er an fremdem Eigentum Ausbesserungsarbeiten vornimmt, die vom Eigentümer nicht gewünscht werden und für diesen womöglich mit Unbequemlichkeiten und Risiken verbunden sind.[92]
Problematisch ist allenfalls, daß der BGH auch die Beschädigung oder Vernichtung ausgegliederter Körperbestandteile als Körperverletzung im Sinne des

---

[88] Vgl Schnorbus, JuS 1994, S. 834 m.w.N.

[89] BGH, NJW 1994, S. 127.

[90] Vgl. BGH, NJW 1994, S . 127.

[91] Vgl. auch MünchKomm-Mertens, § 823 Rdn. 361; so auch Staudinger-Hager, § 823 Rdn.B 8; *a.A.* Katzenmeier, Arzthaftung, § 2 III.1.d.

[92] So auch Soergel-Zeuner, § 823 Rdn. 18: in diesem Sinne auch Staudinger-Hager, § 823 Rdn. I 3.

§ 823 BGB wertet.[93] Bedenkt man hingegen, daß die moderne Medizin im Bereich der Transplantations- und Konservierungstechnik verschiedene Methoden entwickelt hat, Organe oder andere Substanzen dem Körper zu entnehmen, um sie später ohne Verlust ihrer natürlichen Funktionen wieder dem eigenen oder einem fremden Körper einzugliedern, so bedarf es eines umfassenden Schutzes des Menschen. Die Zivilrechtsordnung muß der Entwicklung der Fortpflanzungs- und Transplantationstechniken durch zunehmenden Schutz der körperlichen Integrität und Wahrung des Selbstbestimmungsrechts Rechnung tragen.

Des weiteren können sich aus der Zuordnung zu einem bestimmten Recht bzw. Rechtsgut Auswirkungen für die Voraussetzungen und Rechtsfolgen der Haftung ergeben. Ein Unterschied besteht insbesondere im Hinblick auf das Schmerzensgeld. Das Gesetz sieht den Ersatz immaterieller Schäden nur im Falle der Verletzung des Körpers, der Gesundheit, der Freiheit oder der sexuellen Selbstbestimmung vor, § 253 Abs. 2 BGB (§ 847 BGB a.F.).[94] Allerdings wird § 847 BGB a.F. von der Rechtsprechung[95] in verfassungskonformer Erweiterung analog auch auf schwere und anderweitig nicht ausgleichbare Verletzungen des allgemeinen Persönlichkeitsrechts angewendet.[96] Diese Grundsätze sollen auch nach der Einführung des § 253 Abs. 2 BGB durch das Zweite Gesetz zur Änderung schadenersatzrechtlicher Vorschriften weitergelten.[97] Die ausdrückliche Einbeziehung des allgemeinen Persönlichkeitsrechts in § 253 Abs. 2 BGB ist vielmehr deshalb unterblieben, weil der Geldersatzanspruch ohnehin nicht in § 847 BGB a.F. seine Grundlage habe, sondern ein auf Art. 1 Abs. 1, Art. 2 Abs. 1 GG gestützter Rechtsbehelf eigener Art sei.[98] Es ist folglich davon auszugehen, daß auch nach der neuen Rechtslage ein Anpruch auf billige Entschädigung bei Verletzung des allgemeinen Persönlichkeitsrechts nur besteht, wenn es sich um eine schwerwiegende Beeinträchtigung handelt, die anders nicht befriedigend ausgeglichen werden kann.[99] Der Ersatz des immateriellen Schadens wegen der Verletzung des Selbstbestimmungsrechts über den eigenen Körper als Ausfluß des allgemeinen Persönlichkeitsrechts erfordert also einen Eingriff qualifizierter Art, welcher sich nur in bestimmten Fällen der eigen-

---

[93] Der BGH wertet es als eine zu einem Schmerzensgeld führende Körperverletzung, wenn Sperma, das auf Veranlassung eines Spenders eingefroren war, um diesem bei einer vorhersehbaren Unfruchtbarkeit die Möglichkeit eigener Nachkommen zu erhalten, durch das Verschulden eines anderen vernichtet wird. Der BGH vertritt die Auffassung, daß der Schutzbereich des Körperverletzungstatbestandes auch andere Bestandteile des Körpers umfasse, die diesem entnommen werden, um sie ihm später wieder einzugliedern.

[94] § 847 BGB a.F. wurde durch das am 1.8.2002 in Kraft getretene „Zweite Gesetz zur Änderung schadensersatzrechtlicher Vorschriften" aufgehoben und inhaltlich in § 253 Abs. 2 BGB n.F. überführt.

[95] Grundlegend BGHZ 26, 349 (Herrenreiter).

[96] Vgl. auch Deutsch/ Ahrens, Deliktsrecht, Rdn. 467.

[97] Vgl. Wagner, NJW 2002, S. 2056; Katzenmeier, Arzthaftung, § 3 III.1.d.

[98] Vgl. hierzu Wagner, NJW 2002, S. 2056.

[99] So im Ergebnis auch Heß/ Jahnke, Das neue Schadensrecht, S. 76.

mächtigen Heilbehandlung bejahen läßt. Der Arzt schuldet dem Patienten die Zahlung eines Schmerzensgeldes nur, wenn die Schwere der Verletzung oder des ärztlichen Verschuldens Genugtuung erfordert.[100] Die Einordnung der eigenmächtigen Heilbehandlung als Persönlichkeitsrechtsverletzung bedeutet demzufolge eine deutliche Verschlechterung der Lage des Patienten, weil seine Entschädigung an die strengen Voraussetzungen der Ersatzpflicht bei Persönlichkeitsrechtsverletzungen anknüpft. Gegen diese Abweichung zum Nachteil des Patienten spricht auch der Schutzbereich des Deliktsrechts. Dem Deliktsschutz obliegt neben dem Schutz des Integritätsinteresses auch die Entlastung des Geschädigten.[101] Die Verweisung auf eine Anspruchsgrundlage mit engeren Voraussetzungen, mithin zuungunsten des Betroffenen, ist mit der Interessenlage des Deliktsrechts nicht vereinbar.
Darüber hinaus droht dem Patienten ein empfindlicher Nachteil im Hinblick auf die Beweislastverteilung. Qualifiziert man den ärztlichen Heileingriff als tatbestandsmäßige Körperverletzung i.S. des § 823 Abs. 1 BGB, so ist die Rechtswidrigkeit indiziert. Die Rechtswidrigkeit ist ausgeschlossen, wenn der Patient wirksam in den Eingriff eingewilligt hat. In diesen Fällen trägt der Arzt die Beweislast für die ordnungsgemäße Aufklärung als Voraussetzung des Rechtfertigungsgrundes.[102] Begreift man hingegen den eigenmächtigen Heileingriff als Persönlichkeitsrechtsverletzung, gehört das Unterlassen der gebotenen Aufklärung zu dem vom Patienten zu beweisenden Tatbestand, weil nur unter dieser Voraussetzung die Entscheidungsfreiheit des Patienten beeinträchtigt sein kann.[103] Den Beweis unterbliebener oder unzulänglicher Aufklärung wird der Patient in der Praxis de facto kaum führen können.

Im Ergebnis ist daher festzuhalten, daß jede Mißachtung des Selbstbestimmungsrechts das Recht am eigenen Körper verletzt und mithin als tatbestandsmäßige Körperverletzung zu qualifizieren ist. Es ist deshalb mit der ständigen Rechtsprechung, der sich das zivilrechtliche Schrifttum[104] fast durchweg angeschlossen hat, davon auszugehen, daß auch der medizinisch indizierte und lege artis vorgenommene ärztliche Heileingriff eine tatbestandsmäßige Körperverletzung darstellt, deren Rechtswidrigkeit – abgesehen von den Fällen der mutmaßlichen Einwilligung oder der berechtigten Geschäftsführung ohne Auftrag - prinzipiell nur durch die wirksame Einwilligung des Patienten aufgehoben werden kann.

III. Geistige Behinderung und Grundrechte – Verfassungsrechtliche Vorgaben

Art. 2 Abs. 2 Satz 1 GG garantiert das Recht auf körperliche Unversehrtheit. Qualifiziert man nun mit der h.M. und der hier vertretenen Auffassung jeden ärztlichen Heileingriff als tatbestandsmäßige Körperverletzung, so greift jede

[100] Vgl. hierzu auch Katzenmeier, ZRP 1997, S. 160.

[101] Schnorbus, JuS 1994, S. 835.

[102] Vgl. auch Katzenmeier, Arzthaftung, § 2 III.1.d; Katzenmeier, ZRP 1997, S. 160.

[103] Vgl. auch Katzenmeier, Arzthaftung, § 2 III.1.d; Katzenmeier, ZRP 1997, 160 f.

[104] Vgl. hierzu zusammenfassend MünchKomm-Mertens, § 823 Rdn. 358 f., m.w.N.

ärztliche Behandlung zugleich in den grundrechtlichen Schutzbereich der körperlichen Integrität ein. Selbst wenn man mit der M.M. bei einem eigenmächtigen Heileingriff von einer Verletzung des Selbstbestimmungsrechts und damit von einer Verletzung des allgemeinen Persönlichkeitsrechts ausgeht, liegt ein Eingriff in das grundgesetzlich insbesondere durch Art. 2 Abs. 1 i.V.m. Art. 1 Abs. 1 GG geschützte Selbstbestimmungsrecht vor. Der Kreis der Argumentation schließt sich außerdem insoweit, als letztlich beide Auffassungen übereinstimmend zu dem Ergebnis gelangen, daß durch ärztliche Eingriffe die Schutzbereiche verfassungsrechtlich geschützter Rechtsgüter tangiert werden. Sowohl das Recht auf körperliche Unversehrtheit als auch das Recht auf Selbstbestimmung schützen oberste Werte mit Verfassungsrang.[105]

An dieser Stelle ist besonders hervorzuheben, daß behinderte Menschen am allgemeinen Grundrechtsschutz partizipieren und in ihren Freiheitsrechten nicht unverhältnismäßig eingeschränkt werden dürfen.[106] Im Anschluß an die Rechtsprechung des Bundesverfassungsgerichts[107] ist allgemein anerkannt, daß Behinderten die Grundrechte uneingeschränkt zustehen.[108] Der hohe Wert der körperlichen Unversehrtheit und des Selbstbestimmungsrechts kommt demzufolge auch Menschen mit einer geistigen Behinderung zu, weil sie Träger von Grundrechten sind.[109] Die Fähigkeit, Träger von Grundrechten zu sein, hängt weder vom Alter noch von der Geschäftsfähigkeit einer natürlichen Person ab, so daß auch der geschäftsunfähige Behinderte Träger von Grundrechten sein kann. Selbst geschäftsunfähige Geistigbehinderte können sich eigenständig auf ein Grundrecht berufen, soweit sie in der Lage sind, in bezug auf die jeweilige Sachlage einen sinnvollen und vernunftbestimmten Willen zu bilden.[110]

Selbstredend ist auch die Menschenwürde geistig behinderter Menschen unantastbar.[111] Art. 1 Abs. 1 GG bildet durch seinen umfassenden Schutz der Menschenwürde in materieller Hinsicht das „Hauptgrundrecht“ des Grundgesetzes schlechthin[112].

Um so fragwürdiger erscheint deshalb die von einer Mindermeinung vertretene Auffassung, wonach Geistigbehinderten ein schutzwürdiger Achtungsanspruch regelmäßig nicht von der gleichen Art zustehen könne, wie er bei Nichtbehin-

---

[105] Pannek/ Oppel/ Wolf, ArztR 2001/ 8, S. 200.

[106] Neuner, NJW 2000, S. 1822.

[107] BVerfGE 10, 302, 309; 19, 93; 19, 302.

[108] Vgl. auch Sonnenfeld, Rdn. 175; Jürgens/ Kröger/ Marschner/ Winterstein, Rdn. 154.

[109] Vgl. hierzu auch von Sachsen Gessaphe, § 4 V. 1.

[110] Quambusch, Das Recht der Geistigbehinderten, Rdn. 279.

[111] Zur Menschenwürde des „Geisteskranken“ siehe auch, Dürig in Maunz/ Dürig, Art. 1 Abs. 1 GG, Rdn. 20; von Mangoldt/ Klein/ Starck, Das Bonner Grundgesetz, Art. 1 Abs. 1, Rdn. 19.

[112] Neuner, Privatrecht und Sozialstaat, S. 132; vgl. zu dem Verhältnis der Menschenwürde und den „nachfolgenden“ Grundrechten auch Enders, Die Menschenwürde in der Verfassungsordnung, 3. Kapitel, II.

derten möglich sei.[113] Diese Ansicht geht davon aus, daß jemand, der nicht in der Lage sei, an dem umfassend gedachten Anspruch interessiert zu sein, den umfassenden Achtungsanspruch auch nicht haben könne. Freilich sei der Besitz von Intelligenz nicht das einzige Kriterium, nach dem soziale Achtung zuerkannt werde; sondern der Erwerb von Würde hänge auch davon ab, wozu die Intelligenz eingesetzt werde. Es sei demnach nicht verwunderlich, wenn auch in der Rechtswissenschaft und -praxis der Begriff der menschlichen Würde insbesondere an den intellektuellen Fähigkeiten und speziell an der Fähigkeit zur Selbstbestimmung und zum selbstverantwortlichen Handeln orientiert werde. Wo jedoch intellektuelle Fähigkeiten in einem verminderten Maße angetroffen werden, vermindere sich demgemäß auch der zuerkannte Achtungsanspruch.
Diese Ansicht ist unhaltbar. Art. 1 GG konstituiert mit dem Gebot auf Achtung und Schutz der Würde des Menschen das oberste Verfassungsprinzip.[114] Die Entscheidung des Grundgesetzes, die Würde des Menschen zum obersten Prinzip der neuen Verfassungsordnung zu machen, stellte nicht nur eine Reaktion auf die Erfahrungen der national-sozialistischen Zeit dar, sondern sie war ein umfassend gedachter Respekt vor dem Humanum schlechthin.[115] In diesem Zusammenhang führen Literaturstimmen[116] zutreffend aus, daß es für die Stellung Behinderter von spezifischer Bedeutung sei, daß Art. 1 GG den Menschen schlechthin schütze und nicht an einen ideologiebehafteten „Normaltypus“ oder ein scheinbares Idealbild, wie es in unheilvoller Vergangenheit propagiert wurde, anknüpfe.
Gegen die von der Mindermeinung vertretene These spricht vor allem die durch Rechtsprechung[117] und Literatur[118] bestätigte Auffassung, wonach die in Art. 1 Abs. 1 GG der staatlichen Gewalt auferlegte Verpflichtung zum Schutz der Menschenwürde nicht mit dem Tod des Menschen endet. Diese verfassungsrechtliche Wertung hat ihren Niederschlag auch auf der einfachgesetzlichen Ebene gefunden. So läßt sich unter Zuhilfenahme einfachgesetzlicher Normen aufzeigen, daß das Kriterium der verminderten intellektuellen Fähigkeiten als Maßstab für die Zuerkennung des Achtungsanspruchs nicht in Betracht kommen kann. Vergegenwärtigt man sich, daß § 168 StGB – Störung der Totenruhe – nicht nur das Pietätsgefühl der Angehörigen, sondern auch des Verstorbenen schützt, so läßt sich daraus folgern, daß der Achtungsanspruch nicht mit dem Tod endet.[119] Zu dem gleichen Resultat gelangt man, wenn man die Regelungen über die Organentnahme bei Verstorbenen betrachtet. § 3 Abs. 1 Nr. 1 TPG räumt dem Selbstbestimmungsrecht des Menschen über den Tod hinaus höchste Priorität ein. Schutzgut bei postmortalen Organentnahmen ist aber auch das über

---

[113] Quambusch, Das Recht der Geistigbehinderten, Rdn. 284 ff.

[114] Vgl. hierzu näher Enders, Die Menschenwürde in der Verfassungsordnung, 2. Kapitel, III. 2.

[115] Benda, NJW 2001, S. 2148.

[116] Vgl. Neuner, NJW 2000, S. 1823.

[117] BVerfG, NJW 1994, S. 783.

[118] Vgl. Nickel/ Schmidt-Preisigke/ Sengler, Erl. § 3 Rdn. 3 m.w.N.

[119] Vgl. Tröndle/ Fischer, § 168 Rdn. 1.

den Tod hinaus wirkende Gebot der Unverletzlichkeit der Menschenwürde.[120] Als weiteres Argument läßt sich der postmortale Schutz des aus Art. 1 Abs. 1, Art. 2 Abs. 1 GG abgeleiteten allgemeinen Persönlichkeitsrechts anführen. Nach höchstrichterlicher Rechtsprechung[121] wirkt das Persönlichkeitsrecht in seiner besonderen Erscheinungsform als Recht am eigenen Bild über den Tod hinaus fort und gewährt den nächsten Angehörigen des Verstorbenen Unterlassungsansprüche zum Schutz gegen Angriffe auf seinen Achtungsanspruch.
Anhand dieser Beispiele läßt sich der Nachweis erbringen, daß der „Besitz von Intelligenz" kein tauglicher Anknüpfungspunkt für den Anspruch auf Achtung der Menschenwürde sein kann. Unzweifelhaft ist der Verstorbene nicht mehr imstande, selbstverantwortlich zu handeln oder die von einer Mindermeinung geforderte Fähigkeit zur Selbstachtung[122] zu empfinden.
Zusammenfassend bleibt daher in Anlehnung an die Rechtsprechung des BVerfG[123] festzuhalten, daß jedes menschliche Leben als solches gleich wertvoll ist und keiner irgendwie gearteten Bewertung unterworfen werden kann. Wo menschliches Leben existiert, kommt ihm Würde zu, ohne daß es darauf ankommt, ob sich der Träger dieser Würde bewußt ist und sie selbst wahrzunehmen weiß.[124] Demzufolge muß Geistigbehinderten das gleiche Maß an Würde zukommen.

Im übrigen ist ergänzend hervorzuheben, daß dieses Ergebnis auch im Einklang mit der verfassungsgeberischen Regelungsintention steht. Im Rahmen der Grundgesetznovelle vom 27. 10. 1994 wurde Art. 3 Abs. 3 S. 2 GG neu eingeführt, wonach niemand wegen seiner Behinderung benachteiligt werden darf. Der verfassungsändernde Gesetzgeber beabsichtigte damit, die Stellung behinderter Menschen nicht nur im Verhältnis Staat – Bürger, sondern ganz generell in Recht und Gesellschaft zu stärken.[125] Entscheidendes Ziel sollte die Integration geistig behinderter Menschen in die Gesellschaft sein. Durch die Einfügung des Art. 3 Abs. 3 S. 2 GG, der auch als Staatszielbestimmung verstanden wird, kommt diesem Aspekt nunmehr eine entscheidende Bedeutung zu. Unter dem Schlagwort „Normalisierungsprinzip" wird der normale Lebensrhythmus eines nichtbehinderten Menschen als Maßstab für ein Lebenskonzept geistig Behinderter genommen. Dabei soll die Andersartigkeit dieser Menschen nicht negiert werden. Geistig Behinderte brauchen Hilfestellung in der Bewältigung von Lebensaufgaben, die ihre Fähigkeiten übersteigen. Spezielle Hilfen, Dienste und Einrichtungen werden weiterhin erforderlich sein, weil es „normal" ist, daß geistig Behinderte diese Hilfen erfahren. Vielmehr sollen sie mit diesen Hilfen in

---

[120] Nickel/ Schmidt-Preisigke/ Sengler, Erl. § 3 Rdn. 3.

[121] BGH, NJW 2002, S. 2318 (Marlene Dietrich).

[122] Kritisch hierzu auch Benda, NJW 2001, S. 2148.

[123] BVerfGE 39, 1 (41, 59).

[124] So auch Benda, NJW 2001, S. 2148; Nickel/ Schmidt-Preisigke/ Sengler, Erl. § 3 Rdn. 2, Lachwitz, BtPrax 1995, S. 114.

[125] Neuner, NJW 2000, S. 1822. Diese verfassungsrechtliche Tendenz hat jüngst auch in dem seit 1.9.2001 geltenden einfachgesetzlichen Mietrecht ihren Niederschlag gefunden. Vgl. hierzu § 554 a BGB - „Barrierefreiheit".

einer konkreten gesellschaftlichen Situation mit den Freuden und Leiden der sie umgebenden Menschen leben können, um dadurch die Entfaltung ihrer Persönlichkeit zu fördern.[126] Signalwirkung kommt insoweit auch dem neu eingeführten § 105a BGB[127] zu, wonach behinderte Menschen alltägliche Geschäfte ohne Mitwirkung ihres Betreuers vornehmen können.[128] Die gesetzliche Regelung zielt darauf ab, die soziale Integration erwachsener, geistig behinderter Menschen zu fördern.[129]

IV. Die Einwilligung als Rechtmäßigkeitsvoraussetzung jedes ärztlichen Handelns

Die Stellung des Patienten in der medizinischen Behandlung hat sich in den 2400 Jahren seit Hippokrates und insbesondere in der zweiten Hälfte des 20. Jahrhunderts deutlich verändert. Lag die Entscheidung über die durchzuführende medizinische Behandlung früher allein in den Händen des Arztes, so hat der Patient in den letzten Jahrzehnten mehr und mehr Mitwirkungsrechte erhalten. Darin spiegelt sich die zunehmende Anerkennung des Selbstbestimmungsrechts des Patienten wider.[130] Das Recht, über den eigenen Körper zu verfügen, in eine Behandlung einzuwilligen oder diese abzulehnen, wird zutreffend mit dem Begriff „Selbstbestimmungsrecht" zusammengefaßt.[131] Ausdruck dieses Selbstbestimmungsrechts ist die Einwilligung in die medizinische Behandlung.[132]

1. Die Einwilligung in ärztliche Maßnahmen

Ärzte und Juristen sind sich heute darüber einig, daß es zu einer ärztlichen Behandlung, vor allem zu einem Eingriff in die körperliche Integrität grundsätzlich der Einwilligung des Patienten bedarf. Von jeher leitet die Rechtsprechung das Erfordernis der Einwilligung des Patienten in die Heilbehandlung zur Rechtfertigung des Eingriffs in die körperliche Integrität aus dem Recht auf körperliche Unversehrtheit (Art. 2 Abs. 2 GG) und dem Selbstbestimmungsrecht des Patienten als Ausfluß der Menschenwürde (Art. 1 GG) her.[133]

---

[126] Vgl. hierzu auch Springorum, Das Selbstbestimmungsrecht des geistig Behinderten in der medizinischen Behandlung, S. 152.

[127] BGBl I v. 31.7.2002, 2850 (2856).

[128] Vgl. hierzu auch Lachwitz, der bereits 1994 darauf hingewiesen hat, daß geistig behinderte Menschen vor allem im alltäglichen Leben mehr Selbstbestimmung wollen, BtPrax 1995, S. 114.

[129] Vgl. hierzu näher Casper, NJW 2002, S. 3429.

[130] Vgl. hierzu auch Springorum, Das Selbstbestimmungsrecht des geistig Behinderten in der medizinischen Behandlung, S. 1.

[131] Vgl. Heide, Medizinische Zwangsbehandlung, S. 190.

[132] Springorum, Das Selbstbestimmungsrecht des geistig Behinderten in der medizinischen Behandlung, S. 1.

[133] BGHZ 106, 391 (397); vgl. auch Katzenmeier, Arzthaftung, § 2 III.1.a.

Gleichwohl hat sich diese Auffassung nicht etwa erst in Anlehnung an das Grundgesetz herausgebildet. Bereits im Jahre 1917[134] hat das Reichsgericht die gleichen Grundsätze aus der allgemeinen Rechtspflicht, niemanden körperlich zu verletzen, hergeleitet und seine Meinung in der Folgezeit wiederholt bestätigt.[135]

a) Die ausdrücklich erklärte Einwilligung des Patienten

Wenn man mit der h.M. jeden ärztlichen Heileingriff als tatbestandsmäßige Körperverletzung ansieht, welche die Rechtswidrigkeit indiziert, so bedarf es einer besonderen Rechtfertigung, die das Handeln des Arztes legitimiert. Im wesentlichen kommen die Einwilligung und die mutmaßliche Einwilligung als Rechtfertigungsgründe bei ärztlichen Eingriffen in Betracht.[136] Selbst wenn man mit der M.M. ausschließlich an das Persönlichkeitsrecht als Verletzungsgegenstand i. S. des § 823 BGB anknüpft, so kommt man auch nach dieser Ansicht nicht an der Tatsache vorbei, daß die Rechtsgutverletzung einer rechtfertigenden Einwilligung bedarf. Obgleich die Rechtsfigur der rechtfertigenden Einwilligung weder im Straf- noch im Bürgerlichen Gesetzbuch[137] positivrechtlich geregelt ist, so ist sie doch mittlerweile allgemein anerkannt. Sie wird in zahlreichen Schriften auf die Rechtsparömie „volenti non fit iniuria" zurückgeführt.[138] Konstruktiv wird die rechtfertigende Einwilligung als Rechtfertigungsgrund qualifiziert, der einer Pflichtverletzung bzw. einer unerlaubten Handlung das Merkmal der Widerrechtlichkeit nimmt.[139]
Eine ärztliche Maßnahme ist demnach grundsätzlich nur rechtmäßig, wenn eine wirksame Einwilligung[140] vorliegt. Nur die wirksame, im Augenblick des Angriffs vorliegende Einwilligung des Betroffenen in die Rechtsgutverletzung hebt die Rechtswidrigkeit des Angriffs auf.[141]

---

[134] RGZ 88, 433 (436).

[135] RGZ 151, 349 (352); RGZ 163, 129 (137); RGZ 168, 206 (210).

[136] Zu denken ist auch an die Möglichkeiten des rechtfertigenden Notstandes gem. § 34 StGB und der Nothilfe gem. § 227 Abs. 2 BGB.

[137] Erst mit Inkrafttreten des BtG wird die Einwilligung des Betreuers in ärztliche Eingriffe in §§ 1904, 1905 BGB erwähnt. Für wichtige Fragen wie etwa die Einwilligung des Betreuers in eine Untersuchung des Gesundheitszustandes des Betreuten, eine Heilbehandlung, einen ärztlichen Eingriff, insbesondere eine Sterilisation, enthielt das alte Recht keine besonderen Regelungen. Vgl. BT-Drucks. 11/ 4528, S. 39.

[138] Kohte, AcP 185, S. 108.

[139] Kohte, AcP 185, S. 110.

[140] Terminologisch muß hier, folgt man dem Indikationsmodell der h.M. von einer „Einwilligung" als Rechtfertigungsgrund gesprochen werden, weil dem „Einverständnis" bereits tatbestandsausschließende Wirkung zukommt. Vgl. Schönke/ Schröder-Eser, § 223 Rdn. 37.
Im Zivilrecht liegt die praktische Bedeutung der Differenzierung zwischen tatbestandsausschließendem Einverständnis und rechtfertigender Einwilligung vor allem in der unterschiedlichen Behandlung der Beweislast. Vgl. Kohte, AcP 185, S. 111.

[141] MünchKomm-Mertens, § 823 Rdn. 39.

b) Die mutmaßliche Einwilligung

Kann sich der Patient nicht äußern, etwa wegen Bewußtlosigkeit, so ist ein im Interesse des Betroffenen vorgenommener Eingriff in seine Rechte oder Rechtsgüter auch gerechtfertigt, wenn von seiner mutmaßlichen Einwilligung auszugehen ist. Der Rechtfertigungsgrund der mutmaßlichen Einwilligung ergibt sich nach überwiegender Ansicht[142] aus der entsprechenden Anwendung der Vorschriften über die berechtigte Geschäftsführung ohne Auftrag, gem. §§ 677 ff. BGB.

Eine mutmaßliche Einwilligung liegt demnach vor, wenn der einwilligungsfähige Patient, könnte er sich äußern, mutmaßlich seine Einwilligung erteilt hätte. Im Hinblick auf das Selbstbestimmungsrecht des Patienten ist der Inhalt des mutmaßlichen Willens in erster Linie aus den persönlichen Umständen des Betroffenen, aus seinen individuellen Interessen, Wünschen, Bedürfnissen und Wertvorstellungen zu ermitteln. Anhaltspunkte hierfür können frühere mündliche und schriftliche Äußerungen sein, die sich z.B. durch Befragung der Angehörigen oder der Auslegung eines Patiententestaments[143] feststellen lassen.

Der ausdrückliche und der mutmaßliche Patientenwille werden von der ständigen Rechtsprechung gleichgesetzt und haben demzufolge die gleiche rechtfertigende rechtliche Qualität.[144]

c) Die Einwilligung durch einen Vertreter

Im Bereich der Krankenversorgung ergeben sich relativ häufig Situationen, in denen der Betroffene – aus welchen Gründen auch immer - nicht selbst einwilligen kann. Kann der Betroffene nicht selbst einwilligen, so muß seine Einwilligung ersetzt werden.

Problematisch ist zunächst, ob eine Stellvertretung in Gesundheitsfragen prinzipiell zulässig ist. Bei der Krankenbehandlung ist zunächst zwischen dem Abschluß des ärztlichen Behandlungsvertrages und der Einwilligung in den ärztlichen Eingriff zu unterscheiden. Bei dem Behandlungsvertrag handelt es sich um ein das Vermögen betreffendes Rechtsgeschäft und damit ist – für den Abschluß - die Stellvertretung problemlos möglich. Die Einwilligung hingegen stellt eine die höchstpersönlichen Rechtsgüter betreffende Willensäußerung dar. Es ist daher im folgenden die Möglichkeit der Stellvertretung im Bereich höchstpersönlicher Entscheidungen zu prüfen.

---

[142] Vgl. MünchKomm-Mertens, § 823 Rdn. 43; Soergel-Zeuner, § 823 Rdn. 231; Wölk, MedR 2001, 80 ff. (81).

[143] Zum Begriff des Patiententestaments siehe ausführlich unter § 4 II. 2. a). aa).

[144] BGHSt 40, 257 (263); Kutzer, ZRP 1997, S. 118 m.w.N.; Coeppicus, S. 116.

aa) Die Rechtsnatur der Einwilligung

Die Frage der Zulässigkeit einer Stellvertretung bei der Einwilligung in ärztliche Heileingriffe kann nicht ohne einen Blick auf die Rechtsnatur der Einwilligung beantwortet werden. Problematisch ist insbesondere, unter welchen Voraussetzungen die Einwilligung des Vertreters in ihrer Wirkung dem Betroffenen zugerechnet werden kann. Die Frage, ob die Vorschriften über Willenserklärungen zur Beurteilung der Wirksamkeit der Einwilligung herangezogen werden können, beurteilt sich nach der Rechtsnatur der Einwilligung. Die §§ 164 ff. BGB gelten grundsätzlich nur für den rechtsgeschäftlichen Verkehr. Gegenstand des Vertreterhandelns können somit lediglich Willenserklärungen sein, die der Vertreter im Namen des Vertretenen abgibt oder entgegennimmt.[145]
Es gilt daher vordringlich die Rechtsnatur der rechtfertigenden Einwilligung zu klären. Ob es sich bei der Einwilligung in ärztliche Maßnahmen um eine rechtsgeschäftliche Willenserklärung oder um eine Gestattung oder Ermächtigung zur Vornahme tatsächlicher Handlungen, mithin um eine geschäftsähnliche Handlung handelt, ist lebhaft umstritten. In der Rechtsprechung wurde die Rechtsnatur der Einwilligung in ärztliche Behandlungsmaßnahmen bislang unterschiedlich behandelt. Die entscheidende Weichenstellung für die rechtliche Qualifikation der Einwilligung erfolgte durch ein vielbeachtetes Urteil des BGH[146] aus dem Jahre 1958. Während der BGH[147] zunächst in Übereinstimmung mit dem Reichsgericht[148] die Ansicht vertrat, es handle sich bei der Einwilligung um eine rechtsgeschäftliche Willenserklärung, verneint er seit seiner grundlegenden Entscheidung aus dem Jahre 1958 jeden rechtsgeschäftlichen Charakter und sieht in der Einwilligung indessen eine Gestattung oder Ermächtigung zur Vornahme einer tatsächlichen Handlung, die in den Rechtskreis des Betroffenen eingreift.[149]
Die zivilrechtliche Literatur[150] hat sich dieser Rechtsprechung in weiten Teilen angeschlossen, in dem sie die rechtfertigende Einwilligung als geschäftsähnliche Handlung in Form einer Willenserklärung ansieht. Die bestehenden Unterschiede in der Terminologie bedeuten keine Abweichung von der Sache. In Abgrenzung zur gefestigten Rechtsprechung des BGH[151] und der hL hält eine Minder-

---

[145] Palandt-Heinrichs, Einf.v. § 164 Rdn. 3.

[146] BGHZ 29, 33 ff.

[147] BGHZ 7, 198 (207).

[148] RGZ 68, 431 (433).

[149] BGHZ 29, 33 (36).

[150] Vgl. Palandt-Heinrichs, Überbl. v. § 104 Rdn. 6 a.E. m.w.N.; Jürgens-Jürgens, § 164 Rdn. 1.

[151] 1971 und 1974 bestätigte der BGH sein im Jahre 1958 getroffenes Urteil durch zwei weitere Entscheidungen, vgl. BGH, NJW 1972, S. 336; BGH NJW 1974, S. 1947.

meinung[152] an der Einordnung der Einwilligung als rechtsgeschäftliche Willenserklärung fest.
Der BGH begründet seine Auffassung, eine rechtfertigende Einwilligung in ärztliche Eingriffe stelle keine rechtsgeschäftliche Willenserklärung dar, zunächst damit, daß es sich bei der Einwilligung zu einem Eingriff in die körperliche Integrität nicht um eine Einwilligung im Sinne des § 183 BGB, mithin nicht um die Zustimmung zu einem Rechtsgeschäft, also nicht um eine rechtsgeschäftliche Willenserklärung handele.[153] Die Mindermeinung[154] kritisiert, daß der BGH die Entscheidung über den rechtsgeschäftlichen Charakter der rechtfertigenden Einwilligung davon abhängig macht, ob diese dem Anwendungsbereich des § 183 BGB zugeordnet werden kann. Das vermag nicht zu überzeugen. Bei der Zustimmung i.S. der §§ 182 ff. BGB handelt es sich um eine Einverständniserklärung zu dem von einem anderen vorzunehmenden Rechtsgeschäft.[155] Die Einwilligung ist eine im voraus erklärte Zustimmung, § 183 BGB. Die Zustimmung weist die Rechtsnatur einer Willenserklärung auf, weil der Zustimmende die privatautonome Zuständigkeitsordnung rechtsverbindlich wiederherstellen, also eine Rechtsfolge unmittelbar herbeiführen will.[156] Bei der rechtfertigenden Einwilligung hingegen handelt es sich um die Erteilung einer Erlaubnis zum Eingriff in die Rechtsgüter durch den Rechtsgutträger. Mit der Einwilligung in den ärztlichen Eingriff wird also das Einverständnis mit dem tatsächlichen Handeln des Arztes erklärt. Es fehlt mithin von vornherein an jeder Vergleichbarkeit. Es ist kein Grund ersichtlich, warum aus der Tatsache, daß die rechtfertigende Einwilligung nicht der in den §§ 182 ff. BGB geregelten Einwilligung entspricht, nicht der Schluß gezogen werden sollte, sie sei deshalb keine Willenserklärung. Vielmehr ist die Nichtanwendung dieser Vorschrift und Verneinung eines rechtsgeschäftlichen Charakters der rechtfertigenden Einwilligung nur konsequent.
Im übrigen ergibt sich aus dem Normtext, daß auch der Gesetzgeber, leider dogmatisch unsauber, zwischen den beiden Rechtsinstituten differenziert. Während der Wortlaut des § 1903 BGB ausdrücklich klarstellt, daß der Betreute zu einer Willenserklärung unter bestimmten Voraussetzungen der Einwilligung des Betreuers bedarf, spricht der Gesetzgeber in den §§ 1904, 1905 BGB von der Einwilligung in ärztliche Maßnahmen, respektive in eine Sterilisation. Aus dieser Terminologie ist zu folgern, daß sich ein Einwilligungsvorbehalt nur auf Willenserklärungen und nicht auf tatsächliche Handlungen wie die Einwilligung in ärztliche Maßnahmen gem. §§ 1904, 1905 BGB beziehen kann.[157] Folgerichtig ist deshalb davon auszugehen, daß es sich bei der rechtfertigenden Einwilligung um keine rechtsgeschäftliche Willenserklärung handelt.

---

[152] Mayer, S. 26 ff. ; so im Ergebnis auch Kohte, der sich ausführlich mit der Argumentation des BGH in seiner Grundsatzentscheidung auseinandersetzt, vgl. hierzu Kohte, AcP 185, 114 ff.

[153] BGHZ 29, 33, 36.

[154] Mayer, S. 28.

[155] Palandt-Heinrichs, Einf. v. § 182 Rdn. 2.

[156] Palandt-Heinrichs, Einf. v. § 182 Rdn. 2.

[157] Vgl. auch Palandt-Diederichsen, § 1903 Rdn. 8.

Des weiteren führt der BGH an, die Einordnung der Einwilligung als Rechtsgeschäft setze voraus, daß der Betroffene über die von der Einwilligung betroffenen Rechtsgüter verfügen könne. Leben und körperliche Unversehrtheit seien indes Rechtsgüter, die nicht Gegenstand eines Rechts ihres Trägers seien. Da der Mensch deshalb über diese nicht verfügen könne wie beispielsweise über eine ihm gehörende Sache, seien die Vorschriften über rechtsgeschäftliche Willenserklärungen jedenfalls nicht unmittelbar anwendbar.
Die vom BGH in Anlehnung an eine Entscheidung des Reichsgerichts[158] vertretene Argumentation, Leben und körperliche Unversehrtheit könnten nicht Gegenstand eines Rechts ihres Trägers sein, bedarf einer kritischen Würdigung.
Nach Art. 2 Abs. 2 S. 1 GG steht jedermann das Recht auf Leben und körperliche Unversehrtheit zu. Folglich müssen diese Rechtsgüter auch Gegenstand eines Rechts ihres Trägers sein. Problematisch ist jedoch, inwieweit dem Rechtsinhaber ein Dispositionsrecht[159] zusteht. Für die Beurteilung der Frage, ob die Möglichkeit eines Verzichtes auf eine grundrechtlich verbürgte Position besteht, hat die rechtswissenschaftliche Lehre detaillierte Kriterien entwickelt.[160] Eine Verfügung über eine solche Rechtsposition scheidet dort aus, wo die Schwere und Endgültigkeit eines Eingriffs, die Gefahr des Mißbrauchs und die Funktion der Grundrechte als objektive Werteordnung dem entgegenstehen. Das Recht auf Leben im Sinne des Art. 2 Abs. 2 S. 1, 1. Alt. GG wird danach als nicht disponibel angesehen.[161] Die entsprechende Positivierung der Unverfügbarkeit menschlichen Lebens enthält § 216 StGB. Ein Verzicht auf die körperliche Unversehrtheit gemäß Art. 2 Abs. 2 S. 1, 2. Alt. GG ist hingegen zulässig. Wie § 228 StGB zeigt, geht der Gesetzgeber davon aus, daß der Betroffene prinzipiell in der Lage ist, rechtmäßig auf den Schutz seiner körperlichen Integrität zu verzichten. Dementsprechend ist im Medizinrecht anerkannt, daß der Patient über sein Recht der körperlichen Unversehrtheit disponieren darf. Im übrigen darf hier auf die obigen Ausführungen zu den Rechtsgütern der körperlichen Integrität und des allgemeinen Persönlichkeitsrechts verwiesen werden.[162]
Zudem bestehen auch rechtsdogmatische Bedenken von der vermeintlichen Unverfügbarkeit des Rechtsguts „Leben“ bzw. „körperliche Unversehrtheit“ auf die Rechtsnatur der Einwilligung. Die Frage der Dispositionsfähigkeit der jeweiligen Rechtsgüter betrifft nicht das Problem der Rechtsnatur, sondern die Frage der rechtsgeschäftlichen Grenzen der Erklärung. Eine inhaltlich unzulässige Willenserklärung ist nach §§ 134, 138 BGB nichtig, verliert aber dadurch nicht den Charakter eines Rechtsgeschäfts.[163]

Schließlich begründet der BGH seine Ansicht, die Einwilligung in eine ärztliche Behandlung stelle keine Willenserklärung dar, damit, daß dem Patienten der so-

---

[158] RGSt 41, 392 (395).

[159] Nach Kohte steht dem Rechtsinhaber ein Dipositionsrecht zu; vgl.Kohte, AcP 185, S. 115; so auch Mayer, S. 29.

[160] Vgl. Stern, Staatsrecht III/ 2, 912 ff; Pietzcker, Der Staat 1978, S. 527 und S. 531.

[161] Wassermann, DRiZ 1986, 291 f.

[162] Vgl. hierzu ausführlich § 2 II.

[163] In diesem Sinne auch Kohte, AcP 185, S. 116.

genannte Rechtsfolgewille, mithin der Wille zur Herbeiführung eines rechtlichen Erfolges fehle. Bei der Einwilligung in einen ärztlichen Eingriff handle es sich um die bloße Gestattung eines faktischen Eingriffs. Die in der Literatur[164] vereinzelt geäußerte Kritik an der Aussage des BGH geht fehl. Die Mindermeinung[165] ordnet die rechtfertigende Einwilligung aufgrund der vermeintlich vorliegenden Tatbestandsmerkmale als rechtsgeschäftliche Willenserklärung ein. Diese Ansicht vertritt die These, daß die rechtfertigende Einwilligung im Kern die Erlaubnis zum Eingriff in die Rechtsgüter des Patienten enthalte. Der tatsächliche Erfolg - die Heilung – könne nur dadurch erreicht werden, daß zuvor ein rechtlicher Erfolg – die Erteilung der Erlaubnis zum Eingriff in die Rechtsgüter des Patienten – herbeigeführt wird.
Diese Argumentation überzeugt nicht. Ob die Einwilligung als rechtsgeschäftliche Willenserklärung einzuordnen ist, beurteilt sich ausschließlich danach, ob die Tatbestandsvoraussetzungen dieses Rechtsinstituts vorliegen. Unter einer rechtsgeschäftlichen Willenserklärung versteht man gewöhnlich eine private Willensäußerung, die auf Herbeiführung eines rechtlichen Erfolges gerichtet ist und die den Erfolg, weil gewollt, auch herbeiführt.[166] Davon zu unterscheiden sind die geschäftsähnlichen Handlungen, mithin Willensäußerungen, die auf die Herbeiführung eines tatsächlichen Erfolges gerichtet sind und deren Rechtsfolgen kraft Gesetzes eintreten.[167] Legt man der rechtfertigenden Einwilligung die klassische Definition der Willenserklärung zugrunde, so zeigt sich die Divergenz vor allem an dem Definitionsmerkmal der Herbeiführung eines gewollten Rechtserfolgs. Neben der Abgrenzung zwischen rechtlichem und tatsächlichem Erfolg ist vor allem darauf abzustellen, ob die rechtlichen Folgen kraft Gesetzes oder als final gewollt herbeigeführt werden. Die Rechtsordnung knüpft in vielen Fällen an Handlungen Rechtsfolgen, für deren Eintritt es gleichgültig ist, ob sie vom Handelnden gewollt sind oder nicht.[168] Zu diesen sogenannten Rechtshandlungen gehören neben den rechtswidrigen Handlungen auch die geschäftsähnlichen Handlungen. Folgt man nun der hier vertretenen Ansicht, die jeden ärztlichen Heileingriff als tatbestandliche Körperverletzung, mithin als unerlaubte Handlung qualifiziert, bedarf es zur Beseitigung der Widerrechtlichkeit einer besonderen Rechtfertigung. Konstruktiv läßt die wirksame Einwilligung als Rechtfertigungsgrund das Merkmal der Widerrechtlichkeit quasi automatisch entfallen. Die an den Rechtfertigungsgrund anknüpfenden rechtlichen Folgen – Beseitigung der Widerrechtlichkeit – treten unabhängig davon ein, ob sie vom Handelnden gewollt sind oder nicht. Demzufolge ist die rechtfertigende Einwilligung eindeutig als geschäftsähnliche Handlung und nicht als rechtsgeschäftliche Willenserklärung zu qualifizieren.

Die Ansicht der h.M. überzeugt insbesondere vor dem Hintergrund der grundsätzlichen Beurteilung und der zentralen Bedeutung des Selbstbestimmungs-

---

[164] Vgl. Kohte, AcP 185, S. 117; Mayer, S. 29.

[165] Vgl. Mayer, 29 ff.

[166] Palandt-Heinrichs, Überbl. v. § 104 Rdn. 2.

[167] Palandt-Heinrichs, Überbl. v. § 104 Rdn. 6.

[168] Palandt-Heinrichs, Überbl. v. § 104 Rdn. 4.

rechts des Patienten. Legt man die Ansicht zugrunde, daß es sich bei der Einwilligung um eine rechtsgeschäftliche Willenserklärung handelt, müßte man konsequenterweise für deren Wirksamkeit auf die Geschäftsfähigkeit des Betroffenen abstellen. Dies widerspricht im Hinblick auf das Selbstbestimmungsrecht und den Erforderlichkeitsgrundsatz den Grundprinzipien des Betreuungsrechts. Die Schwelle für die Geschäftsfähigkeit ist ungleich höher, als die für die Einwilligungsfähigkeit erforderliche natürliche Einsichts- und Steuerungsfähigkeit.[169]
Gerade bei Patienten mit geistiger Behinderung ist je nach Schweregrad der Intelligenzretardierung Geschäftsfähigkeit die Ausnahme und daher Geschäftsunfähigkeit die Regel.[170] Gleichwohl können die Betroffenen durchaus in der Lage sein, in die Behandlung einzuwilligen. Im Ergebnis ist deshalb folgerichtig davon auszugehen, daß die Einwilligung keine rechtsgeschäftliche Willenserklärung ist, weshalb es für deren Wirksamkeit nicht auf die Geschäftsfähigkeit, sondern auf die Einwilligungsfähigkeit[171] des Erklärenden ankommt.

Der Meinungsstreit verliert allerdings weitgehend dadurch an Schärfe, daß der BGH, gefolgt von der hL, die Vorschriften über Willenserklärungen und Rechtsgeschäfte auf geschäftsähnliche Handlungen analog anwendet.[172] Die Stellvertretung beurteilt sich nach dieser Ansicht nach den §§ 164 ff. BGB analog. Die Regelungen über Willenserklärungen sind jedoch nur insoweit analog anwendbar, als dies der Eigenart der jeweiligen Handlung sowie der mit ihr typischerweise verbundenen Interessenlage entspricht.[173]

bb) Stellvertretung im Bereich höchstpersönlicher Entscheidungen

Für die Frage der Zulässigkeit einer Stellvertretung in Gesundheitsfragen ist nicht nur die Rechtsnatur der Einwilligung entscheidend, sondern auch die Art der Rechtsgutverletzung. In unserer Rechtsordnung bleiben bestimmte Bereiche stellvertretungsfrei. Ausgeschlossen ist die Stellvertretung in höchstpersönlichen Angelegenheiten wie z.B. der Eheschließung oder der Verfügung von Todes wegen.[174] Bei höchstpersönlichen Rechtsgeschäften ist für eine Stellvertretung kein Raum. Dieses Prinzip findet sich auch im Betreuungsrecht in § 1903 Abs. 2 BGB wieder, der festlegt, daß sich ein Einwilligungsvorbehalt nicht auf solche höchstpersönlichen Willenserklärungen beziehen kann. Demzufolge ist eine gesetzliche Vertretung und damit auch eine Betreuung in diesem höchstpersönlichen Bereich generell ausgeschlossen. Insgesamt gilt der Grundsatz, daß ein

---

[169] Bienwald, Betreuungsrecht, § 1904 Rdn. 10.

[170] Vgl. hierzu näher § 1 I. 2.

[171] Unter *Einwilligungsfähigkeit* des Patienten wird insoweit die Fähigkeit des Patienten verstanden, Bedeutung und Tragweite des Eingriffs und seiner Gestattung zu ermessen.
Vgl. Kern, NJW 1994, S. 753.

[172] Jürgens-Jürgens, § 164 Rdn. 1; Palandt-Heinrichs, Einf. v. § 164 Rdn. 3; Kohte, AcP 185, S. 119.

[173] Palandt-Heinrichs, Überbl. v. § 104 Rdn. 7.

[174] Vgl. Palandt-Heinrichs, Einf. v. § 164 Rdn. 4.

Betreuer für Entscheidungen höchstpersönlicher Natur nicht bestellt werden kann.[175]

Fraglich ist demnach, ob dieser Grundsatz auch für die Einwilligung in ärztliche Eingriffe gilt. Bislang war umstritten, ob die Stellvertretung bei der Einwilligung in eine ärztliche Heilmaßnahme zulässig ist. Die wohl überwiegende Ansicht in der Literatur lehnte eine Stellvertretung in Gesundheitsfragen ab.[176] Die Einwilligung sei als eine die höchstpersönlichen Rechtsgüter betreffende Willensäußerung grundsätzlich stellvertretungsfeindlich.[177] Der Gesetzgeber hat indes die gesetzliche Stellvertretung und somit auch die Fremdbestimmung bei der Einwilligung in ärztliche Eingriffe durch die Normierung von Sonderregelungen anerkannt. Für die Einwilligung in die Verletzung höchstpersönlicher Rechtsgüter, wie der körperlichen Unversehrtheit oder die persönliche Freiheit gelten jetzt die Sonderregelungen der §§ 1904, 1905, 1906 BGB. Mit Inkrafttreten des BtÄndG und der Einführung der §§ 1904 Abs. 2 und 1906 Abs. 5 BGB ist zudem eine eindeutige gesetzliche Klarstellung erfolgt, daß Bevollmächtigungen[178] in höchstpersönlichen Angelegenheiten rechtlich möglich sind.[179]

Im Ergebnis ist abschließend festzuhalten, daß eine die ärztliche Maßnahme rechtfertigende Einwilligung durch den Stellvertreter des Patienten wirksam erklärt werden kann. Die Erklärung des durch eine Vorsorgevollmacht[180] Bevollmächtigten oder eines vom Vormundschaftsgericht bestellten Betreuers treten an die Stelle der Erklärung des Patienten und haben dieselbe rechtliche Verbindlichkeit wie die Erklärung des Patienten selbst.

2. Die Aufklärung als besondere Wirksamkeitsvoraussetzung der Einwilligung

Nach der Rechtsprechung[181], der sich das zivilrechtliche Schrifttum[182] fast durchweg angeschlossen hat, bildet die Aufklärung einen wichtigen Baustein des Indikationsmodells. Als Eingriff in die körperliche Unversehrtheit indiziert die ärztliche Maßnahme, auch wenn sie lege artis ausgeführt worden ist, die Rechtswidrigkeit des Eingriffs.[183] Die Handlung des Arztes ist grundsätzlich nur dann gerechtfertigt, wenn der Patient in den konkreten Heileingriff zuvor wirk-

---

[175] Jürgens-Jürgens, § 1896 Rdn. 27.

[176] Kern, NJW 1994, S. 753; Höfling/ Demel, MedR 1999, S. 542 m.w.N.

[177] Kern, NJW 1994, S. 753.

[178] Terminologisch sollte, nach der hier vertretenen Ansicht, richtigerweise nicht von einer „Einwilligungsvollmacht“, sondern von einer „Einwilligungsermächtigung“ gesprochen werden.

[179] So auch Bauer/ Rink, BtPrax 1996 , S. 134; Coeppicus, S. 47.

[180] Vgl. zur Vorsorgevollmacht näher unter § 4 I. 2; vgl. auch Palandt-Diederichsen, Einf. v. § 1896 Rdn. 7; Coeppicus, S. 46.

[181] Vgl. hierzu ausführlich § 2 II.

[182] Vgl. zusammenfassend MünchKomm-Mertens, § 823 Rdn. 358 f., m.w.N.

[183] Erman-Schiemann, § 823 Rdn. 137.

sam eingewilligt hat. Notwendige Voraussetzung für die Wirksamkeit der Einwilligung ist die umfassende Aufklärung des Patienten. Nur die Einwilligung des ordnungsgemäß aufgeklärten Patienten hat bei ärztlichen Eingriffen eine den Unrechtstatbestand ausschließende Wirkung. Voraussetzung einer wirksamen Einwilligung ist daher, daß derjenige, auf dessen Einwilligung es ankommt, über Art und Verlauf, Erfolgsaussichten und Risiken des betreffenden Eingriffs sowie über etwaige andere Behandlungsmöglichkeiten mit wesentlich anderen Belastungen, Chancen und Gefahren zwar nicht in allen Einzelheiten, aber doch im großen und ganzen unterrichtet ist.[184]

Ohne Aufklärung über den beabsichtigten Eingriff, denkbare Komplikationen und alternative Möglichkeiten kann der Patient nicht entscheiden, welche Beeinträchtigungen er wirklich hinnimmt.[185] Die wesentliche Funktion der Aufklärung vor der Einwilligung liegt darin, dem Patienten die notwendigen Informationen zur Ausübung des Selbstbestimmungsrechts bereitzustellen. Dem liegt die Erkenntnis zugrunde, daß der Patient sein Selbstbestimmungsrecht, auf dem das Erfordernis der Einwilligung beruht, nur bei einem entsprechenden Informationsstand sinnvoll ausüben kann. Demzufolge ist die Aufklärung unverzichtbare Voraussetzung für die Ausübung des Selbstbestimmungsrechts. Fehlt es an einer ordnungsgemäßen Aufklärung, so ist die Einwilligung unwirksam mit der Folge, daß der Arzt mit seinem Eingriff die körperliche Integrität, zu deren Schutzgegenstand nach der hier vertretenen Auffassung auch das Selbstbestimmungsrecht des Patienten gehört, verletzt und damit rechtswidrig handelt. Das gilt selbst dann, wenn der Eingriff medizinisch indiziert war, lege artis durchgeführt wurde und der Heilungserfolg eingetreten ist. In den letzten Jahrzehnten hat die Verletzung der durch das Selbstbestimmungsrecht des Patienten gebotenen Aufklärungspflicht als Anknüpfungspunkt ärztlicher Haftung, neben dem Behandlungsfehler, große forensische Bedeutung erlangt.[186]

Für die Bestimmung des Maßes und der Modalitäten der gebotenen Aufklärung kann kein allgemein gültiger Maßstab angegeben werden. Vielmehr muß im konkreten Einzelfall situationsbezogen über die erforderliche Aufklärung entschieden werden. Wegen der besonderen Bedeutung der Aufklärung des Patienten für die Wirksamkeit der Einwilligung und damit für die Rechtmäßigkeit ärztlichen Handelns sollen im folgenden die an die ärztliche Aufklärungspflicht im einzelnen zu stellenden Anforderungen näher dargelegt werden.

---

[184] Soergel-Zeuner, § 823 Rdn. 236.

[185] Kohte, AcP 185, S. 126.

[186] Vgl. zur Aufklärungspflichtverletzung ausführlich Katzenmeier, Arzthaftung, § 6.

a) Inhalt und Umfang der Aufklärungspflicht

aa) Inhalt

Der Arzt hat den Patienten über die Diagnose, den Verlauf und das Risiko der von ihm geplanten Maßnahme aufzuklären.[187] Inhaltlich gehört zur ordnungsmäßigen Aufklärung zunächst im einzelnen, daß der Einwilligungsberechtigte im großen und ganzen über Art, Schwere und Verlauf der vorgesehenen Behandlung und über gewichtige Nebenwirkungen unterrichtet wird. Hinzu kommen muß eine Aufklärung über die Erfolgsaussichten sowie über die ihrer Art nach ernst zu nehmenden Gefahren der Behandlung, mit deren Verwirklichung im konkreten Fall nach dem Stand der ärztlichen Erfahrung und Wissenschaft zur Zeit der Behandlung als Möglichkeit gerechnet werden muß.[188]
Die Aufklärung soll dabei individuell auf den Intellekt und das Vorwissen des Patienten abgestimmt werden. Die Aufklärung muß so erfolgen, daß sie für den Patienten eine echte Entscheidungshilfe darstellt. Der Patient muß nach erfolgter Aufklärung die Art, Bedeutung und Folgen des geplanten Eingriffs einschätzen können.[189] Als Leitlinie bietet sich die Erwägung an, welche Entscheidung der Arzt anstelle des Patienten und in dessen persönlicher Lage unter Abwägung der Chancen und der wesentlichen Risiken einer Behandlungsmaßnahme bei Berücksichtigung der gegebenen Alternativen treffen würde.[190] Der Patient muß aufgrund der Aufklärung seine eigene Entscheidung über die ärztliche Maßnahme eigenverantwortlich in Kenntnis des voraussichtlichen Verlaufs der Krankheit bei Durchführung der vorgeschlagenen Behandlung und ohne sie treffen können.

bb) Umfang

Der Umfang der notwendigen Aufklärung bestimmt sich im wesentlichen nach drei Faktoren. Maßgeblich für die Konkretisierung und Eingrenzung der erforderlichen Aufklärungspflicht sind die Komplikationsdichte, die Dringlichkeit der Maßnahme und die Größe des Risikos.[191] Ursprünglich hat sich der BGH[192] auf den Standpunkt gestellt, daß eine Verpflichtung zur Risikoaufklärung nur hinsichtlich typischerweise mit der Behandlung verbundenen Gefahren bestehe. Gefahren also, die mit einer Behandlung verbunden zu sein pflegen und mit deren Eintreten nach dem Stande ärztlicher Erfahrung und Wissenschaft gerechnet werden muß. Gleichwohl ist eine Aufklärung des Patienten über mögliche schädliche Folgen einer vorgesehenen Heilbehandlung nicht erforderlich, wenn

---

[187] Wiesing/ Braunwald u.a., Die Aufklärung von Tumorpatienten, S. 4; Mayer differenziert inhaltlich im einzelnen zwischen Diagnose-, Verlaufs- und Risikoaufklärung. Vgl. hierzu näher Mayer, 37 ff.

[188] Soergel-Zeuner, § 823 Rdn. 242.

[189] MünchKomm-Mertens, § 823 Rdn. 354.

[190] Vgl. auch MünchKomm-Mertens, § 823 Rdn. 354.

[191] Erman-Schiemann, § 823 Rdn. 138.

[192] BGHZ 29, 46 (57); BGHZ 29, 176 (182).

Schäden nur in äußerst seltenen Fällen aufgetreten sind und anzunehmen ist, daß sie bei einem verständigen Patienten für seinen Entschluß, in die Behandlung einzuwilligen, nicht ernsthaft ins Gewicht fallen.[193]

In einer neueren Entscheidung aus dem Jahre 1989 vertritt der BGH[194] überdies die Ansicht, daß der Patient auch auf seltene Gefahren hinzuweisen sei. Die Aufklärungspflicht entfalle nur bei äußerst fernliegenden Gefahren. Entbehrlich ist die Aufklärung zudem über evidente Gefahren, die mit einem ärztlichen Eingriff verbunden sind, wie z.B. die Tatsache, daß bei einer Operation immer eine Blutung auftreten kann.[195]
Einen wesentlichen Faktor für den Umfang der Aufklärungspflicht bildet indes die Komplikationsdichte, mithin der Grad der Gefährlichkeit des Eingriffs.[196] Maß und Umfang der Aufklärungspflicht richten sich demzufolge in erster Linie nach der Häufigkeit und Schwere der auftretenden Komplikationen, wie sie sich unter den speziellen Umständen des Einzelfalls darstellen. Gleichwohl hat es der BGH stets abgelehnt, ein festes Zahlenverhältnis zwischen der Komplikationsdichte und der ärztlichen Hinweispflicht aufzustellen.[197] Die Komplikationsdichte ist indes nicht alleiniges Kriterium für den Umfang der Aufklärungspflicht. Von besonderer Relevanz zur Beurteilung der Frage, in welchem Umfang aufgeklärt werden muß ist die Dringlichkeit der indizierten Behandlung. Zwischen der Dringlichkeit des Eingriffs und dem Umfang der Aufklärungspflicht besteht ein reziproker Zusammenhang. Insofern gilt der Grundsatz, daß das Maß der Genauigkeit, mit der aufgeklärt werden muß, im umgekehrten Verhältnis zu dem Maß der Dringlichkeit steht.[198] Als Faustregel gilt deshalb: je dringlicher der Eingriff, desto geringere Anforderungen sind an den Umfang der Aufklärungspflicht zu stellen; je weniger dringlich der Eingriff, desto größeren Anforderungen unterliegt die Aufklärungspflicht.[199] Dieser Grundsatz führt zu besonders strengen Anforderungen an die Ausführlichkeit der Aufklärung über die Risiken bei Wahleingriffen, insbesondere bei kosmetischen Operationen.[200]
Die Aufklärung umfaßt auch den Hinweis auf alternative Behandlungsmethoden, wenn diese zu unterschiedlichen Belastungen des Patienten führen oder

---

[193] BGHZ 29, 46 (60); BGHZ 29, 176 (182).

[194] BGHZ 106, 391 (394, 395). Nach Ansicht des erkennenden VI. Zivilsenats, ist der Patient vor der intraartikulären Injektion eines kortisonhaltigen Mittels in das Schultergelenk auf die, wenn auch seltene Gefahr einer Infektion des Gelenks mit der möglichen Folge einer Schulterversteifung hinzuweisen. Lediglich über die fernliegende Gefahr der Ausbildung einer tödlich verlaufenden Sepsis brauche der Patient nicht aufgeklärt zu werden.

[195] Wiesing/ Braunwald u.a., Die Aufklärung von Tumorpatienten, S. 4; vgl. auch Palandt-Thomas, § 823 Rdn. 49.

[196] BGHZ 29, 176 (181).

[197] BGH, NJW 1972, 335 (337).

[198] Pannek/ Oppel/ Wolf, ArztR 2001/ 8, S. 202.

[199] Vgl. Staudinger-Hager, § 823 I 84.

[200] Vgl. auch Mayer, S. 42; Pannek/ Oppel/ Wolf, ArztR 2001/ 8, S. 202; Soergel-Zeuner, § 823 Rdn. 138; Staudinger-Hager, § 823 I 85.

unterschiedliche Erfolgschancen bieten. Die Pflicht des Arztes, den Patienten über Behandlungsalternativen aufzuklären, entfällt nur dann, wenn eine an sich gegebene Behandlungsalternative im konkreten Fall wegen anderer behandlungsbedürftiger Verletzungen des Patienten ausscheidet.[201]

cc) Therapeutisches Privileg

Die Frage, ob die ärztliche Aufklärungspflicht hinsichtlich der Information des Patienten über den ärztlichen Befund bei schweren Krankheitsbildern oder einer sogenannten infausten Prognose des Krankheitsverlaufs gewissen Einschränkungen unterliegt, wird äußerst kontrovers diskutiert. Fraglich ist demnach, ob das sog. „therapeutische Privileg" als Grenze der Aufklärungspflicht anzuerkennen ist.

Der BGH hat einem solchen therapeutischen Privileg eine deutliche Absage erteilt. Im Zweifel sei auch dem unheilbar Kranken die Diagnose bekannt zu geben.[202] Ausnahmsweise sieht der BGH von einer restlosen Aufklärung ab, wenn durch sie das Leben oder die Gesundheit des Patienten ernstlich gefährdet würden.[203]

Die Aufklärungsbeschränkung führt dazu, daß dem Patienten die für die Ausübung des Selbstbestimmungsrechts notwendigen Informationen vorenthalten werden. Die Anerkennung eines therapeutischen Privilegs stellt daher zugleich einen Eingriff in das Selbstbestimmungsrecht dar. Das Selbstbestimmungsrecht des Patienten hat grundsätzlich Vorrang. Auch bei Vorliegen einer infausten Prognose darf dem Patienten nicht das Recht genommen werden zu entscheiden, ob er sich überhaupt einer Behandlung und gegebenenfalls welcher er sich unterziehen möchte. Im Interesse der Wahrung des Selbstbestimmungsrechts des Patienten kann dem Arzt deswegen kein Ermessen dahingehend eingeräumt werden, ob er den Patienten aufklären will. Dem Arzt kann allenfalls bei der Frage, in welcher Art und Weise der Patient zu unterrichten ist, ein Beurteilungsspielraum zugestanden werden.[204]

Im Hinblick auf die verfassungsrechtliche Verankerung der Aufklärungspflicht im Selbstbestimmungsrecht des Patienten bleibt nach alledem ein „therapeutisches Privileg" des Arztes grundsätzlich abzulehnen. Lediglich in äußerst eng umgrenzten Ausnahmefällen kann es hingenommen werden, daß der Arzt dem Patienten gewisse Informationen vorenthält.[205]

---

[201] Vgl. Pannek/ Oppel/ Wolf, ArztR 2001/ 8, S. 202.

[202] BGHZ 29, 176 (185, 186).

[203] BGHZ 29, 46 (56); BGHZ 29, 176 (183).

[204] So auch BGHZ 29, 176 (184).

[205] Vgl. hierzu die gesetzliche Regelung für die klinische Prüfung am Kranken in § 41 Nr. 7 AMG – wonach die Aufklärung und die Einwilligung des Kranken in besonders schweren Fällen entfallen können, wenn durch die Aufklärung der Behandlungserfolg nach § 41 Nr. 1 AMG gefährdet würde und ein entgegenstehender Wille des Kranken nicht erkennbar ist.

b) Die Durchführung der Aufklärung

aa) Der Aufklärungspflichtige

Zur Aufklärung verpflichtet ist in erster Linie der behandelnde Arzt.[206] Gleichwohl besteht die Möglichkeit, die Aufklärung zu delegieren, wobei jedoch organisatorisch sicherzustellen ist, daß die Aufklärung durch den Arzt, dem sie übertragen ist, gewährleistet bleibt.[207] Indes läßt sich Aufklärung nicht an andere Berufsgruppen delegieren.[208] Aufgrund der engen Kooperation des therapeutischen Teams sollte der zuständigen Pflegekraft grundsätzlich mitgeteilt werden, wann und mit welchem Inhalt, Ergebnis und Eindruck mit dem Patienten über seine Diagnose, Therapie und Prognose gesprochen wurde. Idealerweise kann auch eine Pflegekraft vom Arzt zu dem Aufklärungsgespräch mit dem Einverständnis des Patienten hinzugezogen werden. Sie wird häufig als Vertrauensperson oder als „Übersetzerin" fungieren und die gegebenen Informationen wiederholen und erläutern.[209]

bb) Der Adressat der Aufklärung

Adressat der Aufklärung ist stets derjenige, dessen Einwilligung zur Vornahme des Eingriffs benötigt wird. Das ist in aller Regel der Patient selbst, subsidiär sein gesetzlicher oder rechtsgeschäftlicher Vertreter, wenn dieser die Einwilligung anstelle des Patienten zu erteilen hat.[210] Wann letzteres der Fall ist, ist Gegenstand der nachfolgenden Erörterungen (Vgl. unten § 3 ff.).

cc) Ziel der Aufklärung – das Konzept des „informed consent"

Ziel eines jeden Aufklärungsgespräches sollte die allgemeine Übereinkunft, der informed consent,[211] zwischen Arzt und Patient sein. Zutreffend weist Pannek darauf hin, daß das Aufklärungsgespräch nicht nur eine rechtliche Pflicht ist, sondern eine zentrale Stellung im Vertrauensverhältnis zwischen Patient und Arzt einnimmt.[212]

Wie bereits ausgeführt, soll das Einwilligungsgespräch individuell auf den Intellekt und das Vorwissen des Patienten abgestimmt werden. Das Tempo und der Umfang des Informationsflusses sollten an die individuellen Fähigkeiten des

---

[206] So auch Staudinger-Hager, § 823 I 80; Palandt-Thomas, § 823 Rdn. 45; Mayer, S. 51; *a.A.* Soergel-Zeuner, § 823 Rdn. 246.

[207] Vgl. Staudinger-Hager, § 823 I 80.

[208] So auch Staudinger-Hager, § 823 I 80; Wiesing/ Braunwald u.a., Die Aufklärung von Tumorpatienten, S. 1.

[209] Wiesing/ Braunwald u.a., Die Aufklärung von Tumorpatienten, S. 11, 12.

[210] Vgl hierzu auch Katzenmeier, Arzthaftung, § 6 II. 3.b).

[211] Die Aufklärung in der Medizin ist eine Vorbedingung für das informierte Einverständnis des Patienten (informed consent). Vgl. hierzu auch Erman-Schiemann § 823 Rdn. 137; Wiesing/ Braunwald u.a., Die Aufklärung von Tumorpatienten, S. 1.

[212] Pannek/ Oppel/ Wolf, ArztR 2001/ 8, S. 200 und 202.

Patienten angepaßt werden.[213] Dieser Grundsatz muß vor allem bei geistigbehinderten Patienten berücksichtigt werden. Bei der ärztlichen Aufklärung eines geistigbehinderten Patienten ist der vereinfachten Denkstruktur des Betroffenen Rechnung zu tragen. So hat die Aufklärung geistig Behinderter in einer dem Patienten verständlichen Sprache und Wortwahl zu erfolgen.[214] Allerdings reicht es hierbei nicht aus, das Tempo zu reduzieren und die Wortwahl zu vereinfachen, vielmehr muß auch die Gedankenfolge in viele kleine Einzelschritte zerlegt werden. Hilfreich kann u.U. auch eine erklärende Zeichnung des aufklärenden Arztes sein. Gleichwohl wird das Aufklärungsgespräch über eine geplante ärztliche Maßnahme und deren Risiken oftmals die Urteils- und Vorstellungskraft des Geistigbehinderten überfordern.[215]
Die Aufklärung geistig behinderter Menschen kann leicht zur Demütigung werden, wenn man sich nicht auf ihre Langsamkeit und ihre vereinfachte Denkstruktur einläßt. Reicht das Verständnis des Geistigbehinderten auf Anhieb nicht aus, um die Bedeutung des erwogenen Eingriffs zu ermessen, so kann gleichwohl nicht auf die Aufklärung des Behinderten verzichtet werden und allein auf die Aufklärung des gesetzlichen Vertreters abgestellt werden.[216] Vielmehr gebietet es der Respekt vor dem Selbstbestimmungsrecht, daß die Aufklärung in allen Fällen, in denen sie nicht von vornherein unmöglich erscheint, unter Einsatz der im konkreten Fall zu Gebote stehenden Verständigungsmittel versucht wird.[217] Die Situation des aufklärenden Arztes läßt sich mit der des Vormundschaftrichters vergleichen, der in der Anhörung zu klären hat, ob und inwieweit der Betroffene trotz Behinderung in der Lage ist, sein Leben zu meistern respektive einer Betreuung bedarf.
Sowohl für die richterliche Anhörung als auch für die ärztliche Aufklärung geistig behinderter Menschen ist vor allem Geduld und Einfühlungsvermögen gefragt. In beiden Konstellationen geht es darum, eine besondere soziale Beziehung zu gestalten und eine geeignete Kommunikation zu entwickeln. Ungewohnt für den Richter und den Arzt ist zunächst die Langsamkeit des Menschen mit geistiger Behinderung. Dem Betroffenen ist ausreichend Zeit einzuräumen, damit er auf gestellte Fragen reagieren kann. Der Betroffene braucht lange Pausen, in die er hineindenken kann, denn er muß zunächst die Frage und ihre Bedeutung in sich aufnehmen, darüber nachdenken, die Antwort suchen und diese dann formulieren, bevor er antworten kann. Hier reicht es nicht aus, sein Tempo zu drosseln, sondern man muß sich auf eine ganz andere Gangart einstellen, um eine Kommunikation zu ermöglichen. Von Looz[218] zeigt die vormundschaftsrichterliche Anhörungssituation geistig behinderter Menschen sehr anschaulich an folgendem Beispiel auf:

---

[213] Wiesing/ Braunwald u.a., Die Aufkärung von Tumorpatienten, S. 9.

[214] So auch Springorum, Das Selbstbestimmungsrecht des geistig Behinderten in der medizinischen Behandlung, S. 7.

[215] So auch Springorum, Das Selbstbestimmungsrecht des geistig Behinderten in der medizinischen Behandlung, S. 52; Bayerlein in Schmidt/ Böcker, Rdn. 1020.

[216] Quambusch, Das Recht des Geistigbehinderten, Rdn. 164.

[217] Quambusch, Das Recht des Geistigbehinderten, Rdn. 164.

[218] Von Looz, BtPrax 1997, S. 91.

„...So wie jemand, der eine sehr alte Dame über die Straße führt, das unangenehme Gefühl überschießenden Impulses hat, wenn er Kopf und Beine weiterhin auf schnelles Gehen eingeschaltet und die Bewegung nur abgebremst hat. Ähnlich wie beim Tanz gelingt ein harmonisches Zusammengehen nur, wenn man den Rhythmus der Kleinschrittigkeit in sich spürt. So verhält es sich auch mit dem Einschwingen auf die Langsamkeit des Behinderten...". In vergleichbarer Weise muß sich auch der aufklärende Arzt in die Langsamkeit des Behinderten einfühlen können. Ausschlaggebend ist folglich die innere Haltung, die der Arzt seinem Gegenüber entgegenbringt. Die Aufklärung eines geistigbehinderten Patienten verlangt vom Arzt viel Einfühlungsvermögen und kostet Zeit.

dd) Form der Aufklärung

Weder die Aufklärung noch die auf ihr basierende Einwilligung bedarf der Schriftform.[219] Gleichwohl wird die Aufklärung in der Praxis zur Beweisvorsorge des Arztes oftmals schriftlich erfolgen. Schließlich trägt der Arzt im Schadensersatzprozeß unstreitig die Beweislast für eine zulängliche Aufklärung.
Nicht unumstritten ist dagegen die Frage, ob und inwieweit Formulare zur Erfüllung der Aufklärungspflicht verwandt werden dürfen. Immer häufiger finden sich in den letzten Jahren vorformulierte Einwilligungserklärungen in den AGB von Kliniken und Ärzten. Diese Formulare enthalten die Erklärung, daß in die Operation eingewilligt wird und eine vollständige Aufklärung stattgefunden hat. Zudem wird bestätigt, daß keine weiteren Fragen mehr bestehen und der Patient gegebenenfalls in eine Operationserweiterung einwilligt. Welche Gefahren die Zulässigkeit von pauschalen Formulareinwilligungen anstelle der Individualeinwilligung in der Praxis mit sich bringen kann, zeigt sich sehr deutlich an dem vom BGH[220] entschiedenen Fall, in dem einer operationsbereiten Patientin nach Verabreichung des Schmerzmittels auf der Trage noch schnell ein solches Formular zur Unterschrift vorgelegt wurde. Kohte[221] weist zu Recht auf die Gefahr hin, daß die Formularaufklärung schnell zur lästigen Formalität werden kann. Im Ergebnis käme dies einer Freizeichnung von der Aufklärungspflicht gleich. Wie bereits oben ausführlich dargestellt, ist die Aufklärungspflicht nicht nur Annex für die rechtfertigende Einwilligung, sondern zugleich eine aus § 242 BGB abgeleitete vertrauensbezogene Kardinalpflicht des Arztvertrages, von der keine Freizeichnung erfolgen kann. Formulare können daher keinesfalls das Aufklärungsgespräch zwischen Arzt und Patienten ersetzen; allenfalls können beispielsweise „Merkblätter zum Aufklärungsgespräch mit dem Arzt" das Gespräch vorbereiten und unterstützen.[222] Schließlich kann auch nur im persönlichen Gespräch festgestellt werden, ob der Patient die Formulare respektive Merkblätter oder Broschüren wirklich verstanden hat.[223]

---

[219] Vgl. Katzenmeier, Arzthaftung, § 6 II.3.c).

[220] BGH, VersR 1983, 957 ff.

[221] Kohte, AcP 185, S. 128.

[222] Vgl. Katzenmeier, Arzthaftung, § 6 II. 3.c).; Pannek/ Oppel/ Wolf, ArztR 2001/ 8, S. 202.

[223] So auch Katzenmeier, Arzthaftung, § 6 II. 3.c).

Im übrigen ist die Formularpraxis weder notwendig noch stets ausreichend. Der inzwischen weitverbreitete Gebrauch von Aufklärungsformularen dient in erster Linie der Beweisvorsorge des Arztes und der Kliniken, weil sie die Beweislast für eine zulängliche Aufklärung tragen. Hinsichtlich der den Arzt treffenden Beweislast sind schriftliche Aufzeichnungen im Krankenblatt über die Durchführung des Aufklärungsgespräches und seinen wesentlichen Inhalt zumindest genauso nützlich. Vielmehr empfiehlt sich die individuelle Aufzeichnung im Krankenblatt, weil der Arzt die wesentlichen und kritischen Punkte seiner Unterredung mit dem Patienten im Einzelfall in knapper Form dokumentieren kann. Die Beweiskraft des Formulars bzw. der Krankenakte ist umso größer, je differenzierter und patientenorientierter die Aufklärung im Einzelfall erfolgt ist.[224]

Vergegenwärtigt man sich nun die besondere Aufklärungssituation geistig behinderter Menschen, so wird man zu dem Ergebnis gelangen müssen, daß jeglicher Gebrauch von Aufklärungsformularen zu unterbleiben hat. Zum einen ist es für Menschen mit geistiger Behinderung keinesfalls selbstverständlich, Kulturtechniken wie Lesen, Schreiben und Rechnen zu beherrschen. Nur bei Vorliegen einer leichten bzw. mittelgradigen Oligophrenie sind die Betroffenen in der Lage, zu lesen oder zu schreiben.[225] Insbesondere haben Geistigbehinderte mit einer mittelgradigen Oligophrenie bereits eine deutliche Schreib- und Leseschwäche. Zum anderen handelt es sich bei vorformulierten Einwilligungserklärungen und Aufklärungsformularen um ein komplexes Regelungskonvolut, welches jedem medizinischen und juristischen Laien nur schwerlich verständlich ist. Um so weniger kann infolgedessen von geistig behinderten Menschen erwartet werden, daß sie die Formulare in vollem Umfang verstehen. Im Ergebnis ist daher festzuhalten, daß im Interesse einer umfassenden Aufklärung geistig behinderter Menschen von jeglicher formularmäßiger Aufklärung abzusehen ist.

ee) Zeitpunkt

Darüber hinaus ist für eine ordnungsgemäße Aufklärung die Wahl des richtigen Zeitpunkts entscheidend. Das Selbstbestimmungsrecht des Patienten ist nur dann gewahrt, wenn dem Patienten zwischen Aufklärung und Eingriff eine der Bedeutung des Eingriffs angemessene Überlegungsfrist verbleibt, in der er seine Entscheidung nach ruhiger Abwägung des Für und Wider treffen kann.[226] Dem Patienten soll es ermöglicht werden, mit dem Arzt seines Vertrauens, seinen Angehörigen oder Freunden die Entscheidung anhand der aufgezeigten Komplikationen im Sinne einer Risikio-Nutzenabwägung zu treffen. Gleichwohl läßt sich der genaue Zeitpunkt, zu dem die Aufklärung erfolgen soll, nicht generell, sondern nur unter Berücksichtigung der konkreten Umstände des Einzelfalls be-

---

[224] Vgl. Pannek/ Oppel/ Wolf, ArztR 2001/ 8, S. 203.

[225] Vgl. hierzu § 1 I 2.

[226] Vgl. Pannek/ Oppel/ Wolf, ArztR 2001/ 8, S. 202; Mayer, S. 51; so auch Soergel-Zeuner, § 823 Rdn. 240.

stimmen.[227] Grundsätzlich sollte die Aufklärung ihrem Zweck entsprechend - soweit das nach den Umständen möglich ist - so früh wie irgend möglich erfolgen. Die Aufklärung sollte zu einem Zeitpunkt durchgeführt werden, in welchem der Patient noch in vollem Besitz seiner Erkenntnis- und Entscheidungsfreiheit ist. Die Entscheidungsfreiheit des Patienten ist jedenfalls dann nicht gewahrt, wenn sich der Patient bereits auf dem Operationstisch befindet oder wenn er schon unter dem Einfluß von Medikamenten steht.[228] Auch bei einer Aufklärung erst am Vorabend einer langfristig planbaren Operation ist die Entscheidungsfreiheit des Patienten nicht mehr gewährleistet, weil sie den Patienten mit der Verarbeitung der erstmals mitgeteilten Fakten regelmäßig überfordern wird.[229]

c) Sonderfall: Die Aufklärung vor epilepsiechirurgischen Operationen

Nachdem nunmehr die Frage der Aufklärungspflicht in grundsätzlicher Hinsicht geklärt ist, soll abschließend noch ein weiterer interessanter Aspekt angesprochen werden, der die Aufklärung von geistig behinderten Patienten betrifft. Im Folgenden soll die Patientenaufklärung vor epilepsiechirurgischen Operationen näher dargestellt werden.

Häufig weisen geistig Behinderte zusätzliche Störungen im psychischen oder körperlichen Bereich auf. Die Epilepsieerkrankung ist ein Musterbeispiel für die Komplexität derartiger Mehrfachbehinderungen.[230] Cerebrale Anfallsleiden treten oftmals bei Patienten mit einer geistigen Behinderung als sogenannte Begleiterkrankung auf.[231] Insbesondere ist hiervon häufig die Patientengruppe der geistig schwer und schwerst Behinderten betroffen.[232] Bei epileptischen Anfällen wird in der Regel eine Behandlung mit antikonvulsiven Medikamenten, sog. Antiepileptika, eingeleitet, durch die 60 bis 70 % der Patienten anfallsfrei werden.[233]
Bei unzureichender Wirksamkeit der Antiepileptika ist eine operative Behandlung der Patienten erforderlich. Unter der sogenannten epilepsiechirurgischen Operation versteht man einen operativen Eingriff zur Entfernung eines epileptogenen Herdes oder die Unterbindung der Ausbreitung fokaler epileptischer Aktivität bei pharmakoresistenter Epilepsie.[234] Der Eingriff erfolgt nicht zur Abwendung einer drohenden Gefahr für die Gesundheit, sondern lediglich zur Bes-

[227] Vgl. auch Katzenmeier, Arzthaftung, § 6 II. 3.d).

[228] So auch Soergel-Zeuner, § 823 Rdn. 240; Katzenmeier, Arzthaftung, § 6 II. 3.d).

[229] Im Ergebnis auch Pannek/ Oppel/ Wolf, ArztR 2001/ 8, S. 205.

[230] Vgl. zu Mehrfachbehinderungen auch von Sachsen Gessaphe, § 3 III. 3.

[231] Speck, Menschen mit einer geistigen Behinderung und ihre Erziehung, S. 47.

[232] Vgl. Bayerlein in Schmidt/ Böcker, Rdn. 1011.

[233] Pschyrembel, S. 445; vgl. hierzu auch Böcker in Schmidt/ Böcker, Rdn. 635, wonach bei optimaler Behandlung und Vermeidung vegetativer Belastung bis zu 80 % aller Epileptiker anfallsfrei werden.

[234] Pschyrembel, S. 446.

serung des Zustandes, wobei mit einer prognostischen Anfallsfreiheit von in bis zu 80 % der Fälle gerechnet wird.[235]
Für die Indikation eines epilepsiechirurgischen Eingriffs wird ein über mehrere Jahre bestehendes medikamentös therapieresistentes Anfallsleiden gefordert. Daher sind epilepsiechirurgische Eingriffe als charakteristisch für sog. Wahleingriffe bzw. für elektive chirurgische Verfahren anzusehen, bei denen in aller Regel keine Dringlichkeit geboten ist. Wahleingriffe unterliegen im Aufklärungsumfang daher anderen Kriterien als medizinisch indizierte Eingriffe. Der Grundsatz, daß das Maß der Genauigkeit, mit der aufgeklärt werden muß, im umgekehrten Verhältnis zu dem Maß der Dringlichkeit steht, mit der die Operation indiziert ist, führt dazu, daß an die Ausführlichkeit der Aufklärung über die Risiken besonders strenge Anforderungen gestellt werden.[236]

Diesem Umstand hat das Epilepsie-Zentrum Bethel[237] durch eine sehr differenzierte, patientenorientierte und gut dokumentierte Patientenaufklärung Rechnung getragen. Die in der epilepsiechirurgischen Abteilung tätigen Ärzte Pannek, Oppel und Wolf haben in ihrer Veröffentlichung „die Patientenaufklärung vor epilepsiechirurgischen Eingriffen“[238] sehr anschaulich beschrieben, wie intensiv und mit welchen Mitteln sie ihre Patienten aufklären. Die Aufklärung vor epilepsiechirurgischen Einriffen soll im Folgenden anhand der Aufklärungsmodalitäten des Epilepsie-Zentrums Bethel näher dargelegt werden.

Das Aufklärungsgespräch, die Einwilligung des Patienten und der nachfolgende Eingriff basieren auf der eindeutigen, ausgewogenen Indikation, dem „informed consent“ und dem fachlichen Standard. Nur wenn diese drei Grundvoraussetzungen erfüllt sind, ist das ärztliche Handeln legitim.[239]

Aus dem Aufklärungsdiagramm ergibt sich, daß die Aufklärung in dem Epilepsie-Zentrum Bethel grundsätzlich in mehreren Phasen erfolgt.

Die erste neurologische Aufklärung erfolgt schon in der Diagnostikphase I. In dieser Phase wird der Patient durch den betreuenden Epileptologen über eventuelle alternative Behandlungsmöglichkeiten aufgeklärt.
Die Indikation, eine bestimmte ärztliche Maßnahme zu treffen, wird im allgemeinen von dem behandelnden Arzt allein getroffen. Die Epilepsiechirurgie mit ihrer komplexen und differenzierten Diagnostik, den Aufarbeitungen von Anfallsanamnesen und Krankheitsverläufen überfordert zeitlich und fachlich die Möglichkeiten des operierenden Arztes. Aufgrund dieser Prämissen erfolgt die Indikationsstellung in dem Epilepsie-Zentrum durch ein interdisziplinäres Ärzte-Team. Hierbei basiert die Konsensusbildung auf einer interdisziplinären Fall-

---

[235] Vgl. Pannek/ Oppel/ Wolf, ArztR 8/ 2001, S. 202.

[236] Vgl. Pannek/ Oppel/ Wolf, ArztR 8/ 2001, S. 202.

[237] In der epilepsiechirurgischen Abteilung des Epilepsie-Zentrums Bethel sind von 1990 bis 2000 insgesamt 976 Operationen erfolgt.

[238] Pannek/ Oppel/ Wolf, ArztR 8/ 2001, 200 ff.

[239] Vgl. Pannek/ Oppel/ Wolf, ArztR 8/ 2001, S. 201, 204 f.

konferenz durch die diagnostizierenden, operierenden und nachbehandelnden Ärzte. Der Patient ist über die Entscheidungsfindung durch die Fallkonferenz informiert und bekommt das Fazit der Konferenz umgehend mitgeteilt.
Die Fall-Konferenz erfolgt mindestens zwei Monate vor dem Eingriff, so daß dem Patienten genügend Zeit bleibt, das Für und Wider der Operation abzuwägen.

Im Falle einer positiven Entscheidung erhält der Patient eine zweite neurologische und eine erste neurochirurgische Voraufklärung. Das neurochirurgische Vorgespräch erfolgt anhand einer Zeichnung und beinhaltet die Aufklärung über die möglichen Komplikationen.

Besonders wichtig erscheint dabei, daß der Patient nach der Aufklärung nicht allein die Erinnerung an das Gespräch mit nach Hause nimmt, sondern ein Merkblatt mit erklärender Zeichnung des aufklärenden Arztes ausgehändigt bekommt. Pannek/ Oppel/ Wolf haben deshalb für das abschließende Aufklärungsgespräch eigens ein Aufklärungsformular „Merkblatt zum Aufklärungsgespräch mit dem Arzt" erstellt.
Im ersten Schritt der Aufklärung erfolgt zum besseren Verständnis die Einbeziehung einer auf der Rückseite des Aufklärungsformulars befindlichen Zeichnung der geplanten Operation und der damit zu erklärenden Zusammenhänge. Für den Patienten ist die erklärende Zeichnung hilfreich, um die neuen und komplexen Sachverhalte bzw. die anatomischen Zusammenhänge besser erfassen zu können.
Im zweiten Schritt wird die auf dem Merkblatt enthaltene Einverständniserklärung gemeinsam gelesen und vom Arzt erläutert. Auf dem Aufklärungsformular sind sowohl die allgemeinen Komplikationen, die bei jeder Operation auftreten können, als auch die hirnchirurgischen Komplikationen, die bei jedem intrakraniellen Eingriff möglich sind, präferenzmäßig aufgeführt. Abschließend sind die speziellen mit dem Eingriff verbundenen Komplikationen zusammengefaßt.
Den Abschluß des Einwilligungsgesprächs bildet die Einwilligungserklärung, die den „informed consent" zwischen Arzt und Patient dokumentieren soll.

Zusammenfassend ist zu vermerken, daß der im Epilepsie-Zentrum Bethel praktizierte Aufklärungsmodus durch umfassende Vorinformation, transparente und gut dokumentierte Entscheidungsfindung und der am jeweiligen Patienten orientierten Aufklärung, in jedem Fall dem erhöhten Aufklärungsumfang bei chirurgischen Wahleingriffen genügt.

Bezogen auf die hier angesprochenen medizinischen Eingriffe an Geistigbehinderten stellt sich insbesondere die Frage, wer Adressat der Aufklärung ist. Aufzuklären ist grundsätzlich derjenige, dessen Einwilligung zur Vornahme des Eingriffs benötigt wird. Das ist in aller Regel der Patient selbst, subsidiär sein gesetzlicher Vertreter. Wann letzteres der Fall ist, hängt vor allem von der Frage der Einwilligungsfähigkeit des Patienten ab. Die Problematik der Einwilligungs- respektive Einsichtsfähigkeit ist Gegenstand der nachfolgenden Erörterung.[240]

[240] Vgl. unten § 3 I.

V. Zusammenfassung

Insgesamt ist somit festzuhalten:

(1) Jeder – auch der medizinisch indizierte und lege artis durchgeführte – ärztliche Eingriff in die körperliche Integrität stellt tatbestandlich eine Körperverletzung dar. Der Schutz der körperlichen Integrität umfaßt auch das Selbstbestimmungsrecht des Patienten.

(2) Menschen mit geistiger Behinderung partizipieren am allgemeinen Grundrechtsschutz; sie haben uneingeschränkten Anspruch auf Schutz und Achtung ihrer Menschenwürde.

(3) Jeder ärztliche Eingriff bedarf zu seiner Rechtmäßigkeit der wirksamen vorherigen Einwilligung. Wirksam ist die Einwilligung nur, wenn der Patient zuvor ordnungsgemäß aufgeklärt wurde. Hat der Arzt den Patienten nicht rechtzeitig oder nicht hinreichend aufgeklärt, so ist die nachfolgende Einwilligung unwirksam und die ärztliche Maßnahme rechtswidrig.

(4) Bei der Aufklärung eines geistig behinderten Patienten ist der vereinfachten Denkstruktur des Betroffenen Rechnung zu tragen. Bei dem Aufklärungsgespräch müssen das Tempo und der Umfang des Informationsflusses an die individuellen Fähigkeiten des Patienten angepaßt werden. Die Aufklärung des geistig Behinderten hat in einer dem Patienten verständlichen Sprache und Wortwahl zu erfolgen.

§ 3 Medizinische Maßnahmen am einwilligungsfähigen Betreuten

Aus den vorstehenden Überlegungen folgt, daß sämtliche Maßnahmen, also auch solche an betreuungsbedürftigen Personen, einer wirksamen Einwilligung bedürfen. Eine wirksame Einwilligung setzt – abgesehen von der vorherigen Aufklärung des Patienten durch den behandelnden Arzt – die Einwilligungsfähigkeit des Betroffenen voraus. Die Feststellung der geistigen Behinderung erfolgt nach psycho-medizinischen Kriterien und obliegt fachärztlicher Beurteilungskompetenz. Dagegen handelt es sich bei der Bewertung, ob die geistige Behinderung Auswirkungen auf die Einwilligungsfähigkeit hat, um eine Rechtsfrage. Dem Begriff der Einwilligungsfähigkeit kommt nicht nur im Rahmen des Betreuungsrechts eine weichenstellende Rolle zu. Fraglich ist insoweit, ob der Betroffene selbst nach vorangegangener Aufklärung die Einwilligung rechtswirksam erteilen kann oder ob es einer Einwilligung des Betreuers bedarf, um den Eingriff in die körperliche Integrität des Betreuten zu legitimieren.

I. Einwilligungsfähigkeit

1. Die Einsichtsfähigkeit

a) Grundlagen der Einsichtsfähigkeit

Nach ganz einhelliger Auffassung in Rechtsprechung[241] und Literatur[242] kommt es bei der Einwilligungsfähigkeit auf die natürliche Einsichts- und Urteilsfähigkeit des Betroffenen an. Einsichts- und damit auch einwilligungsfähig ist nach der gängigen Definition derjenige, der in der Lage ist, Art, Bedeutung und Tragweite eines Eingriffs in seinen wesentlichen Grundzügen zu erkennen und zu beurteilen sowie seine Entscheidung auf der Grundlage dieser Erkenntnis zu treffen. Der Gesetzgeber hat sich insofern dieser Definition angeschlossen, als er im Betreuungsgesetz auf eine eigenständige Bestimmung verzichtet und stattdessen in der Gesetzesbegründung auf die Definition der Rechtsprechung Bezug genommen hat.[243] Die somit entscheidende Einsichts- und Steuerungsfähigkeit darf allerdings nicht mit der natürlichen Handlungsfähigkeit gleichgesetzt werden. Letztere bezeichnet lediglich die Fähigkeit, überhaupt willentlich handeln zu können. Geistig Behinderten ist die natürliche Handlungsfähigkeit im Regelfall nicht abzusprechen.[244]

Die Einwilligungsfähigkeit bezieht sich auch auf den Grund und die Dringlichkeit der Heilbehandlung, also die ärztliche Diagnose, das Begreifen der therapeutischen Möglichkeiten und das Abschätzen der jeweils damit verbundenen

---

241 Vgl. die Grundsatzentscheidung BGHZ 29, 33 (36); bestätigt durch BGHZ 29, 46 (51); BGHZ 29, 176 (180).

242 Erman-Roth, § 1904 Rdn. 2; MünchKomm-Schwab, § 1904 Rdn. 8, 9; Palandt-Thomas, § 823 Rdn. 42; Staudinger-Bienwald, § 1904 Rdn. 21.

243 Vgl. BT-Drucks. 11/ 4528, S. 71 und S. 140.

244 Vgl. auch Heide, Medizinische Zwangsbehandlung, S. 145.

Chancen und Risiken.[245] Es kommt hierfür entscheidend darauf an, ob der Patient imstande ist, das vom Arzt geführte Aufklärungsgespräch zu erfassen, den Inhalt der Aufklärung im wesentlichen zu verstehen und auf dieser Grundlage seine Entscheidung für oder gegen die Einwilligung selbstverantwortlich zu treffen.[246] Gleichwohl kann die Einwilligungsfähigkeit zu verneinen sein, wenn der geistig Behinderte zwar die erforderliche Einsicht hat, indes aber nicht in der Lage ist, sich nach ihr zu richten.[247]
Diese Rechtslage ist für geistig behinderte Betreute nicht unproblematisch. Die Beurteilung der Frage, wann im Einzelfall eine Einwilligungsfähigkeit vorliegt, kann schon bei Nichtbetreuten mit Schwierigkeiten verbunden sein. Bei geistig behinderten Menschen sind diese Schwierigkeiten mitunter sehr groß.[248]
Für eine Mindermeinung erscheint es insoweit von vorneherein unwahrscheinlich, daß eine Person, die wegen geistiger oder seelischer Defizite eines Betreuers für den Bereich der Gesundheit bedarf, als einwilligungsfähig betrachtet werden könne.[249] Dieser Ansicht sind im wesentlichen zwei Argumente entgegenzuhalten. Zum einem verbietet es sich, Menschen mit geistiger Behinderung pauschal die Einsichts- und Steuerungsfähigkeit abzusprechen. Geistig Behinderte sind nicht von vorneherein einwilligungsunfähig.[250] Wie bereits vorstehend ausgeführt, können geistige Behinderungen von sehr unterschiedlicher Intensität sein. Daher muß im Einzelfall nach der Ausprägung der geistigen Behinderung und den individuellen Fähigkeiten differenziert werden.[251] Die Grenze, von welchem Schweregrad an die geistige Behinderung zur Einwilligungsunfähigkeit führt, ist fließend. Die Grenzziehung ist hierbei durchaus problematisch. Zuzustimmen ist der Mindermeinung dahingehend, daß bei Patienten mit schwerer und schwerster Oligophrenie die Einwilligungsfähigkeit von vorneherein unwahrscheinlich scheint. Indessen darf bei Patienten mit mittelgradiger und insbesondere leichter Oligophrenie die Einwilligungsfähigkeit nicht leichter Hand verneint werden. Beantwortet werden kann die Frage der Einwilligungsfähigkeit immer nur mit Rücksicht auf die Merkmale des Einzelfalls, insbesondere unter Berücksichtigung der verbliebenen intellektuellen Fähigkeiten des Geistigbehinderten. Zum anderen darf nicht übersehen werden, daß sich die Einwilligungsfähigkeit nach der Schwere der konkret in Rede stehenden medizinischen Maßnahme und der individuellen Urteilsfähigkeit beurteilt. Insoweit gibt es eine

---

[245] MünchKomm-Schwab, § 1904 Rdn. 9.

[246] Hennies, MedR 1999, S. 341.

[247] Staudinger-Bienwald, § 1904 Rdn. 21; Klie, BtPrax 1996, S. 38.

[248] Vgl. hierzu ausführlich die Konzepte von Springorum zur Feststellung der Einwilligungsfähigkeit bei Geistigbehinderten; Springorum, Das Selbstbestimmungsrecht des geistig Behinderten in der medizinischen Behandlung, 8 ff.

[249] Vgl. hierzu MünchKomm-Schwab, § 1904 Rdn. 10, wonach die Betreuerbestellung regelmäßig ein Indiz für die Einwilligungsunfähigkeit bildet.

[250] So auch Springorum, Das Selbstbestimmungsrecht des geistig Behinderten in der medizinischen Behandlung, S. 38.

[251] Vgl. hierzu die ausführliche Klassifizierung, § 1 I. 2.

„relative“ Einsichtsfähigkeit.[252] Dies bedeutet in concreto, daß bei einem geistig behinderten Patienten, wie bei jedem anderen auch, für bestimmte Maßnahmen Einwilligungsfähigkeit vorliegen kann, für andere jedoch nicht. Je komplexer die medizinische Problemstellung ist, desto höher sind die Anforderungen an die natürliche Einsichts- und Urteilsfähigkeit. Demzufolge kann ein und dieselbe Person in einem Fall durchaus einwilligungsfähig sein, bei einer ungleich komplizierteren Behandlung dagegen nicht.[253] So kann das Aufkleben eines Pflasters, eine einfachste Wundversorgung oder eine Zahnbehandlung je nach Grad der Behinderung für den Betroffenen noch einsichtig sein, während für komplizierte Eingriffe bei komplexen Krankheitsbildern die Einsichtsfähigkeit fehlen kann.[254] Für jede medizinische Maßnahme ist daher gesondert die Einwilligungsfähigkeit zu beurteilen, wobei das Ergebnis sehr unterschiedlich ausfallen kann.

b) Sonderfall: Die Einsichtsfähigkeit bei epilepsiechirurgischen Operationen

An dieser Stelle soll nochmals auf die oben angesprochenen epilepsiechirurgischen Operationen zurückgekommen werden. Wie bereits eingehend dargestellt handelt es sich bei der Epilepsiechirurgie um einen äußerst komplexen medizinischen Eingriff, dessen anatomische Zusammenhänge für den medizinischen Laien nur sehr schwer verständlich sind. Folglich sind die Anforderungen an die Einwilligungsfähigkeit in einen epilepsiechirurgischen Eingriff sehr hoch. Fraglich ist insoweit, ob ein Patient mit einer geistigen Behinderung Art, Bedeutung und Tragweite des chirurgischen Eingriffs überhaupt zu erkennen vermag. Entscheidend hierfür ist, ob der Patient imstande ist, das vom Arzt geführte Aufklärungsgespräch zu erfassen, den Inhalt der Aufklärung im wesentlichen zu verstehen und auf dieser Grundlage seine Entscheidung für oder gegen den Eingriff selbstverantwortlich zu treffen.
Für die Beurteilung der Frage der Einwilligungsfähigkeit muß, wie bereits oben ausgeführt, im Einzelfall nach der Ausprägung der geistigen Behinderung und den individuellen Fähigkeiten differenziert werden. Die symptomatische Epilepsie tritt meistens als sog. Begleiterkrankung bei geistig schwer und schwerst behinderten Patienten auf. Bei Patienten mit einer schweren Oligophrenie reichen die sprachlichen Fähigkeiten größtenteils nicht zu einer Verständigung aus, so daß hier die Einwilligungsfähigkeit von vorneherein nicht in Betracht kommt, weil der Patient gar nicht in der Lage ist, das Aufklärungsgespräch zu erfassen.
Im Hinblick auf den umfassenden und komplexen Aufklärungsmodus bei epilepsiechirurgischen Operationen erscheint auch die Einwilligungsfähigkeit von Patienten mit einer mittelgradigen oder leichten Oligophrenie fraglich. Betroffene mit einer mittelgradigen Oligophrenie verfügen nur über ein geringes Abstraktionsvermögen, so daß auch in diesen Fällen davon auszugehen sein wird, daß der Betroffene nicht in der Lage ist, die komplexen Zusammenhänge eines epilepsiechirurgischen Eingriffs zu erfassen. Bei Patienten mit einer leichten Oligophrenie kann im Einzelfall Einwilligungsfähigkeit vorliegen. Gleichwohl

[252] MünchKomm-Schwab, § 1904 Rdn. 11.

[253] So auch Heide, Medizinische Zwangsbehandlung, S. 143.

[254] Jürgens/ Kröger/ Marschner/ Winterstein, Rdn. 92, 200.

wird aufgrund der hohen Anforderungen an die Einsichtsfähigkeit bei epilepsiechirurgischen Eingriffen die Einwilligungsfähigkeit bei geistig behinderten Patienten mit einer leichten Oligophrenie in der Mehrzahl der Fälle die Ausnahme sein.
In Anbetracht der obenstehenden Ausführungen bleibt damit abschließend festzuhalten, daß geistig behinderte Menschen im Falle eines epilepsiechirurgischen Eingriffs in aller Regel nicht einwilligungsfähig sind.

2. Zum Verhältnis von Einwilligungsfähigkeit und Geschäftsfähigkeit

Über das Erfordernis der Einsichtsfähigkeit hinaus stellt sich die Frage, ob die Einwilligungsfähigkeit des Betreuten zudem noch Geschäftsfähigkeit verlangt. In der zivilrechtlichen Rechtssprechung des BGH[255] wurde zunächst in Übereinstimmung mit den Zivilsenaten des Reichsgerichts[256] die Ansicht vertreten, daß die rechtfertigende Einwilligung volle Geschäftsfähigkeit des Einwilligenden erfordere.[257] Im Jahre 1958 hat sich der BGH in einer Grundsatzentscheidung[258] der überwiegenden Meinung im strafrechtlichen Bereich angeschlossen, wonach es bei ärztlichen Eingriffen allein auf die konkrete Einsichts- und Urteilsfähigkeit des Einwilligenden ankomme.
Nach dem heutigen Stand der Rechtssprechung sowie der h. M. ist davon auszugehen, daß die Einwilligungsfähigkeit mit der Geschäftsfähigkeit eines Menschen nicht identisch ist und nicht mit gleichen Maßstäben gemessen werden kann.[259] Dieser Auffassung ist zuzustimmen. Die recht starren Grenzen der Geschäftsfähigkeit sind schlechterdings zu unflexibel. Würde man Geschäftsfähigkeit als Voraussetzung der Einwilligungsfähigkeit ansehen, so hätte dies die Einwilligungsunfähigkeit einer Vielzahl von geistigbehinderten Betreuten zur Folge. Die fraglos auch bei geschäftsunfähigen Betreuten vorhandenen Restfähigkeiten blieben unberücksichtigt. Wesentliches Ziel des Betreuungsrechts war es jedoch gerade diese verbliebenen Restfähigkeiten zu fördern und die verbliebene Eigenkompetenz des Betreuten zu stärken.[260] Zudem ergibt sich aus dem Grundsatz vom Nachrang der Betreuung gem. § 1896 Abs. 2 S. 1 BGB, daß sich sogar Geschäftsunfähige in der Situation befinden können, ohne Betreuer auszukommen, wenn es sich erübrigt, daß sie am Rechtsverkehr teilnehmen.[261] Es widerspräche daher der ratio legis des Betreuungsrechts, wenn man die Geschäftsfähigkeit als Maßstab für die Einwilligungsfähigkeit heranziehen würde. Die Einwilligungsfähigkeit hängt demzufolge nicht von der Geschäftsfähigkeit ab.
Eine andere Frage ist, ob man von der bestehenden Geschäftsfähigkeit stets auch auf die Einwilligungsfähigkeit schließen kann. Man wird regelmäßig davon ausgehen können, daß der Geschäftsfähige grundsätzlich einwilligungsfähig ist.

---

[255] BGHZ 2, 159 (162).

[256] RGZ 141, 262 (265).

[257] Vgl. hierzu auch Soergel-Zeuner, § 823 Rdn. 229 m.w.N.

[258] BGHZ 29, 33 (36).

[259] Staudinger-Bienwald, § 1904 Rdn. 26 m.w.N.

[260] Vgl. auch Mayer, S. 67.

[261] Quambusch, Das Recht der Geistigbehinderten, Rdn. 99.

Andererseits kann sich auch der Geschäftsfähige vorübergehend in einem Zustand der Einwilligungsunfähigkeit – z.B. Volltrunkenheit – befinden.[262] Auch gibt es Personen, die grundsätzlich geschäftsfähig sind, jedoch in Bezug auf medizinische Maßnahmen, die nicht den rechtsgeschäftlichen Bereich berühren, krankhaft jede Einsichtsfähigkeit vermissen lassen.[263] In diesem Zusammenhang sind die Einwilligungs- und Geschäftsfähigkeit getrennt voneinander zu beurteilen.
Darüber hinaus sind Bereiche vorstellbar, in denen die Einwilligung höhere Anforderungen an die Betroffenen stellt, als ein gewöhnliches Rechtsgeschäft. Holzhauer[264] hält dementsprechend die Gruppe der Einwilligungsunfähigen bei der klinischen Prüfung von Arzneimitteln[265] nach § 40 AMG für deutlich kleiner als die der Geschäftsfähigen. Insoweit ist auch die Argumentation von Schwab, daß die Vorstellung, der Rechtsbereich persönlicher Güter sei einfacher strukturiert als derjenige in vermögensrechtlicher Beziehung, veraltet sei, nicht völlig von der Hand zu weisen.
Gleichwohl wird die Anzahl der Personen, die im Hinblick auf die konkrete Behandlung zwar als geschäftsfähig aber nicht als einwilligungsfähig gelten, außerordentlich klein sein.

Inhaltlich unterscheiden sich Geschäftsfähigkeit und Einwilligungsfähigkeit darin, daß die erstere eine Rechtsmacht zum Handeln verleiht, die die Rechtsordnung jedem einräumt, der die Volljährigkeit erreicht hat, während die Einwilligungsfähigkeit sich auf die Gestattung von Eingriffen in die körperliche Integrität bezieht und an das Erreichen eines bestimmten Lebensalters nicht gebunden ist. Der entscheidende Unterschied besteht folglich darin, daß die Willenserklärung und die Einwilligung Rechtsgüter von höchst unterschiedlicher Qualität betreffen.[266] Während die Einwilligungsfähigkeit nur auf den konkreten Eingriff bezogen ermittelt werden kann, mithin also von relativer Einwilligungsfähigkeit auszugehen ist, lehnt es die ganz überwiegende Rechtsprechung[267] ab, bei der Geschäftsfähigkeit nach dem Schwierigkeitsgrad der einzelnen Geschäfte zu differenzieren. Begründet wird die Ablehnung damit, daß die Anerkennung einer relativen Geschäftsunfähigkeit bei besonders schwierigen Geschäften zu erheblichen Abgrenzungsproblemen und unerträglicher Rechtsunsicherheit führen würde. Mag auch der Begriff der Einwilligungsfähigkeit aus diesem Grunde unscharfe Konturen haben und die Handhabung dieses Kriteriums in der Praxis gewisse Unsicherheiten mit sich bringen, so läßt das Grundgesetz eine andere Eingriffsschwelle nicht zu.[268] Zudem bedarf es der Möglichkeit der Differenzierung, mithin einer relativen Einwilligungsfähigkeit, um dem das gesamte Betreuungsrecht beherrschenden Grundsatz der Erforderlichkeit Rech-

---

[262] Vgl. Staudinger-Bienwald, § 1904 Rdn. 26.
[263] Vgl. Erman-Roth, § 1904 Rdn. 2.
[264] Holzhauer, NJW 1992, S. 2327.
[265] Vgl. zur klinischen Prüfung von Arzneimitteln ausführlich § 7 I.
[266] So auch Heide, Medizinische Zwangsbehandlung, S. 143.
[267] Palandt-Heinrichs, § 104 Rdn. 6 m.w.N.
[268] Im Ergebnis auch Bienwald, Betreuungsrecht, § 1904 Rdn. 11.

nung zu tragen. Der Eingriff in das Selbstbestimmungsrecht kann nur als angemessen erscheinen, wenn die Einwilligungsfähigkeit im Einzelfall differenziert und jeweils abgestuft beurteilt wird.
Es ist daher mit der h.M. daran festzuhalten, daß sich die Einwilligungsfähigkeit eines geistig behinderten Patienten ausschließlich nach dessen Einsichts-, nicht aber nach seiner Geschäftsfähigkeit bestimmt.

Abschließend ist an dieser Stelle noch zu vermerken, daß geistig behinderten Menschen die Geschäftsfähigkeit, ebenso wenig wie die Einwilligungsfähigkeit pauschal abgesprochen werden kann. Insbesondere kann allein der Umstand, daß sich bei dem Betroffenen schon des öfteren geistige Störungen gezeigt haben, den Schluß auf die Geschäftsunfähigkeit nicht rechtfertigen.[269] Entscheidend für die Beurteilung der Geschäftsunfähigkeit ist, ob sich der Betroffene gem. § 104 Nr. 2 BGB, „in einem die freie Willensbildung ausschließendem Zustand krankhafter Störung der Geistestätigkeit befindet, sofern nicht der Zustand seiner Natur nach ein vorübergehender ist". Die freie Willensbestimmung gilt als ausgeschlossen, wenn jemand nicht in der Lage ist, seine Entscheidung von vernünftigen Erwägungen abhängig zu machen.[270] Ein Kriterium für die Geschäftsunfähigkeit des Betroffenen ist hierbei der Grad der geistigen Behinderung. In der Regel kommt die Annahme einer natürlichen Geschäftsunfähigkeit erst bei einem geringerem IQ als 60 in Betracht.[271] Folglich ist bei Geistigbehinderten mit einer leichten Oligophrenie[272] Geschäftsfähigkeit nicht mit leichter Hand zu verneinen. Bemerkenswert ist in diesem Zusammenhang das Beispiel eines jungen Mannes mit Down-Syndrom in Malaga, der es – bis jetzt als Einziger in Europa – auf die Universität geschafft hat und voraussichtlich auch seinen Abschluß in Psychopädagogik machen wird.[273]
Gleichwohl wird bei geistig behinderten Betreuten Geschäftsfähigkeit die Ausnahme und Geschäftsunfähigkeit die Regel sein. Bei Menschen mit schwerer geistiger Behinderung wird in aller Regel natürliche Geschäftsunfähigkeit vorliegen.

3. Behandlungsvertrag und Einwilligung

Von der soeben erörterten Frage der Einwilligung respektive der Einwilligungsfähigkeit ist diejenige des Zustandekommens des zivilrechtlichen Behandlungsvertrages scharf abzugrenzen. Der Anspruch des Patienten auf eine der ärztlichen Kunst entsprechende Aufklärung, Beratung und Behandlung sowie des Arztes auf Zahlung des vereinbarten oder im Rahmen von Tarifen und Krankenkassenvereinbarungen üblichen Honorars haben ihre Grundlage in dem zivilrechtlichen Behandlungsvertrag, der zwischen Arzt und Patient zustande

---

[269] Quambusch, Das Recht der Geistigbehinderten, Rdn. 77.

[270] Palandt-Heinrichs, § 104 Rdn. 5 m.w.N.

[271] Palandt-Heinrichs, § 104 Rdn. 5.

[272] Leichte Oligophrenie (IQ 50 – 69); Vgl. hierzu die ausführliche Klassifizierung § 1 I. 2.

[273] Studium trotz Down- Syndrom:http://www.mdr.de/brisant/themen/inhalt_thema5171.html.

kommt.[274] Während sich die Einwilligungsfähigkeit allein an der Einsichtsfähigkeit des Patienten orientiert, bestimmt sich der wirksame Abschluß des Behandlungsvertrages ausschließlich an der Geschäftsfähigkeit des Patienten. Da aber, wie bereits obenstehend ausgeführt, die Anordnung einer Betreuung die Geschäftsfähigkeit des Betroffenen unberührt läßt, vermag auch ein unter Betreuung stehender Patient, sofern nicht die Voraussetzungen des § 104 Nr. 2 BGB vorliegen oder ein Betreuungsvorbehalt nach § 1903 BGB angeordnet wurde, einen wirksamen Behandlungsvertrag zu schließen. Soweit es sich um den Abschluß des Behandlungsvertrages handelt, ist ein konkurrierendes Verhalten von Betreutem und Betreuer nicht ausgeschlossen. Schließen Betreuter und Betreuer über dieselbe Behandlung mit jeweils verschiedenen Ärzten einen Behandlungsvertrag, so sind beide wirksam.[275] Es besteht demnach eine Parallelkompetenz von Betreuer und Betreutem hinsichtlich des Abschlusses des Arztvertrages. Indessen ist die Gefahr, daß es zu einer sogenannten Doppelverpflichtung kommt in der Praxis eher als gering einzuschätzen, da es dem Betreuten zwar nicht an der rechtlichen, meist aber doch an der tatsächlichen Selbständigkeit fehlen wird.

I. Einwilligungsbefugnis

1. Einwilligungskompetenz

Bei einwilligungsfähigen betreuten Patienten stellt sich zudem die Frage, ob dem Betreuer überhaupt – und wenn ja, unter welchen Voraussetzungen – die Befugnis zusteht, die Einwilligung für den Betreuten zu erklären. Mithin ist in den folgenden Ausführungen die Einwilligungsberechtigung im Verhältnis Betreuter – Betreuer zu untersuchen.
Fraglich ist demnach, ob der Betreute selbst in medizinische Eingriffe einwilligen kann oder ob es der Einwilligung des Betreuers bedarf. Das Betreuungsrecht enthält keine ausdrückliche Regelung über das Verhältnis der Einwilligung des Betreuten und der Einwilligung des Betreuers.
Aus § 1904 Abs. 1 S. 1 BGB, der von der „Einwilligung des Betreuers" spricht, könnte man folgern, daß im Falle einer bereits angeordneten Betreuung nur noch dem Betreuer die Befugnis zukommt, die Einwilligung zu erteilen. Indes stünde eine solche Interpretation des § 1904 Abs. 1 S. 1 BGB in Widerspruch zu den Intentionen des Gesetzgebers. Wie der amtlichen Begründung[276] ausdrücklich zu entnehmen ist, wird es als selbstverständlich angesehen, daß ein einwilligungsfähiger Betreuter auch einwilligungsbefugt ist. Solange der Betreute einwilligungsfähig ist, kann nur er selbst die Einwilligung erklären, ohne daß es hierzu irgendeines Mitwirkens des Betreuers, etwa in Form eines zusätzlichen Einverständnisses oder gar einer vormundschaftsgerichtlichen Genehmigung bedarf.

---

[274] Vgl. näher hierzu Bienwald, Betreuungsrecht § 1904 Rdn. 5.

[275] Palandt-Heinrichs, Einf. v. § 104 Rdn. 2a. Treffen Betreuter und Betreuer jedoch Verfügungen über denselben Gegenstand, so gilt das Prioritätsprinzip, d.h. nur die jeweils zeitlich frühere Verfügung ist wirksam. Vgl. Erman-Holzhauer, § 1903 Rdn. 19.

[276] BT-Drucks. 11/ 4528, S. 141.

Ursprünglich hatte der 1. Diskussions-Teilentwurf[277] in § 1904 Abs. 1 BGB eine Regelung vorgesehen, wonach der Betreuer nicht anstelle des Betreuten in eine Untersuchung des Gesundheitszustandes, eine Heilbehandlung oder einen ärztlichen Eingriff einwilligen kann, solange der Betreute selbst einwilligungsfähig ist. Der Regierungsentwurf hat die vorgeschlagene Regelung nicht übernommen, weil die Vorschrift einerseits Selbstverständliches besage, andererseits der Praxis in den kritischen Fällen – in denen die Einwilligungsfähigkeit des Betreuten zweifelhaft[278] ist – nicht weiterhelfe. Eine Begründung für das Vorliegen einer solchen Selbstverständlichkeit sucht man in der amtlichen Begründung allerdings vergeblich. Sie ergibt sich jedoch zum einen unmittelbar aus dem dem gesamten Betreuungsrecht immanenten Grundsatz der Erforderlichkeit, wonach Eingriffe in die Rechte der Betroffenen nur insoweit und solange statthaft sind, wie dies unabdingbar geboten ist.[279] Zum anderen läßt sie sich aus der ratio legis des Betreuungsgesetzes folgern. Ziel des Rechtsinstituts der Betreuung ist die Förderung und Stärkung der Eigenkompetenz des Betreuten im Rahmen der ihm verbliebenen Restfähigkeiten. Zudem ist es ein zentrales Anliegen der Reform, die Fähigkeit des Betroffenen zur Selbstbestimmung soweit wie möglich zu achten.[280]
Ein weiterer Grund für die Einschränkung der Vertretungsmacht liegt im übrigen auch im höchstpersönlichen Charakter der Einwilligung. Im Bereich der Selbstbestimmung über die eigene körperliche Unversehrtheit muß sich die gesetzliche Vertretungsmacht auf die Fälle beschränken, in denen dem Betroffenen ein wirksames eigenverantwortliches Handeln unmöglich ist.[281] Die Selbstbestimmung ist die Regel, die Stellvertretung die Ausnahme.[282] Die h.M.[283] geht daher – mittlerweile – einstimmig von einem „Entweder – Oder – Verhältnis" der Einwilligungsbefugnis von Betreutem und Betreuer aus. Demnach kann entweder nur der Betreuer oder nur der Betreute einwilligen. Daher kann auch eine sonst mögliche Doppelkompetenz von Betreuer und Betreutem bei medizinischen Maßnahmen nicht eintreten.[284] Inzwischen hat sich auch Holzhauer,[285]

---

[277] BT-Drucks. 11/ 4528, S. 141.

[278] Vgl. zu der Problematik der zweifelhaften Einwilligungsfähigkeit die nachfolgenden Ausführungen unter § 3 II. 2.

[279] BT-Drucks 11/ 4528, S. 58; vgl. auch § 1 II. 3. a).

[280] Vgl. auch Lipp, § 9 Nr. 2.

[281] MünchKomm-Schwab, § 1904 Rdn. 6.

[282] Sonnenfeld, Rdn. 278.

[283] Erman-Roth, § 1904 Rdn. 2; MünchKomm-Schwab, § 1904 Rdn. 7; Staudinger-Bienwald, § 1904 Rdn. 21; Bienwald, Betreuungsrecht, § 1904 Rdn. 8; Sonnenfeld, Rdn. 278; Kern, MedR 1993, S. 248; Zimmermann/ Damrau, NJW 1991, S. 540.

[284] Vgl. hierzu auch von Sachsen Gessaphe, § 8 III. 3 .b) .bb). (1).

[285] Ermann-Holzhauer, § 1904 Rdn. 38; Holzhauer befürwortete – als einziger Vertreter dieser Meinung – in der Vorauflage aus Gründen der Rechtssicherheit eine Doppelkompetenz von Betreuer und Betreutem. Ähnlich wie die Geschäftsfähigkeit des Betreuten neben der Vertretungsmacht des Betreuers stehe, soll auch die Einwilligungsfähigkeit des Betreuten neben die Einwilligungszuständigkeit des Betreuers treten. Der behandelnde Arzt soll sich danach we-

der ursprünglich eine Doppelkompetenz von Betreuer und Betreutem befürwortete, der h.M. angeschlossen.

Im Ergebnis ist daher mit der ganz überwiegenden Meinung davon auszugehen, daß die Einwilligung des Betreuers nur beachtlich ist, wenn der Betreute einwilligungsunfähig ist.[286] Ist der Betroffene selbst einwilligungsfähig, so kommt es auf die Einwilligung des Betreuers nicht mehr an.[287] Besitzt der Betreute die Einwilligungsfähigkeit so ist die Einwilligung des Betreuers nicht nur überflüssig, sondern auch ohne rechtliche Wirkung. Bereits aus den vorstehenden Ausführungen wird deutlich, daß die Einwilligungsfähigkeit im Betreuungsrecht eine ganz zentrale, weichenstellende Rolle spielt.[288]

2. Einwilligungskompetenz bei zweifelhafter Einwilligungsfähigkeit

Keine Schwierigkeiten bereitet die Situation, in der der Patient in der Lage ist, die Einwilligung selbst zu erteilen. Unproblematisch sind daher diejenigen Fälle, in denen die Einwilligungsfähigkeit des Patienten zweifelsfrei festgestellt werden kann. Kritisch sind in der Praxis hingegen die Fälle, in denen die Einwilligungsfähigkeit zweifelhaft ist. Häufig wird sich das Problem der zweifelhaften Einwilligungsfähigkeit ohnedies bei betreuten Patienten mit einer geistigen Behinderung stellen. Die Grenzziehung ist insbesondere bei Geistigbehinderten problematisch. Die Aufgabe zu entscheiden, ob der Patient einwilligungsfähig ist oder nicht, fällt dem behandelnden Arzt zu. Das Vormundschaftsgericht kann bei Eingriffen unterhalb der Schwelle des § 1904 BGB nicht eingeschalten werden. Bestehen Unsicherheiten hinsichtlich der Einwilligungsfähigkeit, so wird teilweise die Auffassung vertreten, daß hier sowohl die Einwilligung des Betreuten als auch die des Betreuers einzuholen sei.[289] In Zweifelsfällen möge sich der vorsichtige Arzt der Einwilligung beider versichern.[290] Die erforderliche

---

gen der benötigten Einwilligung an den einwilligungsfähigen Betreuten selbst, oder aber auch an den Betreuer wenden können. Eine solche Doppelkompetenz würde jedoch dazu führen, daß der Arzt sich nach der Meinung desjenigen richten müßte, der ihm eine Entscheidung über die anstehende Maßnahme zuerst mitgeteilt hat. Insoweit wäre es auch unbeachtlich, wenn sich der einwilligungsfähige Betreute der Behandlung, zu der der Betreuer die nötige Einwilligung bereits erteilt hat, widersetzt. Dieses Ergebnis ist mit Art. 2 Abs. 1 i.V.m. Art. 1 Abs. 1 GG, mithin mit dem Selbstbestimmungsrecht des Betreuten, nicht vereinbar; Konsequenz der von Holzhauer befürworteten Doppelkompetenz wäre zudem, daß der in § 1901 Abs. 3 BGB grundsätzliche Meinungsvorrang des Betreuten praktisch ausgehöhlt würde.

[286] Vgl. auch Heide, Medizinische Zwangsbehandlung, S. 139 m.w.N.

[287] So im Ergebnis auch Heide, Medizinische Zwangsbehandlung, S. 137.

[288] Vgl. auch Heide, Medizinische Zwangsbehandlung, S. 140.

[289] Jürgens-Marschner, § 1904 Rdn. 2; vgl. auch Zimmermann/ Damrau, NJW 1991, S. 540; MünchKomm-Schwab, § 1904 Rdn. 7; Erman-Roth, § 1904 Rdn. 3; so auch der erste Diskussionsteilentwurf des Betreuungsgesetzes, S. 135 = BT-Drucks. 11/ 4528, S. 141.

[290] MünchKomm-Schwab, § 1904 Rdn. 7.

Einwilligung würde dann auf jeden Fall vorliegen.[291] Diese Argumentation überzeugt schon deshalb nicht, weil sie das Problem nicht zu lösen vermag. Die These „der gemeinsamen Zuständigkeit" von Betreuer und Betreutem kann nur eingreifen, wenn sowohl der Betreute als auch der Betreuer in gleicher Weise einwilligen. Ungelöst bleiben hingegen die Problemfälle, in denen sich bei zweifelhafter Einwilligungsfähigkeit die Entscheidung des Betreuten und die des Betreuers widersprechen. Eine andere Auffassung[292] schlägt für den Fall, daß der Betreute der Maßnahme widerspricht, die Anordnung eines Einwilligungsvorbehaltes nach § 1903 Abs. 1 S. 1 BGB analog vor. Dies hätte zur Folge, daß der Betreute einer Behandlung ohne Zustimmung seines Betreuers nicht mehr wirksam widersprechen kann. Gleichwohl könnte der Betreuer die erforderliche Einwilligung analog § 1902 BGB selbst erteilen.[293] Diese Ansicht beruht auf dem Mißverständnis, man könne einem Geistigbehinderten, der sich weigert, sich einer für ihn objektiv notwendig gehaltenen Heilbehandlung zu unterziehen, durch die Anordnung eines Einwilligungsvorbehalts bezogen auf Gesundheitsmaßnahmen beikommen. Der Einwilligungsvorbehalt ist jedoch grundsätzlich ungeeignet, steuernd auf das Verhalten eines betreuten Patienten einzuwirken.[294] Die Anordnung eines Einwilligungsvorbehalts zum Zweck der Übergehung des vom Betreuten geäußerten Willens ist schlechterdings unzulässig.[295] Denn ein einwilligungsfähiger Betreuter kann nicht etwa durch einen Einwilligungsvorbehalt einer ärztlichen Zwangsbehandlung zugeführt werden, weil der Betreuer ohnehin nur die eigene Erklärung des Betreuten genehmigen, aber nicht ersetzen könnte. Die eigene Einwilligung des Betroffenen fehlt aber gerade beim Handeln gegen seinen Willen.[296]

Zu Recht lehnt die h.M.[297] daher die Anordnung eines Einwilligungsvorbehalts für den Bereich der Einwilligung in ärztliche Maßnahmen nahezu einstimmig ab. Die Anordnung eines Einwilligungsvorbehalts für den Bereich der Zustimmung zu Behandlungsmaßnahmen kommt schon begrifflich nicht in Betracht, weil dieser nach dem Wortlaut nur für die Abgabe von Willenserklärungen[298], nicht aber für die Gestattung tatsächlicher Handlungen angeordnet werden kann. Ein Einwilligungsvorbehalt im Bereich der Gesundheitsfürsorge kommt daher allenfalls für den Abschluß des Behandlungsvertrages in Betracht. Zudem scheitert eine analoge Heranziehung des § 1903 BGB auch daran, daß es an der für die Anwendung der Vorschrift erforderlichen materiell-rechtlichen Doppel-

---

[291] Zimmermann/ Damrau, NJW 1991, S. 540.

[292] Palandt-Diederichsen, § 1904 Rdn. 4.

[293] Palandt-Diederichsen, § 1904 Rdn. 4.

[294] So auch Staudinger-Bienwald, § 1903 Rdn. 17.

[295] Jürgens-Marschner, § 1904 Rdn. 2.

[296] So auch Jürgens/ Kröger/ Marschner/ Winterstein, Rdn. 202.

[297] Erman-Holzhauer, § 1903 Rdn. 7; Erman-Roth, § 1904 Rdn. 5; Jürgens-Jürgens, § 1903 Rdn. 8; Jürgens/ Kröger/ Marschner/ Winterstein, Rdn. 202; Bienwald, Betreuungsrecht, § 1904 Rdn. 14, Sonnenfeld, Rdn. 279; *a.A.* Coester, ZfJ 1989, 350 (351).

[298] Vgl. hierzu Ausführungen zur Rechtsnatur der Einwilligung in ärztliche Eingriffe unter § 2 IV. 1.c).

kompetenz von Betreutem und Betreuer fehlt.[299] Ist der betreute Patient selbst einwilligungsfähig, so kann nur er wirksam einwilligen. Wie bereits obenstehend ausgeführt, ist der Betreuer in diesem Fall nicht einwilligungsbefugt. Genau das wäre aber erforderlich, um die Vorschrift zur Anwendung zu bringen. Es fehlt mithin an der im Bereich rechtsgeschäftlichen Handelns möglichen Kollision gegenläufigen Tätigwerdens des Betreuers und des Betreuten, die Grundlage für die Regelung des § 1903 BGB ist. Durch die Anordnung eines Einwilligungsvorbehalts kann nur ein bestehender Kompetenzkonflikt entschieden werden, nicht aber eine nicht existierende Kompetenz geschaffen werden. Schließlich ist die Anordnung eines Einwilligungsvorbehalts auch mit dem höchstpersönlichen Charakter der Einwilligung unvereinbar.[300] Der Gesetzgeber wollte bestimmte Erklärungen höchstpersönlicher Art von vornherein nicht von der Zustimmung des Betreuers abhängig machen.[301] So kann sich die Anordnung eines Einwilligungsvorbehalts beispielsweise nicht auf Willenserklärungen erstrecken, die auf Eingehung einer Ehe oder einer Lebenspartnerschaft gerichtet sind, § 1903 Abs. 2 BGB. Verfügungen von Todes wegen sind gleichfalls von der Anordnung eines Einwilligungsvorbehalts ausgenommen. Die gesetzliche Vertretungsmacht sollte demnach grundsätzlich nicht für höchstpersönliche Geschäfte gelten. Zwar sind die ärztlichen Maßnahmen in § 1903 Abs. 2 BGB nicht ausdrücklich erwähnt, gleichwohl treffen auf sie die Erwägungen, die zum Erlaß dieses Ausnahmetatbestandes geführt haben, in gleicher Weise zu. Der Gesetzgeber hat bei Erlaß der Vorschrift an die Überlegung angeknüpft, daß es nicht hinzunehmen sei, wenn der Betreuer die Wahl des Ehegatten oder die Einsetzung eines Erben durch rechtlich verbindliche Erklärungen beeinflussen könnte.[302] Nichts anderes kann für die Einwilligung in ärztliche Maßnahmen gelten. Denn ebenso wie beispielsweise das Eingehen einer Ehe berührt die Entscheidung über die Vornahme eines medizinischen Eingriffs die Persönlichkeit des Menschen unmittelbar und hat damit, weil dadurch das Selbstbestimmungsrecht, mithin der Kernbereich des Persönlichkeitsrechts betroffen ist, gleichfalls höchstpersönlichen Charakter.

Gegen eine Analogie zu § 1903 BGB spricht insbesondere auch, daß die Voraussetzungen einer Gesetzesanalogie nicht vorliegen. Eine Analogie setzt stets einen ähnlichen Sachverhalt voraus, auf den sich die Regelung erstrecken soll.[303] Ratio legis des § 1903 BGB ist die Abwendung einer erheblichen Gefahr für die Person oder das Vermögen des Betreuten.[304] Es soll vor allem verhindert werden, daß sich der uneinsichtige Betreute durch zukünftig abzugebende Willenserklärungen selbst erheblich schadet. Es muß daher festgestellt werden, daß der Betreute überhaupt am Rechtsverkehr teilnimmt.

---

[299] Ermann-Holzhauer § 1903, Rdn. 38; Erman-Roth, § 1904 Rdn. 2, 5.

[300] So auch Mayer, S. 59.

[301] Vgl. BT-Drucks. 11/ 4528, 138 f.

[302] Vgl. BT-Drucks. 11/ 4528, S. 139.

[303] Vgl. Bydlinski, 3. Teil, II.

[304] Vgl. BT- Drucks. 11/ 4528, S. 64.

Die Anordnung eines Einwilligungsvorbehalts zur Abwehr erheblicher Vermögensgefahren kann erforderlich werden, wenn der Betroffene auf Grund seiner geistigen Behinderung nicht in der Lage ist, komplexe Sachverhalte zu erfassen, sich ein Urteil unter kurzfristiger Abwägung zu bilden, kein Zahlenverständnis und kein Verhältnis zum Wert des Geldes besitzt und krankheitsbedingt leicht beeinflußbar ist.[305] Handelt es sich jedoch um eine Einwilligung in einen medizinischen Eingriff, ist eine Vermögensgefährdung nicht ersichtlich, weil es sich nicht um die Abgabe einer Willenserklärung, mithin nicht um die Teilnahme am Rechtsverkehr handelt. Ein Einwilligungsvorbehalt kann sich daher allenfalls auf den Abschluß des Behandlungsvertrages erstrecken. Erforderlich wäre hierfür, daß mit hinreichender Sicherheit zu erwarten ist, daß der Betreute durch den Abschluß von wirksamen Behandlungsverträgen sein Vermögen erheblich gefährdet. Voraussetzung für einen wirksamen Behandlungsvertrag ist wiederum, daß der Betreute geschäftsfähig ist. Wie bereits oben aufgeführt, ist jedoch bei Betreuten mit geistiger Behinderung Geschäftsfähigkeit gerade die Ausnahme und Geschäftsunfähigkeit die Regel. Willenserklärungen eines geschäftsunfähigen Betreuten sind ohnehin nach § 105 Abs. 1 BGB nichtig. Lediglich geringfügige Vermögensnachteile reichen hierbei nicht aus, vielmehr muß der Betreute sein Vermögen gleichsam verschleudern.[306] Wegen des erheblichen Eingriffs, der in der Anordnung eines Einwilligungsvorbehalts liegt, kann nur eine erhebliche Gefahr berücksichtigt werden. Bemerkenswert ist in diesem Zusammenhang der vom BSG entschiedene Fall, in dem bei einer unter Betreuung stehenden an dem sog. Mimikry-Syndrom leidenden Patientin – trotz der von ihr veranlaßten Krankenhauskosten von 250.000.- € - kein Einwilligungsvorbehalt angeordnet wurde.[307]

Die Anordnung eines Einwilligungsvorbehalts zur Abwehr einer erheblichen Gefahr für die Person des Betreuten ist nur in besonders gelagerten Ausnahmefällen erforderlich. Der Regierungsentwurf nannte seinerzeit als Beispiel die Anerkennung der Vaterschaft durch den Betreuten.[308] Zu denken wäre allenfalls an negative Auswirkungen auf wichtige personenbezogene Rechtsgüter wie Leben oder Gesundheit durch die vom Betroffenen abgegebenen Willenserklärungen. Jürgens[309] nennt hier als Beispiel die Kündigung des Mietvertrages. Sicherlich könnte eine unbedachte Kündigung zur Obdachlosigkeit führen und damit das Leben oder die Gesundheit des Betreuten gefährden. Dem ist entgegenzuhalten, daß nach § 1907 BGB das Mietverhältnis nur durch den Betreuer wirksam gekündigt werden kann, der hierfür der Genehmigung des Vormundschaftsgerichts bedarf, mithin der Betreute selbst nicht wirksam kündigen kann.

Holzhauer[310] hält die Anordnung eines Einwilligungsvorbehalts für nicht ausgeschlossen, wenn es darum geht, einem Suchtkranken die Beschaffung des Suchtstoffes zu erschweren. Jedoch stehen Menschen mit geistiger Behinderung in

---

[305] Dodegge, NJW 2001, S. 2763.

[306] Jürgens-Jürgens, § 1903 Rdn. 3.

[307] BSG, Bienwald, Betreuungsrecht, § 1903 Rdn. 6.

[308] BT-Drucks. 11/ 4528, S. 136.

[309] Jürgens-Jürgens, § 1903 Rdn. 3.

[310] Ermann-Holzhauer, § 1903 Rdn. 7.

aller Regel nicht wegen einer psychischen Krankheit, zu denen auch die Abhängigkeitskrankheiten zählen, unter Betreuung. Aufgrund der vorstehenden Überlegungen ist eine analoge Anwendung des § 1903 BGB mangels vergleichbarer Interessenlage abzulehnen. Im übrigen können die Zweifel im Hinblick auf die Einwilligungsfähigkeit des Betreuten durch die Anordnung eines Einwilligungsvorbehalts nicht ausgeräumt werden, weil die Einwilligungsfähigkeit durch einen Einwilligungsvorbehalt weder beeinträchtigt noch beseitigt werden kann.[311] Ebensowenig läßt die Tatsache, daß ein Betreuer mit dem Aufgabenkreis der Gesundheitssorge bestellt ist, Rückschlüsse auf die Einwilligungsfähigkeit des Betreuten zu. Zwar darf dem Betreuer die Aufgabe der Gesundheitsfürsorge nur übertragen werden, wenn die fehlende Einsichtsfähigkeit des Betreuten diesbezüglich feststeht. Gleichwohl hat die Aufgabenzuweisung keinen konstitutiven Charakter. Der Betreute verliert durch die Aufgabenzuweisung der Einwilligung in medizinische Maßnahmen an einen Betreuer nicht seine Einwilligungsfähigkeit. Schließlich kann dem Betreuten die Einsichtsfähigkeit bei der Betreuerbestellung zu Unrecht abgesprochen worden sein, oder aber er hat sie später wiedererlangt. Die ganz überwiegende Meinung geht daher zutreffend davon aus, daß die Betreuerbestellung regelmäßig kein Indiz für die fehlende Einwilligungsfähigkeit darstellt.[312] Zweifel im Hinblick auf die Einwilligungsfähigkeit des Patienten bedürfen daher der Klärung. Die Aufgabe, zu entscheiden, ob der Patient einwilligungsfähig ist oder nicht, fällt allein dem behandelnden Arzt zu.[313] Insbesondere kann aus der Weigerung, eine an sich gebotene ärztliche Maßnahme abzulehnen, nicht ohne weiteres auf mangelnde Einsichtsfähigkeit geschlossen werden.[314] Der Arzt hat vielmehr unter Ausschöpfung aller verfügbaren Erkenntnisquellen – gegebenenfalls unter Hinzuziehung eines Psychiaters[315] oder Psychologen – die Einsichtsfähigkeit zu klären und über die Einwilligungsfähigkeit zu entscheiden.[316] Das wird in der weitaus überwiegenden Anzahl der Fälle auch ohne weiteres möglich sein. Letzten Endes kommt es allein auf die ärztliche Überzeugung an. Denn niemand kann die Situation, in der sich der Patient bei Abgabe seiner Willenserklärung befindet, besser beurteilen, als der behandelnde Arzt. Ist unklar, ob der Betreute einwilligungsfähig ist, besteht indes auch keine Gewißheit darüber, ob er wirksam in die Behandlung einwilligen kann. Da der Arzt aber nur behandeln darf, wenn die Einwilligung wirksam erklärt ist, ist der behandelnde Arzt in den Fällen zweifelhafter Einwilligungsfähigkeit dem Risiko einer rechtswidrigen Verhaltensweise ausgesetzt. Dies birgt für den Arzt die Gefahr, den Patienten entweder zu Unrecht als einwilligungsfähig anzusehen und gestützt auf dessen „Einwilligung" den medizinischen Eingriff vorzunehmen oder aber die Einwilligungsfähigkeit des Patienten unberechtigterweise in Abrede zu stellen und sich statt dessen auf die – ins Leere laufen-

[311] Im Ergebnis auch Bienwald, Betreuungsrecht, § 1904 Rdn. 14.

[312] Vgl. hierzu auch Heide, Medizinische Zwangsmaßnahmen, S. 137 m.w.N.

[313] Hennies, MedR 1999, S. 341.

[314] Jürgens/ Kröger/ Marschner/ Winterstein, Rdn. 200.

[315] Hennies, MedR 1999, S. 341.

[316] Mayer, S. 59.

de – Einwilligung des Betreuers zu verlassen.[317] In beiden Fällen handelt der Arzt ohne die erforderliche Rechtfertigungsgrundlage.
Insoweit könnte das Bestreben vermutet werden, der Arzt werde um seiner selbst willen geneigt sein, den Patienten im Einzelfall für einwilligungsfähiger zu halten als er tatsächlich ist. Gleichwohl läßt sich eine Faustregel – wie „Im Zweifel für die Einwilligungsfähigkeit" - nicht bilden.[318] Indes dürfen keine übertriebenen Anforderungen an den Arzt gestellt werden. Spricht aus Sicht des Arztes nichts für ein Fehlen der Einwilligungsfähigkeit, so kann er ohne weitere Untersuchung davon ausgehen, daß sie vorliegt. Erweist sich später das Gegenteil als richtig, so belastet dies den Arzt haftungs- oder strafrechtlich nicht.[319] Der behandelnde Arzt sollte folglich auch in den sogenannten Zweifelsfällen den Mut zu einer eindeutigen Entscheidung haben.[320] Der vom Gesetzgeber aufgestellte Grundsatz der Erforderlichkeit ist erkennbar dem Prinzip der Selbstbestimmung verpflichtet und gibt damit eine Orientierung für die Beantwortung von Grenzfragen bei zweifelhafter Einwilligungsfähigkeit vor. Keinesfalls darf eine Konfliktlösung zum Nachteil des Selbstbestimmungsrechts des möglicherweise unerkannt einwilligungsfähigen Patienten erfolgen. Ein Eingriff in das Selbstbestimmungsrecht des einwilligungsfähigen Geistigbehinderten ist stets unverhältnismäßig und verstößt demzufolge gegen den Erforderlichkeitsgrundsatz. Unter Achtung des verfassungsrechtlichen Prinzips der Selbstbestimmung muß der Behinderte immer den Entscheidungsvorrang genießen, wenn er in der Lage ist, selbst die Entscheidung zu treffen. Aus diesem Grunde kann der teilweise vertretenen Auffassung[321] nicht gefolgt werden, wonach im Zweifel Einwilligungsunfähigkeit anzunehmen sei, wenn der Arzt nicht imstande ist, sich ein hinreichend überzeugendes Bild zu machen. Bei der Nichtausräumbarkeit von Zweifeln ist entgegen dieser Ansicht nicht von der Alleinzuständigkeit des Betreuers auszugehen.[322]
Sollten sich Zweifel an der Einwilligungsfähigkeit tatsächlich einmal als unaufklärbar erweisen, so ist in Respekt von dem unantastbaren Willensbereich des die ärztliche Maßnahme ablehnenden Patienten jede „zwangsweise" Behandlung ausgeschlossen. Vielmehr sollte sich im Falle einer „Patt-Situation" der Wille des Patienten durchsetzen. Im übrigen helfen dem Arzt bei Notmaßnahmen die allgemeinen Rechtfertigungsgründe weiter.[323]

Abschließend bleibt festzuhalten, daß bei zweifelhafter Einwilligungsfähigkeit des Betreuten nur zwei Alternativen in Betracht kommen. Entweder ist der Betreute in vollem Umfang einsichts- und damit auch einwilligungsfähig, dann erteilt er selbst die Einwilligung, oder aber er ist es nicht, dann – und nur dann –

---

[317] Mayer, S. 60.

[318] Kern, MedR 1993, S. 247.

[319] Kern, MedR 1993, S. 247.

[320] Hennies, MedR 1999, S. 341.

[321] Staudinger-Bienwald, § 1904 Rdn. 29; Hennies, MedR 1999, S. 341.

[322] So aber Staudinger-Bienwald, § 1904 Rdn. 29; Bienwald, Betreuungsrecht, § 1904 Rdn. 12.

[323] Zimmermann/ Damrau, NJW 1991, S. 540.

entscheidet der Betreuer über die Frage der Einwilligungserteilung allein. Es verbleibt mithin bei dem oben näher ausgeführten "Entweder – Oder - Verhältnis" der Einwilligungsbefugnis von Betreutem und Betreuer.

§ 4 Medizinische Maßnahmen am einwilligungsunfähigen Betreuten

I. Mögliche Einwilligungszuständigkeiten bei einwilligungsunfähigen Betreuten

Wie soeben festgestellt, kommt die Einwilligung des gesetzlichen oder rechtsgeschäftlichen Vertreters erst in Betracht, wenn die Einwilligungsfähigkeit des Geistigbehinderten zu verneinen ist. Im Folgenden geht es darum, aufzuzeigen, an wen sich der behandelnde Arzt im konkreten Einzelfall zu wenden hat, um eine wirksame Rechtsgrundlage für die Durchführung der von ihm für erforderlich gehaltenen Behandlungsmaßnahme zu erhalten. Keinesfalls darf sich der Arzt mit dem Einverständnis der Angehörigen begnügen. Diese sind entgegen einer weit verbreiteten Ansicht in der Ärzteschaft nicht ohne weiteres einwilligungsbefugt.[324] Solange der Geistigbehinderte minderjährig ist, wird er regelmäßig durch seine Eltern gem. § 1629 Abs. 1 S. 1 BGB vertreten. Obwohl die elterliche Sorge endet, wenn das Kind nach § 2 BGB volljährig geworden ist, nehmen viele Eltern und Angehörige der Sozialen Dienste an, das elterliche Sorgerecht und insbesondere das Recht zur Vertretung des Kindes verlängere sich im Falle einer geistigen Behinderung automatisch über das 18. Lebensjahr hinaus.[325] Gleichwohl werden in der Regel die Eltern des Geistigbehinderten als amtliche Betreuer und damit als gesetzliche Vertreter bestellt sein.

1. Die Einwilligung des Betreuers

Nach einhelliger Meinung besteht eine Entscheidungsbefugnis des Betreuers nur, wenn der Betreute nicht selbst einwilligen kann und die Angelegenheit zum Aufgabenkreis des Betreuers gehört.[326] Demnach setzt die Einwilligung durch den Betreuer einen Aufgabenkreis „Heilbehandlung bzw. Gesundheitsfürsorge"[327] voraus. Der Aufgabenkreis Sorge für die Gesundheit umfaßt mithin die Gesundheitsfürsorge in allen Bereichen der Medizin i.w.S.. Begrifflich umfaßt der Aufgabenbereich Gesundheitsfürsorge nicht nur die Verantwortung dafür, daß sich der Betreute in ärztliche – ambulante oder stationäre – Behandlung begibt und die Verordnung von Medikamenten und Anwendungen einhält. Vielmehr kann sich die Gesundheitsfürsorge auch darauf erstrecken, gesundheitsschädigendes Verhalten zu vermeiden. Der Aufgabenbereich kann sich demnach auf die Vermeidung schwerer Ernährungsmängel, aber auch auf den Schutz vor ansteckenden Krankheiten durch Teilnahme an Impfungen, auf die Einhaltung von Vor- und Nachuntersuchungen, die Befolgung von Auflagen des Gesund-

---

[324] Mayer, S. 112.

[325] Quambusch, Das Recht der Geistigbehinderten, Rdn. 93.

[326] Staudinger-Bienwald, § 1904 Rdn. 4.

[327] Aufgabenkreis: Sorge um die Gesundheit, Gesundheitsfürsorge, Gesundheitssorge, Sorge für das gesundheitliche Wohl; vgl. Bienwald, Betreuungsrecht, § 1896 Rdn. 215.

heitsamtes sowie die Vermeidung von Lebensweisen, die ein hohes Gefährdungsrisiko enthalten, erstrecken.[328]
Im übrigen kann der Betreuer nur wirksam einwilligen, wenn er vom behandelnden Arzt ausführlich über die geplante Maßnahme aufgeklärt wurde.[329] Nur anhand der aus der Aufklärung gewonnenen Erkenntnis ist der Betreuer in der Lage zu prüfen, ob er seine Einwilligung erteilen, versagen oder möglicherweise weitere ärztliche Meinungen einholen will. Der Betreuer erteilt dann die Einwilligung als gesetzlicher Vertreter gem. § 1902 BGB.

2. Die Einwilligung durch den Bevollmächtigten

Da die Betreuung eine gesetzliche Vertretung des Betroffenen sicherstellen soll, ist sie da überflüssig, wo eine Regelung auf der Grundlage einer bestehenden Vollmacht möglich ist. Daher kommt eine Betreuerbestellung nach § 1896 Abs. 2 S. 2 BGB nicht in Betracht, wenn die Angelegenheiten auch durch einen Bevollmächtigten wahrgenommen werden können.

Mit der Vorsorgevollmacht[330] werden Vollmachten erteilt, die im Fall der Geschäftsunfähigkeit des Vollmachtgebers gelten sollen.[331] Der Bevollmächtigte fungiert als rechtsgeschäftlicher und nicht als gesetzlicher Vertreter, wie ein Betreuer.

Fraglich ist jedoch, ob die Zustimmung zu Eingriffen in höchstpersönliche Rechtsgüter wie Leben und Gesundheit Gegenstand einer rechtsgeschäftlichen Vollmacht sein kann. Im Schrifttum war vor Inkrafttreten des BtÄndG lebhaft umstritten, ob die Bevollmächtigung in Gesundheitsangelegenheiten überhaupt möglich ist.[332] Die wohl überwiegende Auffassung in der Literatur lehnte die gewillkürte Stellvertretung in Gesundheitsfragen ab.[333] Begründet wurde dies im wesentlichen mit der höchstpersönlichen Natur der Angelegenheit. Bei höchstpersönlichen Angelegenheiten könne die Willensbildung nicht delegiert werden. Zudem sei die Vertretung in anderen höchstpersönlichen Angelegenheiten, wie z.B. bei der Eheschließung, § 1311 BGB, der Testamenterrichtung, § 2064 BGB oder dem Abschluß eines Erbvertrages, § 2274 BGB, vom Gesetzgeber ausdrücklich ausgeschlossen worden. Uhlenbruck[334] vertrat dagegen die Ansicht, eine Stellvertretung bei der Einwilligung in medizinische Eingriffe müsse trotz deren höchstpersönlichem Charakter möglich sein. Wenn der Staat, wie das Be-

328 Vgl. hierzu ausführlich Bienwald, Betreuungsrecht, § 1896 Rdn. 215.

329 Wiebach/ Kreyßig/ Peters/ Winterstein, BtPrax 1997, S. 48; Mayer S. 52; Sonnenfeld, Rdn. 282.

330 Synonym wird die Bezeichnung „Altersvorsorgevollmacht" gebraucht.

331 Vgl. zur Vorsorgevollmacht näher von Sachsen Gessaphe, § 9 IV. 2.

332 Vgl. zu der Problematik der Stellvertretung in höchstpersönlichen Angelegenheiten auch § 2 IV. 1. c).

333 Für viele Höfling/ Demel, MedR 1999, S. 542 m.w.N.

334 Uhlenbruck, MedR 1992, S. 140.

treuungsrecht[335] zeige, berechtigt sei, in Fällen der Einwilligungsunfähigkeit Dritte oder Gerichte mit der Wahrnehmung der Gesundheitsfürsorge zu betrauen, könne es dem Betroffenen selbst nicht verwehrt werden. So hat auch das OLG Stuttgart[336] anerkannt, daß die Bevollmächtigung in höchstpersönlichen Angelegenheiten rechtlich möglich ist.

Das Problem der Bevollmächtigung in Gesundheitsfragen ist mit der Verabschiedung des Betreuungsrechtsänderungsgesetzes am 25.6.1998 obsolet geworden. Die neu eingefügten §§ 1904 Abs. 2, 1906 Abs. 5 BGB, die zum 1.1.1999 in Kraft getreten sind, sehen die Rechtsfigur der Bevollmächtigung in Gesundheitsangelegenheiten ausdrücklich vor. Durch diese Regelung ist eine eindeutige gesetzliche Klarstellung erfolgt, daß Vollmachten in höchstpersönlichen Angelegenheiten grundsätzlich möglich sind.[337] Im übrigen ist heute anerkannt, daß die Ausübung des Selbstbestimmungsrechts als Bestandteil des allgemeinen Persönlichkeitsrechts auf Dritte übertragen werden kann. Das Recht zur Einwilligung erwächst aus dem Selbstbestimmungsrecht des Betroffenen, der die Entscheidungsmacht auf einen anderen übertragen kann.[338]
Der Gesetzgeber wollte die Rolle und die Verbreitung der Vorsorgevollmacht weiter stärken.[266] Vorsorgevollmachten sind grundsätzlich formlos gültig, so daß auch die mündlich erklärte Vorsorgevollmacht wirksam ist. Obgleich sich zum Nachweis des Umfangs der Vollmacht in Gesundheitsangelegenheiten die Schriftform empfiehlt. Für die Einwilligung des Bevollmächtigten in eine der in § 1904 Abs. 1 BGB beschriebenen gefährlichen Maßnahmen ist jedoch zwingend erforderlich, daß die Vollmacht schriftlich erteilt wurde und konkret die in § 1904 Abs. 1 BGB beschriebenen Maßnahmen umfaßt. Schließlich setzt die wirksame Erteilung der Vorsorgevollmacht die Geschäftsfähigkeit des Vollmachtgebers voraus.[339] Diese Voraussetzung ist vor allem im Hinblick auf Betreute mit geistiger Behinderung diskussionswürdig. Wie bereits obenstehend erörtert, wird bei Geistigbehinderten mit einem geringeren IQ als 60 in der Regel eine natürliche Geschäftsunfähigkeit vorliegen. Infolgedessen kommt die Erteilung einer Vorsorgevollmacht nur bei Geistigbehinderten mit einer leichten Oligophrenie in Betracht. Nur der geschäftsfähige Geistigbehinderte kann seine Autonomie dergestalt wahren, daß er durch seinen erklärten, antizipierten Willen in einer Vorausverfügung eine Person seines Vertrauens als Bevollmächtigten einsetzt. Geistigbehinderten mit mittelgradiger Oligophrenie und geistig-

---

[335] Vgl. hierzu § 1904, 1905 BGB.

[336] OLG Stuttgart, FamRZ 1994, S. 1417.

[337] Bauer/ Rink, BtPrax 1996, S. 134; Coeppicus, S. 47.

[338] Vgl. zu dieser Problematik die gesetzliche Regelung in § 2 Abs. 2 S. 1 TPG.

[266] Dodegge, BtPrax 2000, S. 99.

[339] Palandt-Diederichsen, Einf. v. § 1896 Rdn. 7; Dodegge, BtPrax 2000, S. 100; Coeppicus, S. 47.

schwer oder schwerst behinderten Menschen bleibt folglich das Rechtsinstitut der Vorsorgevollmacht verschlossen.[340]

3. Sonderfälle möglicher Einwilligungszuständigkeiten

Die soeben erörterten Zuständigkeiten für die Einwilligung in ärztliche Behandlungsmaßnahmen betreffen quasi den betreuungsrechtlichen Normalfall. Gleichwohl sind Situationen denkbar, in denen für einwilligungsunfähige Patienten – noch – kein Betreuer bestellt ist oder der bestellte Betreuer verhindert bzw. nicht einwilligungsbefugt ist. Im Folgenden sollen deshalb die möglichen Konstellationen aufgezeigt werden, die sich bei der ärztlichen Behandlung von betreuten bzw. betreuungsbedürftigen Patienten fernerhin ergeben können.

a) Einwilligungsunfähige Patienten, für die kein Betreuer bestellt ist

Nicht einwilligungsfähig ist der Patient, der als Notfall – etwa unfallbedingt – im Zustand der Bewußtlosigkeit eingeliefert wird. Die Bewußtlosigkeit des Unfallopfers macht die Einwilligung nicht entbehrlich. Sie ist vielmehr von demjenigen zu erteilen, der anstelle des Patienten zu entscheiden hat. Das sind entgegen der immer noch weit verbreiteten Meinung mancher Ärzte nicht ohne weiteres die nächsten Angehörigen des willensunfähigen Kranken. Zur Einwilligung in ärztliche Maßnahmen anstelle des Betroffenen ist nur der Betreuer als gesetzlicher Vertreter oder der Bevollmächtigte befugt. Wie bereits erörtert wird die Bevollmächtigung bei Geistigbehinderten eher die Ausnahme sein, so daß es in erster Linie gilt, einen Betreuer für den Patienten zu bestellen. Wird der Patient im Zustand der Bewußtlosigkeit eingeliefert und reicht die Zeit zur Betreuungsbestellung nicht aus, so bestimmt sich das Behandlungsgeschehen mangels Abschluß eines wirksamen Vertrages nach den Regeln der Geschäftsführung ohne Auftrag (§§ 677 ff. BGB).[341] Berechtigt ist eine Heilbehandlung im Wege der GoA, wenn ihre Übernahme dem Interesse und dem wirklichen oder mutmaßlichen Willen des Patienten entspricht, § 683 BGB.[342] Immer dann, wenn ein mutmaßlicher Wille des Patienten zu ermitteln ist, muß ihm im Interesse der Wahrung des Selbstbestimmungsrechts auch zum Durchbruch verholfen werden.[343] Anhaltspunkte für den mutmaßlichen Willen des Patienten können Patiententestamente oder Gespräche mit Angehörigen sein. Indes verfügen die Angehörigen über keinerlei Entscheidungsbefugnis und haben infolgedessen auch kein Recht, einen eigenen rechtserheblichen Willen über die Behandlung zu äußern. Sind die Angehörigen beispielsweise nicht erreichbar oder vermögen ihre Angaben zur Ermittlung eines individuellen mutmaßlichen Willen nichts beizu-

---

[340] Die Praxis bestätigt, daß geistig behinderte Menschen von einem mit Vollmachten gestalteten Fürsorgeverhältnis so gut wie keinen Gebrauch machen.Vgl. Lachwitz, BtPrax 1995, S. 116.

[341] Vgl. auch Katzenmeier, Arzthaftung, § 2 II. 4.

[342] So auch Katzenmeier, Arzthaftung, § 2 II. 4.; Soergel-Zeuner, § 823 Rdn. 251; Kern, NJW 1994, S. 756; Wölk, MedR 2001, S. 81.

[343] Mayer, S. 116.

tragen, so kann der Arzt auf allgemeine Wertvorstellungen zurückgreifen.[344] Im Zweifel wird man davon ausgehen können, daß die im objektiven Interesse des Patienten liegende Lebensrettung auch subjektiv dessen Willen entspricht.[345] Bleibt dem Arzt hingegen Zeit, so hat er beim Vormundschaftsgericht die Bestellung eines Betreuers durch einstweilige Anordnung gem. § 67 f Abs. 1 FGG zu veranlassen.[346] Findet sich in der Schnelle kein Betreuer, so kann das Vormundschaftsgericht gem. §§ 1908 i, 1846 BGB selbst entscheiden.
Handelt es sich bei dem Patienten um eine aktuell nicht notwendig behandlungsbedürftige Krankheit, so kann die Betreuerbestellung im normalen Verfahren erfolgen.

b) Einwilligungsunfähige Patienten, für die ein Betreuer bestellt ist

Durchaus denkbar sind Fallkonstellationen, in denen sich der unter Betreuung stehende nicht einsichtsfähige Patient in ärztliche Behandlung begibt und der Betreuer gleichwohl nicht zur Einwilligung berechtigt ist. Ist beispielsweise bislang nur ein Vermögensbetreuer bestellt, so kann dieser nicht wirksam in eine Heilbehandlung einwilligen. Fehlt dem betreuten Patienten die erforderliche Einsichtsfähigkeit, so ist ausschließlich der Betreuer mit dem Aufgabenkreis Heilbehandlung zur Einwilligungserteilung berufen. Fraglich ist indessen, was zu geschehen hat, wenn der für den Aufgabenkreis Heilbehandlung bestellte Betreuer verhindert oder beispielsweise bei vitaler Indikation nicht rechtzeitig erreichbar ist.
Im Falle der bloßen Verhinderung des Betreuers kommt eine Anwendung der Grundsätze der sog. mutmaßlichen Einwilligung nicht in Betracht. Der behandelnde Arzt hat vielmehr beim Vormundschaftsgericht um die Erteilung der Einwilligung nachzusuchen. Das Vormundschaftsgericht kann ausnahmsweise in eine Maßnahme gem. §§ 1908 i Abs. 1 S. 1, 1846 BGB einwilligen, wenn der bestellte Betreuer an der Erfüllung seiner Pflichten verhindert ist und die Behandlung dem Interesse des Betroffenen gerecht wird.[347] Dem Interesse des unter Betreuung stehenden Patienten wird die Einwilligung regelmäßig dann entsprechen, wenn die Durchführung der Behandlungsmaßnahme dessen Wohl nicht zuwiderläuft.[348]
Diese Entscheidungszuständigkeit des Vormundschaftsgerichts im Falle der Verhinderung des Betreuers wird im Alltag vielfach nicht bedacht, wenn – etwa in einem Heim - Bewohnern[349] Medikamente verabreicht oder ärztliche Behandlungen angeboten werden.
Lediglich bei besonderer Eilbedürftigkeit der ärztlichen Maßnahmen kann der Eingriff auf die Grundsätze der mutmaßlichen Einwilligung gestützt werden.

---

[344] BGH, NJW 1995, S. 205.

[345] Kritisch hierzu Heyers, Passive Sterbehilfe bei entscheidungsunfähigen Patienten und das Betreuungsrecht, 103 f.

[346] Kern, MedR 1991, S. 69; Kern, MedR 1993, S. 247; Kern, NJW 1994, S. 756.

[347] Staudinger-Bienwald, § 1904 Rdn. 14.

[348] Mayer, S. 119.

[349] Vgl. auch Staudinger-Bienwald, § 1904 Rdn. 14.

Eine besondere Eilbedürftigkeit der ärztlichen Maßnahme ist dann anzunehmen, wenn die Durchführung so dringend ist, daß weder die Entscheidung des bestellten Betreuers noch die des Vormundschaftsgerichts abgewartet werden kann, ohne daß infolge der Verzögerung das Wohl des Betreuten gefährdet würde.
Hinsichtlich der Feststellung des mutmaßlichen Willens kommt es auf den des Patienten, nicht auf den des Betreuers an. Entscheidend ist einzig und allein, ob der Patient, wäre er selbst einwilligungsfähig, dem Eingriff zustimmen würde. Unerheblich ist hierbei, ob der Betreuer, könnte er hinzugezogen werden, die Einwilligung erteilen würde. Der Arzt muß mit anderen Worten so verfahren, als ob der Patient infolge einer unfallbedingten Bewußtlosigkeit einwilligungsunfähig wäre. Mithin ist festzuhalten, daß im Falle besonderer Eilbedürftigkeit ärztlicher Maßnahmen an einwilligungsunfähigen Patienten keine Differenzierung danach stattfindet, ob eine Betreuung bereits angeordnet ist oder nicht. Vielmehr ist in diesen Fällen ein verhinderter Betreuer einem – noch – nicht bestellten Betreuer gleichzustellen.

II. Routinemäßige ärztliche Maßnahmen

Ist mangels Einsichtsfähigkeit des Betreuten nur der Betreuer einwilligungsberechtigt, so stellt sich die Frage, ob der Betreuer die erforderliche Einwilligung erteilen darf oder aber im Interesse seines Schutzbefohlenen hiervon Abstand zu nehmen hat. Ob das eine oder das andere der Fall ist, bestimmt sich nach der Pflichtenbindung des Betreuers im Innenverhältnis zum Betreuten. Die Pflichten des Betreuerhandelns richten sich nach der Norm des § 1901 BGB. Diese wird in der rechtswissenschaftlichen Literatur auch als „Grundgesetz" des betreuungsrechtlichen Pflichtenverhältnisses bezeichnet, dessen Leitmaxime den §§ 1902 – 1908i BGB vorgeschaltet ist.[350] § 1901 BGB normiert den sogenannten „begrenzten Willensvorrang".[351] Gemäß § 1901 Abs. 2 S. 1 BGB hat sich das Betreuerhandeln an dem Wohl des Betreuten zu orientieren. Zum Wohl des Betreuten gehört auch die Möglichkeit, sein Leben nach eigenen Wünschen und Vorstellungen zu gestalten, § 1901 Abs. 2 S. 2 BGB. Nach § 1901 Abs. 3 S. 1 BGB wird der Betreuer verpflichtet, den Wünschen des Betreuten zu entsprechen, soweit diese dem Wohl des Betreuten nicht entgegenstehen. Einen besonderen Aspekt haben Wille und Wohl auf dem Gebiet der Gesundheitssorge.[352] Nach den Vorstellungen des Gesetzgebers stellt § 1901 BGB die Richtschnur des Handelns für einen medizinischen Betreuer dar.[353]
Für den hier in Rede stehenden Bereich der Gesundheitsfürsorge ist des weiteren die dem Betreuer nach § 1901 Abs. 4 BGB auferlegte Pflicht hervorzuheben,

---

[350] Vgl. Karliczek, Wille, Wohl und Wunsch des Betreuten und des Einwilligungsunfähigen in der Gesundheitsfürsorge, S. 2; Heyers, Passive Sterbehilfe bei entscheidungsunfähigen Patienten und das Betreuungsrecht, S. 232.

[351] Vgl. Heyers, Passive Sterbehilfe bei entscheidungsunfähigen Patienten und das Betreuungsrecht, S. 233.

[352] Ermann-Holzhauer, § 1901 Rdn. 20.

[353] BT-Drucks. 11/ 4528, S. 71.

dazu beizutragen, daß alle Möglichkeiten genutzt werden, die Krankheit oder Behinderung des Betreuten zu beseitigen, zu verbessern, ihre Verschlimmerung zu verhüten und ihre Folgen zu mindern. Nicht nur der Betreuer mit dem Aufgabenkreis Gesundheitsfürsorge ist von der Verpflichtung nach § 1901 Abs. 4 BGB betroffen. Vielmehr hat jeder Betreuer, auch der Vermögensverwalter, die Pflicht, bei Erfüllung der ihm übertragenen Aufgaben auf eine Besserung des Gesundheitszustandes hinzuwirken.

1. Das Wohl des Betreuten

Von zentraler Bedeutung für die Beurteilung der Frage, ob die Einwilligung erteilt werden darf, ist zunächst der unbestimmte Rechtsbegriff des Wohls des Betreuten. Nach § 1901 Abs. 2 S. 1 BGB ist das Wohl des Betreuten Maßstab für das Verhalten des Betreuers. Der Betreuer darf nur in die ärztlichen Maßnahmen einwilligen, die dem Wohl des Schutzbefohlenen entsprechen.[354] Darüber hinaus ist das Wohl des Betreuten ein Grundziel des Betreuungsrechts.[355] Der Begriff des Wohls ist sehr allgemein. Der Gesetzgeber hat auf eine nähere Ausgestaltung dieses unbestimmten Rechtsbegriffes bewußt verzichtet. Eine nähere Konkretisierung erschien angesichts der Vielfalt der Fallgestaltungen nicht möglich.[356] Der Begriff des Wohls umfaßt zunächst die Erhaltung von Leben und Gesundheit, diese im weitesten Sinn als „Zustand eines vollkommenen biologischen, sozialen und psychischen Wohlbefindens" verstanden.[357] Das Wohl des Betreuten richtet sich objektiv danach, ob die beabsichtigte ärztliche Maßnahme dem wohlverstandenen Interesse des Betreuten entspricht, was durch Abwägung der verfolgten Ziele und der Risiken für Leben und Gesundheit zu ermitteln ist.[358] So dürften eine Blutspende oder auch eine genetische Untersuchung im Interesse eines nahen Verwandten zur Abklärung von Erbkrankheiten nur in seltenen Ausnahmefällen auch dem Wohl des Betreuten dienen.[359] Der Begriff des Wohls des Betreuten kann gleichwohl nicht ausschließlich objektiv beurteilt werden. Vielmehr ist dem Begriff des Wohls die Spannung zwischen einem objektiv wohlverstandenen Interesse und einem subjektiven Verständnis immanent.[360] Aus § 1901 Abs. 2 S. 2 BGB folgt, daß das objektive Wohl das subjektive Wohl zunächst mit einschließt. Durch die Möglichkeit des Betreuten, im Rahmen seiner Fähigkeiten sein Leben nach eigenen Wünschen und Vorstellungen zu gestalten, hat der Gesetzgeber den Schwerpunkt deutlich in Richtung Subjektivität verschoben. Getätigte Selbstbestimmung ist auch für den gei-

---

[354] Mayer, S. 66.

[355] BT-Drucks. 11/ 4528, S. 53.

[356] BT-Drucks. 11/ 4528, S. 133.

[357] Definition der World Health Organisation zitiert in Erman-Holzhauer, § 1901 Rdn. 6.

[358] Mayer, S. 67.

[359] Jürgens/ Kröger/ Marschner/ Winterstein, Rdn. 205.

[360] Erman-Holzhauer, § 1901 Rdn. 9.

stig behinderten Menschen ein hoher Wert, dessen Verwirklichung der Betreuer nicht im Wege stehen darf.[361]

2. Die Wünsche des Betreuten

Ausfluß des subjektiv gefaßten Begriffs des Betreutenwohls ist die strikt gehaltene Anweisung des Gesetzes an den Betreuer, den Wünschen des Betreuten zu entsprechen, soweit dies dessen Wohl nicht zuwiderläuft und dem Betreuer zuzumuten ist.[362] § 1901 Abs. 3 S. 1 BGB begründet den Willensvorrang des Betreuten. Diese grundsätzliche Maßgeblichkeit der Wünsche des Betreuten ist Ausdruck von dessen Selbstbestimmungsrecht.[363] Das Gesetz versucht die Autonomie des Betreuten dadurch zu wahren, indem es dazu verpflichtet, auf dessen Wünsche möglichst Rücksicht zu nehmen.[364] Die Beachtlichkeit der Wünsche des Betreuten wird grundsätzlich nicht dadurch beeinträchtigt, daß sie von einem psychisch Kranken oder geistig Behinderten geäußert werden.[365] Gerade für diesen Personenkreis entfaltet die Vorschrift besondere Bedeutung, weil den Betreuten in den Grenzen ihres Wohls ermöglicht wird, ihre noch vorhandene Restkompetenz durch die Äußerung von Wünschen zur Geltung zu bringen. "Wünsche" des Betreuten sind keine Willenserklärungen.[366] Der Wunsch i.S. des § 1901 BGB ist vielmehr „ein rechtsgeschäftlich unbeachtliches, betreuungsrechtlich jedoch bedeutsames Minus zur Willenserklärung".[367] Unerheblich ist daher, ob der Betreute geschäftsfähig ist oder nicht. Ferner ist die Äußerung eines solchen Wunsches nicht an eine bestimmte Form gebunden. Es genügt jedes willensgetragene auch nur tatsächliche Handeln – z.B. Deuten, Kopfnicken, Zeigen etc. – das bestimmte Neigungen des Betreuten erkennen läßt.[368]
So gilt auch für eine Untersuchung des Gesundheitszustandes, eine Heilbehandlung oder einen ärztlichen Eingriff, daß der Betreuer Wünschen des Betreuten zu entsprechen hat, soweit dies dessen Wohl nicht zuwiderläuft und dem Betreuer zuzumuten ist.[369] Gleichwohl hat die Bindung des Betreuers an die Wünsche des Betreuten lediglich Auswirkungen im Innenverhältnis zwischen Betreuer und Betreutem. Die Vertretungsmacht im Außenverhältnis wird hier-

---

[361] Zutreffend weist Lachwitz darauf hin, daß zwischen Selbstbestimmung und dem Schweregrad einer geistigen Behinderung ein unmittelbarer Zusammenhang besteht; vgl. Lachwitz, BtPrax 1995, S. 114.

[362] MünchKomm-Schwab, § 1901 Rdn. 11.

[363] Springorum, Das Selbstbestimmungsrecht des geistig Behinderten in der medizinischen Behandlung, S. 67.

[364] Quambusch, Das Recht der Geistigbehinderten, Rdn. 96.

[365] Erman- Holzhauer, § 1901 Rdn. 10.

[366] MünchKomm-Schwab, § 1901 Rdn. 11.

[367] Vgl. Heide, Medizinische Zwangsbehandlung, S. 132.

[368] Mayer, S. 83.

[369] BT-Drucks. 11/ 4528, S. 71; Staudinger-Bienwald, § 1901 Rdn. 30.

durch nicht eingeschränkt. Es sei denn, es greifen die Grundsätze über den Mißbrauch der Vertretungsmacht ein.[370]
Das Vormundschaftsgericht hat gem. §§ 1908i Abs. 1 S. 1, 1837 Abs. 2 S. 1 BGB die Verpflichtung, die gesamte Tätigkeit des Betreuers zu beaufsichtigen und gegen Pflichtwidrigkeiten durch geeignete Gebote und Verbote einzuschreiten. Entspricht also eine ärztliche Maßnahme nicht dem Wohl des Betreuten, so liegt ein Verstoß gegen § 1901 Abs. 2 S. 1 BGB und damit eine Pflichtwidrigkeit i.S.d. § 1837 Abs. 2 S. 1 BGB vor, die die Eingriffskompetenz des Vormundschaftsgerichts eröffnet.[371]

a) Wünsche vor Betreuungsanordnung

Bindungswirkung entfalten nicht nur die aktuell geäußerten Wünsche des Betreuten, sondern nach § 1901 Abs. 3 S. 2 BGB auch solche, die bereits vor der Bestellung des Betreuers geäußert wurden, es sei denn, daß der Betreute hieran erkennbar nicht mehr festhalten will.[372] Antizipierte Entscheidungen in bezug auf die Anwendung bestimmter medizinischer Maßnahmen können entweder in einem sog. „Patiententestament" oder in einer Betreuungsverfügung getroffen werden.

aa) Die Patientenverfügung

Unter einer Patientenverfügung,[373] herkömmlich Patiententestament genannt, wird üblicherweise die von einem Gesunden oder einem Kranken weit vor dem kritischen Stadium, zumeist schriftlich abgegebene Erklärung verstanden, wie der Betreffende in einer bestimmten Krankheitssituation behandelt werden will, wobei solche Wünsche im Vordergrund stehen, die eine Begrenzung der Behandlung zum Gegenstand haben, namentlich das Absehen von lebensverlängernden Maßnahmen in der Sterbephase oder bei dauerhaftem Bewußtseinsverlust.[374] Durch die antizipierte Ausübung der Patientenautonomie in einer Patientenverfügung hat der Patient die Möglichkeit, sich gegen eine aufgedrängte Lebens- und Sterbeverlängerung zu wehren.[375] Unstreitig ist, daß es sich bei der Patientenverfügung bzw. dem Patiententestament weder um eine Verfügung noch um ein Testament im rechtstechnischen Sinne handelt. Außerordentlich umstritten ist hingegen, inwieweit Patienten bindend und im einsichtsfähigen Zustand erklären können, daß sie für den Fall des Sterbeprozesses oder im Fall eines voraussichtlichen Dauerkomas nicht behandelt werden wollen.[376] Die Her-

---

[370] MünchKomm-Schwab, § 1901 Rdn. 20.

[371] Mayer, S. 71.

[372] So auch Springorum, Das Selbstbestimmungsrecht des geistig Behinderten in der medizinischen Behandlung, S. 67.

[373] Vgl. zu den Einzelheiten auch Heyers, Passive Sterbehilfe bei entscheidungsunfähigen Patienten und das Betreuungsrecht, 105 ff.

[374] Verrel, MedR 1999, S. 547.

[375] Uhlenbruck, Selbstbestimmtes Sterben, S. 300.

[376] Spickhoff, NJW 2000, S. 2301.

ausbildung einer „herrschenden Meinung“ läßt sich entgegen der anderslautenden Behauptung von Uhlenbruck[377] derzeit nicht feststellen.[378] Eine stark vertretene Auffassung will den Adressaten nicht strikt an den Inhalt der Verfügung gebunden wissen, sondern dieser lediglich eine bedeutende Indizfunktion für die Ermittlung des mutmaßlichen Willens des Patienten zuerkennen.[379] Die Gegenauffassung sieht den antizipiert geäußerten Willen des Patienten als strikt bindend an.[380] Ungeachtet der hier nicht in allen Einzelheiten wiederzugebenden Diskussion über die Beachtlichkeit von Patientenverfügungen ist mittlerweile im Wesentlichen anerkannt, daß eine Patientenverfügung in irgendeiner Form bindet.[381] Seit dem „Kempten-Urteil“ des BGH[382] vom 13.9.1994 sind Patientenverfügungen zunächst einmal als ein zumindest wesentliches Indiz für den mutmaßlichen Willen des Patienten anerkannt.[383] Vielmehr stellt sich im Rahmen dieser Untersuchung die Frage, inwieweit das Rechtsinstitut der Patientenverfügung geistig behinderten Menschen überhaupt zugänglich ist. Die privatautonome Gestaltung der ärztlichen Behandlung zum Lebensende des Patienten bereitet nicht nur bei Menschen mit geistiger Behinderung rechtliche Schwierigkeiten. Problematisch sind insbesondere die Voraussetzungen für die Autonomieausübung im Einzelfall sowie die Ermittlung des Vorliegens konkreter Entscheidungsfähigkeit. Die Errichtung einer Patientenverfügung ist de lege lata an keine Form gebunden. Aus der amtlichen Begründung[384] geht hervor, daß der Gesetzgeber ganz bewußt davon abgesehen hat, einen Formzwang für die Betreuungsverfügung einzuführen. Der Gesetzgeber hat auf die Einführung eines Formzwangs verzichtet, um bei der Feststellung des Willens des Betroffenen auch eindeutige mündliche Aussagen berücksichtigen zu können. Sowohl bei der gesetzlich nicht geregelten Patientenverfügung als auch bei der Betreuungsverfügung handelt es sich um eine antizipierte Ausübung der Patientenautonomie. Demzufolge kann auch die Errichtung einer Patientenverfügung grundsätzlich mündlich erfolgen.[385] Obgleich eine schriftliche Niederlegung den Vorteil

---

[377] Uhlenbruck, Selbstbestimmtes Sterben, S. 309.

[378] Vgl. zum derzeitigen Meinungsstand ausführlich mit den einzelnen Argumentationsmustern Baumann/ Hartmann, DNotZ 2000, 604 ff.

[379] Für viele Laufs, NJW 1998, S. 3400; siehe auch Baumann/ Hartmann, DNotZ 2000, S. 605 (Fn. 50) m.w.N.

[380] Grundlegend Uhlenbruck, der ganz entschieden dafür plädiert, daß der Patientenverfügung sowohl von Ärzten als auch von Juristen die unmittelbare Rechtsverbindlichkeit nicht länger abgesprochen werden kann. Vgl. Uhlenbruck, Selbstbestimmtes Sterben, S. 312; so im Ergebnis wohl auch Baumann/ Hartmann, DNotZ 2000, S. 605 (Fn. 51) m.w.N., S. 608.

[381] So auch Spickhoff, NJW 2000, S. 2301.

[382] BGHSt 40, 257, 263; der BGH nennt die Indizwirkung, die frühere mündliche oder schriftliche Äußerungen neben anderen Umständen für den mutmaßlichen Willen haben können. Vgl. auch Kutzer, ZRP 1997, S. 118.

[383] Vgl. auch Strätling/ Scharf/ Wedel/ Oehmichen/ Eisenbart, MedR 2001, S. 392.

[384] BT-Drucks. 11/ 4528, S. 208.

[385] So auch Coeppicus, S. 50; Uhlenbruck, Selbstbestimmtes Sterben, S. 305.

hat, daß damit der Beweis der Errichtung und des Inhalts erbracht werden können.
Ungeachtet der Warn- und Beweisfunktion würde das Erfordernis der Schriftform geistig behinderte Menschen weitgehend von der Errichtung einer Patientenverfügung ausschließen.[386] Bei Geistigbehinderten mit einer mittelgradigen Oligophrenie liegt regelmäßig eine deutliche Schreib- und Leseschwäche vor, so daß ungeachtet anderer Wirksamkeitsvoraussetzungen, das Ausfüllen von Formularen oder das Abschreiben von Mustertexten fraglich erscheint und die Errichtung einer Patientenverfügung bereits an der Formfrage scheitern könnte. Im Hinblick auf sein Selbstbestimmungsrecht muß der Geistigbehinderte die Möglichkeit haben, seinen Willen mündlich kund zu tun, sofern er in der Lage ist, sich sprachlich zu artikulieren. Bedeutsam können daher, neben mündlichen Überlieferungen, auch auf Tonband oder Videokassette festgehaltene Willensäußerungen sein. Gleichwohl wird bei schwer und schwerst behinderten Patienten eine Verständigung oftmals wegen deren geistiger Behinderung nicht möglich sein.
Für die Verbindlichkeit der Patientenverfügung ist in erster Linie die nicht leicht zu beantwortende Frage entscheidend, ob der Erklärende bei der Kundgabe seines Willens über die für die Wirksamkeit erforderliche natürliche Einsichts- und Urteilsfähigkeit verfügt. Die Frage nach der Einwilligungsfähigkeit entzieht sich einer pauschalen Beantwortung. Da es sich bei der Verweigerung der Einwilligung in einen ärztlichen Eingriff oder in eine Weiterbehandlung genau um das Gegenteil der Einwilligung in die Vornahme eines Eingriffs - mithin um die Ausübung des Selbstbestimmungsrechts – handelt, kommt es entscheidend darauf an, ob der Patient das Wesen, die Bedeutung und die Tragweite des ärztlichen Eingriffs bzw. der Behandlung ebenso erkennt und zu beurteilen vermag wie die Folgen einer Verweigerung bzw. eines Behandlungsabbruchs.[387] Dies beurteilt sich wiederum nach den Umständen des jeweiligen Einzelfalls. Entscheidend für die Frage der Einsichts- und Urteilsfähigkeit im Zeitpunkt der Willenskundgabe ist zum einen der Schweregrad der Behinderung, zum anderen

[386] Obgleich es sich bei einem Patiententestament nicht um ein Testament im rechtstechnischen Sinne handelt, spricht die Wertung der grundlegenden Entscheidung des BVerfG – 1 BvR 2161/ 94 - vom 19.1.1999, wonach schreib- und sprechunfähige Personen nicht ausnahmslos von der Errichtung eines Testaments ausgeschlossen werden dürfen, gegen das Erfordernis der Schriftform bei einer Patientenverfügung. Nach der Rechtsprechung des BVerfG sind §§ 2232, 2233 BGB mit Art. 3 Abs. 1 und Abs. 3 Satz 2 sowie mit Art. 14 Abs.1 GG unvereinbar, soweit sie testierfähigen Personen, die weder schreiben noch sprechen können, die Möglichkeit der Testamentserrichtung verwehren. Bis zum Inkrafttreten einer gesetzlichen Neuregelung können testierfähige schreibunfähige Stumme ein notarielles Testament im Sinne des § 2231 Nr. 1 BGB nach Maßgabe der Entscheidungsgründe errichten.

[387] Nach fast einhelliger Ansicht ist für die Wirksamkeit der Erstellung einer Patientenverfügung auf die Einsichtsfähigkeit und nicht auf die Geschäftsfähigkeit abzustellen.Vgl. Heyers, Passive Sterbehilfe bei entscheidungsunfähigen Patienten und das Betreuungsrecht, 113 ff.; Uhlenbruck, Selbstbestimmtes Sterben, S. 304; Spickhoff; NJW 2000, S. 2302.

aber auch die Ursache der geistigen Behinderung. Gerade bei postnatalen[388] Ursachen der geistigen Behinderung besteht die Möglichkeit, daß der ehemals entscheidungsfähige Patient in gesunden Tagen eine wirksame Patientenverfügung verfaßt hat. Hingegen wird es bei der Beurteilung der Einsichtsfähigkeit von Patienten, deren geistige Behinderung auf einer pränatalen[389] oder einer perinatalen[390] Schädigung beruht, regelmäßig auf den Schweregrad der geistigen Behinderung ankommen. Bedenkt man, wie schwer es – für jeden Menschen – in gesunden Tagen sein kann, einzuschätzen, welchen Willen man in einer lediglich intellektuell voraussehbaren, aber noch nicht real erlebten Krankheitssituation entwickeln wird, wird hinsichtlich der Komplexität einer antizipierten Behandlungsverweigerung, die Einwilligungsfähigkeit bei Geistigbehinderten regelmäßig nicht gegeben sein.
Insgesamt ist somit festzuhalten, daß grundsätzlich auch der Geistigbehinderte eine wirksame Patientenverfügung formlos errichten kann, sofern ausnahmsweise im Zeitpunkt der Äußerung des Willens eine natürliche Einsichts- und Urteilsfähigkeit bestand. Die Patientenverfügung ist zumindest ein mehr oder weniger starkes Indiz für die Ermittlung des mutmaßlichen Willens des einwilligungsunfähigen Patienten.

bb) Die Betreuungsverfügung

Das bereits mehrfach erwähnte Institut der Betreuungsverfügung gibt dem Patienten die Möglichkeit, auf das im Falle seiner Betreuungsbedürftigkeit Platz greifende Betreuungsverfahren Einfluß zu nehmen. Den §§ 1897 Abs. 4 S. 3, 1901 Abs. 3 S. 2, 1901 a BGB läßt sich entnehmen, daß der Betroffene schon vor der Bestellung eines Betreuers Vorschläge zur Person des Betreuers sowie Vorschläge zur Wahrnehmung der Betreuung äußern kann. Diesen Wünschen muß der Vormundschaftsrichter Folge leisten, wenn sie dem Wohl des Betreuten nicht entgegenstehen.[391] Die Betreuungsverfügung unterliegt keinem Formzwang, so daß auch in nicht schriftlicher Form festgehaltene Willensäußerungen (z.B. Tonband, Videokassette oder mündliche Überlieferung) bedeutsam sind.[392]
§ 1901 a BGB beinhaltet nur für den Fall, daß ein Betreuungswunsch schriftlich geäußert worden ist, die Pflicht der unverzüglichen Ablieferung an das Vormundschaftsgericht.[393]
Der Betroffene kann in einer Betreuungsverfügung auch Wünsche hinsichtlich der Auswahl des Arztes und zu bestimmten Behandlungsmethoden kundtun.[394]
In einer Betreuungsverfügung können auch Wünsche des Betreuten in bezug auf

---

[388] Vgl. zu den einzelnen *postnatalen* Ursachen einer geistigen Behinderung § 1 I.2.

[389] Vgl. zu den einzelnen *pränatalen* Ursachen einer geistigen Behinderung § 1 I.2.

[390] Vgl. zu den einzelnen *perinatalen* Ursachen einer geistigen Behinderung § 1 I.2.

[391] Vgl. Bienwald, Betreuungsrecht, § 1901a Rdn. 3.

[392] Mayer, S. 91; Uhlenbruck, Selbstbestimmtes Sterben, S. 305.

[393] Spickhoff, NJW 2000, S. 2302.

[394] Vgl. Heyers, Passive Sterbehilfe bei entscheidungsunfähigen Patienten und das Betreuungsrecht, S. 178; Sonnenfeld, Rdn. 180.

das Unterlassen ärztlicher Behandlung u.ä. enthalten sein.[395] Allerdings ist wie bei der Patientenverfügung für die Wirksamkeit der Betreuungsverfügung Einsichts- und Urteilsfähigkeit des Verfügenden im Hinblick auf die Bedeutung und Tragweite des ärztlichen Eingriffs bzw. der antizipierten Behandlungsverweigerung zu fordern. Im übrigen gilt auch für die Betreuungsverfügung das zur Einsichtsfähigkeit hinsichtlich der Patientenverfügung Gesagte. An den in der Betreuungsverfügung geäußerten Wunsch des Patienten soll sich der Betreuer halten, soweit der Wunsch nach § 1901 Abs. 2 S. 1 BGB nicht dessen Wohl zuwiderläuft und dem Betreuer zuzumuten ist.
Insbesondere für Menschen mit einer leichten, bzw. einer mittelgradigen geistigen Behinderung beinhaltet die Betreuungsverfügung die Möglichkeit, daß nächste Familienangehörige oder Personen mit einer besonderen persönlichen Verbundenheit verbindliche Entscheidungen in Gesundheitsangelegenheiten für den Betreuten treffen. Die Möglichkeit, eine Vertrauensperson durch eine Vorsorgevollmacht als Stellvertreter in Gesundheitsangelegenheiten zu bestellen, wird Geistigbehinderten in aller Regel aufgrund der fehlenden Geschäftsfähigkeit verwehrt bleiben. Der Vorteil der Betreuungsverfügung besteht zudem darin, daß dem Arzt in der Person des vom Patienten vorgeschlagenen und vom Vormundschaftsgericht bestellten Betreuers ein Ansprechpartner zur Verfügung steht, der das Vertrauen des Patienten genießt und dessen Wünsche authentisch mitteilen, sowie im Falle unvorhergesehener Behandlungsentscheidungen am besten zur Ermittlung des Patientenwillens beitragen kann.[396]

b) Wünsche nach Betreuungsanordnung

Wie bereits mehrfach betont, ist der Betreuer auch hinsichtlich des hier relevanten Bereichs der medizinischen Maßnahmen dem Wohl des Betreuten verpflichtet und an dessen Wünsche gebunden, soweit dies dessen Wohl nicht zuwiderläuft und dem Betreuer zuzumuten ist. Fraglich ist zunächst, ob in Bezug auf die hier angesprochenen medizinischen Maßnahmen ein auf den Gesichtspunkt der Unzumutbarkeit gestütztes Weigerungsrecht überhaupt in Betracht kommen kann. Nach dem Normtext des § 1901 Abs. 3 S. 1 BGB ist der Betreuer an den Wunsch des Betreuten nicht gebunden, wenn dies dem Betreuer nicht zuzumuten ist. Da der Betreuer gegenüber dem Betroffenen auch hoheitliche Aufgaben wahrnimmt und allein dessen Rechte als Treuhänder wahrzunehmen hat, kann die Frage der Zumutbarkeit keine Bedeutung haben für die Erfüllung der Aufgaben an sich.[397] Entscheidungen über die Einwilligung in ärztliche Maßnahmen können nicht davon abhängig sein, ob dies dem Betreuer zuzumuten ist. Der Gesetzeswortlaut ist daher im Wege der teleologischen Reduktion[398] dahingehend einzuschränken, daß die Frage der Zumutbarkeit für den Betreuer nur von Bedeutung sein kann, wenn ausnahmsweise eigene Rechte des Betreu-

---

[395] Bienwald, Betreuungsrecht, § 1904 Rdn. 39.

[396] Vgl. auch Verrel, MedR 1999, S. 549.

[397] So auch Jürgens/ Kröger/ Marschner/ Winterstein, Rdn. 168.

[398] Bydlinski, Dritter Teil, IV; Larenz/ Canaris, S. 210.

ers betroffen sind.[399] So nennt die Begründung des Regierungsentwurfs als Beispiel für die Unzumutbarkeit allein den Wunsch des Betreuten, täglich mehrere Stunden mit dem Betreuer über seine Angelegenheiten zu sprechen.[400] Unter Hinweis auf die Unzumutbarkeit kann sich der Betreuer daher nur den Wünschen entziehen, die sich auf die Art und Weise der Aufgabenwahrnehmung beziehen.[401] Folglich sind die Wünsche des Betreuten in Angelegenheiten der Gesundheitssorge für den Betreuer bindend, solange Wunsch und Wohl konvergieren.

Problematisch sind diejenigen Fälle, in denen die Wünsche des Betroffenen und dessen Wohl hinsichtlich der Entscheidung über einen medizinischen Eingriff divergieren. Nach § 1901 Abs. 3 S. 1 BGB wird der Willensvorrang des Betreuten durch dessen Wohl begrenzt. Der Betreuer darf solchen Wünschen nicht nachkommen, deren Verwirklichung dem Wohl des Betreuten zuwiderlaufen.[402] Allerdings ist nicht jede Divergenz zwischen Wunsch und objektivem Wohl geeignet, einen Wunsch des Betreuten unbeachtlich zu machen. Dem Kranken steht in gewissen Grenzen das Recht zu unvernünftigen Entscheidungen zu.[403] Sonst müßte jeder Betreuer mit dem Aufgabenkreis Gesundheitssorge dem Betreuten das Rauchen verbieten.[404] Vielmehr wird das Wohl in seiner begrenzenden Funktion seinerseits begrenzt durch das Selbstbestimmungsrecht des Kranken.[405] Der betreuungsrechtliche Schutz ist daher nur insoweit gerechtfertigt, als sich der Betroffene gerade wegen seiner beschränkten Eigenverantwortlichkeit selbst zu schädigen droht.[406] Der Betreuer darf demnach dem von ihm betreuten Alkoholiker zwar den Wunsch nach Alkohol, nicht aber den nach Zigaretten abschlagen.[407]
Einig ist man sich darüber, daß das Wohl endet, wo die Selbstschädigung beginnt.[408] Welche Anforderungen im einzelnen an den Grad der Selbstschädigung zu stellen sind, ist allerdings umstritten. Folgt man der amtlichen Begründung[409], so ist die Grenze des Willensvorrangs des Betreuten bereits dann erreicht, wenn durch die Erfüllung seiner Wünsche die Gefahr der Selbstschädigung besteht. Dies soll nicht nur im Falle der Gefahr einer schweren Selbstschädigung gelten, weil der Betreuer ansonsten verpflichtet wäre, dem Betreuten zu einer Selbstschädigung „die Hand zu reichen." Nach Schwab[410] entsteht eine Konfliktlage

---

[399] Vgl. auch Jürgens-Jürgens, § 1901 Rdn. 8.

[400] BT-Drucks. 11/ 4528, S. 134.

[401] So auch Sonnenfeld, Rdn. 183.

[402] MünchKomm-Schwab, § 1901 Rdn. 14.

[403] Vgl. von Sachsen Gessaphe, § 4 II. 4. c).cc).

[404] Vgl. Erman-Holzhauer, § 1901 Rdn. 12.

[405] Von Sachsen Gessaphe, § 9 II. 4. c). cc).

[406] So auch Lipp, § 4 III. 2; von Sachsen Gessaphe, § 9 II. 4. c). cc).

[407] Vgl. Lipp, § 6 I. 2. c).

[408] Sonnenfeld, Rdn. 181.

[409] BT-Drucks, 11/ 4528, S. 133.

[410] MünchKomm-Schwab, § 1901 Rdn. 14.

zwischen Wunsch und Wohl erst, wenn die Erfüllung von Wünschen des Betreuten dazu führt, daß höherrangige Rechtsgüter des Betreuten, wie beispielsweise Leben und Gesundheit, gefährdet werden.
Fraglich ist jedoch, ob diese Abgrenzungskriterien auch für den hier zu erörternden Bereich der medizinischen Maßnahmen an Geistigbehinderten zu einem akzeptablen Ergebnis führen. Angesichts der Vielschichtigkeit geistiger Behinderungen und ihrer Auswirkungen auf die Selbstbestimmungsfähigkeit[411] des Betroffenen gibt es keine starren Grenzen eines „entweder-oder".[412] Eine starre Grenzziehung widerspräche im übrigen auch dem das gesamte Betreuungsrecht beherrschenden Grundsatz der Erforderlichkeit. Vielmehr ist von folgendem Grundsatz auszugehen: Je mehr die geistige Behinderung des Betroffenen zu einer Beeinträchtigung seiner Selbstbestimmung führt und der wohlwidrige Wunsch Ausdruck dieser krankheitsbedingten Beeinträchtigung ist, desto weniger manifestiert sich darin ein selbstbestimmtes Wollen des Betroffenen und desto eher rechtfertigt es das Wohl, einen solchen Wunsch zu übergehen.[413]
Die Problematik der Divergenz von Wunsch und Wohl des Betreuten ist aufs engste mit der sogleich anzusprechenden Frage der Zulässigkeit von medizinischen Zwangsmaßnahmen verknüpft. Im Folgenden soll deshalb erörtert werden, ob sogenannte Zwangsbehandlungen an betreuten, einwilligungsunfähigen Geistigbehinderten statthaft sind.

III. Zur Zulässigkeit von Zwangsbehandlungen

Im folgenden soll die Frage diskutiert werden, ob und gegebenenfalls unter welchen Voraussetzungen ärztliche Maßnahmen zwangsweise, mithin gegen den natürlichen Willen des Betreuten vorgenommen werden dürfen.
Das Vorliegen einer geistigen Behinderung steht der Ausprägung eines natürlichen Willens grundsätzlich nicht entgegen.[414] Sicherlich weist Reis[415] zu Recht darauf hin, daß geistig behinderte Menschen oftmals gar nicht in der Lage sein werden, einen solchen natürlichen Willen zum Ausdruck zu bringen, weil ihnen vielleicht nicht bewußt ist, was man mit ihnen vorhat. Gleichwohl kann sich auch ein Geistigbehinderter, ebenso wie beispielsweise ein Säugling, strikt weigern, eine bestimmte Medizin einzunehmen, weil sie ihm nicht schmeckt. Auch kann der Geistigbehinderte den Nadelstich der aus ärztlicher Sicht gebotenen Injektion als schmerzhaft empfinden und deshalb den gebotenen Eingriff ablehnen. Gleiches gilt auch für die Einnahme verordneter Medikamente, wenn sich der Betroffene aufgrund der ihm bekannten Nebenwirkungen weigert, diese zu sich zu nehmen.

---

411 Zwischen Selbstbestimmung und dem Schweregrad einer geistigen Behinderung besteht ein unmittelbarer Zusammenhang, vgl. Lachwitz, BtPrax 1995, S. 114.

412 Von Sachsen Gessaphe, § 9 II. 4. c). cc).

413 So auch von Sachsen Gessaphe, § 9 II. 4. c). cc).

414 So auch Heide, Medizinische Zwangsbehandlung, S. 145.

415 Reis, ZRP 1988, S. 320.

1. Zum Meinungsstand

Im juristischen Schrifttum werden Zwangsbehandlungen bei einwilligungsfähigen Patienten durchgängig abgelehnt.[416] Ausgehend vom Selbstbestimmungsrecht des Betroffenen haben eigene Willenserklärungen des Einwilligungsfähigen absoluten Vorrang.[417] Es gilt mithin der Grundsatz, daß im Bereich von Heilbehandlungen dem Willen des einsichtsfähigen Betroffenen der absolute Vorrang einzuräumen ist.[418] Im übrigen sind Zwangsbehandlungen an einwilligungsfähigen Betreuten von vornherein unzulässig, weil dem Betreuer insoweit jede Rechtsmacht fehlt, für seinen Schutzbefohlenen zu handeln.[419]

Fraglich ist vielmehr, ob Maßnahmen im Bereich der Heilbehandlung gegen den natürlichen Willen des nicht einsichtsfähigen kranken Patienten statthaft sind. Es gilt daher zu klären, ob der Betreuer entgegen dem Willen des Betreuten in eine Heilbehandlung einwilligen kann. Die Möglichkeit, Kranke auch gegen ihren Willen zu behandeln, ist im geltenden Recht nur sehr eingeschränkt zulässig. Eine Zwangsbehandlung kann nach geltender Rechtslage nur im Rahmen der engen Voraussetzungen einer Unterbringung gem. § 1906 Abs. 1. Nr. 2 BGB bzw. gem. der Psychisch-Kranken-Gesetze der Bundesländer oder im Rahmen der strafrechtlichen und strafprozessualen Unterbringung nach §§ 63 ff. StGB durchgeführt werden.[420]

Folgerichtig kann man nicht von der Zulässigkeit von Zwangsbehandlungen schlechthin sprechen. Vielmehr muß bei Behandlungen gegen den Willen des

---

[416] Hennies, MedR 1999, S. 344; Hellmann, BtPrax 1997, S. 170; Walther, BtPrax 2001, S. 99.

[417] Grundrechte können in zulässiger Weise beschränkt werden. Grundrechtsbeschränkungen können sich für verschiedene Rechtsverhältnisse, die eine besondere Beziehung des einzelnen zum Staat begründen, wie die der Beamten, Soldaten, Schüler und Strafgefangenen, ergeben. Es ist mittlerweile anerkannt, daß selbst innerhalb derartiger Gewalt- oder Sonderstatusverhältnisse Grundrechtsbeschränkungen dem Gesetzesvorbehalt unterliegen und nicht durch den Zweck derartiger Verhältnisse zu rechtfertigen sind. Eingriffe in Grundrechte im Rahmen besonderer Gewaltverhältnisse bedürfen daher einer inhaltlich hinreichend bestimmten gesetzlichen Grundlage, deren Vollzug durch grundrechtsbeschränkende Maßnahmen im Einzelfall nach dem Grundsatz der Verhältnismäßigkeit gerechtfertigt sein muß. (Beispielsweise wird von § 101 Abs. 1 StVollZG, der Zwangsmaßnahmen auf dem Gebiet der Gesundheitsfürsorge während des Vollzugs von Freiheitsstrafe oder freiheitsentziehenden Maßnahmen regelt, auch die zwangsweise Ernährung von Strafgefangenen erfaßt; vgl. Bienwald, Betreuungsrecht, § 1906 Rdn. 99). Die Frage, ob das Betreuungsverhältnis ein derartiges Sonderstatusverhältnis darstellt, verliert damit an Bedeutung; vgl. hierzu näher Badura, Staatsrecht, Rdn. C 27; von Sachsen Gessaphe, § 4 II. 3. b).

[418] Hellmann, BtPrax 1997, S. 170; Walther, BtPrax 2001, S. 99.

[419] Vgl. auch Mayer, S. 97.

[420] Vgl. zu der öffentlich-rechtlichen und der strafrechtlichen Unterbringung sehr ausführlich Heide, Medizinische Zwangsmaßnahmen, 39 ff. und 76 ff. Vgl. auch Walther, BtPrax 2001, S. 99.

Betreuten zwischen ambulanten Zwangsbehandlungen und Zwangsbehandlungen im Rahmen einer Unterbringung differenziert werden.
Eine ausdrückliche Rechtsgrundlage für ambulante Zwangsbehandlungen enthält das Betreuungsrecht nicht. Andererseits fehlt es aber auch – im Gegensatz zu dem Verbot der Zwangssterilisation gem. § 1905 Abs. 1 S. 1 Nr. 1 BGB – an einem ausdrücklichen Verbot von Zwangsbehandlungen. Daß das Betreuungsgesetz Zwangsbehandlungen nicht verbietet, ist nicht zu bestreiten, sagt aber über die Existenz einer Rechtsgrundlage nichts aus.[421] Es stellt sich daher die Frage nach der rechtlichen Zulässigkeit und den rechtlichen Bedingungen einer ambulanten Zwangsbehandlung. Der Gesetzgeber hat beim Betreuungsgesetz ganz bewußt von einer näheren Regelung zur Zwangsbehandlung abgesehen. Aus der amtlichen Begründung folgt, daß Zwangsbehandlungen nicht generell verboten sind, insbesondere wenn es um lebensnotwendige Eingriffe geht. Wer aufgrund seiner psychischen Krankheit oder geistigen bzw. seelischen Behinderung seine Behandlungsbedürftigkeit nicht erkennen könne und deshalb eine Behandlung ablehne, so wird geltend gemacht, dem dürfe nicht schon aus diesem Grunde eine Behandlung versagt werden.[422] Beispielhaft wird der Fall eines Betreuten geschildert, der in seiner wahnhaften Vorstellung der Überzeugung ist, keinen Blinddarm mehr zu besitzen und deshalb die lebensnotwendige Appendektomie ablehnt.[423] In der Praxis dürfte die Abgrenzung, wann der betreute Patient im Einzelfall aufgrund seiner geistigen Behinderung seine Behandlungsbedürftigkeit nicht erkennen kann und aufgrund dieser Einsichtsunfähigkeit eine Behandlung ablehnt bzw. wann der Betreute bewußt aus medizinischen Gründen oder anderen persönlichen Gründen eine ärztliche Maßnahme ablehnt, allerdings schwer zu treffen sein.[424]
Die h.M. im Schrifttum[425] hält Zwangsbehandlungen an einwilligungsunfähigen Betreuten, gestützt auf die amtliche Begründung, grundsätzlich für legitim. Im Ansatz wird danach differenziert, ob die Heilbehandlung notwendig oder lediglich vertretbar erscheint.[426] Für einen Teil der Literatur[427] besteht die Möglichkeit der Zwangsbehandlung, d.h. der Heilbehandlung gegen den natürlichen Willen des Betreuten, auf der Grundlage der Einwilligung des Betreuers, wenn der Betreute aufgrund seiner psychischen Krankheit oder seiner geistigen bzw. seelischen Behinderung die Behandlungsbedürftigkeit nicht erkennt und die Behandlung für Leben oder Wiederherstellung der Gesundheit des Betreuten notwendig ist. Andere Stimmen wollen eine Einwilligung bei entgegenstehendem Willen des Betreuten nur zur Abwendung von Lebensgefahr, Vermeidung schwerer Gesundheitsschäden oder Heilung schwerer Erkrankungen zulassen.[428]

---

[421] So auch Heide, Medizinische Zwangsbehandlung, S. 158.
[422] BT-Drucks. 11/ 4528, S. 72.
[423] BT-Drucks. 11/ 4528, S. 141.
[424] Hellmann, BtPrax 1997, S. 170.
[425] MünchKomm-Schwab, § 1904 Rdn. 19; Jürgens/ Kröger/ Marschner/ Winterstein, Rdn. 205; Spickhoff, NJW 2000, S. 2301; *a.A.* Hennies, MedR 1999, S. 344.
[426] Vgl. auch Heide, Medizinische Zwangsmaßnahmen, S. 157 m.w.N.
[427] MünchKomm-Schwab, § 1904 Rdn. 19.
[428] Vgl. hierzu auch Heide, Medizinische Zwangsbehandlungen, S. 157 m.w.N.

Eine weitere Auffassung[429] bejaht in Anlehnung an den Rechtsgedanken des § 1906 Abs. 1 Nr. 1 BGB die Zulässigkeit von Behandlungen gegen den natürlichen Willen des Betreuten, wenn die Gefahr besteht, daß der Betreute ohne die medizinische Maßnahme stirbt oder einen erheblichen gesundheitlichen Schaden erleidet. Eine andere Ansicht[430] hingegen sieht Zwangsbehandlungen nur dann als statthaft an, wenn es sich hierbei um lebensnotwendige Eingriffe handelt. Eine Mindermeinung[431] lehnt jegliche Ausübung von Zwang ab, wenn der einwilligungs- und entscheidungsunfähige Patient seinen natürlichen Willen dadurch zum Ausdruck bringt, daß er sich gegen die ärztliche Maßnahme sträubt. Die Auffassung der h.M. lasse sich nicht mit dem Selbstbestimmungsrecht vereinbaren, das dem Einwilligungsunfähigen in gleicher Rechtsqualität zustehe, wie dem einwilligungsfähigen Patienten. Der Einsatz ärztlicher Maßnahmen gegen den Willen eines kranken Menschen und eine damit verbundene Anwendung von Zwang sei nur aufgrund einer speziellen gesetzlichen Ermächtigung verfassungsrechtlich unbedenklich. Indessen fehle eine Ermächtigungsgrundlage, so daß sowohl die Einwilligung des Betreuers als auch die vormundschaftsgerichtliche Anordnung einer Zwangsbehandlung rechtswidrig seien.

Im Ergebnis ist dieser Ansicht zuzustimmen. Sofern der Einsatz ärztlicher Maßnahmen gegen den Willen eines kranken Menschen und eine damit verbundene Anwendung von Gewalt verfassungsrechtlich unbedenklich sein soll, bedarf es grundsätzlich einer speziellen gesetzlichen Ermächtigung, in der die Grenzen festgelegt sind. In die körperliche Unversehrtheit gem. Art. 2 Abs. 2 S. 1 GG, zu der nach der hier vertretenen Auffassung auch das Selbstbestimmungsrecht über die körperliche Integrität zählt, darf nur aufgrund eines förmlichen Gesetzes eingegriffen werden.[432] Es fragt sich demnach, ob § 1901 Abs. 3 BGB als Rechtsgrundlage für eine ambulante Zwangsbehandlung in Betracht kommen kann. Nach § 1901 Abs. 3 S. 1 BGB hat der Betreuer den Wünschen seines Schutzbefohlenen – dazu gehören unzweifelhaft auch solche, die auf eine Behandlungsverweigerung gerichtet sind – insoweit zu entsprechen, als diese seinem Wohl nicht zuwiderlaufen. Fraglich ist insoweit, ob der den Willensvorrang begrenzende unbestimmte Rechtsbegriff des „Wohls" dem verfassungsrechtlichen Bestimmtheitserfordernis genügt. Die Bestimmung enthält – im Gegensatz zu § 1906 Abs. 1 Nr. 2 BGB – keine ausdrückliche Regelung über Inhalt, Gegenstand, Zweck und Ausmaß von Zwangsbehandlungen. Folglich trägt diese Vorschrift den verfassungsrechtlichen Vorgaben in Form des Bestimmtheitsgrundsatzes nicht in ausreichender Weise Rechnung und kommt deshalb als Ermächtigungsgrundlage für Zwangsbehandlungen nicht in Betracht.[433] § 1901 Abs. 3 BGB vermag die Durchführung ärztlicher Maßnahmen entgegen dem natürlichen Willen des Betreuten nicht zu rechtfertigen. Im übrigen regelt die Vorschrift lediglich die Pflichtenbindung des Betreuers im Innenverhältnis.

---

[429] Spickhoff, NJW 2000, S. 2301.

[430] Bienwald, Betreuungsrecht, § 1904 Rdn. 24.

[431] Hennies, MedR 1999, S. 344.

[432] Vgl. Badura, Staatsrecht, Rdn. C 25.

[433] Ebenso Heide, Medizinische Zwangsmaßnahmen, S. 158.

Auch eine unmittelbare oder entsprechende Anwendung des § 1906 Abs. 1 Nr. 2 BGB kommt nicht in Betracht. Eine ambulante Zwangsbehandlung wird weder nach dem Wortlaut noch nach dem Sinn und Zweck entsprechender verfassungsrechtlich gebotener Auslegung des § 1906 BGB gedeckt. Bei der ambulanten Zwangsbehandlung handelt es sich um keine mit Freiheitsentziehung verbundene Unterbringung i. S. des § 1906 Abs. 1 Nr. 2 BGB. Entscheidendes Kriterium für den engen Unterbringungsbegriff[434] des § 1906 BGB ist die nicht nur kurzfristige Beschränkung der persönlichen Bewegungsfreiheit auf einen bestimmten Raum. Auch wenn die Zuführung zur ambulanten Zwangsbehandlung als Freiheitsbeschränkung anzusehen ist, erreicht diese jedoch nicht den Grad einer Unterbringung nach § 1906 BGB. Gegen eine entsprechende Anwendung der Norm auf eine beabsichtigte ambulante Zwangsmaßnahme spricht auch die Begründung im Regierungsentwurf.[435] Dort heißt es, Untersuchungen des Gesundheitszustandes, Heilbehandlungen oder ärztliche Eingriffe seien „mitunter – wenn sie gegen den natürlichen Willen des Betreuten erfolgen – ohne Unterbringung bzw. unterbringungsähnliche Maßnahme nicht oder nicht im erforderlichen Umfang möglich". Der Gesetzgeber hat also bewußt von der Regelung ambulanter Zwangsmaßnahmen abgesehen, so daß eine analoge Anwendung des § 1906 BGB aufgrund einer „planwidrigen Unvollständigkeit des Gesetzes"[436] nicht in Betracht kommt.
Für den Bereich der ambulanten Heilbehandlung fehlt im geltenden Betreuungsrecht eine hinreichende Ermächtigungsgrundlage, die es erlauben würde, den entgegenstehenden Willen des Betreuten bei Durchführung einer Behandlung zu überwinden.[437] Ambulante Zwangsbehandlungen sind deshalb aus den vorgenannten Gründen schlechterdings unzulässig.[438] Weder darf körperlicher Zwang angewendet werden, noch dürfen Medikamente gegeben werden, um den natürlichen Willen zu brechen.[439] Angesichts dieser Schlußfolgerung bleibt im Hinblick auf die Zulässigkeit von Zwangsbehandlungen an einwilligungsunfähigen Betreuten festzuhalten, daß der Einsatz ärztlicher Maßnahmen gegen den Willen des Patienten und eine damit verbundene Anwendung von Zwang nur in den engen Grenzen der zivilrechtlichen Unterbringung bzw. unterbringungsähnlicher Maßnahmen[440] gem. § 1906 Abs. 1 und Abs. 4 BGB verfassungsrechtlich unbe-

---

434 BT-Drucks. 11/ 4528, S. 146.

435 BT-Drucks. 11/ 4528, S. 147.

436 Larenz, S. 373.

437 So auch Heide, Medizinische Zwangsmaßnahmen, S. 159.

438 Kritisch hierzu Heide, Medizinische Zwangsmaßnahmen, 156 ff.

439 Hennies, MedR 1999, S. 344.

440 Durch § 1906 Abs. 4 BGB werden die sog. freiheitsentziehenden Maßnahmen (wie z.B. Bettgitter, Bauchgurte oder Sedierung u.ä.) der Unterbringung nach § 1906 Abs. 1 BGB gleichgestellt. Die Anwendung des § 1906 Abs. 4 BGB setzt voraus, daß sich der Betreute in einer Anstalt, einem Heim oder einer sonstigen Einrichtung aufhält. Hierbei handelt es sich um alle stationären Einrichtungen der Altenhilfe, der Behindertenhilfe (insbesondere um Einrichtungen für geistig Behinderte) sowie der Psychiatrie; vgl. Jürgens-Marschner, § 1906 Rdn. 36.

denklich erfolgen kann. Zudem ist zu beachten, daß alle Zwangsmaßnahmen dem Grundsatz der Verhältnismäßigkeit unterliegen. Demzufolge kommt eine Zwangsbehandlung im Rahmen der Unterbringung nur in Betracht, um eine drohende, gewichtige gesundheitliche Schädigung von dem Kranken abzuwenden.[441] Im Falle der viel zitierten lebensnotwendigen Appendektomie hat der Betreuer einen Unterbringungsbeschluß gem. § 1906 BGB zu erwirken, um die lebensrettende Operation zu ermöglichen.[442] Handelt es sich bei dem ärztlichen Eingriff um eine lebensnotwendige Maßnahme, die keinen Aufschub duldet, so bestimmt sich das Behandlungsgeschehen nach den Regeln der Geschäftsführung ohne Auftrag (§§ 667 ff. BGB).[443] Im Falle einer vital indizierten Behandlung ist der entgegenstehende Wille des Betreuten ebenso wie bei einem Selbstmordversuch[444] entsprechend § 679 BGB unbeachtlich.

2. *„Freiheit zur Krankheit" – Die Entscheidung des BVerfG*

In engem Zusammenhang mit der Diskussion über die Zulässigkeit von Zwangsbehandlungen steht der Beschluß des BVerfG vom 23.3.1998, der unter dem Stichwort „Freiheit zur Krankheit" Aufsehen erregt hat. Eine Klärung der Frage der Zulässigkeit von Zwangsbehandlungen kann daher nicht ohne Berücksichtigung dieser Rechtsprechung erfolgen.

In seiner Entscheidung hat das BVerfG[445] in gewissen Grenzen die „Freiheit zur Krankheit" postuliert. Das bedeutet insbesondere, daß die fehlende Bereitschaft sich behandeln zu lassen, für sich alleine keine Zwangsbehandlung rechtfertigt. Grundsätzlich stehe es jedermann frei, fremde Hilfe zurückzuweisen. Vielfach wird daher den Betroffenen ein Recht zur Krankheit und zur Andersartigkeit zugebilligt.[446] Entscheidet sich ein Patient auf Grund der ihm aus früheren Behandlungen bekannten Nebenwirkungen gegen die Behandlung mit einem bestimmten Medikament, so ist dies in der Regel als ein auf einer autonomen

---

[441] BVerf GE 58, 208, 224 ff.

[442] So auch Coeppicus, S. 119; Jürgens/ Kröger/ Marschner/ Winterstein, Rdn. 205.

[443] Bienwald, Betreuungsrecht, § 1904 Rdn. 24.

[444] Vgl. hierzu auch Palandt/ Sprau, § 679 Rdn. 6.

[445] BVerfG, BtPrax 1998, 144 ff.
In dem vom BVerfG entschiedenen Fall war der im Jahre 1959 geborene Betroffene K. am 13.5.1996 zu einer ca. 170 km entfernt gelegenen HNO-Klinik gefahren, um sich zwei Wanzen entfernen zu lassen, die man ihm nach seinen Angaben im Jahr 1964 in seine Ohren implantiert hatte. Er wurde am selben Tag von der HNO-Klinik in die geschlossene Abteilung einer Psychiatrie gebracht. Nach Angaben des Arztes hat der Betroffene die operative Entfernung der Wanzen verlangt, da man ihm „damit den Rücken verbiege", er dadurch Haarausfall, Bluthochdruck und Dauerstreß habe; sein Denken und sein Wille würden beeinflußt, er höre Stimmen. Das VormG ordnete durch Beschluß vom 14.5.1996 die Unterbringung von K. durch einstweilige Anordnung einer vorläufigen Unterbringungsmaßnahme bis zum 24.6.1996 an. Die Beschwerde gegen diesen Beschluß wiesen das LG und das OLG als unbegründet zurück. Vgl. auch Coeppicus BtPrax 1999, S. 130.

[446] Jürgens/ Kröger/ Marschner/ Winterstein, Rdn. 205.

Wertentscheidung beruhender und damit als beachtlicher Wille anzusehen.[447] Oftmals wird hierbei verkannt, daß eine Berufung auf die „Freiheit zur Krankheit" nur in den Fällen in Betracht kommt, in denen der Betroffene freiverantwortlich handeln kann.[448] Ist der Betroffene wegen seiner geistigen Behinderung nicht in der Lage, für seine Weigerung logische und sachliche Gründe vorzubringen, mithin seine Behandlungsbedürftigkeit überhaupt zu erkennen, so kann gleichwohl eine Behandlung gegen den Willen des Betroffenen angezeigt sein. Nichts anderes ergibt sich aus dem Beschluß des BVerfG vom 23.3.1998: „Die Fürsorge der staatlichen Gemeinschaft schließt auch die Befugnis ein, den psychisch Kranken, der infolge seines Krankheitszustandes und der damit verbundenen fehlenden Einsichtsfähigkeit die Schwere seiner Erkrankung und die Notwendigkeit von Behandlungsmaßnahmen nicht zu beurteilen vermag oder trotz einer solchen Erkenntnis sich infolge der Krankheit nicht zu einer Behandlung entschließen kann, zwangsweise in einer geschlossenen Einrichtung unterzubringen, wenn sich dies als unumgänglich erweist, um eine drohende gewichtige gesundheitliche Schädigung von dem Kranken abzuwenden...". Gleichwohl darf dies nicht ohne Rechtsgrundlage geschehen. In das Grundrecht gemäß Art. 2 Abs. 2 S. 3 GG darf nur aufgrund eines förmlichen Gesetzes eingegriffen werden. Ein Eingriff in die Freiheitsgarantie ist stets der strengen Prüfung am Grundsatz der Verhältnismäßigkeit zu unterziehen. „Dies schließt allerdings nicht von vornherein einen staatlichen Eingriff aus, der ausschließlich den Zweck verfolgt, einen psychisch Kranken vor sich selbst in Schutz zu nehmen und ihn zu seinem eigenen Wohl in einer geschlossenen Einrichtung unterzubringen."[449] Im Hinblick auf den Verhältnismäßigkeitsgrundsatz ist es jedoch geboten, die Unterbringung und die damit verbundene Möglichkeit von Zwangsbehandlungen auf das unabdingbar notwendige Maß zu beschränken.

Insoweit besteht auch ein ausgesprochenes Spannungsfeld zwischen dem Selbstbestimmungsrecht des Betroffenen und dem Willen seiner Umgebung (Ärzte, Betreuer, Angehörige), ihm zu helfen.

Im Kern geht es dabei um die Auflösung dieses Spannungsverhältnisses zwischen dem Selbstbestimmungsrecht des Betreuten, das auch ein „Recht zur Krankheit und Andersartigkeit" beinhaltet, auf der einen Seite und dessen Anspruch gegenüber der Gesellschaft auf „Schutz seiner körperlichen Unversehrtheit vor sich selbst" auf der anderen. Ob sich im konkreten Einzelfall der Wille des Betreuten oder das Betreutenwohl durchzusetzen vermag, ist durch Abwägung von Fürsorge und Selbstbestimmung zu ermitteln.[450] In den Abwägungsvorgang ist zum einen die medizinische Notwendigkeit der beabsichtigten Maßnahme, zum anderen das Gewicht der mit der Behandlungsverweigerung verfolgten Interessen einzustellen. Ist also beispielsweise die in Aussicht genommene Behandlung lediglich angezeigt, aber nicht notwendigerweise medizinisch indiziert, so daß die Erkrankung des Patienten ohne die Gefahr einer weiteren Verschlechterung hingenommen werden kann, so ist eine Behandlung gegen den Willen des Betreuten nicht möglich. In diesen Fällen ist die vom BVerfG zuge-

---

447 Vgl. auch Jürgens-Marschner, § 1904 Rdn. 4.

448 Coeppicus, S. 121.

449 http://www.bverfg.de/entscheidungen/frames/rk19980323_2bvr227096.

450 Mayer, S. 106; vgl. auch Heide, Medizinische Zwangsmaßnahmen, S. 131.

billigte „Freiheit zur Krankheit" zu berücksichtigen. Verhält es sich dagegen so, daß der Betreute die Vornahme eines vital indizierten Eingriffs verweigert, so wird dies in aller Regel dazu führen, daß die Behandlung auch gegen seinen Willen erfolgen darf, weil die Rechtsgüter des Betroffenen, wie Leben und Gesundheit, im Rang über der mit der Behandlungsverweigerung verfolgten Entfaltung des Selbstbestimmungsrechts stehen.[451]

Zusammenfassend ist somit zu vermerken, daß Zwangsbehandlungen nicht schlechthin untersagt sind. Gleichwohl sind Zwangsbehandlungen nur in den engen Voraussetzungen des zivilrechtlichen Unterbringungsrechts und unter Beobachtung des Grundsatzes der Verhältnismäßigkeit zulässig. Aus verfassungsrechtlichen Gründen ist es geboten, die Möglichkeit von Zwangsbehandlungen auf das unabdingbar notwendige Maß zu beschränken. Demnach sind unter dem Gesichtspunkt des geringst möglichen Eingriffs Behandlungen gegen den Willen des Betreuten nur zulässig, wenn sie der Abwendung schwerer gesundheitlicher Schäden oder der Lebensrettung dienen, mithin vital indiziert sind. Auch in Anbetracht der vom BVerfG anerkannten „Freiheit zur Krankheit" sind Behandlungen gegen den Willen des Betreuten nur in den genannten Grenzen möglich.

3. Zur Frage der ambulanten Zwangsmedikation mit Psychopharmaka, sog. „Depot-Neuroleptika"

Im Vordergrund der Rechtsprechung und veröffentlichten Literatur zu den Fragen genehmigungsbedürftiger Heilbehandlungen standen in der jüngsten Vergangenheit Überlegungen, ob und gegebenenfalls auf welcher Rechtsgrundlage die zwangsweise Zuführung eines Betreuten zur ambulanten psychiatrischen Behandlung erfolgen kann.[452]
Durch die sich in der Regel 14-tägig wiederholende ambulante Zwangsbehandlung soll die von den Betroffenen als äußerst belastend empfundene Zwangsmedikation im stationären Bereich der Psychiatrie vermieden werden. Es geht hierbei um psychisch kranke Menschen, die chronisch krank sind und die aus ärztlicher Sicht für notwendig erachtete neuroleptische Depotmedikation ablehnen oder nach einem stationären Aufenthalt die Medikamente eigenmächtig wieder absetzen. Psychische Erkrankungen treten des öfteren auch bei Patienten mit geistiger Behinderung als sog. Begleiterkrankung auf, so daß auch bei Geistigbehinderten eine Dauerbehandlung mit Psychopharmaka in Form von Depot-Neuroleptika notwendig werden kann.
In der behördlichen Praxis ist hierbei immer wieder zu beobachten, daß die Betreuer die vormundschaftsgerichtliche Genehmigung zur zwangsweisen Vorführung zur Verabreichung des Depots beantragen und die Gerichte diese anstelle einer geschlossenen Unterbringung nach § 1906 BGB anordnen.[453]

---

[451] So auch Mayer, S. 108.

[452] Vgl. auch Dodegge, NJW 2001, S. 2764.

[453] Vgl. auch Walther, BtPrax 2001, S. 98.

Die Rechtsprechung hierzu war bis zur höchstrichterlichen Entscheidung durch den BGH[454] nicht einheitlich. Das LG Hanau[455] und das OLG Zweibrücken[456] lehnten – aus unterschiedlichen Gründen - eine ambulante Zwangsbehandlung ab. Das OLG Hamm[457] hingegen sah die Möglichkeit einer vormundschaftsgerichtlichen Genehmigung nach § 1906 BGB und hat die Sache im Hinblick auf die abweichende Rechtsauffassung des OLG Zweibrücken dem BGH zur Entscheidung vorgelegt. Der BGH hat sich der Rechtsauffassung des OLG Zweibrücken angeschlossen und eine ambulante Zwangsbehandlung für unzulässig erklärt.[458] Zusammenfassend kommt der BGH in der nunmehr getroffenen Entscheidung zu dem Ergebnis, daß eine ambulante Zwangsbehandlung nicht unter den engen Unterbringungsbegriff des § 1906 Abs. 1 BGB zu subsumieren ist. Eine kurzfristige Beschränkung der persönlichen Bewegungsfreiheit, beispielsweise durch die Anwendung von unmittelbarem Zwang - möglicherweise sogar Gewalt im Falle einer Fixierung - bei der Injektion des Depot-Medikaments, erfüllt nicht das Kriterium der Unterbringung. Weder eine unmittelbare noch eine entsprechende Anwendung des § 1906 Abs. 1 Nr. 2 BGB kommen mit der Begründung in Betracht, daß eine beabsichtigte ambulante Behandlung gegenüber einer freiheitsentziehenden Unterbringung das mildere Mittel sei. Die ambulante Zwangsmaßnahme stellt keinen lediglich in der Dauer gegenüber der Unterbringung beschränkten Eingriff in das Freiheitsrecht des Betroffenen dar. Vielmehr handelt es sich dabei um eine andersartige Maßnahme, mithin um ein aliud.[459] Des weiteren scheidet auch die Anwendung des § 70g Abs. 5 FGG zur Rechtfertigung unmittelbaren Zwangs aus, weil diese Vorschrift eine Unterbringungsmaßnahme voraussetzt, um die es sich jedoch bei der ambulanten Zwangsbehandlung gerade nicht handelt. Vielmehr ergibt sich gerade aus § 70g Abs. 5 S. 2 FGG, demzufolge Gewalt und Zwang bei der Zuführung zur Unterbringung nach § 1906 BGB bei ausdrücklicher gerichtlicher Anordnung angewandt werden darf, daß der Betreuer in allen anderen Fällen keinen Zwang zur Überwindung des körperlichen Widerstands des Betreuten anwenden darf.

Zu Recht hat der BGH der ambulanten Zwangsmedikation vor allem aus verfassungsrechtlichen Gründen eine klare Absage erteilt. Insoweit kann für die Durchsetzung einer ambulanten Zwangsmedikation nichts anderes gelten, als für ambulante Zwangsbehandlungen schlechthin. Zur Vornahme jeglicher Zwangsbehandlung des Betreuers gegen den Widerstand des Betreuten, mithin auch für jede zwangsweise Verabreichung von Medikamenten, bedarf es einer Rechtsgrundlage durch ein formelles Gesetz. Eine solche Ermächtigungsgrundlage fehlt indes ausdrücklich für die ambulante Zwangsbehandlung respektive Zwangsmedikation. Wie die Praxis hinlänglich zeigt, besteht bei der ambulanten

---

[454] BGH, BtPrax 2001, 32 ff. = FamRZ 2001, 149 ff.

[455] LG Hanau, Beschluß vom 9.12.1999 zu 3 T 298/ 99 (unveröffentlicht).

[456] OLG Zweibrücken, BtPrax 2000, 88 f.

[457] OLG Hamm, BtPrax 2000, 173 ff.

[458] Vgl. hierzu ausführlich die Rechtsprechungsübersicht bei Walther, BtPrax 2001, 96 ff.

[459] Vgl. hierzu auch Karliczek, Wille, Wohl und Wunsch des Betreuten und des Einwilligungsunfähigen in der Gesundheitsfürsorge, S. 46.

Zwangsmedikation die Gefahr, daß der „Fürsorgliche Zwang“ unzulässigerweise in den ambulanten Bereich vorverlagert wird. Damit wäre aber nicht mehr sichergestellt, daß Eingriffe in die durch Gesetzesvorbehalt gesicherten Grundrechte berechenbar und kontrollierbar bleiben. Eine Erweiterung der Möglichkeiten zur Zwangsbehandlung durch die Vorverlagerung von Zwangsbehandlungen in den ambulanten Bereich ist aus rechtlichen Gründen abzulehnen. Verfassungsrechtlich garantierte Rechte dürfen nicht aus Zweckmäßigkeitsgründen – auch nicht im wohlverstandenen Interesse des Betreuten - mißachtet werden.

IV. Risikoreiche ärztliche Maßnahmen, § 1904 BGB

Die Rechtspflegestatistiken offenbaren, daß derzeit jährlich nur knapp 3000 Genehmigungsverfahren nach § 1904 BGB durchgeführt werden.[460] Bezogen auf die Gesamtzahl der Verfahren betragen die erteilten Genehmigungen erheblich mehr als 90 %.[461]

Gleichwohl gibt es Gerichte, bei denen zwar Genehmigungsverfahren nach § 1904 BGB anhängig werden, die aber nahezu keine Genehmigung erteilen müssen. Der Grund hierfür ist darin zu sehen, daß die Entscheidung des Vormundschaftsgerichts über die Genehmigung erst nach einigen Wochen ergehen kann, wenn das nach § 69d Abs. 2 FGG gesetzlich vorgeschriebene Gutachten eingeholt wurde. Bis dahin ist oftmals eine keinen Aufschub duldende Gefahr für den Betroffenen eingetreten, so daß die Ärzte die Maßnahme ohne gerichtliche Genehmigung durchführen dürfen, § 1904 Abs. 1 S. 2 BGB.[462]

1. Der Genehmigungsvorbehalt des § 1904 BGB

Für besonders gefahrgeneigte ärztliche Maßnahmen am einwilligungsunfähigen, unter Betreuung stehenden Patienten begründet § 1904 Abs. 1 S. 1 BGB einen Genehmigungsvorbehalt des Vormundschaftsgerichts dergestalt, daß die zur Vornahme der Behandlung erforderliche Einwilligung des Betreuers für ihre Wirksamkeit der Zustimmung des Vormundschaftsgerichts bedarf. Nach § 1904 Abs. 1 S. 1 BGB hat der Betreuer die richterliche Genehmigung einzuholen, wenn die begründete Gefahr besteht, daß der Betreute aufgrund der Maßnahme stirbt oder einen schweren und länger andauernden gesundheitlichen Schaden erleidet. Jedoch entbindet das den Arzt nicht von seiner Verpflichtung, sich vor Beginn der Maßnahme von der Erteilung der Genehmigung zu überzeugen.[463] Es ist Aufgabe des Arztes sich von dem Vorliegen aller Rechtfertigungselemente zu

---

[460] Strätling/ Scharf/ Wedel/ Oehmichen/ Eisenbart, MedR 2001, S. 388.

[461] Vgl. Staudinger-Bienwald, § 1904 Rdn. 12.

[462] Vgl. auch Dodegge, der im Hinblick auf die vom Gesetzgeber ins Auge gefaßten Konstellationen des § 1904 BGB von Raritäten im tagtäglichen Geschäft eines Betreuungsdezernats spricht. Dodegge gibt an, im Schnitt 3 Verfahren nach § 1904 BGB pro Jahr zu haben, wobei es bisher – aus den oben genannten Gründen - nur in einem Fall zu einer Entscheidung gekommen sei; Dodegge, BtPrax 1996, S. 9.

[463] Kern, MedR 1993, S. 248.

vergewissern, so daß der Arzt bei fehlender Genehmigung nicht rechtmäßig handelt.[464]
Die Entscheidung darüber, ob ein genehmigungsbedürftiger Eingriff vorliegt, wird oftmals Schwierigkeiten bereiten. Es fragt sich insoweit, wer die Genehmigungsbedürftigkeit der ärztlichen Maßnahme zu beurteilen hat. Nach überwiegender Ansicht hat an erster Stelle der behandelnde Arzt die Aufgabe, zu beurteilen, ob die Einwilligung des Betreuers genügt oder ob eine vormundschaftsgerichtliche Genehmigung hinzukommen muß.[465] Jedoch ist seine Beurteilung keineswegs abschließend. Der Genehmigungsvorbehalt greift immer dann, wenn seine Voraussetzungen objektiv vorliegen, mag auch der behandelnde Arzt die Risiken anders einschätzen als ein später damit befaßtes, von Sachverständigen unterstütztes Gericht.[466]
Das wird letztlich zu einer beträchtlichen Unsicherheit und zu zahlreichen vorsorglichen Genehmigungsanträgen führen. Wie bereits eingehend dargestellt, bedarf es zur Vornahme jeglichen ärztlichen Handelns einer wirksamen Einwilligung des Patienten bzw. im Falle seiner Einwilligungsunfähigkeit der seines gesetzlichen Vertreters. Liegt sie nicht vor, so fehlt es der jedem ärztlichen Eingriff immanenten Körperverletzung an der erforderlichen Rechtfertigung, mit der Folge, daß sich der Arzt schadensersatzpflichtig und unter Umständen sogar strafbar macht. Bei Maßnahmen, die dem Vorbehalt des § 1904 BGB unterworfen sind, bedarf die Einwilligung des Betreuers zu ihrer Wirksamkeit zudem zwingend der Genehmigungserteilung durch das Vormundschaftsgericht. Es wird also im ureigensten Interesse des Arztes liegen, sich nicht nur der Einwilligung als solcher, sondern auch ihrer Wirksamkeit zu versichern. Bienwald[467] hingegen vertritt die Ansicht, daß die Beurteilung der Genehmigungsbedürftigkeit einer ärztlichen Maßnahme dem Betreuer obliegt. Das kann nicht richtig sein. Der behandelnde Arzt ist vielmehr der einzige, der überhaupt in der Lage ist, diese Beurteilung sachverständig vorzunehmen. Zwar ist der Betreuer an die Beurteilung des Arztes nicht gebunden, er wird ihr aber regelmäßig entsprechen. Dem Betreuer als medizinischen Laien wird es ohnehin an eigenen Erkenntnismöglichkeiten fehlen. Der Betreuer kann gegebenenfalls auch die Beratung des Vormundschaftsgerichts gem. §§ 1908i, 1837 Abs. 1 BGB in Anspruch nehmen. Hält das Gericht die Einwilligung des Betreuers in die Behandlung nicht für genehmigungsbedürftig, so erteilt es ein sogenanntes Negativattest, §§ 1908i, 1828 BGB.[468]
Lehnt der Betreuer das beabsichtigte Vorgehen ab, so kann sich der Betroffene gem. § 66 FGG selbst an das Vormundschaftsgericht wenden. Es fragt sich insoweit, ob dem behandelnden Arzt das Recht zusteht, eine pflichtwidrige Behandlungsverweigerung durch den Betreuer dem Vormundschaftsgericht anzu-

[464] Ebenso Kern, MedR 1993, S. 248; Erman-Roth, § 1904 Rdn. 25; *a.A.* Bienwald, Betreuungsrecht, § 1904 Rdn. 27.

[465] MünchKomm-Schwab, § 1904 Rdn. 11; Hennies, MedR 1999, S. 343; Sonnenfeld, Rdn. 293; *a.A.* Bienwald, Betreuungsrecht, § 1904 Rdn. 20.

[466] Hennies, MedR 1999, S. 343.

[467] Bienwald, Betreuungsrecht, § 1904 Rdn. 20.

[468] MünchKomm-Schwab, § 1904 Rdn. 32.

zeigen. Eine solche Behandlungsverweigerung stellt sich als Mißbrauch der Vertretungsmacht dar. Ein Arzt, der so etwas auf sich beruhen läßt, verstößt zumindest gegen die ihm aus der „Arzt-Patient-Beziehung“[469] auferlegte Fürsorgepflicht. Insoweit wird man auch dem Arzt das Recht zubilligen müssen, in diesen Fällen das Vormundschaftsgericht einzuschalten.[470] Aus dem Wortlaut des Begriffs der Genehmigung folgt, daß das Gericht seine Entscheidung nicht ohne weiteres an die Stelle des Betreuers setzen darf. Eine Genehmigung setzt nämlich voraus, daß eine eigene Erklärung des Betreuers abgegeben wurde, deren Wirksamkeit von der nachfolgenden Genehmigung abhängt. Gleichwohl kann das Gericht im Falle einer pflichtwidrigen Verweigerung den Betreuer gem. §§ 1908i Abs. 1, 1837 Abs. 2 S. 1 BGB anweisen, in die Maßnahme einzuwilligen. Bei mangelnder Eignung kann das Vormundschaftsgericht den Betreuer nach § 69f FGG, § 1908b Abs. 1 BGB entlassen und bis zur Bestellung eines neuen Betreuers gem. §§ 1908i Abs. 1, 1846 BGB die erforderlichen Maßnahmen selbst erlassen.

§ 1904 BGB ist im juristischen Schrifttum als „äußerst unklare Bestimmung“ bezeichnet worden.[471] Der mit unbestimmten Begriffen versehene Gesetzeswortlaut läßt den Ausnahmecharakter des gerichtlichen Genehmigungsvorbehalts erkennen. Der Rechtsausschuß des Bundestags stand seinerzeit vor dem Problem, die Schwelle für die Einschaltung des Vormundschaftsgericht einerseits wegen der Arbeitsbelastung nicht zu tief anzusetzen. Auf der anderen Seite sollte vermieden werden, die Schwelle zum Schutz des Betreuten zu hoch anzusetzen.[472] Wie hoch die Schwelle für eine vormundschaftliche Genehmigung ist, läßt sich den unbestimmten Rechtsbegriffen der begründeten Gefahr und der schweren Folge nicht unmittelbar entnehmen. Die Tatbestandsmerkmale der „begründeten Gefahr“ für Leben und Gesundheit sowie der Begriff des „schweren und länger andauernden gesundheitlichen Schadens“ bedürfen daher im folgenden der Klärung.[473]

2. Zu den Voraussetzungen der Genehmigungspflicht im einzelnen

a) Zur Art der ärztlichen Maßnahme

Hinsichtlich der Art der in Betracht kommenden ärztlichen Maßnahme muß es sich entweder um eine Untersuchung des Gesundheitszustandes, eine Heilbehandlung oder aber um einen ärztlichen Eingriff handeln.[474]

---

[469] Vgl. zur „Arzt-Patient-Beziehung“ ausführlich Katzenmeier, Arzthaftung, § 1 I.

[470] Vgl. auch Wiebach/ Kreyßig/ Peters/ Wächter/ Winterstein, BtPrax 1997, S. 48.

[471] Quambusch, Das Recht der Geistigbehinderten, Rdn. 124; Hennies, MedR 1999, S. 341 m.w.N.

[472] BT-Drucks. 11/ 6949, S. 73.

[473] Vgl. unten § 4 IV. 2. b) und c).

[474] Vgl. auch oben § 2 I.

Unter einer Untersuchung des Gesundheitszustandes ist jedes diagnostische Verfahren zu verstehen, gleichviel ob es mit einer körperlichen Untersuchung oder einem körperlichen Eingriff verbunden ist oder nicht.[475]
Unter einer Heilbehandlung sind alle medizinischen Maßnahmen zu verstehen, die auf Wiederherstellung der Gesundheit oder doch zumindest auf Beseitigung oder Linderung der Krankheitsfolgen gerichtet sind. Auch Vorbeugemaßnahmen fallen hierunter.[476] Unter den Begriff der Heilbehandlung ist auch die Gabe von Medikamenten zu subsumieren.[477]
Bei dem Terminus ärztlicher Eingriff wird es sich in aller Regel um Maßnahmen handeln, die bereits unter den Begriff der Heilbehandlung zu subsumieren sind. Gleichwohl hat der Begriff des ärztlichen Eingriffs eigens Erwähnung gefunden, weil durchaus auch medizinische Eingriffe denkbar sind, bei denen zumindest zweifelhaft ist, ob sie als Heilbehandlung zu qualifizieren sind.[478]
Im wesentlichen lassen sich ärztliche Maßnahmen am Patienten in zwei Bereiche, nämlich in Diagnose- und Therapiemaßnahmen aufteilen. Während die Diagnosemaßnahmen der Gewinnung eines ärztlichen Befundes über Art, Umfang und wahrscheinlichen Verlauf einer Krankheit dienen, bezwecken die Therapiemaßnahmen deren Beseitigung oder doch zumindest ihre Linderung. Die Therapiemaßnahmen beinhalten im wesentlichen chirurgische Eingriffe und die Verabreichung von Medikamenten, wobei auch die kombinierte Anwendung beider in Betracht kommt. Eine Sonderstellung nimmt die Strahlenbehandlung ein.
Durch die Begriffe Untersuchung, Heilbehandlung und Eingriff werden mithin alle in Betracht kommenden Arten ärztlichen Handelns am Patienten erfaßt. Seinem Wortlaut nach erfaßt § 1904 BGB nur aktive gesundheits- oder lebensgefährdende Maßnahmen. Ausgenommen ist daher das Unterlassen einer ärztlichen Heilbehandlung oder eines ärztlichen Eingriffs.[479] Insoweit besteht auch kein Genehmigungsvorbehalt. Abweichend hiervon hat der 1. Strafsenat des BGH[480] in seinem „Kempten-Urteil" die Vorschrift erweiternd dahin ausgelegt, daß sie um so mehr für Maßnahmen gelten muß, die eine bisher durchgeführte lebenserhaltende ärztliche Behandlung beenden sollen. Die Problematik, ob auch Einwilligungen in einen Behandlungsverzicht oder einen Behandlungsabbruch dem Genehmigungsvorbehalt des § 1904 BGB unterliegen, soll hier nur kurz angerissen werden. Sie wird im folgenden noch genau zu untersuchen sein.[481]

---

475 MünchKomm-Schwab, § 1904 Rdn. 25.

476 MünchKomm-Schwab, § 1904 Rdn. 25.

477 Dodegge, NJW 1997, S. 2432.

478 MünchKomm-Schwab, § 1904 Rdn. 25.

479 MünchKomm-Schwab, § 1904 Rdn. 26.

480 BGHSt 40, 257.

481 Vgl. hierzu ausführlich unten Teil 4.

b) Zum Erfordernis der begründeten Gefahr für Leben und Gesundheit

Dem unbestimmten Rechtsbegriff der begründeten Gefahr läßt sich nicht entnehmen, wie hoch die Schwelle liegt, die eine vormundschaftsgerichtliche Genehmigung nötig macht. Gleichwohl beabsichtigte der Gesetzgeber mit der Verwendung des unbestimmten Rechtsbegriffs den Anwendungsbereich des § 1904 BGB zu beschränken. Nicht die Einwilligung in jedes ärztliche Handeln schlechthin soll dem Genehmigungsvorbehalt unterfallen, sondern nur die Einwilligung in solche ärztlichen Maßnahmen, die als besonders gefahrgeneigt erscheinen und über das gewöhnliche Risiko hinausgehen. Andernfalls wäre jede Narkose genehmigungspflichtig.[482]
Aus der Wortwahl „begründete Gefahr" läßt sich ableiten, daß es nicht um subjektive Befürchtungen geht, sondern um „objektive - ernstliche und konkrete - Gefahren".[483] Eine begründete Gefahr im Sinne des § 1904 Abs. 1 BGB ist demnach bei einer konkreten und naheliegenden Möglichkeit des Schadenseintritts gegeben. Eine nur entfernte Möglichkeit oder rein hypothetische und gänzlich unwahrscheinliche Gefahr löst keine Genehmigungspflicht aus.[484] Im Hinblick auf den Ausnahmecharakter des § 1904 BGB, besteht eine Genehmigungspflicht nur, wenn die beabsichtigte Maßnahme im konkreten Fall ein signifikant hohes, das Durchschnittsrisiko medizinischer Behandlungen klar überschreitendes Risiko birgt. Denn nahezu jede nennenswerte Form ärztlicher Behandlung beinhaltet ein mehr oder minder großes Risiko für Leben oder Gesundheit. Entscheidend für die Einschätzung des Risikos sind die Umstände des Einzelfalls. Zu berücksichtigen sind insbesondere der Allgemeinzustand, das Alter sowie etwaige Vorschädigungen des Patienten. So dürfte bei jüngeren Menschen das übliche Narkoserisiko einer Routineoperation keine besondere Gefahr begründen, wohingegen bei Herz- und Kreislaufbelastungen des Patienten oder im hohen Alter bereits eine „begründete Gefahr" vorliegen kann.[485] Indes dürften Fälle, bei denen das eigentliche Anästhesierisiko im Vordergrund steht, eher selten sein.[486]
Gänzlich anders verhält es sich hingegen bei geistig schwer und schwerst behinderten Patienten. Schwere geistige Behinderungen können mit komplexen Mißbildungen und deren Folgezuständen, wie z.B. der Eisenmenger-Reaktion einhergehen.[487] Bei geistig behinderten Patienten sind daher auch für kleinere chirurgische Eingriffe oder diagnostische Maßnahmen in Vollnarkose ernste cardiopulmonale Komplikationen und erschwerte Intubations- und Ventilationsbedingungen zu erwarten.[488] Gleichwohl sind auch für die Einschätzung des Anästhesierisikos geistig behinderter Patienten die Umstände des Einzelfalls entscheidend.

---

[482] BT-Drucks. 11/4528, S. 140.

[483] Vgl. auch Kern, MedR 1993, S. 248.

[484] Vgl. Jürgens/ Kröger/ Marschner/ Winterstein, Rdn. 206.

[485] Vgl. Jürgens/ Kröger/ Marschner/ Winterstein, Rdn. 206.

[486] Strätling/ Eisenbart/ Scharf, MedR 2000, S. 252.

[487] Strätling/ Eisenbart/ Scharf, MedR 2000. S. 252.

[488] Strätling/ Eisenbart/ Scharf, MedR 2000, S. 252.

Aus den oben genannten Gründen kann die von einem Teil der Literatur[489] vorgenommene Katalogisierung genehmigungspflichtiger ärztlicher Maßnahmen nicht überzeugen. Abgesehen davon, daß die Beurteilung des Gefährdungsgrades nur konkret-individuell unter Berücksichtigung des Einzelfalls erfolgen kann, muß auch der enorme Fortschritt der modernen Medizin in den letzten Jahrzehnten berücksichtigt werden. Operationen von herzkranken Patienten am offenen Herzen werden oft als Beispiel für risikoreiche, mit Lebensgefahr verbundene Eingriffe zitiert. So ergibt sich auch aus der amtlichen Begründung[490], daß insbesondere Risikooperationen an herzkranken Patienten zu den Maßnahmen zählen, bei denen Lebensgefahr für den Betreuten zu befürchten ist. Ursprünglich mag tatsächlich die Gefahr hoher Risiken bestanden haben. Inzwischen sind in der Bundesrepublik jährlich rund 29 000 Herzoperationen durchgeführt worden, darunter 67 % koronare Bypass-Operationen. Die Bypass-Operationen sind allermeist komplikationslos oder nur mit geringen Komplikationen ohne Lebensgefahr für den Patienten verlaufen.[491]
In der Praxis sollten daher die im juristischen Schrifttum als genehmigungspflichtig genannten Maßnahmen dahingehend überprüft werden, ob die Beurteilung wirklich noch dem Stand der Medizin entspricht. Im übrigen lassen sich Risiken bei keiner Operation ausschließen. Gleichwohl bleibt eine verbindliche Katalogisierung ärztlicher Maßnahmen in genehmigungspflichtige und genehmigungsfreie Maßnahmen entgegen der von Schreiber vertretenen Ansicht aus den obengenannten Gründen abzulehnen.

c) Zum Erfordernis des schweren und länger andauernden Gesundheitsschadens

Birgt eine ärztliche Maßnahme für den Patienten ein erhöhtes Lebensrisiko in sich, so genügt allein dieser Umstand, die Genehmigungsbedürftigkeit des Eingriffs auszulösen. Verhält es sich hingegen so, daß die geplante ärztliche Behandlung mit einer erhöhten Gesundheitsgefahr einhergeht, so vermag diese Tatsache allein noch keine Genehmigungspflicht zu begründen. Vielmehr muß die ernstliche und konkrete Gefahr bestehen, daß der Betreute durch den Eingriff einen schweren und länger andauernden gesundheitlichen Schaden erleidet. Bereits im Gesetzgebungsverfahren[492] wurde deutlich, daß nur eine langfristige und schwere Beeinträchtigung die Genehmigungsbedürftigkeit auslösen soll. Die Genehmigungspflicht einer ärztlichen Maßnahme kann mit anderen Worten nur begründet werden, wenn die Merkmale Schwere und Dauer kumulativ vorliegen. Daran fehlt es, wenn bei einem medizinischen Eingriff zwar eine schwere, aber nur vorübergehende Beeinträchtigung – wie beispielsweise eine zunächst stark blutende, regelmäßig aber schnell abheilende Operationswunde – auftritt. Das gleiche gilt im umgekehrten Fall, wenn der geplante Eingriff zu einem länger andauernden, aber nicht als schwer zu bezeichnenden Gesundheitsschaden

---

489 Schreiber, FamRZ 1991, 1014 ff.
490 BT-Drucks. 11/ 4528, S. 140.
491 Hennies, MedR 1999, S. 343.
492 BT-Drucks. 11/ 4528, S. 140.

führt. So kann etwa das Fehlen eines gezogenen Zahns oder das Zurückbleiben einer Operationsnarbe für sich allein keine Genehmigungspflicht auslösen. Schwierigkeiten bestehen insoweit festzustellen, wann ein schwerer und länger dauernder gesundheitlicher Schaden vorliegt. Hinsichtlich der Schwere des Gesundheitsschadens wird in der amtlichen Begründung[493] auf § 224 a.F. StGB (§ 226 StGB n.F.) verwiesen. Die Auslegung des Begriffs des schweren Gesundheitsschadens hat sich demnach am Katalog des § 226 StGB zu orientieren. Danach stellt beispielsweise der Verlust eines wichtigen Körpergliedes, des Sehvermögens auf einem oder auf beiden Augen, des Gehörs, der Sprache oder der Zeugungsfähigkeit, eine dauernde Entstellung in erheblicher Weise oder das Verfallen in Siechtum, Lähmung, Geisteskrankheit oder Behinderung immer einen schweren Gesundheitsschaden dar. Gleichwohl kann diese Aufzählung in § 226 StGB keine abschließende Wirkung entfalten. § 1904 BGB verfolgt das Ziel, besonders gefahrgeneigte ärztliche Maßnahmen nur nach vorangegangener vormundschaftsgerichtlicher Kontrolle zur Ausführung kommen zu lassen. Nach Sinn und Zweck der Vorschrift müssen folglich auch andere schwere Beeinträchtigungen, wie z.B. der Verlust innerer Organe oder gravierende Nebenwirkungen von Medikamenten, im Einzelfall das Merkmal des schweren Gesundheitsschadens erfüllen. Letztlich kommt es auf die Schwere der Beeinträchtigung der alltäglichen Lebensführung infolge der Behandlung im Vergleich zu einem gesunden Menschen an.[494]
Wie bereits eingangs erwähnt, reicht die begründete Gefahr eines schweren Gesundheitsschadens für sich alleine nicht aus, um den Genehmigungsvorbehalt des § 1904 BGB auszulösen. Der Gesundheitsschaden muß zudem ein länger andauernder sein. Ab welcher Dauer der drohende Schaden die Einwilligung genehmigungspflichtig macht, kann nur im konkreten Einzelfall unter Berücksichtigung der Art und des Umfangs des Schadens beantwortet werden. Nach der amtlichen Begründung[495] soll dies regelmäßig der Fall sein, wenn die Beeinträchtigung der Gesundheit ein Jahr oder länger dauert. Bei besonders schweren Gesundheitsschäden können auch kürzere Zeiträume in Betracht kommen.[496]

d) Zu den einzelnen Anwendungsfällen des § 1904 BGB

Vorab ist zu vermerken, daß, wie bereits oben erwähnt, eine verbindliche Katalogisierung ärztlicher Maßnahmen grundsätzlich nicht in Betracht kommt. Gleichwohl kann die Zusammenstellung gängiger ärztlicher Maßnahmen, bei denen im Einzelfall besonderer Anlaß zur Prüfung einer Genehmigungspflicht nach § 1904 BGB besteht, eine wertvolle Hilfe darstellen, indem sie das Bewußtsein für den Anwendungsbereich der Vorschrift schärft, obgleich sie für das zur Entscheidung berufene Vormundschaftsgericht keine Bindungswirkung entfaltet und eine konkrete Einzelfallprüfung nicht entbehrlich macht.[497] Im juristi-

---

[493] BT-Drucks. 11/ 4528, S. 140.

[494] Jürgens-Marschner, § 1904 Rdn. 5.

[495] BT-Drucks. 11/ 4528, S. 141.

[496] Jürgens-Marschner, § 1904 Rdn. 5.

[497] Mayer, S. 135.

schen Schrifttum[498] findet sich hierzu eine Aufzählung ärztlicher Maßnahmen, die in aller Regel besonders riskant erscheinen. Im folgenden sollen die gängigen der für in § 1904 BGB in Betracht kommenden Maßnahmen aufgeführt werden. Gleichwohl erhebt diese Aufzählung keinen Anspruch auf Vollständigkeit.
Als genehmigungsfähige Untersuchungen werden die Pneumencephalographie, die Leberblindpunktion, die Bronchoskopie, die Herzkatheterisierung, die Liquorentnahme aus Gehirn oder Rückenmark, die Angiographie und bei älteren bzw. gebrechlichen Menschen je nach Einzelfall auch die Arthroskopie genannt.
Bei den operativen Eingriffen werden vor allem Herzoperationen, Transplantationen, neurochirurgische Eingriffe, Operationen am offenen Thorax, Entfernung von Organen oder Organteilen und Amputationen als genehmigungsbedürftig angesehen.
Zu den genehmigungsbedürftigen nichtoperativen Heilbehandlungen gehören die Chemotherapie, die Strahlenbehandlung, die Dauerkatheterisierung der Harnblase, sowie die Behandlung mit Medikamenten je nach Art und Verwendungszweck, Menge und Verträglichkeit.
Wie bereits betont, handelt es sich hierbei nur um die Aufzählung solcher Maßnahmen, bei deren Vornahme sich die Frage der Genehmigungsbedürftigkeit in besonderem Maße stellt. Schließlich greift der Genehmigungsvorbehalt des § 1904 BGB nur dann ein, wenn sich infolge der Durchführung der Maßnahme ein erhöhtes Risiko des Eintritts einer Lebensgefahr oder aber eines schweren und länger andauernden Gesundheitsschadens im konkreten Einzelfall ergibt.

e) Besondere Problemlagen

Nicht zu Unrecht weist Dodegge[499] darauf hin, daß die Vorschrift des § 1904 BGB offensichtlich auch zu einer Hypersensibilisierung bei Ärzten und in Krankenhäusern geführt hat. Veröffentlichungen in der juristischen Fachpresse taten ein übriges. Dort wurde beispielsweise selbst die Einnahme von Aspirin sowie das Legen eines Blasenkatheters als genehmigungspflichtig eingestuft.[500] Unter den Kommentatoren hat insbesondere Schreiber[501] eine extreme Position eingenommen. Die weite Auslegung der gerichtlichen Genehmigungspflicht von Schreiber ist im Schrifttum[502] auf heftige Kritik gestoßen. So wird beispielsweise der von Schreiber postulierten Genehmigungspflicht einer Liquorentnahme von Nedopil[503] entgegengehalten, daß eine nach den Regeln der ärztlichen Kunst durchgeführte Liquorentnahme ein kaum höheres Risiko als eine Blutentnahme darstellt.

---

[498] Jürgens-Marschner, § 1904 Rdn. 7; MünchKomm-Schwab, § 1904 Rdn. 31; Jürgens/ Kröger/ Marschner/ Winterstein, Rdn. 207.

[499] Dodegge, BtPrax 1996, S. 9.

[500] Vgl. Dodegge, BtPrax 1996, S. 9 m.w.N.

[501] Schreiber, FamRZ 1991, 1014 ff.

[502] Mayer, 138 ff.; Wiebach/ Kreyßig/ Peters/ Wächter/ Winterstein, BtPrax 1997, S. 48, 50.

[503] Nedopil, FamRZ 1993, S. 25; so auch Dose, FamRZ 1993, S. 1033.

Im folgenden sollen zunächst die Überlegungen zur medikamentösen Behandlung dargelegt werden.

aa) Medikamentöse Versorgung als Heilbehandlung – Psychopharmaka, Antiepileptika

Einen großen Bereich der Heilbehandlung umfaßt die Verordnung von Medikamenten.
Daß pharmazeutische Erzeugnisse nicht nur der Heilung dienen, sondern je nach Dosierung und Verträglichkeit auch toxische Wirkungen entfalten können, die sich auch im Eintritt eines schweren und länger andauernden Gesundheitsschadens oder in seltenen Fällen auch im Eintritt einer Lebensgefahr niederschlagen können, ist allgemein anerkannt. Gleichwohl darf nicht unberücksichtigt bleiben, daß pharmazeutische Erzeugnisse in erster Linie der Heilung dienen. Bei der Klärung, ob die zu erwartenden Wirkungen des Präparats überhaupt geeignet sind, einen schweren und länger andauernden Gesundheitsschaden hervorzurufen, darf nicht auf die unmittelbaren Wirkungen abgestellt werden. Pharmazeutika lindern oder beseitigen einen bereits vorhandenen Gesundheitsschaden. Indes löst das Pharmakon selbst unmittelbar keinen neuen gesundheitlichen Schaden aus. Als Anknüpfungspunkt bleiben allenfalls die nicht gewünschten, aber mit der Applikation in Kauf genommenen Nebenwirkungen.
Fraglich ist insoweit, unter welchen Voraussetzungen die Verordnung von Medikamenten an einen einwilligungsunfähigen betreuten Patienten dem Genehmigungsvorbehalt des § 1904 BGB unterfällt.

Im Hinblick auf die hier zur Rede stehenden ärztlichen Maßnahmen an geistig behinderten Menschen ist insbesondere die medikamentöse Versorgung von psychisch Kranken und Epileptikern relevant. Wie bereits ausgeführt treten bei geistig behinderten Patienten oftmals psychische Erkrankungen und Epilepsien als sogenannte Begleiterkrankungen auf. Im folgenden soll daher die Behandlung von Epilepsie mit sogenannten Antiepileptika bzw. Antikonvulsiva und die medikamentöse Therapie mit Psychopharmaka im Hinblick auf ihre Genehmigungsbedürftigkeit untersucht werden.
Fraglich ist, ob Psychopharmaka respektive Antiepileptika aufgrund ihrer zum Teil nicht unerheblichen Nebenwirkungen generell der Genehmigungspflicht des Vormundschaftsgerichts unterliegen. Die Psychopharmaka-Behandlung als genehmigungspflichtige Heilbehandlung im Rahmen des Betreuungsgesetzes ist Gegenstand kontroverser Diskussionen.[504] Bei der Behandlung mit Psychopharmaka und anderen Medikamenten mit möglicherweise schwerwiegenden Nebenfolgen sind die Einzelheiten sehr umstritten.
Von einer vereinzelt in der Literatur vertretenen Auffassung[505] wurde eine umfangreiche Liste von pharmazeutischen Präparaten aufgestellt, bei deren Anwendung stets eine Genehmigungsbedürftigkeit anzunehmen sei. Diese Ansicht geht davon aus, daß wegen möglicher schädigender Nebenwirkungen und der möglichen Gefahr der Erzeugung von Sucht und Abhängigkeit nahezu alle in

---

[504] Bauer/ Mahr, BtPrax 1996, S. 20.

[505] Schreiber, FamRZ 1991, 1014 ff.

der Psychiatrie verwendeten Medikamente genehmigungspflichtig seien. Nach dieser Auffassung sind auch die krampflösenden und krampfunterdrückenden Medikamente, sog. Antiepileptika oder Antikonvulsiva, wie sie zur Behandlung von Epilepsie eingesetzt werden, wegen häufiger Nebenwirkungen genehmigungspflichtig.[506]
Diese Argumentation überzeugt nicht. Sicherlich lassen die durch Psychopharmaka hervorgerufenen Nebenwirkungen wie Sturzgefahren, Lähmungserscheinungen, Zittern und Schwindelgefühle und dgl., auch Gefahren einer solchen Behandlung deutlich werden.[507] Auch Antiepileptika oder Antikonvulsiva können vor allem bei längerer Behandlung eine Anzahl unerwünschter Nebenwirkungen zeigen. Jedoch unterstehen alle in der Bundesrepublik zugelassenen Medikamente der strengen Kontrolle des Bundesinstituts für Arzneimittel- und Medizinprodukte.[508] Im Rahmen der Entscheidung über die Zulassung wird gemäß § 25 Abs. 2 Nr. 5 AMG auch geprüft, ob bei den jeweiligen Arzneimitteln nicht der begründete Verdacht besteht, daß sie bei bestimmungsgemäßem Gebrauch schädliche Wirkungen entfalten, die über ein nach den Erkenntnissen der medizinischen Wissenschaft vertretbares Maß hinausreichen. Daher rechtfertigt keines der im Verkehr befindlichen Psychopharmaka oder Antiepileptika bei bestimmungsgemäßem Gebrauch die Annahme, daß von ihnen generell ein schwerer und länger andauernder Gesundheitsschaden ausginge.[509] In einem solchen Fall wäre die Zulassung des Medikaments nach § 30 Abs. 1 i.V.m. § 25 Abs. 2 Nr. 5 AMG zu widerrufen. Darüber hinaus werden in den Beipackzetteln für die meisten Medikamente Gegenanzeigen und Risikofaktoren genannt. Soll demnach eine nach ärztlicher Auffassung indizierte medikamentöse Behandlung bei einem Patienten durchgeführt werden, bei dem Gegenanzeigen oder genannte Risikofaktoren bestehen, so ist die vormundschaftsgerichtliche Genehmigung einzuholen.[510]
Ebenso wenig kann bei sachgerechter Behandlung mit Psychopharmaka von einer generellen Suchtgefahr ausgegangen werden. Insoweit besteht ein Unterschied zwischen der indizierten und richtig dosierten Einnahme psychotroper Substanzen zur Erreichung eines definierten Behandlungszieles und deren mißbräuchlicher Verwendung durch Suchtkranke. Den zur psychiatrischen Behandlung eingesetzten Medikamenten fehlt wegen ihrer unliebsamen Nebenwirkungen zudem das zur Entwicklung von Sucht und Abhängigkeit fördergünstige Verhältnis von erwünschten zu unerwünschten Wirkungen.[511]
Schließlich ist die vorgeschlagene Auflistung[512] „genehmigungsbedürftiger“ Psychopharmaka auch in anderer Hinsicht bedenklich. Der Gesetzgeber hat die

---

[506] Schreiber, FamRZ 1991, 1018 f.

[507] Vgl. auch Bauer/ Mahr, BtPrax 1996, S. 20.

[508] Vgl. § 77 Abs. 1 AMG; (früher wurden Medikamente durch das Bundesgesundheitsamt zum Verkehr zugelassen).

[509] Vgl. Dose, FamRZ 1993, S. 1033; Wiebach/ Kreyßig/ Peters/ Wächter/ Winterstein, BtPrax 1997, S. 50; *a.A.* Heide, Medizinische Zwangsbehandlung, S. 166.

[510] Dose, FamRZ 1993, S. 1033.

[511] Dose, FamRZ 1993, S. 1033.

[512] Vgl. hierzu die Medikamentenliste von Schreiber, FamRZ 1991, 1014 ff.

psychopharmakologische Behandlung nicht im Zusammenhang mit den genehmigungspflichtigen Behandlungen aufgeführt. Vielmehr wurde die in den Diskussionen des Gesetzentwurfes beantragte Genehmigungspflicht einer nicht nur vorübergehenden Behandlung ausdrücklich nicht in den Gesetzestext übernommen.[513] Hinzu kommt, daß eine derartige Liste im Hinblick auf den raschen Wandel der Pharmaindustrie notwendigerweise unvollständig und veraltet wäre. Die Liste könnte sogar dazu verleiten, in der gängigen Praxis nicht mehr eingesetzte Medikamente, mit einem möglicherweise deutlich ungünstigeren Wirkungs- und Nebenwirkungsprofil deshalb einzusetzen, weil sie auf der Liste nicht erwähnt sind.[514] Ein Katalog genehmigungspflichtiger medikamentöser Behandlungen mag daher allenfalls Anlaß geben, vor Einsatz eines dort aufgeführten Medikaments in besonderem Maße zu prüfen, ob sich im konkreten Einzelfall eine Genehmigungsbedürftigkeit ergibt.
Des weiteren wird die Dauer der medikamentösen Behandlung als Kriterium für die Beurteilung des Gefahrengrades der beabsichtigten Heilbehandlung genannt.[515] Zunächst wird danach differenziert, ob eine Kurzzeittherapie von wenigen Tagen oder Wochen Dauer oder aber eine Langzeittherapie beabsichtigt ist, die sich über mehrere Monate oder gar Jahre erstreckt.[516] Eine solche Differenzierung sei deshalb sachgerecht, weil eine Kurzzeittherapie in der Regel nur ein geringes Gefahrenpotential in sich berge. Für die Gruppe der Langzeitbehandlung wurde die bereits oben erwähnte Liste mit Pharmazeutika erstellt, bei deren Anwendung stets eine Genehmigungspflicht anzunehmen ist. Eine andere Auffassung[517] lehnt zwar die vorgeschlagene Listenlösung ab, hält aber aufgrund der Auslegung des Gefahrbegriffs als Voraussetzung der gerichtlichen Genehmigungspflicht die Langzeitbehandlung, anders als die kurzfristige Akutbehandlung, mit Neuroleptika und Antikonvulsiva für genehmigungsbedürftig.
Dem kann so nicht zugestimmt werden. Richtig ist insoweit, daß von Medikamenten, die über einen längeren Zeitraum eingenommen werden müssen, ein größeres Risikopotential ausgeht als von den nur kurzfristig verschriebenen Substanzen. Gleichwohl kann nicht davon ausgegangen werden, daß eine Langzeittherapie mit Psychopharmaka generell vormundschaftsgerichtlich genehmigungspflichtig ist. Unter welchen Umständen von den Präparaten im Einzelfall die begründete Gefahr des Eintritts eines schweren und länger andauernden Gesundheitsschadens ausgeht, kann jedoch, wie bereits mehrfach betont, nicht generell-abstrakt, sondern nur konkret-individuell beurteilt werden. Im Ergebnis ist daher mit einer weiteren Ansicht[518] davon auszugehen, daß auch bei einer Langzeittherapie mit Neuroleptika, die sowohl indiziert ist, als auch ärztlich kontrolliert erfolgt, keine begründete Gefahr besteht, daß mit Wahrscheinlichkeit ein Schaden eintritt, sofern sie bei einem Patienten ohne spezielle Risikokonstellati-

---

[513] BT-Drucks. 11/ 4528, S. 142.

[514] Vgl. Wiebach u.a., a.a.O, S. 50.

[515] Schreiber, FamRZ 1991, S. 1017.

[516] Schreiber, FamRZ 1991, S. 1017.

[517] Jürgens-Marschner, § 1904 Rdn. 9, so auch Jürgens/ Kröger/ Marschner/ Winterstein, Rdn. 207.

[518] Wiebach/ Kreyßig/ Peters/ Wächter/ Winterstein, BtPrax 1997, S. 51.

on vorgenommen wird. Dies trifft um so mehr für die Behandlung mit Antikonvulsiva zu. Sofern allerdings in einem speziellen Fall im Rahmen einer Langzeittherapie ein größeres und über ein allgemeines hinausgehendes Risiko zu befürchten ist, sollte das Vormundschaftsgericht angerufen werden.

Zusammenfassend ist somit festzuhalten, daß weder die Anwendung von Psychopharmaka noch die Anwendung von Antiepileptika generell die begründete Gefahr in sich bergen, daß ein schwerer und länger andauernder Gesundheitsschaden mit der Behandlung einhergeht. Die Verordnung von Psychopharmaka und Antiepileptika dient in erster Linie der Heilbehandlung. Schließlich ist im Einzelfall abzuwägen, ob die Gabe eines Medikaments eine Erhöhung des Risikos herbeiführt. Daher kann es im Einzelfall begründet sein, eine erhöhte Risikokonstellation anzunehmen und zu der Einwilligung des Betreuers die Genehmigung des Vormundschaftsgerichts einzuholen.

bb) Percutane endoskopisch kontrollierte Gastrostomie - PEG

Als signifikantes Beispiel für die Hypersensibilisierung der Ärzte durch die Vorschrift des § 1904 BGB führt Dodegge[519] die PEG-Sonde an. Dodegge[520] weist in seinem Beitrag auf die gängige Praxis der Krankenhäuser hin, die per Fax einstweilige Betreuungen beantragen, um die PEG-Sonde legen zu können. Die den Gerichten zugedachten Aufsichts- und Kontrollfunktionen sind, zumindest, wenn man diese ernst nimmt, bei einer solchen Handhabung – dem Austausch zweier Faxe zwischen Klinik und Amtsgericht – zu einem fragwürdigen Formalakt degeneriert.
Fraglich ist, ob die Einwilligung des Betreuers zur PEG-Einlage der richterlichen Genehmigung gem. § 1904 BGB bedarf, weil der Eingriff für den Betroffenen einen schweren und länger andauernden gesundheitlichen Schaden nach sich zieht. Die Frage des gerichtlichen Genehmigungsvorbehaltes für eine PEG-Einlage wird sehr kontrovers diskutiert.
Hubert-Fehler/ Hollmann[521] vertreten die Ansicht, daß es sich bei einer PEG-Einlage, sofern diese nicht nur für kurze Zeit gelegt wird, um einen ärztlichen Eingriff handle, durch den der Betreute einen schweren und länger dauernden gesundheitlichen Schaden erleidet und der Eingriff daher stets der richterlichen Genehmigung bedarf. Begründet wird die Ansicht überwiegend mit den zugegebenermaßen zu Recht oftmals vernachlässigten Fernwirkungen der künstlichen Ernährung in sozialer, psychischer und somatischer Hinsicht.
Dieser Ansicht kann so nicht zugestimmt werden. Diese Auffassung verkennt, daß es sich bei der Regelung des § 1904 BGB um eine Ausnahmevorschrift handelt, die gerade nicht den medizinischen Normal-, sondern lediglich einen Sonderfall ärztlicher Maßnahmen an Betreuten regelt. Wegen des Ausnahmecharakters der Regelung bleibt nur für eine enge Auslegung des Genehmigungsvorbehalts Raum.[522] Es ist daher mit der Intention des Gesetzgebers unvereinbar,

---

[519] Dodegge, BtPrax 1996, S. 9.

[520] Dodegge, BtPrax 1996, S. 9.

[521] Hubert-Fehler/ Hollmann, BtPrax 1996, S. 213.

[522] Vgl. auch Hennies, MedR 1999, S. 343.

die PEG-Einlage schlechthin dem vormundschaftsgerichtlichen Genehmigungsvorbehalt zu unterstellen.
Ergänzend ist darauf hinzuweisen, daß die Ausführungen den medizinischen Sachverhalt teilweise verzerren. Die von den Autorinnen des Beitrags favorisierten Alternativen zur PEG sind die Nasensonde und die subcutane oder intravenöse Infusion. Dies impliziert den Eindruck, die künstliche Ernährung mit einer PEG-Sonde müsse ultima ratio sein. Gerade das Gegenteil ist der Fall. Bei den vorgeschlagenen Alternativen handelt es sich lediglich um kurzfristige Lösungen, die längerfristig erhebliche Komplikationen erwarten lassen.[523] Im Gegensatz dazu ist die Ernährung über eine PEG-Sonde auch über einen längeren Zeitraum komplikationsarm.[524]
Müller-Bohlen/ Paape hingegen gehen davon aus, daß es sich bei der PEG-Einlage um einen in aller Regel komplikationsfreien Standardeingriff handelt.[525] Sie vertreten die Auffassung, daß die PEG grundsätzlich nicht dem vormundschaftsgerichtlichen Genehmigungsvorbehalt unterliegt.[526] Dem ist zuzustimmen. Die seit Ende der 80er Jahre etablierten PEG-Sonden sind grundsätzlich indiziert, wenn es um die längerfristige extraorale Zuführung von Flüssigkeit bzw. Nahrung geht.[527] Die Indikation für eine PEG besteht bei Patienten mit Einschränkungen des Kau- oder Schluckvermögens durch zentrale Organstörungen – z.B. durch einen Schlaganfall - oder lokale Erkrankungen der oberen Verdauungswege (z.B. Carcinome).
Die künstliche Ernährung kommt auch bei Patienten mit einer geistigen Behinderung in Frage, wenn diese nicht mehr schlucken können, so daß sie ohne künstliche Ernährung verhungern bzw. verdursten würden. Gerade bei schwer und schwerst Geistigbehinderten sind mit zunehmenden Alter die motorischen Funktionen oftmals schwer beeinträchtigt, so daß sich mangels funktionierender Schluckfunktionen die Notwendigkeit einer künstlichen Ernährung ergeben kann.
Die PEG ist in der Regel ein komplikationsarmer Eingriff. Unter ständiger Sichtkontrolle im Rahmen einer Magenspiegelung wird, nach einem Hautschnitt unterhalb des Bauchnabels, über eine metallene Führsonde eine Kunststoffsonde (Gastrostomie) in den Magen geschoben. Diese wird durch Zusammenziehen am Ende im Magen blockiert, so daß ein Herausrutschen verhindert wird. Abschließend wird die Führsonde entfernt und die Sonde am Bauch vernäht und verbunden.[528]
Eine vormundschaftsgerichtliche Genehmigung nach § 1904 Abs. 1 BGB ist nur angezeigt, wenn die begründete Gefahr eines schweren und länger andauernden Schadens besteht. Es muß sich, wie bereits mehrfach betont, um die ernstliche und konkrete Erwartung solcher Folgen handeln. Dies ist jedoch bei einer PEG-Einlage nicht der Fall. Die Maßnahme ist jederzeit reversibel, so daß es bereits

---

[523] Vgl. zu den typischen Komplikationen ausführlich, Müller–Bohlen, BtPrax 1997, 22 f.
[524] Coeppicus, S. 123.
[525] Müller-Bohlen/ Paape, BtPrax 2000, S. 184; so auch Coeppicus, S. 123.
[526] Müller-Bohlen/ Paape, BtPrax 2000, S. 186; so auch Coeppicus, S. 125.
[527] Coeppicus, S. 123; Müller-Bohlen/ Paape, BtPrax 2000, S. 184.
[528] Müller-Bohlen/ Paape, BtPrax 2000, S. 184.

am Merkmal des länger andauernden Gesundheitsschadens fehlt. Die Komplikationen des Eingriffs selbst sind gering und dabei vorrangig im Bereich der zum Eingriff gehörenden Magenspiegelung angesiedelt. Die Untersuchungen im Rahmen einer Langzeitstudie der Universitätsklinik Erlangen[529] sind zu dem Ergebnis gekommen, daß die PEG-Einlage in der Hand eines erfahrenen Endoskopikers eine sichere und komplikationsarme Methode ist. Im übrigen ist darauf hinzuweisen, daß weder die Magenspiegelung noch die Einlage der PEG in dem „Katalog"[530] der zu genehmigenden ärztlichen Behandlungsmaßnahmen enthalten ist.
Im Ergebnis ist deshalb davon auszugehen, daß es sich bei der Einlage der PEG grundsätzlich um keinen genehmigungspflichtigen ärztlichen Eingriff handelt.

cc) Epilepsiechirurgische Operationen

Unter den medizinischen Eingriffen an Geistigbehinderten nehmen die epilepsiechirurgischen Operationen eine Sonderstellung ein. Wie bereits eingangs erwähnt sind geistig behinderte Menschen im Hinblick auf epilepsiechirurgische Eingriffe durchgängig selbst einwilligungsunfähig und daher auch nicht einwilligungsberechtigt. Dies wirft im Hinblick auf den Sonderfall der Epilepsiechirurgie die Frage auf, ob die Einwilligung des Betreuers der Genehmigung durch das Vormundschaftsgericht gem. § 1904 Abs. 1 BGB bedarf. Der Gesetzgeber hat epilepsiechirurgische Operationen im Zusammenhang mit den genehmigungspflichtigen Behandlungen in der amtlichen Begründung nicht aufgeführt. Zudem findet die Epilepsiechirurgie in der Aufzählung besonders gefahrgeneigter ärztlicher Maßnahmen des Juristischen Schrifttums keine Erwähnung. Anschließend soll daher die Genehmigungsbedürftigkeit von epilepsiechirurgischen Eingriffen untersucht werden.

Im Folgenden sollen zunächst die möglichen Komplikationen, die bei einer epilepsiechirurgischen Operation auftreten können, näher dargelegt werden.[531]
Grundsätzlich können bei epilepsiechirurgischen Eingriffen die allgemeinen Komplikationen auftreten, die bei jeder Operation möglich sind. Als allgemeine Komplikationen sind z.B. Infektionen, Nachblutungen, Wundheilungsstörungen, Beinvenenthrombosen, eine Lungenembolie, eine Lungenentzündung oder ein Streß-Ulcus zu nennen. Darüber hinaus können wie bei jedem intrakraniellen Eingriff hirnchirurgische Komplikationen auftreten. In diesem Operationsbereich sind daher Knochendeckelinfektionen mit einer nachfolgenden Palacos-Plastik sowie Hirnhautentzündungen, Hirnoberflächenentzündungen, ein Abszeß oder Empyem mit operativer Revision und ein Wach-Koma möglich. Schließ-

[529] Vgl. die Langzeitstudie der Universitätsklinik Erlangen von August 1986 bis April 1993 bei insgesamt 783 PEG-Einlagen. Hierbei ist es zu keinem Todesfall infolge des Eingriffs gekommen. In 8,9 % der Fälle kam es zu leichten, und nur in 1,3 % der Fälle zu schwerwiegenden Komplikationen, wobei diese nicht auf die PEG-Einlage selbst, sondern auf andere Ursachen zurückzuführen waren, BtPrax 2000, S. 184.
[530] Vgl. hierzu § 4 IV. 2. d.
[531] Vgl. hierzu ausführlich, Pannek/ Oppel/ Wolf, ArztR 8/ 2001, S. 203.

lich können sich abhängig vom Zugangsbereich und der Lage der zu operierenden Läsion spezielle Komplikationen ergeben. Danach sind Lähmungen von Haut- und Muskelnerven mit resultierenden Gefühlsstörungen im Bereich des Hautlappens, Lähmungen der Stimmmuskulatur, Beeinträchtigungen der Kaumuskulatur, Gesichtsschmerzen, Lähmungen von Arm, Bein und Rumpf sowie entsprechende Gefühlsstörungen, psychische Störungen, Antriebsverlust, vermehrte Anfälle, eine Hirnwasserfistel sowie eine Liquorzirkulationsstörung möglich. Ferner können Bewußtseinsstörungen, Sehstörungen, Erblindung, Augenmuskellähmungen, Gesichtsfelddefekte, Sprachstörungen, Störungen des Hormonhaushaltes, Störungen des Flüssigkeitshaushaltes des Körpers sowie ein Rezidiv-Tumor auftreten.

Vorab ist nochmals zu betonen, daß eine verbindliche Katalogisierung ärztlicher Maßnahmen in genehmigungspflichtige und genehmigungsfreie Eingriffe grundsätzlich nicht in Betracht kommt. Im Rahmen des § 1904 BGB ist konkret-individuell zu prüfen, ob durch den beabsichtigten epilepsiechirurgischen Eingriff für den Patienten die begründete Gefahr besteht, daß der Betreute aufgrund der Maßnahme stirbt oder einen schweren und länger andauernden Schaden erleidet.[532] Insbesondere sind bei der Beurteilung des konkret-individuellen Gefährdungsgrades das Alter, der Gesundheitszustand sowie etwaige Vorschädigungen des Patienten zu berücksichtigen.

Fraglich ist zunächst, ob sich bei der Vornahme epilepsiechirurgischer Operationen die Frage der Genehmigungsbedürftigkeit nicht schlechterdings in besonderem Maße stellt. Eine vormundschaftliche Genehmigung ist angezeigt, wenn die beabsichtigte Maßnahme im konkreten Fall ein signifikant hohes, das Durchschnittsrisiko medizinischer Behandlungen klar überschreitendes Risiko birgt.[533] Bei epilepsiechirurgischen Operationen drängt sich im Hinblick auf die möglichen Komplikationen der Eindruck auf, daß es sich hierbei um einen besonders gefahrgeneigten ärztlichen Eingriff handelt, bei dem die begründete Gefahr besteht, daß der Patient aufgrund der Maßnahme stirbt oder einen schweren und länger andauernden Schaden erleidet.
Zu prüfen ist daher, ob bei epilepsiechirurgischen Operationen die begründete Gefahr einer schwerwiegenden Folge besteht. Eine begründete Gefahr im Sinne des § 1904 Abs. 1 BGB ist bei einer konkreten und naheliegenden Möglichkeit des Schadenseintritts gegeben.[534] Mitunter wird ein Wahrscheinlichkeitsgrad von etwa 20 %[535] gefordert, während das LG Berlin[536] eine 8 bis 10 %ige Wahrscheinlichkeit ausreichen läßt. Epilepsiechirurgische Eingriffe weisen eine Mortalität von ca. 10 % auf.[537] Geht man nun mit dem LG Berlin von einer acht- bis zehnprozentigen Schadenswahrscheinlichkeit aus, so besteht bei einer

---

[532] Vgl. hierzu auch ausführlich § 4 IV. 2. b).

[533] MünchKomm-Schwab, § 1904 Rdn. 28.

[534] Jürgens/ Kröger/ Marschner/ Winterstein, Rdn. 206.

[535] So Wiebach/ Kreyßig/ Peters/ Wächter/ Winterstein, BtPrax 1997, S. 49.

[536] LG Berlin, FamRZ 1993, S. 598.

[537] Pannek/ Oppel/ Wolf, ArztR 8/ 2001, S. 201.

epilepsiechirurgischen Operation die begründete Gefahr, daß der Patient aufgrund des Eingriffs stirbt. Allein der Umstand des erhöhten Lebensrisikos kann die Genehmigungsbedürftigkeit des Eingriffs auslösen.[538]
In Anbetracht der speziellen Komplikationen, die im Zusammenhang mit dem hirnchirurgischen Eingriff auftreten können, läßt sich die begründete Gefahr eines schweren und länger andauernden Schadens nicht schlechthin von der Hand weisen. Für die Beurteilung der Frage, ob eine ärztliche Maßnahme besonders gefahrgeneigt erscheint ist stets zu berücksichtigen, daß sich die Auslegung des Begriffs des schweren Gesundheitsschadens am Katalog des § 226 StGB orientiert.[539] Danach stellt beispielsweise der Verlust eines wichtigen Körpergliedes, des Sehvermögens auf einem oder beiden Augen, des Gehörs, der Sprache oder Zeugungsfähigkeit, eine dauernde Entstellung in erheblicher Weise oder das Verfallen in Siechtum, Lähmung, Geisteskrankheit oder Behinderung immer einen schweren Gesundheitsschaden dar. Greift man unter den eingangs ausführlich dargestellten speziell in der Epilepsiechirurgie auftretenden Komplikationen beispielsweise die Möglichkeit heraus, daß der Patient aufgrund des Eingriffs erblindet, so liegt in jedem Fall ein schwerer Gesundheitsschaden i.S. des § 226 Abs. 1 Nr. 1 StGB vor. Zudem muß der schwere Gesundheitsschaden von längerer Dauer sein. Betrachtet man die soeben angesprochene Möglichkeit der Erblindung des Patienten ist der Begriff des „länger dauernden" Gesundheitsschadens in jedem Fall erfüllt. Vielmehr könnte man im Falle der Erblindung von einem für „immer andauernden Gesundheitsschaden" sprechen.

Als Zwischenergebnis bleibt somit festzuhalten, daß es sich bei epilepsiechirurgischen Operationen um besonders gefahrgeneigte ärztliche Eingriffe handelt, bei deren Vornahme sich die Frage der Genehmigungsbedürftigkeit in besonderem Maße stellt.

Im Rahmen des § 1904 BGB verbietet sich indes jede abstrakt-generelle Betrachtung. Für die Beurteilung der Genehmigungsbedürftigkeit sind die Umstände des Einzelfalls ausschlaggebend. Entscheidend ist also nicht, ob eine bestimmte Behandlungsmaßnahme generell geeignet ist, eine Gefahr für Leben oder Gesundheit des Betreuten zu begründen, sondern ob die Wahrscheinlichkeit besteht, daß sich diese Gefahren beim zu behandelnden Patienten verwirklichen. Eine begründete Gefahr i.S.d. § 1904 BGB ist danach nur gegeben, wenn die beabsichtigte Behandlungsmaßnahme im konkreten Fall ein signifikant hohes, das Durchschnittsrisiko medizinischer Behandlungen klar überschreitendes Risiko birgt.[540] Entscheidend für die Beurteilung des Risikos ist die gesundheitliche Konstitution des Patienten, insbesondere ob in bezug auf die in Aussicht genommene Operation einschlägige Vorschädigungen respektive sonstige Anomalien vorhanden sind. Zudem sind die von Natur aus differierenden individuellen gesundheitlichen Konstitutionen der Patienten zu berücksichtigen.

---

538 Vgl. hierzu § 4 IV. 2. c).

539 In der amtlichen Begründung wird hinsichtlich der Schwere des Gesundheitsschadens auf § 224 a.F. StGB (§ 226 n.F. StGB) verwiesen. Vgl. hierzu BT-Drucks. 11/ 4528, S. 140.

540 MünchKomm-Schwab, § 1904 Rdn. 28.

Bei den hier in Rede stehenden epilepsiechirurgischen Eingriffen ist jedoch zu bedenken, daß es sich hierbei um einen äußerst riskanten ärztlichen Eingriff, mithin um eine Risikooperation handelt. Sicherlich ist, wie bei jedem anderen ärztlichen Eingriff auch, der individuelle Gesundheitszustand des Patienten für die Einschätzung des Risikos mitentscheidend. Dies gilt insbesondere für die bereits aufgezeigten allgemeinen Komplikationen, die im Zusammenhang mit epilepsiechirurgischen Eingriffen auftreten können. Gleichwohl verbietet es sich m.E., die einzelnen Behandlungsrisiken getrennt nach allgemeinen, hirnchirurgischen oder speziellen Komplikationen zu betrachten. Vielmehr ist in einer Gesamtschau das Behandlungsrisiko im Hinblick auf alle drei Komplikationsgruppen zu ermitteln. Entscheidend für die Einschätzung des Risikopotentials sind letztlich die sich möglicherweise realisierenden spezifischen Gefahren des Eingriffs. Angesichts der schweren Gesundheitsschäden, die als sogenannte spezielle Komplikationen auftreten können, ist davon auszugehen, daß es sich bei epilepsiechirurgischen Eingriffen um eine ärztliche Maßnahme handelt, die im konkreten Fall ein signifikant hohes, das Durchschnittsrisiko medizinischer Behandlungen klar überschreitendes Risiko beinhaltet. Bei einem so risikobehafteten Eingriff besteht selbst bei guter Gesundheit die begründete Gefahr, daß der Patient aufgrund der Operation stirbt oder einen schweren und länger andauernden gesundheitlichen Schaden erleidet. Somit besteht auch für denjenigen Patienten, der über eine gute gesundheitliche Konstitution verfügt, die begründete Gefahr einer schwerwiegenden Folge i.S.d. § 1904 BGB.

Damit ist insoweit abschließend festzustellen, daß bei epilepsiechirurgischen Operationen die begründete Gefahr besteht, daß der Betreute stirbt oder einen schweren und länger andauernden Schaden erleidet. Obgleich eine verbindliche Katalogisierung ärztlicher Eingriffe nicht in Betracht kommt, ist der epilepsiechirurgische Eingriff grundsätzlich geeignet, den Genehmigungsvorbehalt des § 1904 BGB auszulösen. Die Einwilligung des Betreuers in eine epilepsiechirurgische Operation bedarf daher regelmäßig der Genehmigung durch das Vormundschaftsgericht.[541] Im übrigen wird der operierende Chirurg schon aus Gründen eigener Sicherheit vom Betreuer die Bestätigung verlangen, daß das Vormundschaftsgericht die Einwilligung in den epilepsiechirurgischen Eingriff genehmigt hat.

3. Absehen von der Genehmigungspflicht

Um Leben und Gesundheit Betroffener nicht durch die mit der Einführung des Genehmigungsvorbehalts zwangsweise verbundene Bürokratisierung zu gefährden, sieht § 1904 Abs. 1 S. 2 BGB eine wichtige Ausnahmeregelung vor. Eine ärztliche Maßnahme, in die der Betreuer an sich nur mit Genehmigung des Vormundschaftsgerichts nach § 1904 Abs. 1 S. 1 BGB einwilligen kann, darf gleichwohl ohne Genehmigung durchgeführt werden, wenn mit dem Aufschub Gefahr verbunden ist.[542] Obwohl es an einer Qualifikation des Begriffs der Ge-

[541] So auch Strätling/ Eisenbart/ Scharf, MedR 2000, S. 252. Strätling u.a. zählen Eingriffe im Gehirn grundsätzlich zu den genehmigungspflichtigen Eingriffen.

[542] Vgl. MünchKomm-Schwab, § 1904 Rdn. 45.

fahr in § 1904 Abs. 1 S. 2 BGB fehlt, folgt aus dem Sachzusammenhang, daß es sich um eine ernstliche und dringende Gefahr für Leib und Leben handeln muß.[543] Mithin muß es sich um eine aufgrund des Aufschubs zu erwartende Gefahr einer erheblichen Gesundheitsbeeinträchtigung handeln, die über den bloßen Anlaß des ärztlichen Tätigwerdens hinausreicht.[544]
Eine Nachholung der Genehmigung ist im Gegensatz zur Unterbringung[545] nicht erforderlich. Ein solche Nachholung wäre auch nicht sinnvoll, weil durch den ärztlichen Eingriff Tatsachen geschaffen werden, die sich in der Regel nicht rückgängig machen lassen.
Stets ist jedoch zu berücksichtigen, daß § 1904 Abs. 1 S. 2 BGB nur die Genehmigung des Vormundschaftsgerichts, keinesfalls aber die Einwilligung des Betreuers entbehrlich macht.[546]
Nur bei ärztlichen Notfällen, bei denen es auf jede Minute ankommt, kann ausnahmsweise auf die Einwilligung des Betreuers verzichtet werden. In diesen Fällen kann die ärztliche Maßnahme nach den allgemeinen Grundsätzen der mutmaßlichen Einwilligung oder der Geschäftsführung ohne Auftrag gerechtfertigt werden.[547]

Ergänzend ist darauf hinzuweisen, daß die genehmigungsfreie Durchführung von epilepsiechirurgischen Operationen grundsätzlich nicht in Betracht kommt. Eine ärztliche Maßnahme darf nur bei Gefahr im Verzug ohne die Genehmigung des Vormundschaftsgerichts ausgeführt werden. Für die Indikation eines epilepsiechirurgischen Eingriffs wird indes ein über mehrere Jahre bestehendes medikamentös therapieresistentes Anfallsleiden gefordert. Schon aus diesem Grunde ist bei der überwiegenden Anzahl der epilepsiechirurgischen Eingriffe keine Dringlichkeit geboten. Zudem erfolgt der Eingriff nicht zur Abwendung einer drohenden Gefahr für die Gesundheit, sondern lediglich zur Besserung des gesundheitlichen Zustandes des Patienten.[548] Wie bereits betont, ist die genehmigungsfreie Durchführung einer ärztlichen Maßnahme nur unter der einzigen Voraussetzung zulässig, daß mit ihrem Aufschub Gefahr verbunden ist. Eine solche Fallgestaltung der vitalen Indikation ist jedoch in Anbetracht der oben gemachten Ausführungen bei epilepsiechirurgischen Eingriffen nicht denkbar.
Damit ist abschließend festzustellen, daß die Einwilligung des Betreuers in eine epilepsiechirurgische Operation stets der vormundschaftsgerichtlichen Genehmigung nach § 1904 Abs. 1 S. 1 BGB bedarf.

4. Zur vormundschaftsgerichtlichen Genehmigung

Die Einwilligung des Betreuers in besonders risikobehaftete ärztliche Maßnahmen bedarf gem. § 1904 Abs. 1 S. 1 BGB der vormundschaftsgerichtlichen Ge-

543 Vgl. MünchKomm-Schwab, § 1904 Rdn. 46.
544 Vgl. Erman-Roth, § 1904 Rdn. 30.
545 Vgl. § 1906 Abs. 2 S. 2, 2. HS BGB.
546 Vgl. Erman-Roth, § 1904 Rdn. 30; MünchKomm-Schwab, § 1904 Rdn. 45.
547 Vgl. Erman-Roth, § 1904 Rdn. 30.
548 Vgl. Pannek/ Oppel/ Wolf, ArztR 8/ 2001, S. 202.

nehmigung. Bei der Genehmigung handelt es sich um eine Rechtmäßigkeitsvoraussetzung für die Durchführung der Behandlungsmaßnahme selbst.[549] Die Einwilligung des Betreuers wird erst mit der Genehmigung des Vormundschaftsgerichts rechtswirksam. Das bedeutet zugleich, daß der behandelnde Arzt innerhalb der Grenzen der Genehmigung von einem zivilrechtlichen Haftungsrisiko und von strafrechtlicher Verantwortung befreit ist, weil er aufgrund einer rechtmäßigen Einwilligung, mithin also gerechtfertigt handelt.[550]

a) Genehmigungskriterien

Von zentraler Bedeutung ist weiterhin, anhand welcher Kriterien das Vormundschaftsgericht über die Genehmigungsfähigkeit einer ärztlichen Maßnahme zu entscheiden hat. Der Gesetzgeber hat insoweit versäumt, die Voraussetzungen, unter denen eine vormundschaftsgerichtliche Genehmigung einer Behandlungsmaßnahme erteilt werden kann, festzulegen. Fraglich ist insoweit, ob das Vormundschaftsgericht eine eigenständige Entscheidung über die Zulässigkeit des Eingriffs trifft oder lediglich die Entscheidung des Betreuers einer Rechtmäßigkeitskontrolle unterzieht.

Sinn und Zweck des § 1904 Abs. 1 BGB ist es, dem Schutz des Betreuten zu dienen und die Entscheidung des Betreuers zu kontrollieren. Das Vormundschaftsgericht als Kontrollinstanz kann keine weitergehende Entscheidungsbefugnis als der Betreuer haben.[551] Das Gericht unterliegt demzufolge den gleichen Maßstäben wie der Betreuer im Rahmen der Einwilligungserteilung. Das Gericht hat vor der Entscheidung über die Genehmigungsfähigkeit die Erforderlichkeit der Maßnahme und die Einhaltung des Grundsatzes der Verhältnismäßigkeit zu prüfen.[552]

Die Vorschrift des § 1901 Abs. 2 S. 1 BGB betrifft über ihren Wortlaut hinaus nicht nur das Innenverhältnis zwischen Betreuer und Betreutem, sondern ist vielmehr als Konkretisierung eines das gesamte Betreuungsrecht bestimmenden Rechtsgrundsatzes zu verstehen.[553] Unzweifelhaft ist daher auch das Vormundschaftsgericht verpflichtet, das Betreutenwohl seiner Entscheidung über die Genehmigungsfähigkeit zugrunde zu legen. Hinsichtlich des unbestimmten Rechtsbegriffs des Wohls des Betreuten kann auf die oben gemachten Ausführungen Bezug genommen werden.[554]

Neben dem Entscheidungskriterium des Individualwohls des Betreuten hat das Gericht die geäußerten Wünsche und Vorstellungen des Betreuten im Hinblick auf bestimmte ärztliche Maßnahmen zu beachten. Die Bindung des Gerichts an die Wünsche des Betreuten ergibt sich aus § 1901 Abs. 3 S. 1 BGB. Denn für das Vormundschaftsgericht kann im Hinblick auf die Genehmigungsentscheidung nichts anderes gelten als für die Einwilligungserteilung des Betreuers.

---

[549] MünchKomm-Schwab, § 1904 Rdn. 41.

[550] Vgl. auch Hennies, MedR 1999, S. 344.

[551] So auch Bienwald, Betreuungsrecht, § 1904 Rdn. 28.

[552] Vgl. Bienwald, Betreuungsrecht, § 1904 Rdn. 2.

[553] Mayer, S. 149.

[554] Vgl. § 4 II.1.

Insgesamt ist somit festzuhalten, daß das Vormundschaftsgericht nur ein „Wächteramt“[555] ausübt und keine eigene Entscheidung darüber trifft, was für den Betreuten besser ist. Die Genehmigung i.S.d. § 1904 BGB ist daher lediglich zu versagen, wenn feststeht, daß die vorgesehene Entscheidung des Betreuers nicht zulässig ist.[556]

b) Verfahren

Es gelten die allgemeinen Vorschriften des Betreuungsrechts.[557] Sachlich zuständig für die Erteilung der Genehmigung ist das Amtsgericht, Abteilung Vormundschaftsgericht, § 35 FGG. Die örtliche Zuständigkeit liegt grundsätzlich bei dem Amtsgericht, in dessen Bezirk der Betroffene seinen gewöhnlichen Aufenthalt hat, § 65 Abs. 1 FGG. Fehlt ein gewöhnlicher Aufenthalt, so ist dasjenige Gericht zuständig, in dessen Bezirk das Fürsorgebedürfnis auftritt, § 65 Abs. 2 FGG. Ist für den Betroffenen bereits ein Betreuer bestellt, so ist das Gericht, bei dem die Betreuung anhängig ist, auch für die Erteilung der Genehmigung zuständig, § 65 Abs. 4 FGG. Die funktionelle Zuständigkeit liegt beim Richter, §§ 3 Nr. 2 lit. a, 14 Nr. 4 RPflG.
Die Einleitung des Verfahrens erfolgt auf Antrag des Betroffenen oder von Amts wegen, § 1896 Abs. 1 S. 1 BGB. Ungeachtet seiner Geschäftsfähigkeit ist der Betroffene gem. § 66 FGG stets verfahrensfähig. Soweit es zur Wahrnehmung seiner Interessen erforderlich ist, erhält der Betroffene einen Verfahrenspfleger, § 67 Abs. 1 S. 1 FGG.
Vor Erteilung der vormundschaftsgerichtlichen Genehmigung ist der Betroffene grundsätzlich persönlich anzuhören, § 69d Abs. 1 S. 2 FGG. Davon kann abgesehen werden, wenn hiervon erhebliche Nachteile für die Gesundheit des Betroffenen zu befürchten sind oder er offensichtlich nicht in der Lage ist, seinen Willen kundzutun, § 69d Abs. 1 S. 3 FGG.
Neben der Anhörung ist ein ärztliches Gutachten einzuholen, § 69d Abs. 2 S. 1 FGG. Das Gutachten sollte zur Notwendigkeit der in Aussicht genommenen Maßnahme, zu deren Risiken und auch zu der Einwilligungsfähigkeit des Betroffenen Auskunft geben.[558] Während nach der ursprünglichen Fassung[559] des Betreuungsgesetzes Sachverständiger und ausführender Arzt nicht personengleich sein durften, hat das BtÄndG das strikte Verbot des bisherigen Rechts „behutsam gelockert“.[560] Seitdem soll in der Regel keine Personenidentität mehr bestehen. Als Begründung hierfür wurden praktische Schwierigkeiten angegeben. In der Praxis seien in vielen Fällen gerichtliche Entscheidungen unterblieben, weil in der zur Verfügung stehenden Zeit ein geeignetes Gutachten nicht eingeholt werden konnte.

---

[555] Spickhoff, NJW 2000, S. 2301.

[556] So auch Spickhoff, NJW 2000, S. 2301.

[557] Vgl. ausführlich zum Verfahren in Betreuungssachen, Zimmermann, FamRZ 1991, 270 ff.

[558] Vgl. Sonnenfeld, Rdn. 298; Bienwald, Betreuungsrecht, § 1904 Rdn. 31.

[559] Vgl. § 69d Abs. 2 S. 2 FGG a.F.

[560] BT-Drucks. 13/ 7158, S. 38.

Zu Recht weist Meier[561] darauf hin, daß die Gesetzesänderung die zum Schutz des Betroffenen getroffene Regelung zu einer Farce verkommen lasse. Es sei schlechterdings kein größerer Interessenkonflikt denkbar. Der behandelnde und die gefährliche Maßnahme befürwortende Arzt solle letztendlich in einem Spagat neutral und sachlich sowie unvoreingenommen zu der von ihm avisierten Maßnahme ein Gutachten verfassen.
Damit dürfte ein unabhängiges Gutachten nicht mehr gewährleistet sein. Es käme wohl auch niemand auf die Idee, in einem Bauprozeß den ausführenden Handwerker zum Gutachter zu bestellen. Um ein unabhängiges Gutachten zu gewährleisten, darf der Sachverständige in keinerlei Abhängigkeitsverhältnis zum ausführenden Arzt stehen.[562]
Die Gesetzesänderung ist vor allem im Hinblick auf die angeführte Begründung unverständlich, weil bei Gefahr im Verzug eine Genehmigung gem. § 1904 Abs. 1 S. 2 BGB ohnehin entbehrlich ist.
Die Entscheidung des Gerichts ergeht durch begründeten Beschluß und ist dem Betroffenen bekannt zu geben, § 69a Abs. 1 S. 1 FGG. Wirksam wird die Entscheidung allerdings erst mit Bekanntgabe an den Betreuer, § 69a Abs. 3 S. 1 FGG. Es sei denn, das Vormundschaftsgericht ordnet wegen Gefahr im Verzug ihre sofortige Wirksamkeit an, § 69a Abs. 3 S. 2 FGG.
Die Entscheidung unterliegt der Beschwerde. Beschwerdeberechtigt ist in jedem Fall der Betreute, § 20 Abs. 1 FGG. Ferner auch der Betreuer, der im Namen des Betreuten Beschwerde einlegen kann, § 69g Abs. 2 S. 1 FGG.

5. Anwendbarkeit auf die Vorsorgevollmacht, § 1904 Abs. 2 BGB

§ 1904 Abs. 2 BGB stellt den aufgrund einer Vorsorgevollmacht mit der Gesundheitsfürsorge betrauten Bevollmächtigten dem gesetzlichen Betreuer im Hinblick auf die Einwilligung in medizinische Maßnahmen gleich. Demzufolge bedarf auch der Bevollmächtigte zu seiner Einwilligung in eine der in § 1904 Abs. 1 BGB beschriebenen gefährlichen Maßnahmen der vormundschaftsgerichtlichen Genehmigung. Die Einwilligungsbefugnis des Bevollmächtigten setzt allerdings neben dem zwingenden Erfordernis der Schriftform voraus, daß die Vollmacht wirksam erteilt wurde. Die wirksame Erteilung der Vorsorgevollmacht setzt wiederum die Geschäftsfähigkeit des Vollmachtgebers voraus. Wie bereits eingehend ausgeführt wird bei Geistigbehinderten mit einem geringeren IQ als 60 in der Regel eine natürliche Geschäftsunfähigkeit vorliegen. Eine wirksame Erteilung der Vorsorgevollmacht kommt infolgedessen nur bei Geistigbehinderten mit einer leichten Oligophrenie in Betracht. Die Regelung des § 1904 Abs. 2 BGB wird daher bei den hier zur Rede stehenden besonders gefahrgeneigten ärztlichen Maßnahmen an Geistigbehinderten in aller Regel nur in seltenen Ausnahmefällen zur Anwendung kommen. Hinsichtlich der weiteren Einzelheiten kann auf die oben gemachten Ausführungen Bezug genommen werden.[563]

---

[561] Meier, BtPrax 1998, S. 217.

[562] Vgl. Sonnenfeld, Rdn. 299.

[563] Vgl. § 4 I. 2.

2. Teil : Die Sterilisation

§ 5 Vorbemerkung

Die Sterilisation zu empfängnisverhütenden Zwecken hat gerade für die Personengruppe der geistig Behinderten die größte praktische Relevanz.[564] Geistig Behinderte sind grundsätzlich fortpflanzungsfähig, weil die körperliche Entwicklung bei ihnen in der Regel nicht zurückgeblieben ist.[565] Sie zeigen häufig normal entwickelte sexuelle Bedürfnisse, so daß Zeugung und Schwangerschaft nicht ausgeschlossen werden können.[566] Häufig können sich geistig Behinderte gar nicht vorstellen, welche Folgen der Geschlechtsakt mit sich bringen kann.[567]

I. Begriffliches

§ 1905 BGB regelt den speziellen ärztlichen Eingriff der Sterilisation. Als Sterilisation im Sinne des § 1905 BGB bezeichnet man die auf Beseitigung der Fortpflanzungsfähigkeit gerichtete operative Unterbrechung von Ei- oder Samenleiter. Ist der Verlust der Fortpflanzungsfähigkeit lediglich unerwünschte Nebenfolge eines ärztlichen Eingriffs, kommt § 1905 BGB nicht zur Anwendung, weil nur eine gezielte permanente Unfruchtbarmachung durch einen operativen Eingriff dem Schutzbereich der Sterilisationsregelung unterfällt.[568]
Trotz verbesserter operativer Refertilisierungsmethoden muß damit gerechnet werden, daß der Eingriff zu irreparabler Infertilität führen kann.[569]

II. Überblick zur Rechtsgeschichte der Sterilisation geistig Behinderter

Die Sterilisation geistig Behinderter gehört zu den umstrittensten Rechtsfragen des Betreuungsrechts. In Deutschland über die Sterilisation von geistig Behinderten im wohlverstandenen hippokratischen Sinn sachlich zu sprechen ist für alle, die hierbei in Verantwortung stehen - Eltern, Betreuer, Ärzte und Richter – selbst heute noch problematisch.[570] Die Diskussion darüber wird teilweise stärker durch ideologische Standpunkte bestimmt als durch eine juristische und medizinische Auseinandersetzung.[571]
Zweifelsfrei trägt Deutschland mit dem Gesetz[572] zur Verhütung erbkranken Nachwuchses vom 14.3.1933, dem sogenannten Erbgesundheitsgesetz

---

[564] Vgl. Springorum, Das Selbstbestimmungsrecht des geistig Behinderten in der medizinischen Behandlung, S. 53.

[565] Vgl. Springorum, a.a.O., S. 4, 70.

[566] Vgl. Springorum, a.a.O., S. 54 und 70.

[567] Vgl. Springorum, a.a.O., S. 70.

[568] Vgl. Erman-Roth, § 1905 Rdn. 10; Staudinger-Bienwald, § 1905 Rdn. 11 f.

[569] Staudinger-Bienwald, § 1905 Rdn. 13.

[570] Vgl. Gaidzik/ Hiersche, MedR 1999, S. 58.

[571] Kern/ Hiersche, MedR 1995, S. 463.

[572] RGBl. I 1933, S. 529.

(ErbGesG) sowie der Verordnung[573] zur Ausführung des Gesetzes zur Verhütung erbkranken Nachwuchses vom 5.12.1933, mithin den wesentlichen normativen Grundlagen der im Dritten Reich vorgenommenen Zwangssterilisationen, eine schwere Bürde.[574] In diesem Zusammenhang ist es auch wenig hilfreich, wenn Kern/ Hiersche darauf hinweisen, daß das Erbgesundheitsgesetz von den Nationalsozialisten nur „aus der Schublade geholt wurde“, es im wesentlichen also auf den weitreichenden Vorarbeiten der Weimarer Republik beruhte.[575] Zwar war auch zur Zeit der Weimarer Republik vor allem die freiwillige Sterilisation erbkranker Personen diskutiert worden und von der sogenannten rassehygienischen Bewegung einwilligungsunabhängige Unfruchtbarmachung gefordert worden. Beispielgebend für die bis 1933 vorliegenden Gesetzesentwürfe war die vorangegangene Gesetzgebung in Nordamerika, Dänemark und der Schweiz.[576] Obwohl es für das historische Verständnis wichtig ist, darauf hinzuweisen, daß es Sterilisationsgesetze auch in anderen Staaten gegeben hat, ändert dies nichts an der Tatsache, daß die auf der Grundlage des ErbGesG vorgenommenen Zwangssterilisationen nationalsozialistisches Unrecht sind und als solche geächtet werden müssen.[577]

Das ErbGesG ist Ausdruck des Rassenwahns des Nationalsozialismus.[578] Ein Erbkranker konnte gem. § 1 Abs. 1 ErbGesG sterilisiert werden, wenn nach den Erfahrungen der ärztlichen Wissenschaft mit großer Wahrscheinlichkeit zu erwarten war, daß seine Nachkommen an schweren körperlichen oder geistigen Schäden leiden werden. Nach § 1 Abs. 2 dieses Gesetzes galt als erbkrank, wer unter angeborenem Schwachsinn, Schizophrenie, zirkulärem Irresein, erblicher Fallsucht, erblichem Veitstanz, erblicher Blindheit, erblicher Taubheit oder schwerer körperlicher Mißbildung litt. Das Außergewöhnliche des ErbGesG bestand darin, daß es in § 12 Sterilisationen gegen den Willen des zu Sterilisierenden, mithin Zwangssterilisationen, zuließ.

Das ErbGesG gilt als Muster nationalsozialistischen Unrechts.[579] Gleichwohl haben die Alliierten das Erbgesundheitsgesetz nach Kriegsende nur teilweise außer Kraft gesetzt. Erst im 5. Strafrechtsreformgesetz[580] vom 18.6.1974 wurde ausdrücklich normiert, daß das ErbGesG, soweit es als Bundesrecht fortgilt, endgültig außer Kraft gesetzt ist. Genaue Zahlen über den Umfang der auf der Grundlage des ErbGesG vorgenommenen Sterilisationen liegen nicht vor. Schätzungen reichen von 200 000 bis zu 2 Millionen.[581] Fest steht, daß in den

---

573 RGBl. I 1933, S. 1021.

574 Vgl. Gaidzik/ Hiersche, MedR 1999, S. 58.

575 Vgl. Kern/ Hiersche, MedR 1995, S. 463.

576 Vgl. Kern/ Hiersche, MedR 1995, S. 463; Erman-Roth, § 1905 Rdn. 1.

577 Vgl. Entschließung des Deutschen Bundestages im Jahre 1988 in Pieroth, FamRZ 1990, S. 119.

578 Pieroth, FamRZ 1990, S. 118.

579 Vgl. Kern/ Hiersche, MedR 1995, S. 463.

580 BGBl. I 1297 Art. 8 Nr. 1.

581 Erman-Roth, § 1905 Rdn. 1.

ersten beiden Jahren nach Inkrafttreten des Gesetzes ca. 130 000 Sterilisationen vorgenommen worden sind.[582]

Mangels einer gesetzlichen Regelung der Ersatzeinwilligung des gesetzlichen Vertreters in eine Sterilisation bei Einwilligungsunfähigkeit des Betroffenen war die Rechtsunsicherheit auf diesem Gebiet seitdem beträchtlich. In dieser rechtlichen Grauzone wurden schätzungsweise 1000 Sterilisationen einwilligungsunfähiger Behinderter pro Jahr vorgenommen.[583]

Seit Inkrafttreten des Betreuungsgesetzes am 1.1.1992 ist die Sterilisation geistig Behinderter in § 1905 BGB erneut gesetzlich geregelt. Die Regelung der Sterilisation in § 1905 BGB wird heute von der ganz herrschenden Meinung für verfassungsrechtlich unbedenklich erachtet.[584] Aus dem Bericht der Bundesregierung[585] ergibt sich, daß das Ziel des Gesetzgebers, die Sterilisation Einwilligungsunfähiger nur noch in Ausnahmefällen zuzulassen und damit die Zahl der Sterilisationen zu verringern, erreicht worden ist.[586] Danach ergibt sich, daß nach der Justizstatistik der Länder von 1992 bis 1994 insgesamt 239 Sterilisationen genehmigt wurden. In 41 Fällen wurde die Sterilisation abgelehnt, 62 Verfahren erledigten sich auf sonstige Weise. Die gleichfalls durchgeführte Praktikerbefragung ergab dagegen 535 Sterilisationsverfahren, von denen 92 mit einer Genehmigung endeten. Hiervon seien in 88 Fällen die Sterilisationen auch tatsächlich durchgeführt worden. Insgesamt seien nur sechs Fälle von Refertilisierungen bekannt geworden.[587]

Die von einem Verfahren nach § 1905 BGB betroffene Person ist nach den Ergebnissen der Praktikerbefragung zumeist weiblichen Geschlechts, ledig, geistig behindert und entstammt überwiegend der Altersgruppe der 18 bis 24 Jährigen.[588]

Selbst wenn man die sich aus den statistischen Erhebungen ergebenden höheren Zahlen zugrundelegt und eine gewisse Fehlerquote unterstellt, werden Sterilisationen nicht einmal annähernd in dem Umfang wie vor Inkrafttreten des BtG vorgenommen.

---

582 Pieroth, FamRZ 1990, S. 119.

583 BT-Drucks. 13/ 3822, S. 6.

584 BayObLG, NJW 2002, S. 149; zur Frage der Verfassungsmäßigkeit der Sterilisation einwilligungsunfähiger Personen ausführlich: Pieroth, FamRZ 1990, 117 ff; siehe auch Springorum, Das Selbstbestimmungsrecht des geistig Behinderten in der medizinischen Behandlung, 84 ff.

585 Der Bundestag hatte am Tage der Beschlußfassung über das Betreuungsgesetz einen Entschließungsantrag angenommen, demzufolge die Bundesregierung alle vier Jahre, erstmals 1996, über die praktischen Auswirkungen der im BtG zur Sterilisation enthaltenen Regelungen berichten sollte. Vgl. BT-Drucks 11/ 6983.

586 BT-Drucks. 13/ 3822, S. 6.

587 Bericht der Bundesregierung = BT-Drucks. 13/ 3822, S. 15; vgl. zur kritischen Auswertung der dokumentierten Daten der Statistik ausführlich Gaidzik/ Hiersche, MedR 1999, 59 ff.

588 Vgl. Gaidzik/ Hiersche, MedR 1999, S. 61

Erwähnenswert sind in diesem Zusammenhang die Ergebnisse des vom Bundesministerium für Gesundheit (BMG) durchgeführten Forschungsprojekts „Geistig behinderte Menschen mit Kindern". In dem Abschlußbericht wird mitgeteilt, daß es eine unerwartet hohe Zahl von Elternschaften geistig behinderter Menschen gibt und zumindest vom Trend her ein deutlicher Anstieg in den letzten Jahren zu erkennen ist. Hier könnte nach Einschätzung des BMG möglicherweise ein Zusammenhang mit der vom Betreuungsgesetz geschaffenen Sterilisationsregelung bestehen, ohne daß dies im Rahmen des genannten Forschungsprojekts datenmäßig unterlegt werden könnte.[589]

§ 6 Die Sterilisationsregelung des § 1905 BGB

I. Die Voraussetzungen des § 1905 BGB im allgemeinen

§ 1905 BGB regelt den speziellen ärztlichen Eingriff der Sterilisation, der ohne die Sonderregelung von der Bestimmung des § 1904 BGB erfaßt werden würde. Folgt man der amtlichen Begründung, so stellt § 1905 BGB gegenüber § 1904 BGB eine Sondervorschrift dar.[590] Die Vorschrift regelt die ersatzweise Einwilligung des Betreuers in eine Sterilisation gesondert, weil diese nur unter wesentlich engeren Voraussetzungen erfolgen darf als die übrigen von § 1904 BGB erfaßten ärztlichen Eingriffe.

Die Fähigkeit, Leben zu zeugen oder zu empfangen, gehört zweifellos zum Kernbereich der menschlichen Persönlichkeit. Der hohe Stellenwert der Fortpflanzungsfähigkeit innerhalb der Rechtsgüterhierarchie beruht jedoch nicht allein auf dem biologischen Aspekt von Zeugung und Empfängnis. Vielmehr zeichnet sich die Fertilität durch die Fähigkeit, bewußt neues Leben zu initiieren und gestaltend zu begleiten, aus.[591] Das Recht auf Fortpflanzungsfähigkeit ist als Teil des Allgemeinen Persönlichkeitsrechts immer auch ein Recht auf Fortpflanzung.[592] Der Verlust der Fortpflanzungsfähigkeit durch die Sterilisation stellt daher einen besonders schwerwiegenden Eingriff dar. Wegen der Schwere des Eingriffs in die körperliche Integrität und die gesamte Lebensführung knüpft § 1905 BGB die Einwilligung des hierfür besonders bestellten Betreuers in die Sterilisation der selbst nicht einwilligungsfähigen Betreuten und die Erteilung der vormundschaftsgerichtlichen Genehmigung an enge Voraussetzungen, die ausschließlich auf die Interessen der Betroffenen abstellen und kumulativ erfüllt sein müssen.[593]

1. Mangelnde Einwilligungsfähigkeit

Da der Gesetzgeber in der Sterilisation einen besonderen ärztlichen Eingriff sieht, kann insoweit auf die für alle anderen ärztlichen Maßnahmen geltenden

---

589 BT-Drucks. 13/ 3822, S. 6.

590 BT-Drucks. 11/ 4528, S. 143.

591 Vgl. Hirsch/ Hiersche, MedR 1987, S. 138.

592 Vgl. Gaidzik/ Hiersche, MedR 1999, S. 63.

593 BayObLG, NJW 2002, S. 149.

Grundsätze zurückgegriffen werden. Ebenso wie bei der Heilbehandlung ist auch bei der Sterilisation ein strafrechtlicher Aspekt zu beachten. Die Sterilisation ist, wie jeder andere medizinische Eingriff auch, tatbestandlich als Körperverletzung, und zwar sowohl im Sinne der §§ 223 ff StGB als auch im Sinne des § 823 BGB zu qualifizieren. Darüber hinaus ist die Sterilisation, mithin die operative Unfruchtbarmachung durch Unterbrechung der Ei- oder Samenleiter, ohne wirksame Einwilligung des Betroffenen wegen der Folge der Zeugungsunfähigkeit als beabsichtigte schwere Körperverletzung nach § 226 Abs. 1 Nr. 1, Abs. 2 StGB mit einer Freiheitsstrafe nicht unter drei Jahren bedroht.

Der BGH[594] hat in mehreren Entscheidungen klargestellt, daß die Strafbarkeit nur bei Vorliegen einer wirksamen Einwilligung des Sterilisierten entfällt. Es verhält sich insoweit nicht anders als bei medizinischen Eingriffen im allgemeinen. Wie bei der Einwilligung in sonstige ärztliche Maßnahmen setzt die Entscheidung über die Sterilisation die Einwilligungsfähigkeit des Betroffenen voraus. Für die Kriterien, an denen die Einwilligungsfähigkeit zu messen ist, gelten die allgemeinen Grundsätze. Entscheidend ist demnach die Fähigkeit, den Grund, die Tragweite der Sterilisation und ihre Bedeutung für das eigene Leben zu erfassen, so daß eine selbstverantwortete Entscheidung möglich ist.[595]

Hierbei darf geistig Behinderten die Fähigkeit, eine wirksame Einwilligung in eine Sterilisation zu erteilen, nicht pauschal abgesprochen werden.[596] Angesichts der verschiedenen Ursachen, Erscheinungsbilder und Schweregrade geistiger Behinderung verbietet es sich von „dem Geistigbehinderten" schlechthin zu sprechen.[597] Wenn im Zusammenhang mit der Sterilisation von der Einwilligungsfähigkeit die Rede ist, so handelt es sich immer um den konkreten Einzelfall, bezogen auf die jeweilige Maßnahme. Ob der Betroffene dazu in der Lage ist, hängt auch davon ab, ob er die Konsequenzen der Einwilligung abschätzen und die Risiken des Eingriffs erkennen kann. Im Ergebnis bedeutet dies, daß die Fähigkeit eines Betreuten, in eine Vielzahl von ärztlichen Maßnahmen einzuwilligen keineswegs die Fähigkeit indiziert, in eine Sterilisation einwilligen zu können.[598]

In Anbetracht der mit einer Sterilisation einhergehenden weitreichenden Folgen dürften Fallkonstellationen eher selten sein, in denen eine wegen einer geistigen Behinderung unter Betreuung stehende Patientin selbst die erforderliche Einwilligung zu erteilen vermag. Gleichwohl sind die Anforderungen an die Einwilligungsfähigkeit nicht zu niedrig anzusetzen, da sonst die Gefahr besteht, daß das Schutzsystem des § 1905 BGB unterlaufen wird.[599] Gerade bei einem Verfahren mit so strengen Voraussetzungen ist die Gefahr groß, daß die Sterilisation auf-

---

[594] BGHSt 20, 81; BGHSt 67, 48.

[595] Vgl. MünchKomm-Schwab, § 1905 Rdn. 12.

[596] *A.A.* Springorum, der stellenweise davon ausgeht, daß sich geistig Behinderte von anderen Patienten dadurch unterscheiden, daß sie noch nie einwilligungsfähig waren. Vgl. hierzu Springorum, Das Selbstbestimmungsrecht des geistig Behinderten in der medizinischen Behandlung, S. 1 und S. 54.

[597] So auch Staudinger-Bienwald, § 1905 Rdn. 9.

[598] Vgl. Staudinger-Bienwald, § 1905 Rdn. 10.

[599] Vgl. Erman-Roth, § 1905 Rdn. 9.

grund der Einwilligung angeblich einwilligungsfähiger Betroffener vorgenommen wird.[600]
Liegt beim Betroffenen Einwilligungsfähigkeit vor, kommt eine ersatzweise Einwilligung des Betreuers, wie bei sonstigen ärztlichen Maßnahmen, nicht in Betracht. Ist der Betroffene selbst einwilligungsfähig, so kann nur er selbst wirksam in die ärztliche Maßnahme einwilligen. Er bedarf hierzu weder der Zustimmung des Betreuers, noch der Genehmigung des Vormundschaftsgerichts. Indes kommt eine Ersatzeinwilligung des Betreuers auch nach § 1905 BGB nur bei Einwilligungsunfähigkeit des Betroffenen in Betracht.

2. Einwilligungsbefugnis des Sterilisationsbetreuers

Die besondere Bedeutung der Sterilisation als besonders schwerer Eingriff in die Rechte der Betroffenen hat der Gesetzgeber an mehreren Stellen deutlich gemacht. So muß für die Einwilligung in die Sterilisation stets ein besonderer Betreuer bestellt werden, § 1899 Abs. 2 BGB. Der Betreuer ist nur berechtigt in die Sterilisation einzuwilligen, wenn er ausdrücklich für diese Angelegenheit – Einwilligung in die Sterilisation - bestellt ist.
Die Regelung des § 1899 Abs. 2 BGB will Interessenkollisionen verhindern, in die der sonst Sorgeberechtigte geraten kann, wenn er auch die Sterilisation verantworten müßte.[601] Nur durch die Bestellung eines besonderen Betreuers kann sicher gestellt werden, daß in die Entscheidung über die Einwilligung in die Sterilisation ausschließlich die in § 1905 BGB genannten Voraussetzungen, nicht aber sachfremde Erwägungen, wie beispielsweise die Erleichterung der Personensorge durch eine vorsorgliche Sterilisation, Eingang finden. Demzufolge darf die Einwilligung in eine Sterilisation auch nicht mit anderen, dem Betreuer übertragenen Aufgaben zusammenfallen. Oftmals wird der Betroffene daher neben dem Sterilisationsbetreuer noch eines weiteren Betreuers bedürfen, wenn er für persönliche oder vermögensrechtliche Angelegenheiten der rechtlichen Vertretung bedarf.
Darüber hinaus darf die Entscheidung über die Einwilligung in eine Sterilisation gem. § 1900 Abs. 5 BGB nicht auf Vereine oder Behörden übertragen werden. Vielmehr kann nur eine natürliche Person der besonderen Verantwortung des Betreuers für die Achtung der Rechte des Betroffenen bei der von ihm zu treffenden Entscheidung für oder gegen eine Sterilisation gerecht werden.[602]
Der Grundsatz der Verhältnismäßigkeit gebietet es, stets die für die Betroffenen am wenigsten einschneidende Form der Sterilisation zu wählen. Gemäß § 1905 Abs. 2 S. 3 BGB ist daher bei der Sterilisation stets derjenigen Methode der Vorzug zu geben, die eine Refertilisierung zuläßt. Nach neueren Erkenntnissen sind die Erfolgsaussichten refertilisierender mikrochirurgischer Eingriffe sowohl beim Mann wie bei der Frau erheblich gestiegen.[603] Das bedeutet für den Be-

---

[600] Vgl. auch MünchKomm-Schwab, § 1905 Rdn. 2.

[601] BT-Drucks. 11/ 4528, S. 131.

[602] Vgl. Jürgens/ Kröger/ Marschner/ Winterstein, Rdn. 209.

[603] Nach Hirsch/ Hiersche liegen die Erfolgsaussichten refertilisierender Eingriffe bei 75 %; vgl. Hirsch/ Hiersche, MedR 1987, S. 139.

treuer, daß es ihm an der Einwilligungsbefugnis insoweit fehlt, als im konkreten Fall eine Sterilisationsmethode mit einer höheren Refertilisierungschance zur Verfügung steht.
Die Methodenwahl trifft grundsätzlich der ausführende Arzt. Gleichwohl muß er den Betreuer hierüber entsprechend informieren, weil die Sterilisationsmethode auch Grundlage seiner Entscheidung über die Einwilligung in die Sterilisation ist.[604]

3. Der Genehmigungsvorbehalt des § 1905 Abs. 2 S. 1 BGB

§ 1905 BGB regelt die Entscheidung über die Sterilisation als einen mehrstufigen Vorgang.[605] Zum einen bedarf es der Einwilligung des mit dem Aufgabenkreis „Sterilisation" bestellten Betreuers, zum anderen muß die Einwilligung des Betreuers vom Vormundschaftsgericht genehmigt werden. Ziel dieses Genehmigungsvorbehalts ist es, die Entscheidung des Betreuers über die Vornahme einer Sterilisation einer gerichtlichen Kontrolle zu unterwerfen und damit die Einhaltung der strengen Voraussetzungen des Eingriffs in das Rechtsgut der Fortpflanzungsfähigkeit sicherzustellen.[606]
Eine Entscheidung, durch die der Betreuer die Einwilligung in eine Sterilisation ablehnt, unterliegt, wenn überhaupt, nur der allgemeinen gerichtlichen Aufsicht und Kontrolle des Vormundschaftsgerichts, § 1837 i.V.m. § 1908i BGB. Insbesondere kann der für die Entscheidung über die Zustimmung zur Sterilisation bestellte Betreuer nicht mit der Begründung entlassen werden, er habe pflichtwidrig gehandelt, weil er trotz Vorliegen aller Voraussetzungen des § 1905 BGB keinen Antrag auf Genehmigung einer Sterilisation der Betreuten gestellt hat.[607]
Eine vergleichbare Regelung, wie in § 1904 Abs. 2 BGB, wonach Erklärungen durch einen Bevollmächtigten ebenfalls genehmigungsbedürftig sind, fehlt in § 1905 BGB. Aus dem Fehlen einer derartigen Bestimmung läßt sich entnehmen, daß die Bevollmächtigung zur Abgabe der Einwilligungserklärung in eine Sterilisation mit dieser Vorschrift unvereinbar ist.[608]

II. Die Voraussetzungen für die Einwilligung des Betreuers in eine Sterilisation im einzelnen

Die Einwilligung des Betreuers ist nur zulässig, wenn die fünf folgenden Voraussetzungen in ihrer Gesamtheit gegeben sind und auch noch im Zeitpunkt des ärztlichen Eingriffs kumulativ vorliegen. Fehlt auch nur ein Merkmal des gesetzlichen Tatbestandes, ist die Sterilisation rechtswidrig.
Soweit im folgenden nicht ausdrücklich differenziert wird, gelten die Ausführungen jeweils für geistig behinderte Mitmenschen beiderlei Geschlechts, auch wenn durchgängig vom Betreuten respektive dem Betroffenen die Rede ist.

---

[604] Jürgens/ Kröger/ Marschner/ Winterstein, Rdn. 226.
[605] Bienwald, Betreuungsrecht, § 1905 Rdn. 22.
[606] Mayer, S. 190.
[607] Vgl. LG Hildesheim, BtPrax 1997, 121f.; Hellmann, BtPrax 1997, S. 171.
[608] Vgl. auch Bienwald, Betreuungsrecht, § 1905 Rdn. 24.

1. Verbot der Zwangssterilisation, § 1905 Abs. 1 S. 1 Nr. 1 BGB

Die Vorschrift verbietet Zwangssterilisationen jeder Art.[609] Der Betreuer kann nicht wirksam in die Sterilisation einwilligen, wenn diese dem Willen des Betreuten widerspricht.[610] Hierbei handelt es sich um den sogenannten natürlichen, nicht von Einsichts- und Steuerungsfähigkeit getragenen Willen, der durch jede Art von Ablehnung oder Gegenwehr zum Ausdruck kommen kann.[611] Die Anforderungen, die in diesem Zusammenhang an die Kundgabe des natürlichen Willens gestellt werden, sind gering. Nicht nur verbale Äußerungen, sondern auch die Artikulation durch Gebärden, Gesten, Gefühlsäußerungen und körperlichen Widerstand sind möglich.[612] Die Motive, die den Betroffenen zur Abwehr veranlassen, sind mithin vollkommen irrelevant.[613] Entscheidend ist allein, daß der Betroffene die Sterilisation ablehnt. Davon gibt es keine Ausnahme, selbst dann nicht, wenn sich infolge einer möglichen Schwangerschaft eine Lebens- oder schwere Gesundheitsgefahr für die Betroffenen ergibt. In Anbetracht der Schwere des Eingriffs der Sterilisation sieht es der Gesetzgeber[614] in solchen Fällen als den geringeren Eingriff an, die Betroffene durch eine Unterbringung von sexuellen Kontakten fernzuhalten, als sie einer zwangsweisen Sterilisation zu unterziehen.
Der Anwendung physischer Gewalt steht die Einwirkung auf die Psyche des Betreuten gleich, wenn sie die Äußerung des natürlichen Gegenwillens des Betreuten nicht mehr zuläßt.[615] Dagegen sollen nach Bienwald[616] argumentative Auseinandersetzungen zulässig sein, die dazu führen, daß der Betreute in seiner Meinung umgestimmt wird.
Dem ist entgegenzuhalten, daß gerade Menschen mit einer geistigen Behinderung leicht beeinflußbar sind, zumal aus der Vergangenheit schon viele Beispiele überliefert sind, wie man die Einwilligung eines Patienten erlangen kann.[617]

Eine der wenigen publizierten Entscheidungen zu diesem Themenkomplex ist ein Beschluß des OLG Hamm. Das OLG Hamm hat mit seinem Beschluß vom 28.02.2000[618] die vormundschaftsgerichtliche Genehmigung einer Sterilisation bejaht, gegen die sich die betroffene schwer geistig behinderte Frau wegen ihrer generellen Angst vor Ärzten zur Wehr gesetzt hat.

---

[609] BT-Drucks. 11/ 4528, S. 142.

[610] Jürgens-Jürgens, § 1905 Rdn. 7; MünchKomm-Schwab, § 1905 Rdn. 17.

[611] Jürgens-Jürgens, § 1905 Rdn. 7.

[612] Vgl. auch Heide, Medizinische Zwangsbehandlung, S. 145.

[613] Mayer, S. 177.

[614] BT-Drucks. 11/ 4528, S. 76.

[615] Staudinger-Bienwald, § 1905 Rdn. 42.

[616] Staudinger-Bienwald, § 1905 Rdn. 42.

[617] Vgl. Erman-Roth, § 1905 Rdn. 9.

[618] OLG Hamm, BtPrax 2000, 168 ff. = NJW 2001, 1800 ff.

Die Entscheidung ist in der Literatur[619] in mehrfacher Hinsicht auf heftige Kritik gestoßen. Dem ist zuzustimmen. Die Entscheidung ist mit der Intention des Gesetzgebers, einen Sterilisationseingriff unter Anwendung von Zwang ausnahmslos auszuschließen, nicht vereinbar. Zu Recht äußert Pöld-Krämer[620] erhebliche rechtliche Bedenken gegen die Anforderungen, die das Gericht an die Rechtswirksamkeit des Willens der Betreuten stellt. Eine Sterilisation setzt voraus, daß die Sterilisation dem Willen des Betreuten nicht widerspricht, § 1905 Abs. 1 S. 1 Nr. 1 BGB. Fraglich ist jedoch, ob dieser natürliche Wille spezifisch auf die Ablehnung des sterilisierenden Eingriffs gerichtet sein muß oder ob jeder Grund für eine Abwehrreaktion, wie z.B. die Angst vor „weißen Kitteln" ausreichen soll. Das OLG Hamm interpretiert die Vorschrift in der Weise, daß sich die Willensäußerung der Betroffenen gegen die Sterilisation als solche richten müsse. Insbesondere sei die bisherige Weigerung der Betroffenen gegenüber allen gynäkologischen Untersuchungen nicht bereits als Widerspruch zu werten.[621]
Diese Argumentation überzeugt nicht. Der Begriff des Willens in § 1905 BGB setzt nur eine bewußte, nicht aber gezielte Äußerung voraus. Der Gesetzgeber hat nicht auf den Grund der Abwehr abgestellt, sondern jede Gegenwehr ausreichen lassen. Gerade bei Einwilligungsunfähigen ist die Interpretation eines ablehnenden Willens sehr schwierig.[622]
Erwartet man nun von einer einwilligungsunfähigen Betroffenen, daß sie ihren Widerstand so differenziert, daß er sich nicht nur allgemein gegen eine ärztliche Untersuchung, sondern spezifisch gegen die Sterilisation richtet, so bedeutet dies letztlich doch, daß man eine formale Einsichts- und Steuerungsfähigkeit voraussetzt, die geistig schwer behinderte Menschen in diesem Sinn nun einmal nicht haben. Sie werden durch die Auslegung des OLG Hamm faktisch als Personenkreis aus dem Schutzbereich des § 1905 BGB ausgegrenzt.[623] Mit dieser Sichtweise verkennt das Gericht die besondere Lebensrealität von schwerst behinderten Menschen.
Im übrigen ist auch zu bedenken, daß die kurz vor dem Eingriff Anwesenden nach Überwindung der „bürokratischen Hindernisse" die Sterilisation durchführen wollen. Zutreffend weist Springorum[624] darauf hin, daß nach der vom OLG Hamm vertretenen Auffassung sehr schnell die Gefahr besteht, daß eine ablehnende Haltung als „nicht gegen die Sterilisation gerichtet" interpretiert wird. Eine solche Interpretationsmöglichkeit dürfe dem Arzt oder dem Betreuer nicht gegeben werden, um die Zielsetzung des § 1905 BGB, namentlich die sichere Unterbindung jeglicher Zwangssterilisation, zu gewährleisten.

---

[619] Hoffmann, BtPrax 2000, 235 ff; Pöld-Krämer, BtPrax 2000, 237 f.

[620] Pöld-Krämer, BtPrax 2000, S. 237.

[621] Vgl. auch Hoffmann, BtPrax 2000, S. 236.

[622] So auch Springorum, Das Selbstbestimmungsrecht des geistig Behinderten in der medizinischen Behandlung, S. 76.

[623] Pöld-Krämer, BtPrax 2000, S. 238.

[624] Springorum, Das Selbstbestimmungsrecht des geistig Behinderten in der medizinischen Behandlung, S. 76.

2. Dauerhafte Einwilligungsunfähigkeit, § 1905 Abs. 1 S. 1 Nr. 2 BGB

Die Einwilligungsunfähigkeit ist bereits nach § 1905 Abs. 1 S. 1 BGB allgemeines Tatbestandsmerkmal und Grundvoraussetzung für die Einwilligungsbefugnis des Betreuers. Nun vermag allerdings der Zustand der Einwilligungsunfähigkeit des Betroffenen allein den Anwendungsbereich des § 1905 BGB noch nicht zu eröffnen. In § 1905 Abs. 1 S. 1 Nr. 2 BGB wird darüberhinaus ergänzend verlangt, daß der Betroffene auf Dauer einwilligungsunfähig bleiben wird. Damit soll verhindert werden, daß bei Personen, die nur vorübergehend einwilligungsunfähig sind, ein möglicherweise endgültiger Eingriff, wie die Sterilisation, vorgenommen wird. Bei nur vorübergehender Einwilligungsunfähigkeit ist die Sterilisation aufgrund der Einwilligung des Betreuers nicht zu rechtfertigen.[625] Mithin setzt die dauerhafte Einwilligungsunfähigkeit eine negative Gesundheitsprognose dergestalt voraus, daß eine Wiedergewinnung der Einwilligungsfähigkeit trotz Einsatzes der möglichen Therapien nach gewöhnlichem Krankheitsverlauf aus fachärztlicher Sicht nicht erwartet werden kann.[626]
Hingegen kann nicht die Prognose verlangt werden, daß die Wiedererlangung der Einwilligungsfähigkeit völlig ausgeschlossen ist.[627] Eine solche wird sich auch im Hinblick auf den medizinischen Fortschritt nicht mit der nötigen Gewißheit treffen lassen. Verbleiben allerdings konkrete Zweifel im Hinblick auf die Einwilligungsunfähigkeit für die gesamte Dauer der Empfängnisfähigkeit und ist eine gesicherte Prognose nicht möglich, so muß die Sterilisation unterbleiben.[628] Das Vormundschaftsgericht und die beteiligten Gutachter werden daher zu berücksichtigen haben, daß häufig durch spätere Entwicklungen die Einwilligungsunfähigkeit wegfallen kann. Insbesondere ist die bei vielen geistig Behinderten im Vergleich zu nichtbehinderten Menschen später eintretende Entwicklung in der Persönlichkeit zu beachten.[629]
Nur wenn die Voraussetzung der dauernden Einwilligungsunfähigkeit des Betroffenen gegeben ist, kommt § 1905 BGB als Rechtsgrundlage für eine Sterilisation in Frage.

3. Konkrete Schwangerschaftserwartung, § 1905 Abs. 1 S. 1 Nr. 3 BGB

Der Grundsatz der Erforderlichkeit beschränkt die Einwilligungsbefugnis des Betreuers auf die Fälle, in denen die konkrete und ernstliche Gefahr besteht, daß es ohne die Sterilisation zu einer Schwangerschaft kommen würde. Daran fehlt es, wenn eine Schwangerschaft schon aus Altersgründen nicht mehr in Betracht kommt oder mit der Behinderung der Betreuten Unfruchtbarkeit einhergeht.[630] Des weiteren scheidet eine Sterilisation bei sexuell inaktiven Personen aus.[631] Es

---

[625] Bienwald, Betreuungsrecht, § 1905 Rdn. 33.

[626] MünchKomm-Schwab, § 1905 Rdn. 13.

[627] MünchKomm-Schwab, § 1905 Rdn. 13.

[628] Jürgens-Jürgens, § 1905 Rdn. 6 a.E.

[629] Jürgens-Jürgens, § 1905 Rdn. 6; Jürgens/ Kröger/ Marschner/ Winterstein, Rdn. 214.

[630] Vgl. Kern/ Hiersche, MedR 1995, S. 465; Ermann-Roth, § 1905 Rdn. 15.

[631] Vgl. Kern/ Hiersche, MedR 1995, S. 465.

bedarf daher zunächst der Feststellung, daß die betreffenden Betreuten überhaupt genitale Formen der Sexualität ausüben und daß sie zur Fortpflanzung in der Lage sind.

Die Diskussion über die Sexualität geistig behinderter Menschen ist lange Zeit kontrovers geführt worden, wenn sie überhaupt stattfand. Die restriktive Haltung in der Vergangenheit erklärt sich daraus, daß hier zwei Tabubereiche - die Sexualität und der geistig behinderte Mensch - zusammentreffen. Beide Zonen unterliegen in der gesellschaftlichen Realität einem subtilen Verdrängungsmechanismus.[632] Moderne Therapiekonzepte für geistig Behinderte haben diese zwei miteinander in Beziehung stehenden Tabus bewältigt. Das moderne Therapiekonzept[633] sieht vor, daß geistig Behinderte möglichst frei und nicht untergebracht leben sollen, um eine gewisse Selbständigkeit zu entwickeln. Zu dieser Selbständigkeit gehört auch die Möglichkeit, sexuelle Erfahrungen zu machen und Beziehungen zu leben.[634] Die Fertilität geistig Behinderter ist nicht unumstritten.[635] Die Entwicklung der Geschlechtlichkeit vollzieht sich jedoch bei geistig Behinderten individuell derart unterschiedlich, daß Aussagen im konkreten Fall nur unter Berücksichtigung der individuellen Situation möglich sind.[636] Im allgemeinen verläuft die geschlechtliche Entwicklung bei Menschen mit einer geistigen Behinderung verlangsamt und oft nicht bis zur vollen Reife.[637] Es ist verifiziert, daß Männer mit Down-Syndrom in den meisten Fällen eine sexuelle Entwicklung durchwandern, die der der übrigen Bevölkerung gleicht.[638] Gleichwohl ist in der gesamten Weltliteratur nur ein Fall bekannt, in dem ein Mann mit Down-Syndrom ein Kind gezeugt hat.[639] Obwohl Wissenschaftler behaupten, daß das Sperma von Männern mit Down-Syndrom für eine Fertilisation zu langsam sei, ist dies noch nicht eindeutig nachgewiesen.[640] Bei Menschen mit Down-Syndron kann es unterschiedliche Wachstumsmuster geben. Mädchen können ein Jahr später als ihre nicht behinderten Altersgenossinnen mit der Menstruation beginnen. Nur in Ausnahmefällen setzt die Periode gar nicht ein.[641] Schwangerschaften sind bereits vorgekommen und belegen, daß Frauen mit Trisomie 21 trotz Unregelhaftigkeiten in der Pubertät[642] manchmal normale

---

632 Vgl. hierzu Hirsch/ Hiersche, MedR 1987, S. 136.

633 Vgl. Kern/ Hiersche, MedR 1995, S. 463.

634 Vgl. Ratgeber für Eltern geistig behinderter Kinder, S. 30, Hrsg. Bundesvereinigung der Lebenshilfe für geistig Behinderte e.V.

635 Vgl. Springorum, Das Selbstbestimmungsrecht des geistig Behinderten in der medizinischen Behandlung, S. 77 m.w.N.

636 Speck, a.a.O., S. 337.

637 Speck, a.a.O., S. 335.

638 http://www.down-syndrom.org/ak452.htm.

639 http://www.down-syndrom.org/ak453.htm.

640 http://www.down-syndrom.org/ak452.htm.

641 http://www.down-syndrom.org/ak452.htm.

642 Speck, a.a.O., S. 335.

Zyklen und Eisprünge haben können. Gleichwohl sind die meisten Frauen mit Down-Syndrom kinderlos und kommen früh in die Wechseljahre.[643]
Dies bedeutet, daß eine konkrete Schwangerschaftserwartung nur angenommen werden kann, wenn zuvor eine mögliche Fruchtbarkeit abgeklärt wurde. Es bedarf daher vor jeder Sterilisationsmaßnahme einer ärztlichen Untersuchung zur Feststellung der Fortpflanzungsfähigkeit.[644] Diese Untersuchung muß freiwillig erfolgen. Eine zwangsweise Untersuchung gegen den Willen der Betroffenen ist aufgrund der Vorschrift des § 1905 BGB nicht erzwingbar, weil die Sterilisation selbst nicht gegen den natürlichen Willen des Betroffenen durchgeführt werden darf. Darüberhinaus besteht eine konkrete Schwangerschaftserwartung nur, wenn der Sexualpartner der geistig behinderten Frau zeugungsfähig ist. Wie bereits ausgeführt, ist die Sterilität eines geistig behinderten Mannes keinesfalls wissenschaftlich nachgewiesen. Gleichwohl spricht aufgrund der Tatsache, daß weltweit nur ein einziger Fall bekannt ist, in dem ein Mann mit Down-Syndrom ein Kind gezeugt hat, ein gewisse Vermutung für eine mögliche Zeugungsunfähigkeit. Die Annahme einer konkreten Schwangerschaftserwartung setzt daher notwendigerweise auch die Feststellung der Fortpflanzungsfähigkeit des gleichfalls behinderten Partners der Betroffenen voraus. Selbstredend muß sich der Partner der behinderten Frau dieser Untersuchung freiwillig unterziehen. Zu beachten ist daher stets, daß die konkrete Schwangerschaftserwartung nachgewiesen sein muß. In Zweifelsfällen hat der Eingriff zu unterbleiben.
Ob das OLG Hamm[645] diesen Grundsatz beachtet hat, erscheint fraglich. Nach § 1905 Abs. 1 S. 1 Nr. 3 BGB kann eine Sterilisation nur erfolgen, wenn anzunehmen ist, daß es ohne die Sterilisation zu einer Schwangerschaft kommen würde. Das OLG Hamm stellt selbst erläuternd fest, daß es sich hierbei um eine konkrete und ernstliche Schwangerschaftserwartung handeln müsse. Dabei sei ein besonderer Grad an Wahrscheinlichkeit nicht erforderlich, vielmehr genüge es, wenn aufgrund der sexuellen Aktivität der fortpflanzungsfähigen Betreuten mit einer Schwangerschaft zu rechnen sei.[646] Im Hinblick auf eine mögliche Fortpflanzungsfähigkeit stellte das Gericht fest, daß die Betroffene die Periode habe und keine Anhaltspunkte dafür bestehen, daß sie nicht schwanger werden würde.[647] Feststehen muß aber nicht, daß die Betreute nicht schwanger werden kann, sondern daß sie schwanger werden kann.[648] Das Gericht schließt mit anderen Worten aus der Tatsache einer regelmäßigen Menstruation automatisch auf die Fortpflanzungsfähigkeit der Betroffenen. Diese Feststellung erscheint im Hinblick auf den Erforderlichkeitsgrundsatz äußerst fragwürdig. Nur die konkrete und ernstliche Schwangerschaftserwartung kann einen so schwerwiegenden Eingriff wie die Sterilisation rechtfertigen. Daran fehlt es, wenn eine Schwangerschaft aufgrund der Infertilität der Betroffenen gar nicht möglich ist. Die Feststellung der Fortpflanzungsfähigkeit der Betroffenen ist daher zwingen-

---

643 Neue Zürcher Zeitung vom 9.2.2000, http://www.down-syndrom.org/ak554.htm.

644 Kern/ Hiersche, MedR 1995, S. 465.

645 OLG Hamm, BtPrax 2000, 168 ff. = NJW 2001, 1800 ff.

646 OLG Hamm, BtPrax 2000, S. 169.

647 OLG Hamm, BtPrax 2000, S. 169.

648 Vgl. Hoffmann, BtPrax 2000, S. 236.

de Voraussetzung für die Überlegung, ob eine Sterilisation durchzuführen ist oder nicht. Dies gilt auch, wenn die Betroffene wie vorliegend bislang jegliche gynäkologische Untersuchung verweigert hat. Andernfalls ließe man die bloß abstrakte Möglichkeit des Eintretens einer Schwangerschaft für die Ersatzeinwilligung durch den Betreuer ausreichen.
Weitere Voraussetzung für das Bestehen einer konkreten Schwangerschaftserwartung ist zudem die Feststellung, daß die Betroffene überhaupt genitale Formen der Sexualität ausübt.[649] Aus dem publizierten Sachverhalt folgt, daß die Betroffene körperlichen Kontakt zu anderen Menschen sucht und auch findet.[650] Hieraus zieht das Gericht den Schluß, „...es sei naheliegend, daß sie, soweit es noch nicht geschehen sein sollte, irgendwann die genitale Sexualität entdecken werde."[651] Mithin zieht das Gericht unbeanstandet den Rückschluß von der gelebten Sexualität der Betroffenen auf ihren Wunsch nach oder ihre Bereitschaft zu genitaler Sexualität.[652] Nach dem zugrundeliegenden Sachverhalt steht aber weder fest, ob die Betroffene schon einmal genitale Sexualität hatte, noch ob sie überhaupt Interesse an genitaler Sexualität zeigt. Eine vorsorgliche oder vorbeugende Sterilisation wegen der lediglich abstrakten Möglichkeit einer Schwangerschaft, wie etwa bei einer gemeinsamen Unterbringung von Bewohnern beiderlei Geschlechts in einem Heim oder einer Wohngruppe, auf Grund der Erwartung, daß eines Tages sexuelle Kontakte stattfinden, insbesondere Partnerschaften eingegangen werden, ist jedoch unzulässig.[653]

4. Gefahr für Gesundheit oder Leben, § 1905 Abs. 1 S. 1 Nr. 4 BGB

Weitere Voraussetzung der Einwilligung in eine Sterilisation ist, daß im Falle einer Schwangerschaft eine Gefahr für das Leben der Betroffenen oder die Gefahr schwerwiegender Beeinträchtigung des körperlichen oder seelischen Gesundheitszustandes der Betroffenen zu erwarten wären, die nicht auf andere zumutbare Weise abgewendet werden können, § 1905 Abs. 1 S. 1 Nr. 4 S. 2 BGB. Die Notlagenindikation ist das wichtigste Merkmal der Einwilligungsvoraussetzungen, weil es im Gegensatz zu den anderen nicht nur negative Voraussetzungen normiert, unter denen die Sterilisation zu unterbleiben hat, sondern die eigentliche Indikation für die Sterilisation darstellt.[654] Es handelt sich hierbei um die Konkretisierung der Verpflichtung, die Führung der Betreuung ausschließlich nach dem Wohl des Betreuten auszurichten, § 1901 Abs. 2 BGB. Dies bedeutet zunächst, daß die Einwilligung in eine Sterilisation ausschließlich im Interesse der Betreuten erfolgen darf. Bei der Entscheidung über die Sterilisation müssen die Interessen Dritter immer außer Betracht bleiben. Eugenische Überlegungen, insbesondere die Verhinderung behinderten Nachwuchses im angeblichen Interesse der Allgemeinheit oder des ungezeugten Kindes dürfen ebenso

---

[649] Jürgens-Jürgens, § 1905 Rdn. 8.
[650] OLG Hamm, BtPrax 2000, S. 169.
[651] OLG Hamm, BtPrax 2000, S. 169.
[652] Vgl. auch Pöld-Krämer, BtPrax 2000, S. 238.
[653] Vgl. BayObLG, BtPrax 1997, S. 159; BayObLG, NJW 2002, S. 149.
[654] Jürgens-Jürgens, § 1905 Rdn. 9.

wenig zu einer Sterilisation führen, wie beispielsweise die Interessen von Verwandten, die eine erhebliche Belastung durch die Übernahme der Betreuung eines zu erwartenden Kindes befürchten.[655]

Als Notlage im Sinne des § 1905 Abs. 1 S. 1 Nr. 4 BGB werden zunächst diejenigen Fallgestaltungen angesehen, bei denen infolge der konkret zu erwartenden Schwangerschaft eine Gefahr für das Leben der Schwangeren zu erwarten wäre.[656] Eine Gefahr für das Leben der Schwangeren kann sowohl auf körperlichen als auch auf psychischen Ursachen beruhen. Als körperliche Ursachen kommen insbesondere der Gebärmutterkrebs sowie die chronisch entzündete Restniere in Betracht.[657] Lebensgefahr kann nach der amtlichen Begründung nicht nur aus medizinischen Gründen vorliegen, sondern auch, wenn angesichts einer Schwangerschaft Selbstmordgefahr besteht.[658] Zwar werden Fälle dieser Art bei dem betroffenen Personenkreis außerordentlich selten sein, auszuschließen sind sie hingegen nicht.

Darüber hinaus geht es um Fälle, in denen infolge der Schwangerschaft die Gefahr einer schwerwiegenden Beeinträchtigung des körperlichen oder seelischen Gesundheitszustandes der Schwangeren zu erwarten wäre. Als schwerwiegende Beeinträchtigung des körperlichen Zustandes kommen insbesondere die Fälle schwerer Herz- und Kreislauferkrankungen in Betracht, durch die eine Schwangerschaft zum erheblichen Gesundheitsrisiko wird. Das gleiche gilt, wenn es infolge der Schwangerschaft bei einer medikamentös nur schwer einzustellenden Epileptikerin zu gehäuften epileptischen Anfällen mit weiteren Gesundheitsschäden kommen würde.[659] Weitaus schwieriger dürfte die Gefahr einer schwerwiegenden Beeinträchtigung des seelischen Gesundheitszustandes der Schwangeren zu beurteilen sein. Nicht jede fühlbare Störung des subjektiven Wohlbefindens vermag eine schwerwiegende Beeinträchtigung des seelischen Gesundheitszustandes hervorzurufen.[660] Zur Frage, ob und inwieweit schweres und nachhaltiges seelisches Leid einer schwerwiegenden Beeinträchtigung des seelischen Gesundheitszustandes gleichgestellt werden kann, enthält § 1905 Abs. 1 S. 2 BGB eine abschließende Sonderregelung.[661] § 1905 Abs. 1 S. 2 BGB definiert als schwerwiegende Gefahr für den seelischen Gesundheitszustand der Schwangeren die Gefahr eines schweren und nachhaltigen Leidens, das ihr drohen würde, weil vormundschaftsgerichtliche Maßnahmen, die mit ihrer Trennung vom Kind verbunden wären, gegen sie ergriffen werden müßten. Verwiesen wird hier auf die §§ 1666, 1666a BGB, in denen die Trennung eines Kindes von den Eltern wegen Gefährdung des Kindeswohls geregelt ist. Allerdings dürfte sich nur in seltenen Ausnahmefällen die gesicherte Erkenntnis ergeben, daß eine entsprechende Maßnahme im Interesse des Kindes ergriffen werden

---

[655] Jürgens/ Kröger/ Marschner/ Winterstein, Rdn. 218.

[656] BT-Drucks. 11/ 4528, S. 143.

[657] BT-Drucks. 11/ 4528, S. 143.

[658] BT-Drucks. 11/ 4528, S. 143; Erman-Roth, § 1905 Rdn. 16; Staudinger- Bienwald, § 1905 Rdn. 54.

[659] Jürgens-Jürgens, § 1905 Rdn. 11.

[660] MünchKomm-Schwab, § 1905 Rdn. 22.

[661] BT-Drucks. 11/ 4528, S. 144.

müßte. Zutreffend warnt Schwab davor, die Erwartung einer Trennung des Kindes von der Mutter vorschnell zu bejahen. Ist die Frau gewillt und in der Lage, die tatsächliche Personensorge für ihr Kind auszuüben, so sind die Voraussetzungen einer Trennung vom Kind nicht gegeben, auch wenn die Frau für die gesetzliche Vertretung der Unterstützung durch einen Pfleger bedarf.[662] Allerdings werden diejenigen geistigbehinderten Menschen, die sich entschieden haben Eltern zu sein, ebenso wie ihre Kinder und alle Personen, die mit ihnen zu tun haben, speziell auf ihre Bedürfnisse abgestellte Unterstützungsangebote benötigen.[663]

Hierbei ist zu berücksichtigen, daß Modelle zur Hilfe für behinderte Eltern und deren Kinder zur Ermöglichung eines Zusammenlebens gerade erst am Anfang stehen und möglicherweise in einigen Jahren weit bessere Hilfen als heute zur Verfügung stehen, die eine aus heutiger Sicht notwendige Trennung nicht mehr erforderlich machen würden.[664] Besondere Bedeutung kommt hierbei dem von der Lebenshilfe initiierten Familienentlastenden Dienst (FED) zu. Der Schwerpunkt des Familienentlastenden Dienstes liegt in der Betreuung von behinderten Kindern, Jugendlichen und Erwachsenen in der häuslichen Umgebung, wobei die Bedürfnisse der Eltern bzw. der Familienangehörigen im Vordergrund stehen. Der Familienentlastende Dienst bietet seit 1989 Hilfe für den Familienalltag, um eine stationäre Unterbringung behinderter Kinder, Jugendlicher und Erwachsener aus Gründen der körperlichen und seelischen Überlastung der Familienangehörigen zu vermeiden. Die Tragfähigkeit der Familie wird dadurch gestärkt und bleibt erhalten.[665]

Gleichwohl werden die Chancen geistig Behinderter auf gelebte Elternschaft als nicht sehr groß eingeschätzt.[666] Selbst wenn es gelingen könnte, das intellektuelle Defizit an Erziehungsleistung behinderter Eltern durch Dritthilfe auszugleichen, könnten die Eltern auch emotional der Betreuung und Erziehung ihrer Kinder unter Umständen nicht gewachsen sein.[667] Eine Trennung kommt demzufolge nur in Betracht, wenn eine Eltern-Kind-Beziehung wegen der Schwere der geistigen Behinderung der Mutter nicht aufgebaut werden kann. Darüber hinaus ist zu beachten, daß die drohende Trennung von Mutter und Kind allein nicht ausreicht, um die Sterilisation zu rechtfertigen. Vielmehr muß hierdurch zusätzlich die Gefahr eines schweren, nachhaltigen Leidens der künftigen Mutter zu erwarten sein. Wie bereits festgestellt, kommt eine Trennung nur in Betracht, wenn aufgrund der geistigen Behinderung nicht zu erwarten ist, daß eine Mutter-Kind-Beziehung entsteht. Gerade in diesen Fällen wird aber davon auszugehen sein, daß die im Interesse des Kindeswohls erforderliche Trennung nur ganz ausnahmsweise auch zu einem schweren Leiden der Mutter führen wird.[668]

---

662 MünchKomm-Schwab, § 1905 Rdn. 22.

663 Vgl. Bienwald, Betreuungsrecht, § 1905 Rdn. 47.

664 Jürgens/ Kröger/ Marschner/ Winterstein, Rdn. 221.

665 Vgl. Familienentlastender Dienst, Hrsg. Lebenshilfe für geistig Behinderte e.V. Augsburg.

666 Bienwald, Betreuungsrecht, § 1905 Rdn. 47.

667 Staudinger-Bienwald, § 1905 Rdn. 55; m.w.N. zur Elternschaft von Menschen mit einer geistigen Behinderung.

668 Vgl. auch Jürgens/ Kröger/ Marschner/ Winterstein, Rdn. 221.

Kann die infolge der Schwangerschaft zu erwartende Notlage auf zumutbare Weise abgewendet werden, ohne daß die Sterilisation vorgenommen werden müßte, liegen die Voraussetzungen für eine Einwilligung des besonderen Betreuers in die Sterilisation schon aus diesem Grunde nicht vor.[669] Als anderweitige Mittel der Gefahrabwendung kommen insbesondere medizinische Maßnahmen, wie beispielsweise die Gabe kreislaufstärkender Medikamente oder aber die Verordnung von Antidepressiva in Betracht.[670] Als ein im Sinne dieser Vorschrift unzumutbares Mittel ist hingegen der Schwangerschaftsabbruch anzusehen. Dies folgt zweifelsfrei aus der in § 1905 Abs. 1 S. 2 BGB zum Ausdruck kommenden Wertung. Dort wird das mit der Trennung vom Kind verbundene Leid als seelische Notlage anerkannt. Wäre der Schwangerschaftsabbruch ein zumutbares Mittel, so könnte dieses Leid gar nicht erst entstehen und die in der genannten Vorschrift enthaltene Regelung wäre schlechthin überflüssig.[671]

5. Vorrang anderer Mittel, § 1905 Abs. 1 S. 1 Nr. 5 BGB

Schließlich kommt eine Einwilligung des Betreuers in eine Sterilisation nur in Betracht, wenn eine Schwangerschaft nicht durch andere zumutbare Mittel verhindert werden kann. In Betracht kommen hier alle denkbaren chemischen und mechanischen Verhütungsmittel, deren Anwendung der Betreuten zuzumuten ist. Voraussetzung ist jedoch stets, daß die Mittel im Einzelfall zuverlässig angewendet werden können und im übrigen auch nicht mit unverhältnismäßigen Nebenwirkungen verbunden sind.[672] Da geistig Behinderte weithin nicht in der Lage sein werden, regelmäßig reversible Kontrazeptiva zuverlässig einzunehmen, scheint sich das Spektrum möglicher Wege der Antikonzeption bei geistig behinderten Frauen im Ergebnis auf die Dreimonatsspritze und das Intrauterinpessar zu reduzieren.[673]
An dieser Stelle ist nochmals zu vermerken, daß jegliche Antikonzeptiva, gleichviel ob mechanisch oder chemisch wirkend, nicht gegen den natürlichen Willen der Betroffenen angewendet werden dürfen. Hinsichtlich der Einzelheiten kann auf die oben gemachten Ausführungen Bezug genommen werden.[674]
Selbstredend hat die Sterilisation, als ultima ratio auch dann zu unterbleiben, wenn die Anwendung von Verhütungsmitteln zur Unterbindung einer Schwangerschaft nicht bei der betroffenen Frau selbst, sondern bei ihrem Sexualpartner in Betracht kommt. Lebt die Betroffene beispielsweise in einer Partnerschaft mit einem geistig nicht behinderten oder einem hinreichend einsichtsfähigen Partner und ist dieser willens und fähig, eine Schwangerschaft durch empfängnisverhütende Maßnahmen zu verhindern, so kommt eine Sterilisation gleichfalls nicht in Frage.[675]

---

669 Bienwald, Betreuungsrecht, § 1905 Rdn. 39.

670 Mayer, S. 183.

671 BT-Drucks. 11/ 4528, S. 144; Bienwald, Betreuungsrecht, § 1905 Rdn. 40.

672 Gaidzik/ Hiersche, MedR 1999, S. 62.

673 Vgl. Kern/ Hiersche, MedR 1995, S. 463; Gaidzik/ Hiersche, MedR 1999, S. 62.

674 Vgl. § 4 III.

675 Im Ergebnis auch Kern/ Hiersche , MedR 1995, S. 465.

Als unzumutbare Alternative zur Sterilisation wird das Unterbinden sexueller Kontakte der Betreuten durch eine mit Freiheitsentziehung verbundene Unterbringung oder durch sonstige freiheitseinschränkende Maßnahmen gem. § 1906 Abs. 4 BGB angesehen.[676] Eine strikte Absonderung bis hin zur Unterbringung oder eine permanente Überwachung des geistig Behinderten, um sexuelle Kontakte zum anderen Geschlecht zu verhindern, tangieren sein Persönlichkeitsrecht und seine menschliche Würde und beschneiden nachhaltig die freie Entfaltungsmöglichkeit und das Selbstbestimmungsrecht des Behinderten. Derartige Maßnahmen verhindern die möglichst weitgehende Integration der Behinderten und widersprechen modernen psychiatrischen und psychodynamischen therapeutischen Prinzipien.[677]
Bevor eine Sterilisation in Betracht gezogen werden kann, ist ferner zu prüfen, ob der Gefahr des Eintritts der Schwangerschaft nicht durch die Anwendung sexualpädagogischer Maßnahmen wirksam begegnet werden kann.[678] Besondere Bedeutung kommt hierbei der konkreten sexualpädagogischen Aufklärung zu, die auf die intellektuellen Verständnisschwierigkeiten eines geistig behinderten Menschen Rücksicht nimmt. Gleichwohl handelt es sich bei der Aufklärung nicht um ein anderes zumutbares Mittel i.S. des § 1905 Abs. 1 S. 1 Nr. 5 BGB, weil sie nicht ein „unmittelbares Instrument" der Schwangerschaftsverhütung ist.[679] Indes ist § 1905 Abs. 1 S. 1 Nr. 5 BGB Ausdruck des Verhältnismäßigkeitsgrundsatzes, so daß auch die Aufklärung als zulässige Alternative gegenüber dem schweren Eingriff der Sterilisation zu prüfen ist.

Insgesamt ist somit festzuhalten, daß die Einwilligung des Betreuers nur wirksam ist, wenn alle obenstehenden Tatbestandsvoraussetzungen des § 1905 BGB erfüllt sind. Darüber hinaus müssen aber auch die allgemeinen Wirksamkeitsvoraussetzungen der rechtfertigenden Einwilligung vorliegen. Wie bereits mehrfach ausgeführt, sieht der Gesetzgeber in der Sterilisation einen ärztlichen Eingriff mit der Folge, daß hinsichtlich der Rechtmäßigkeit ärztlichen Handelns dieselben Anforderungen zu stellen sind wie bei den sonstigen ärztlichen Maßnahmen auch. Das bedeutet konkret, daß für eine wirksame Einwilligung eine ordnungsgemäße Aufklärung des Betreuers erforderlich ist. Die Einwilligung des Betreuers vermag ihre rechtfertigende Wirkung nur zu entfalten, wenn ihr eine ausführliche und vor allem auch rechtzeitige Aufklärung über Art, Bedeutung und Risiken der Sterilisation vorausgegangen ist. Es gelten insoweit die gleichen Anforderungen wie bei sonstigen ärztlichen Maßnahmen auch.

III. Besondere Problemlagen

1. Zur Sterilisation von Männern

Die Anknüpfung an eine konkrete Gefahr für die Schwangere in § 1905 Abs. 1 S. 1 Nr. 4 BGB legt den Schluß nahe, daß von der genehmigungsfähigen Sterili-

---

[676] BayObLG, BtPrax 1997, S. 159.

[677] Vgl. hierzu Hirsch/ Hiersche, MedR 1987, S. 138.

[678] Jürgens/ Kröger/ Marschner/ Winterstein, Rdn. 222; Mayer, S. 184.

[679] Bienwald, Betreuungsrecht, § 1905 Rdn. 42.

sation fast ausnahmslos Frauen betroffen sein dürften.[680] Fraglich ist jedoch, ob die Regelung des § 1905 BGB auch auf die Sterilisation von betreuten geistig behinderten Männern Anwendung findet.

Der insoweit geschlechtsneutral formulierte Katalog des § 1905 Abs. 1 BGB, der begrifflich zwischen dem Betreuten und der Schwangeren unterscheidet, schließt die Anwendung dieser Vorschrift auf betreute Männer nicht aus. Der Bericht der Bundesregierung belegt, daß entgegen anderslautenden Prognosen in immerhin gut 10 % der Verfahren die Sterilisation von Männern in Frage stand.[681]

Wenngleich § 1905 BGB in erster Linie die Sterilisation von Frauen betrifft, soll die Vorschrift nach der Intention des Gesetzgebers auch die Sterilisation einwilligungsunfähiger Männer gestatten.[682] Gleichwohl kann die Absicht des Gesetzgebers nur so verstanden werden, daß die Voraussetzung der Notlagenindikation gem. § 1905 Abs. 1 S. 1 Nr. 4 BGB bei der Partnerin des betreuten Mannes gegeben ist. Der Regierungsentwurf hat die Partnerschaft eines behinderten Mannes mit einer behinderten Frau vor Augen und versucht die Sterilisation des Mannes mit dem Hinweis zu rechtfertigen, daß es nicht einzusehen wäre, weshalb der Gesetzgeber festlegen sollte, daß nur die Frau zur Verhinderung der eigenen Schwangerschaft, nicht aber der Mann zur Verhinderung einer mit einer Notlage verbundenen Schwangerschaft seiner Partnerin sterilisiert werden kann, wenn die Voraussetzungen für eine Sterilisation vorliegen.[683] Letztlich werden die Voraussetzungen des § 1905 BGB nur bei Paaren vorliegen, bei denen für beide Partner eine Betreuung angeordnet ist. Denn bei sexuellen Beziehungen zwischen einem behinderten Mann und einer nichtbehinderten Frau wird es bereits am Merkmal der konkreten Schwangerschaftserwartung fehlen, wenn die Frau willens und fähig ist, Empfängnisverhütungsmittel erfolgreich anzuwenden.

Die überwiegende Ansicht in der Literatur akzeptiert diese Auslegung.[684] Gleichwohl wurden gegen diese Auffassung auch Bedenken geäußert.[685] Nach einer teilweise vertretenen Ansicht verstößt die Sterilisation eines geistig behinderten Mannes zwecks Abwendung einer Notlage von seiner gleichfalls behinderten Partnerin gegen den Grundsatz der Verhältnismäßigkeit.[686] Zwar ist auch die Sterilisation des Mannes - jedenfalls solange die Partnerschaft andauert - geeignet, eine für die Frau bestehende Notlage abzuwehren, jedoch ist ein solcher Eingriff nicht mit dem Grundsatz der Erforderlichkeit zu vereinbaren und daher rechtswidrig. Wenn die Notlage ausschließlich der Partnerin droht, so muß die Gefahrenlage auch bei dieser selbst beseitigt werden. Die Sterilisation eines gei-

---

[680] So auch Jürgens-Jürgens, § 1905 Rdn. 9.

[681] BT-Drucks. 13/ 3822, S. 12.

[682] BT-Drucks. 11/ 4528, S. 79.

[683] BT-Drucks. 11/ 4528, S. 79 und S. 143.

[684] Palandt-Diederichsen, § 1905 Rdn. 7; Staudinger-Bienwald, § 1905 Rdn. 39, 48; Bienwald, Betreuungsrecht, § 1905 Rdn. 12; im Ergebnis zustimmend: Gaidzik/ Hiersche, MedR 1999, S. 62; MünchKomm-Schwab, § 1905 Rdn. 24.

[685] Erman-Roth, § 1905 Rdn. 25; Mayer, S. 194; Kern/ Hiersche, MedR 1995, S. 465.

[686] Vgl. auch Erman-Roth, § 1905 Rdn. 25; Mayer, S. 194.

stig behinderten Mannes erscheint vor allem deshalb unverhältnismäßig, weil sie ihren Sinn verliert, sobald sich die geistig behinderte Frau einem anderen Mann zuwendet oder vorverstirbt. Selbst eine bestehende Ehe[687] zwischen den Partnern kann an dieser Konsequenz nichts ändern. Vielfach wird im Wege einer „vikarriierenden Zurechnung" statt der nach Maßgabe des § 1905 BGB zulässigen Sterilisation der Frau die technisch einfachere und mit geringerem Komplikationsrisiko behaftete Vasektomie des Mannes gewählt.[688] Das Argument, daß der Eingriff beim Mann problemloser vorgenommen werden kann, ändert nichts daran, daß der Betreuer eines einwilligungsunfähigen Mannes nicht im Interesse eines Dritten, und sei es auch die Partnerin, in eine Sterilisation einwilligen darf. Bei der Sterilisation handelt es sich aus der Perspektive des betreuten Mannes um einen in aller Regel nicht medizinisch indizierten, sondern primär fremdnützigen invasiven, noch dazu meist irreversiblen Eingriff. Die Sterilisation eines geistig behinderten Mannes widerspricht demzufolge dem allgemeinen Rechtsgrundsatz, daß fremdnützige Eingriffe an einem nicht Einwilligungsfähigen unter keinen Umständen zulässig sind.[689] Die Untersagung fremdnütziger Eingriffe an Einwilligungsunfähigen ist im übrigen auch in Spezialgesetzen wie z.B. in § 40 Abs. 2 AMG und jüngst in § 8 Abs. 1 TPG verankert. Schließlich ist die Sterilisation betreuter Männer auch mit dem Grundprinzip des § 1905 BGB nicht vereinbar, wonach Interessen Dritter eine Sterilisation nicht zu rechtfertigen vermögen.[690]
Damit ist abschließend festzuhalten, daß eine im Sinne von § 1905 Abs. 1 S. 1 Nr. 4 S. 2 BGB drohende Notlage nur durch die Sterilisation der Frau selbst, nicht aber durch die Sterilisation des ebenfalls betreuten Partners beseitigt werden darf, obwohl der Gesetzeswortlaut einer Sterilisation betreuter Männer an sich nicht entgegenstünde.

2. Zur Sterilisation von Minderjährigen

Die Sterilisationsregelung des § 1905 BGB wird ergänzt durch das Verbot der Sterilisation von Minderjährigen, § 1631c BGB.[691] Das Gesetz schafft insoweit in einem Bereich Klarheit, der sich bis dahin als rechtliche Grauzone darbot, in der geistig behinderte Minderjährige in nicht unerheblichem Umfang sterilisiert wurden.[692] In der Praxis wurden, und zwar nicht selten auf Betreiben von Ärzten, Minderjährige, die geistig behindert waren, unbeschadet aller rechtlichen

---

[687] Geistig Behinderte können, soweit nicht die Voraussetzungen des § 104 Nr. 2 BGB erfüllt sind, heiraten, § 1304 BGB.

[688] Vgl. Staudinger-Bienwald, § 1905 Rdn. 39; Gaidzik/ Hiersche, MedR 1999, S. 62; ähnlich Lipp, dem zufolge eine Ehe die Zurechnung der schwangerschaftsbezogenen Voraussetzungen der § 1905 Abs. 1 Nr. 3-5 BGB rechtfertigt, vgl. Lipp, § 6 I. 4. b). bb); kritisch hierzu: Erman-Roth, § 1905 Rdn. 25.

[689] Kern/ Hiersche, MedR 1995, S. 465.

[690] Vgl. BT-Drucks. 11/ 4528, S. 142; im Ergebnis auch Lipp, § 6 I. 4. b). bb).

[691] BT-Drucks. 11/ 4528, S. 142.

[692] Vgl. Kern, MedR 1991, S. 70.

Bedenken, oft noch kurz vor Erreichung der Volljährigkeit „vorsorglich" sterilisiert.[693]

Nach § 1631c BGB ist die Sterilisation von Minderjährigen völlig ausgeschlossen. Weder das minderjährige Kind selbst, noch seine Eltern, noch sein Vormund[694] können in eine Sterilisation einwilligen. § 1631c S. 3 BGB schließt auch die Bestellung eines Ergänzungspflegers gem. § 1909 BGB ausdrücklich aus. Vom Gesetzeswortlaut werden auch solche Fälle erfaßt, in denen die Schwangerschaft für die Minderjährige aufgrund vorbestehender somatischer Erkrankungen mit Lebensgefahr verbunden wäre.

Die ausnahmslose Untersagung der Sterilisation von Personen unter 18 Jahren ist in der Literatur auf Kritik gestoßen.[695] In der Literatur[696] wird vereinzelt die Ansicht vertreten, daß in den Fällen einer strengen medizinischen Indikation eine Sterilisation nicht durch § 1631c BGB ausgeschlossen sei.

Diese Ansicht überzeugt nicht. Als Begründung für die Regelung des § 1631c BGB führt der Regierungsentwurf an, daß sich Erforderlichkeit und Auswirkungen der Sterilisation während der Minderjährigkeit besonders schwer beurteilen lassen. Zudem bestehe bei behinderten Kindern die Gefahr, daß die Sterilisation vorsorglich schon während der Minderjährigkeit durchgeführt wird, wenn das Gesetz wie in § 1905 BGB die Sterilisation volljähriger Betreuter, die nicht einwilligungsfähig sind, nur in engen Ausnahmefällen zuläßt.[697] Dem ist zuzustimmen. Gewöhnlich läßt sich bei Jugendlichen wegen des häufig zu beobachtenden Nachreifungsprozesses nur schwerlich feststellen, ob die Einwilligungsunfähigkeit von Dauer sein wird. Insbesondere ist die bei geistig Behinderten im Vergleich zu nichtbehinderten Jugendlichen später eintretende Entwicklung in der Persönlichkeit zu beachten. Zudem verläuft auch die geschlechtliche Entwicklung bei geistig Behinderten verlangsamt, so daß sich unter Umständen bei Jugendlichen noch keine endgültige Aussage über die Fortpflanzungsfähigkeit, die ja Voraussetzung der Sterilisation ist, machen läßt. Wie die Vergangenheit zeigt, besteht die Gefahr, daß Jugendliche mit einer geistigen Behinderung noch kurz vor Erreichen der Volljährigkeit rein vorsorglich sterilisiert werden. Gerade bei Vorschriften mit sehr strengen Voraussetzungen ist die Gefahr groß, daß deren Schutzsystem unterlaufen wird. Die strikte Bindung der Sterilisation an die Altersgrenze des Betroffenen ist demzufolge erforderlich, um Mißbräuche zu vermeiden.

Letztlich ist eine Ausnahme vom Verbot der Minderjährigensterilisation auch in den Fällen einer absoluten medizinischen Indikation mit den gleichen Gründen abzulehnen, aus denen der natürliche Wille eines Betreuten trotz Gesundheitsgefahr beachtlich ist. Die Gesundheitsgefahr besteht nicht unmittelbar und kann

---

[693] Vgl. Reis, ZRP 1988, S. 319.

[694] Vgl. § 1800 i.V.m. § 1631c BGB.

[695] Vgl. hierzu die ausführliche Argumentation Kern/ Hiersche, MedR 1995, S. 466; Gaidzik/ Hiersche, MedR 1999, S. 61.

[696] Bienwald, Betreuungsrecht, § 1905 Rdn. 8; Staudinger-Bienwald, § 1905 Rdn. 15.

[697] BT-Drucks. 11/ 4528, S. 76 und S. 107.

gegebenenfalls durch eine vorübergehende Unterbringung der Minderjährigen vermieden werden.[698]

IV. Verfahren

Für das Verfahren gelten in Anbetracht der Schwere des mit einer Sterilisation verbundenen Eingriffs in die körperliche Integrität und die gesamte Lebensführung des Betroffenen die strengsten Verfahrensgarantien, die das Betreuungsrecht kennt.

Wegen der Notwendigkeit, für die Einwilligung in eine Sterilisation stets einen besonderen Betreuer zu bestellen, sind demzufolge bei der Entscheidung über eine Sterilisation zwei verschiedene Verfahren durchzuführen.[699] Für das Verfahren der Betreuerbestellung gelten die allgemeinen Verfahrensbestimmungen mit wenigen speziellen Regelungen. Für das Genehmigungsverfahren der Einwilligung des Betreuers in die Sterilisation gelten besonders strenge Verfahrensgarantien.

Das Vormundschaftsgericht entscheidet über die Bestellung eines besonderen Betreuers für die Einwilligung in eine Sterilisation nach § 1899 Abs. 2 BGB und hat dabei die Voraussetzungen des § 1905 BGB zu prüfen. Sodann muß der Sterilisationsbetreuer prüfen, ob er die Einwilligung für die Sterilisation erteilen will.

In einem weiteren Verfahren wird dann über die erforderliche vormundschaftsgerichtliche Genehmigung der Einwilligung entschieden. Hierbei sind noch einmal alle Voraussetzungen des § 1905 BGB zu prüfen. Die Entscheidung unterliegt dem Richtervorbehalt des § 14 Nr. 4 RPflG.

Vor seiner Entscheidung hat das Gericht stets einen Verfahrenspfleger zu bestellen, § 67 Abs. 1 S. 5 FGG. Der Betreute selbst ist ohne Rücksicht auf seine Geschäftsfähigkeit verfahrensfähig, § 66 FGG. Daneben hat der Richter den Betroffenen ausnahmslos persönlich anzuhören und sich in jedem Fall einen unmittelbaren Eindruck von ihm zu verschaffen, § 69d Abs. 3 S. 1 i.V.m. § 68 Abs. 1 S. 1 FGG. Das gleiche gilt für die Durchführung des Schlußgesprächs nach § 69d Abs. 3 S. 1 i.V.m. § 68 Abs. 5 FGG. Erst nach Durchführung des Schlußgesprächs ist sichergestellt, daß dem Willen des Betroffenen bis zum Ende des Entscheidungsprozesses Rechnung getragen wird. Verfahrenshandlungen durch den ersuchten Richter sind ausgeschlossen, § 69d Abs. 3 S. 2 FGG.

Vor der Entscheidung über die Erteilung der Genehmigung sollen auch der Ehegatte, der Lebenspartner, die Eltern, Pflegeeltern und Kinder des Betroffenen gehört werden, § 69d Abs. 3 S. 1 i.V.m. § 68a S. 3 FGG. Auf Verlangen des Betroffenen ist auch einer ihm nahestehenden Person Gelegenheit zur Äußerung zu geben, § 69d Abs. 3 S. 1 i.V.m. § 68a S. 4 FGG.

Die vormundschaftsgerichtliche Genehmigung darf erst erteilt werden, nachdem Gutachten von Sachverständigen eingeholt sind, die sich auf die medizinischen, psychologischen, sozialen, sonderpädagogischen und sexualpädagogischen Gesichtspunkte erstrecken, § 69d Abs. 3 S. 3 FGG. Auf diese Wiese ist sichergestellt, daß das Gericht eine ausreichende Grundlage erhält, um über die Geneh-

---

[698] Vgl. hierzu Erman-Roth, § 1905 Rdn. 27.

[699] Vgl. auch Staudinger-Bienwald, § 1905 Rdn. 29.

migung entscheiden zu können. Die Vorschrift sieht für diese schwerwiegende Entscheidung mindestens zwei Gutachten vor, weil die zu untersuchenden sehr unterschiedlichen Aspekte von einem einzigen Sachverständigen nicht abgedeckt werden können.[700] Die Gutachter haben den Betroffenen persönlich zu untersuchen oder zu befragen, § 69d Abs. 3 S. 4 FGG. Damit soll gewährleistet werden, daß das Gutachten aufgrund eigener Erkenntnisse des Sachverständigen und nicht nur aufgrund eines Aktenstudiums erstellt wird. Ferner dürfen Sachverständiger und ausführender Arzt in keinem Fall personengleich sein, § 69d Abs. 3 S. 5 FGG. Durch diese Regelung sollen mögliche Interessenkollisionen von vorneherein ausgeschlossen werden.
Die auf der Basis der Gutachten getroffene Entscheidung hat das Gericht stets dem Betroffenen selbst bekanntzugeben, § 69d Abs. 1 S. 1 i.V.m. § 69a Abs. 1 S. 1 FGG. Die Entscheidung wird allerdings erst mit der Bekanntgabe an den Verfahrenspfleger sowie den Sterilisationsbetreuer wirksam, § 69d Abs. 1 S. 1 i.V.m. § 69a Abs. 4 FGG.
Die Sterilisation darf erst zwei Wochen nach Wirksamwerden der Genehmigung durchgeführt werden, § 1905 Abs. 2 S. 2 BGB.

In Anlehnung an die bereits mehrfach zitierte Entscheidung des OLG Hamm[701] wird teilweise die Auffassung vertreten, daß Verfahrenshandlungen gleichen Inhalts und Zwecks, wie die Bestellung von Sachverständigen und die persönliche Anhörung der Betroffenen, nicht doppelt vorgenommen werden müßten, wenn sich das Verfahren zur Genehmigung zeitnah an das Verfahren zur Betreuerbestellung anschließe.[702]
Die verfahrensrechtlichen Ausführungen erscheinen zweifelhaft. Diese Interpretation der Verfahrensvoraussetzungen der Sterilisation Einwilligungsunfähiger widerspricht der Intention des Gesetzgebers. Der Gesetzgeber hat sich im Gesetzgebungsverfahren bewußt für eine Wiederholung gewisser Verfahrenshandlungen im Bestellungs- und Genehmigungsverfahren entschieden, weil für das einer Sterilisation vorangehende Verfahren die strengsten Verfahrensgarantien gelten sollten, die das Betreuungsrecht kennt.[703] Ferner steht das Unterlassen der persönlichen Anhörung im Widerspruch zur Regelung des Genehmigungsverfahrens in § 69d Abs. 3 S. 1 i.V.m. § 68 Abs. 1 S. 1 FGG, nach dem ausnahmslos eine persönliche Anhörung zu erfolgen hat. Gleiches gilt für die unterbliebene, nach § 69d Abs. 3 S. 3 FGG erforderliche Sachverständigenbestellung.
Des weiteren hat der Gesetzgeber Verfahrenserleichterungen bei nur unwesentlichen Erweiterungen des Aufgabenkreises des Betreuers oder einem engen zeitlichen Zusammenhang der Verfahrenshandlungen von sechs Monaten ausdrücklich in § 69i Abs. 1 S. 2 FGG durch das Betreuungsänderungsgesetz geregelt. Eine entsprechende Regelung bei einem zeitlich engen Zusammenhang

---

[700] Jürgens/ Kröger/ Marschner/ Winterstein, Rdn. 430.

[701] OLG Hamm, BtPrax 2000, 168 ff = NJW 2001, 1800 ff.

[702] Vgl. OLG Hamm, NJW 2001, S. 1801; Sonnenfeld, Rdn. 358; kritisch Jürgens-Jürgens, § 1905 Rdn. 18 a.E.

[703] BT-Drucks. 11/ 4528, S. 145 und S. 177.

zwischen dem Bestellungs- und dem Genehmigungsverfahren fehlt hingegen.[704] Vielmehr folgt aus § 69i Abs. 1 S. 3 FGG explizit, daß es sich bei dem Aufgabenkreis „Sterilisation“ um keine unwesentliche Erweiterung des Aufgabenkreises im Sinne dieser Vorschrift handelt. Demzufolge konnte in dem Genehmigungsverfahren von einer erneuten Anhörung respektive von einem erneuten Gutachten auch nicht nach § 69i Abs. 1 S. 2 FGG abgesehen werden.

[704] Vgl. auch Hoffmann, BtPrax 2000, S. 237.

3.Teil: Sonderregelungen medizinischer Eingriffe

Um den Überblick über medizinische Eingriffe bei Geistigbehinderten abzurunden, sollen im folgenden die spezialgesetzlichen Regelungen medizinischer Eingriffe außerhalb des Betreuungsrechts kurz dargestellt werden. Fragen zur aktuellen Diskussion über die Anwendung der Präimplantationsdiagnostik und Stammzellenforschung sind nicht Gegenstand dieser Untersuchung.

§ 7 Wissenschaftliche Erprobung von Arzneimitteln und Medizinprodukten

I. Klinische Prüfung und Heilversuch

Die wissenschaftliche Erprobung von Arzneimitteln und Medizinprodukten hat keine spezielle betreuungsrechtliche Regelung erfahren. Im geltenden deutschen Recht finden sich Regelungen zur Forschung am Menschen insbesondere im Arzneimittelgesetz (AMG) und im Gesetz über Medizinprodukte (MPG), aber auch in der Strahlenschutzverordnung.[705] Die klinische Prüfung von Arzneimitteln[706] ist in den §§ 40 bis 42 des Arzneimittelgesetzes, die klinische Prüfung von Medizinprodukten[707] überwiegend gleichlautend in den §§ 17 bis 19 des Gesetzes über Medizinprodukte geregelt.[708] Man unterscheidet bei der klinischen Prüfung grundsätzlich zwischen dem rein wissenschaftlichen und dem therapeutischen Versuch.[709] Davon zu unterscheiden ist der Heilversuch. Diese Grundbegriffe bedürfen hinsichtlich der schwankenden Terminologie[710] im folgenden der Klärung. Sodann soll auf die rechtlichen Details der zu behandelnden Problematik anhand der Regelungen des AMG eingegangen werden.

1. Klinische Prüfung - Wissenschaftlicher Versuch, § 40 AMG, § 17 MPG

Nach § 22 Abs. 2 Nr. 3 AMG können Arzneimittel im Regelfall[711] nur zugelassen werden, wenn sie vorher klinisch geprüft worden sind. Für viele Medizinprodukte ist die klinische Prüfung Voraussetzung ihrer CE-Kennzeichnung, oh-

---

705 Höfling/ Demel, MedR 1999, S. 540.

706 *Arzneimittel* sind nach § 2 Abs. 1 AMG Stoffe und Zubereitungen aus Stoffen, die dazu bestimmt sind, durch Anwendung am oder im menschlichen oder tierischen Körper diesen in einer der § 2 Abs. 1 Ziffer 1 bis 5 AMG beschriebenen Weise zu beeinflussen, u.a. auch krankhafte Beschwerden und Körperschäden zu verhüten oder zu lindern. (Vgl. zu den Einzelheiten § 2 AMG, Rehmann).

707 *Medizinprodukte* sind Instrumente, Apparate, Vorrichtungen, Stoffe und Zubereitungen aus Stoffen und anderen Gegenständen, die der Behandlung dienen sollen. (Vgl. Staudinger-Bienwald, § 1904 Rdn. 43; vgl. zu den weiteren Einzelheiten § 3 MPG).

708 Helle/ Frölich/ Haindl, NJW 2002, S. 857.

709 Helle/ Frölich/ Haindl, NJW 2002, S. 857.

710 Vgl. auch Köhler, NJW 2002, S. 853.

711 Vgl. zu den Ausnahmen § 22 Abs. 3 AMG.

ne die sie nach § 8 MPG nicht in den Verkehr gebracht und vertrieben werden dürfen.[712] Die §§ 40 ff. AMG, §§ 17 ff. MPG regeln die „klinische Prüfung“ von Arzneimitteln und Medizinprodukten, ohne diesen Begriff jedoch zu definieren. Als klinische Prüfung ist jeder Arzneimitteltest am Menschen anzusehen, gleichgültig ob er in der Klinik oder aber beim niedergelassenen Arzt durchgeführt wird.[713] Klinische Prüfung im Sinne dieser Grundsätze ist die Anwendung eines Arzneimittels zu dem Zweck, über den einzelnen Anwendungsfall hinaus Erkenntnisse über den therapeutischen oder diagnostischen Wert eines Arzneimittels, insbesondere über seine Wirksamkeit und Unbedenklichkeit zu gewinnen.[714]
Bei dem rein wissenschaftlichen Versuch am Probanden, auch wissenschaftliches Experiment respektive Humanexperiment[715] genannt, geht es nur um die Gewinnung von wissenschaftlichen Erkenntnissen.[716] Mit dem Begriff Proband wird hierbei die gesunde oder in bezug auf das zu testende Präparat nicht einschlägig kranke Versuchsperson bezeichnet.[717]

§ 40 AMG, § 17 MPG normieren die allgemeinen Grundsätze einer klinischen Prüfung. Im übrigen gelten für die klinische Prüfung die bereits oben dargestellten allgemeinen Grundsätze für ärztliche Eingriffe. Die Einwilligung des Probanden ist bei der klinischen Prüfung von Arzneimitteln und Medizinprodukten, wie bei jedem anderen medizinischen Eingriff auch, unabdingbare Voraussetzung, § 40 Abs. 1 S. 1 Nr. 2 AMG. Das Prinzip des „informed consent“, der Einwilligung nach Aufklärung, gilt auch für die klinische Prüfung. Die Einwilligung kann nur dann rechtsgültig zustande kommen, wenn der Proband zuvor von einem Arzt über Wesen, Bedeutung und Tragweite der klinischen Prüfung aufgeklärt worden ist. Zudem ist die Einwilligung des Probanden nur wirksam, wenn er auch tatsächlich in der Lage ist, das Wesen und die Bedeutung dieser Erklärung zu erfassen.[718] An die Einsichtsfähigkeit sind hierbei hohe Anforderungen zu stellen. Zu berücksichtigen ist ferner, daß gem. § 40 Abs. 2 AMG über das Erfordernis der natürlichen Einwilligungsfähigkeit hinaus auch noch Geschäftsfähigkeit des Probanden gegeben sein muß.
§ 40 Abs. 1 Nr. 3 AMG verbietet die klinische Prüfung an Personen, die auf gerichtliche oder behördliche Anordnung verwahrt sind, völlig. Darunter fällt auch die zivilrechtliche Unterbringung nach den Bestimmungen des Betreuungsrechts. Die Vorschrift geht von der Annahme aus, daß ein Verwahrter vielfältigen Einwirkungen ausgesetzt ist, die an der Möglichkeit einer freien Einwilligung zweifeln lassen.[719]

---

712 Helle/ Frölich/ Haindl, NJW 2002, S. 859.

713 Rehmann, AMG, § 40 Rdn. 2.

714 Kloesel/ Cyran, A 1.0, § 40, Blatt 66 (39. Erg.-Lief.); Sander/ May–Sander, Erl. § 40-C, Blatt 6a (28. Lfg).

715 Köhler, NJW 2002, S. 853.

716 Helle/ Frölich/ Haindl, NJW 2002, S. 858.

717 Sander/ May-Sander, Erl. § 40-C, Blatt 10 (21. Lfg).

718 Rehmann, AMG, § 40 Rdn. 15.

719 Vgl. Höfling/ Demel, MedR 1999, S. 541.

Die Einwilligung bedarf in jedem Fall der Schriftform und kann nur vom Probanden selbst erteilt werden, § 40 Abs. 2 Nr. 2 AMG. Danach verbietet sich die stellvertretende Einwilligung durch den Betreuer, so daß eine klinische Arzneimittelprüfung an einwilligungsunfähigen betreuten Probanden nicht in Betracht kommt. Nach dem Medizinproduktegesetz kann die mangels Einwilligungsfähigkeit nicht erreichbare Einwilligung des Betroffenen ebenfalls nicht ersetzt werden.[720]
Die gesetzliche Wertung der Spezialregelungen § 40 AMG, § 17 MPG steht im Einklang mit den tragenden Strukturprinzipien des Betreuungsrechts. Nach § 1901 Abs. 2 S. 1 BGB hat der Betreuer die Angelegenheiten des Betreuten so zu besorgen, wie es dessen Wohl entspricht. Die klinische Prüfung dient in erster Linie der wissenschaftlichen Erprobung von Arzneimitteln und Medizinprodukten, mithin der fremdnützigen Forschung, und nützt dem Probanden und seiner Gesundheit jedenfalls im Moment der Vornahme nicht. Fremdnützige Eingriffe in die körperliche Integrität des Betreuten sind mit dessen Wohl grundsätzlich unvereinbar. Schon im Hinblick auf diese Überlegungen muß die Erteilung der Einwilligung durch den Betreuer ausscheiden.
Für die hier in Rede stehenden medizinischen Eingriffe bei Geistigbehinderten ist somit festzuhalten, daß aufgrund des Erfordernisses der Geschäftsfähigkeit die klinische Prüfung an Geistigbehinderten nur in seltenen Ausnahmefällen zulässig ist. Wie bereits oben[721] festgestellt kommt in der Regel bei einem geringeren IQ als 60 die Annahme natürlicher Geschäftsunfähigkeit in Betracht. Demzufolge sind wissenschaftliche Versuche allenfalls bei Geistigbehinderten mit einer leichten Oligophrenie[722] denkbar. Gleichwohl ist auch für diesen Personenkreis das Vorliegen der Geschäftsfähigkeit die Ausnahme. Geistig schwer und schwerst behinderte Betreute, sowie Geistigbehinderte mit einer mittelgradigen Oligophrenie sind aufgrund des hohen Schutzniveaus des geltenden Rechts von der klinischen Arzneimittelerprobung grundsätzlich ausgenommen. Es ist damit festzuhalten, daß sich die Zulässigkeit klinischer Arzneimittelprüfung, mithin fremdnütziger Forschung an geschäfts- und einwilligungsunfähigen Geistigbehinderten nicht aus § 40 AMG herleiten läßt.

2. Klinische Prüfung am Kranken - Therapeutischer Versuch, § 41 AMG, § 18 MPG

Von dem rein wissenschaftlichen Versuch am Probanden ist die klinische Prüfung am Kranken zu trennen. Bei der klinischen Prüfung am einschlägig Erkrankten, auch therapeutischer Versuch genannt, werden in einer klinischen Prüfung Erkenntnisgewinn und Heilversuch kombiniert.[723] Der therapeutische Versuch stellt hierbei eindeutig und ausschließlich auf den therapeutischen Erfolg beim Patienten selbst ab. Gleichwohl schadet es dem individual-therapeutischen

---

[720] Vgl. Staudinger-Bienwald, § 1904 Rdn. 43.

[721] Vgl. § 3 I. 2.

[722] IQ von 50 bis 69; vgl. hierzu im Einzelnen § 1 I. 2.

[723] Helle/ Frölich/ Haindl, NJW 2002, S. 858.

Nutzen[724] nicht, wenn mit dem Heilinteresse auch ein Forschungsinteresse verbunden ist.[725]

Die Parallelbestimmungen § 41 AMG, § 18 MPG regeln als spezielle Normen die Voraussetzungen der klinischen Prüfung eines Arzneimittels bzw. eines Medizinprodukts am Kranken. Das Gesetz bindet die Möglichkeit der Erprobung von Arzneimitteln und Medizinprodukten am Patienten streng an den Grundsatz der therapeutischen Indikation, § 41 Nr. 1 AMG, § 18 Abs. 1 MPG. Die klinische Prüfung am Erkrankten darf nur durchgeführt werden, wenn die Anwendung des zu prüfenden Arzneimittels nach den Erkenntnissen der medizinischen Wissenschaft angezeigt ist, um das Leben des Kranken zu retten, seine Gesundheit wiederherzustellen oder sein Leiden zu erleichtern. Da von „dem Kranken" die Rede ist, ist ein bloßer Gruppennutzen, ein therapeutischer Vorteil nur für andere, die an der selben Krankheit leiden, ausgeschlossen. Die Prüfung am einschlägig Kranken ist demzufolge nur dann zulässig, wenn ein möglicher individueller Nutzen für den Patienten besteht, weil der von der Person des Arztes abhängige und in seiner Willensfreiheit als Leidender eingeschränkte Patient im Vergleich zum Gesunden besonders schutzwürdig erscheint.[726] Das geltende Recht ordnet also mit systematischer Geschlossenheit eindeutig das mitmotivierende Erkenntnisinteresse dem Behandlungszweck im Einzelfall unter.[727]

Besondere Probleme ergeben sich notwendigerweise bei der erforderlichen und richtungsweisenden Trennung zwischen wissenschaftlichem und therapeutischem Versuch. Die Abgrenzung muß anhand des überwiegenden Interesses ermittelt werden.

Im Gegensatz zu einem rein wissenschaftlichen Versuch im Rahmen einer klinischen Prüfung darf die klinische Prüfung an einer kranken Person im Wege des therapeutischen Versuchs auch dann erfolgen, wenn der Betroffene geschäftsunfähig ist, § 41 Nr. 2 AMG.

Verhält es sich dagegen so, daß der erkrankte Patient geschäftsunfähig ist, aber noch über die erforderliche Einsichtsfähigkeit in Wesen, Bedeutung und Tragweite der klinischen Prüfung verfügt und seinen Willen hiernach zu bestimmen vermag, ist sowohl seine eigene Einwilligung als auch die seines Betreuers erforderlich, § 41 Nr. 3 AMG.

Mangelt es dem Kranken an der erforderlichen Einwilligungsfähigkeit, so genügt die Einwilligung seines gesetzlichen Vertreters, § 41 Nr. 4 AMG. Diese ist allerdings nur wirksam, wenn der Betreuer zuvor hinreichend aufgeklärt worden ist, § 41 Nr. 5 AMG. Die Einwilligung des gesetzlichen Vertreters ist dagegen entbehrlich, wenn eine Behandlung ohne Aufschub erforderlich ist, um das Leben des Kranken zu retten, seine Gesundheit wieder herzustellen oder sein Leiden zu erleichtern, und eine Erklärung über die Einwilligung nicht herbeigeführt werden kann, § 41 Nr. 5 S. 3 AMG.

---

724 Helle/ Frölich/ Haindl, NJW 2002, S. 860.

725 So auch Spranger, MedR 2001, S. 244.

726 Spranger, MedR 2001, S. 245.

727 Köhler, NJW 2002, S. 853 und S. 856.

§ 41 Nr. 7 AMG regelt das bei Schwerstkranken anzuwendende „humanitäre Prinzip“.[728] Danach können Einwilligung und Aufklärung des Kranken entfallen, wenn durch die Aufklärung der Behandlungserfolg gefährdet würde und ein entgegenstehender Wille des Kranken nicht erkennbar ist.
Offensichtlich bezwecken § 41 AMG, § 18 MPG einen höheren Schutz des Patienten, als er sich allein aus § 40 AMG, § 17 MPG ergäbe. Gleichwohl wird in den Nummern 2 bis 7 der § 41 AMG, § 18 MPG der Rahmen zulässiger Prüfung im Vergleich zu § 40 AMG, § 17 MPG erweitert. Danach können auch Geschäfts- und Einwilligungsunfähige in die klinische Prüfung einbezogen werden. Eventuell können sogar Einwilligung und Aufklärung entfallen. Diese Verminderungen des Probandenschutzes finden ihre Legitimation nur darin, daß auch diesen Kranken das mit der Anwendung des zu prüfenden Arzneimittels verbundene Benefit, die Heilungs- oder Linderungs-Chance, zugute kommen soll.[729]
§ 41 AMG, § 18 MPG bezwecken neben dem Probanden- bzw. Patientenschutz auch Fürsorge für die Kranken. Aus dem systematischen Gesamtzusammenhang der gesetzlichen Regelungen folgt, daß der Betreuer in Gesundheitsfragen in einen dem Wohl des Betreuten dienenden therapeutischen Versuch einwilligen kann, § 1901 Abs. 2 S. 1 BGB. Er ist dazu nach § 1901 Abs. 4 BGB sogar verpflichtet. Der therapeutische Versuch am einwilligungsunfähigen Betreuten ist daher unter den Voraussetzungen der § 41 AMG, § 18 MPG rechtlich unbedenklich.

3. Heilversuch

Der Heilversuch ist von der klinischen Prüfung scharf abzugrenzen. Der sogenannte Heilversuch betrifft die Konstellation, daß ein objektiv nicht indiziertes Mittel oder Verfahren in Ermangelung entsprechender Alternativen dennoch zum Einsatz kommt, es sich also um die letzte Rettungschance handelt.[730]
Im Gegensatz zur klinischen Prüfung eines Arzneimittels, bei der es dem Arzt in erster Linie auf die Sammlung von Erkenntnissen über die Wirkungsweise des Medikaments ankommt, steht beim Heilversuch das individuelle Heilungsinteresse im Vordergrund.[731] Bei einem Heilversuch ist der behandelnde Arzt im Rahmen seiner Therapiefreiheit berechtigt, ein Arzneimittel im Einzelfall auf Grund seiner Therapieentscheidung in einem Indikationsgebiet anzuwenden, für das das Arzneimittel keine arzneimittelrechtliche Zulassung besitzt.[732] Das gleiche gilt für die Ermittlung von Therapiekonzepten zur Standardisierung der Behandlung eines Patienten.[733]
Der Heilversuch ist keine klinische Prüfung und unterliegt daher nicht der Beschränkungen der §§ 40, 41 AMG.[734]

---

[728] Helle/ Frölich/ Haindl, NJW 2002, S. 861.

[729] Vgl. Helle/ Frölich/ Haindl, NJW 2002, S. 861.

[730] Spranger, MedR 2001, S. 238.

[731] Rehmann, AMG, § 40 Rdn. 2; Spranger MedR 2001, S. 238.

[732] Sander/ May-Sander, Erl. § 40-C, Blatt 6a (28. Lfg.).

[733] Sander/ May-Sander, Erl. § 40-C, Blatt 6a (28. Lfg.).

[734] Rehmann, AMG, § 40 Rdn. 2; Sander/ May-Sander, Erl. § 40-C, Blatt 6a (28. Lfg.).

Bei einem ausschließlich dem Wohl des Patienten dienenden Heilversuch ist der Betreuer grundsätzlich nach den betreuungsrechtlichen Bestimmungen berechtigt, die erforderliche Einwilligung anstelle des einwilligungsunfähigen Betreuten zu erteilen.[735]

4. Besondere Problemlage: Die randomisierte Studie

Problematisch ist ferner der Einschluß nichteinwilligungsfähiger Erwachsener in eine randomisierte Studie. Dies wirft in bezug auf den hier in Rede stehenden Personenkreis der meist einwilligungsunfähigen geistig behinderten Betreuten die Frage auf, ob die klinische Prüfung in Form der kontrollierten Studie an Geistigbehinderten zulässig ist.

Bei der kontrollierten Therapiestudie werden die Probanden bzw. Patienten in zwei Gruppen eingeteilt, von denen die Testgruppe das zu testende Prüfpräparat und die Kontrollgruppe ein Vergleichspräparat oder ein Placebo erhält. Die Auswahl (Randomisierung) der Probanden zur Test- bzw. Kontrollgruppe erfolgt nach dem Zufallsprinzip anhand besonderer statistisch-mathematischer Auswahlverfahren.[736] Die gängige weitere Ausdifferenzierung der kontrollierten Studie nach Blind- und Doppelblindprüfung, bzw. Cross-over Versuch ist in diesem Zusammenhang ohne Belang.
Die Methode der Randomisierung mag im Interesse valider Ergebnisse eine ebenso unverzichtbare wie notwendige Wirksamkeits- und Verträglichkeitsprüfung neuer Arzneimittel sein. Soweit uneingeschränkt geschäfts- und einwilligungsfähige Personen von solchen kontrollierten Therapiestudien betroffen sind, legitimiert der „ informed consent", also die autonome Entscheidung dieser Personen Belastungen mit Risiken und sonstigen Nachteilen.[737] Gänzlich anders verhält es sich dagegen bei der Forschung mit einwilligungsunfähigen Personen, weil hier grundsätzlich der legitimierende „informed consent" fehlt.

Als Hauptproblem stellt sich in der Praxis die Frage, ob die Einbeziehung von einwilligungsunfähigen Personen in eine kontrollierte Therapiestudie zulässig ist. Laufs[738] hält den Einschluß nichteinwilligungsfähiger Erwachsener in eine randomisierte Studie für zulässig, wenn sich die Nutzen-Risiken-Relation in der Test- wie der Kontrollgruppe äquivalent darstellt. Das entscheidende Argument für die Zulässigkeit der kontrollierten Studie an Einwilligungsunfähigen ist, daß der Patient nur durch die Teilnahme an der randomisierten Studie die dem Zufall überantwortete Chance einer möglicherweise vorteilhaften Therapie erhalten könne. Demnach liegt in der Studienteilnahme an sich ein hinreichender Vorteil. Dem ist zu widersprechen. Die Auffassung Laufs ist mit dem Anforderungsniveau des geltenden Rechts, wie es sich de lege lata im Arzneimittelrecht präsentiert, nicht vereinbar. Nach dem Grundsatz der strengen therapeutischen Indikation ist das Experiment mit dem Zufall ausgeschlossen. Gem. § 41 AMG darf

---

[735] Vgl. auch Mayer, S. 75.

[736] Vgl.zu den Einzelheiten Sander/ May-Sander, Erl. § 40-C. Blatt 8 (21. Lfg.).

[737] Vgl. auch Freund/ Heubel, MedR 1997, S. 347.

[738] Laufs, NJW 2001, S. 3382.

die klinische Prüfung am einschlägig Kranken nur durchgeführt werden, wenn die Anwendung des zu prüfenden Arzneimittels nach den Erkenntnissen der Wissenschaft angezeigt ist, um das Leben des Kranken zu retten, seine Gesundheit wiederherzustellen oder sein Leben zu erleichtern. Ein möglicher individueller Nutzen für den Patienten kann indes nur in Betracht kommen, wenn sichergestellt ist, daß der Betreute der Testgruppe zugeordnet wird und er das zu erprobende Mittel auch tatsächlich erhält. Diese Forderung ist jedoch mit der Methode der Randomisierung und der wissenschaftlichen Validität der Ergebnisse einer kontrollierten Studie unvereinbar.

Verhält es sich dagegen so, daß der Patient der Kontrollgruppe zugeteilt wird, so begegnet auch diese Zuordnung durchgreifenden Bedenken.

Sehr umstritten ist die „Behandlung“ der Kontrollgruppe mit einem Placebo. Erhält der erkrankte Patient ein Leerpräparat, findet insoweit gar keine Behandlung statt, so daß es bereits an der Möglichkeit eines therapeutischen Erfolges fehlt. Des weiteren steht eine solche „Nichtbehandlung“ im eklatanten Widerspruch zum Wohl des betreuten Patienten.

Zutreffend wird daher bei der klinischen Prüfung an Kranken für die Kontrollgruppe angenommen, daß ihr die Standardbehandlung nicht vorenthalten werden darf. Nach dieser Ansicht ist bei vergleichenden Therapiestudien die Placebovergabe an die Kontrollgruppe nur zulässig, wenn eine Standardtherapie nicht existiert, ansonsten ist die Standardtherapie für die Kontrollgruppe unerläßlich.[739] Geht der mögliche Vorteil der klinischen Prüfung indessen nicht über das Niveau der ohnehin indizierten Standardbehandlung hinaus, ist die Einbeziehung eines Einwilligungsunfähigen in eine randomisierte Studie, bei welcher der Einzelfall vornehmlich im wissenschaftlichen Erkenntnisinteresse zufällig den zu erprobenden Therapiealternativen zugeordnet wird[740], nicht gerechtfertigt.
Denn selbst wenn der Kontrollgruppe als Vergleichspräparat ein zugelassenes Arzneimittel verabreicht wird, bedeutet dies, daß sich der behandelnde Arzt hinsichtlich des konkreten Falls seiner eigenen Therapieentscheidung enthält und letztlich im wissenschaftlichen Erkenntnisinteresse der Zufallsverteilung Raum gibt.[741] Insoweit dominiert eindeutig das experimentelle Interesse das Heilungsinteresse, so daß in Wahrheit ein unzulässiger wissenschaftlicher Versuch an einem nicht einwilligungsfähigen geistig behinderten Menschen vorliegt. Wie bereits oben ausgeführt läßt sich die Zulässigkeit fremdnütziger Forschung an Einwilligungsunfähigen nicht aus §§ 40, 41 AMG herleiten.
Damit bleibt abschließend festzuhalten, daß die Einbeziehung von einwilligungsunfähigen Personen mit einer geistigen Behinderung in eine randomisierte Studie nicht zulässig ist.

---

[739] Helle/ Frölich/ Haindl, NJW 2002, S. 861.

[740] Vgl. Köhler, NJW 2002, S. 854.

[741] In diesem Sinn auch Köhler, NJW 2002, S. 856.

II. Klinische Prüfung von Arzneimitteln – Die Europäische Richtlinie 2001/ 20/ EG

Die Richtlinie 2001/ 20/ EG[742] des Europäischen Parlaments und des Rates vom 4.4.2001 zur Angleichung der Rechts- und Verwaltungsvorschriften der Mitgliedstaaten über die Anwendung der guten klinischen Praxis bei der Durchführung von klinischen Prüfungen mit Humanarzneimitteln vereinheitlicht das Recht der klinischen Prüfung von Arzneimitteln. Hauptsächlich betroffen von der Umsetzung der Richtlinie durch den Bundesgesetzgeber sind die §§ 40 ff. AMG.[743] Nicht betroffen von der Richtlinie sind die Medizinprodukte, für die eine besondere Regelung gilt.[744] Die Richtlinie ist bis zum 1.5.2003 umzusetzen und spätestens ab dem 1.5.2004 anzuwenden.
Das AMG regelt in den §§ 40 und 41 die Durchführung der klinischen Prüfung mit dem Ziel, Probanden und Patienten zu schützen, die sich für die klinische Prüfung zur Verfügung stellen. Die europäische Richtlinie (RiLi) umfaßt gleichfalls den Schutz der Prüfungsteilnehmer, insbesondere Minderjähriger und nicht einwilligungsfähiger Erwachsener. Sie bestimmt in Art. 3 Abs. 2 Nr. c daß, „...das Recht des Prüfungsteilnehmers auf körperliche und geistige Unversehrtheit sowie das Recht des Prüfungsteilnehmers auf Achtung der Privatsphäre... gewährleistet“ bleiben müsse.[745]
Anders als in § 40 AMG ist Geschäftsfähigkeit im technischen Sinne nicht erforderlich.[746] Gleichwohl enthält die neue europäische Richtlinie restriktive Vorschriften zum Schutz nichteinwilligungsfähiger Erwachsener.
Klinische Prüfungen an nichteinwilligungsfähigen Personen sind nach Art. 5 e der RiLi nur zulässig, wenn es für die Bestätigung von Daten, die bei Prüfungen an zur Einwilligung nach Aufklärung fähigen Personen oder mittels anderer Forschungsmethoden gewonnen wurden, unbedingt erforderlich ist.[747] Des weiteren müssen sich die Prüfungen unmittelbar auf einen lebensbedrohlichen oder sehr geschwächten klinischen Zustand beziehen, in dem sich der betreffende nichteinwilligungsfähige Erwachsene befindet.[748]

Folglich sind nach der europäischen Richtlinie an nicht Einwilligungsfähigen nur therapeutische Versuche zuzulassen. Dies entspricht dem geltenden Recht. Demgegenüber bleiben rein wissenschaftliche Versuche an Einwilligungsunfähigen unzulässig.

Zudem darf die klinische Prüfung von Arzneimitteln nach Art. 5 i der RiLi bei nicht einwilligungsfähigen Erwachsenen nur durchgeführt werden, wenn die begründete Erwartung besteht, daß die Verabreichung des Prüfpräparats einen

742 ABlEG Nr. L 121 v. 1.5.2001, S. 34.

743 Vgl. zu den Einzelheiten Deutsch, NJW 2001, 3361 ff.

744 Vgl. Deutsch, NJW 2001, S. 3361.

745 Vgl. Laufs, NJW 2001, S. 3382.

746 Vgl. Deutsch, NJW 2001, S. 3362.

747 Vgl. Deutsch, NJW 2001, S. 3363.

748 Vgl. Deutsch, NJW 2001, S. 3363.

Nutzen für den betroffenen Patienten hat, der die Risiken überwiegt oder keinerlei Risiken mit sich bringt. Diese Regelung entspricht weitgehend dem Grundsatz der therapeutischen Indikation des § 41 AMG. Gleichwohl wird der Anwendungsbereich des therapeutischen Versuchs durch die europäische Regelung auf diejenigen Fälle erweitert, in denen die klinische Prüfung praktisch risikofrei, aber auch ohne greifbaren individual-therapeutischen Nutzen für den Patienten ist. Die Einwilligung in die klinische Prüfung erteilt nach Art. 5a der RiLi bei nicht einwilligungsfähigen Prüfungsteilnehmern der gesetzliche Vertreter.

Als Resümee ist folglich festzuhalten, daß beiden Bestimmungen im Wesentlichen die gleichen Vorstellungen zu Grunde liegen. Die Vorschriften der europäischen Richtlinie zum Schutz nicht einwilligungsfähiger Erwachsener sind daher mit dem hohen Schutzniveau der §§ 40, 41 AMG weitgehend vergleichbar.

III. Das europäische Menschenrechtsübereinkommen zur Biomedizin

Das „Übereinkommen zum Schutz der Menschenrechte und der Menschenwürde im Hinblick auf die Anwendung von Biologie und Medizin"[749] des Europarates hat in Deutschland heftige Debatten ausgelöst. Das europäische Übereinkommen über Menschenrechte und Biomedizin (EMRÜ-Biomedizin)[750] - besser bekannt unter den schlagwortartigen Begriffen „Bioethikkonvention"[751] oder „Biomedizinkonvention"[752] – ist von der Bundesrepublik Deutschland bislang weder unterzeichnet noch ratifiziert worden. Zu groß war bislang der gesellschaftliche Widerstand, der sich in Stellungnahmen von Behindertenverbänden, aber auch in Äußerungen des Deutschen Richterbundes oder des Deutschen Ärztetages zeigte.[753]

Die heftige Kritik der deutschen Öffentlichkeit richtet sich neben anderen, hier nicht weiter zu verfolgenden Punkten, vor allem gegen die durch Art. 17 EMRÜ-Biomedizin eingeräumte Möglichkeit der Forschung an nicht einwilligungsfähigen Personen.

Obgleich wissenschaftliche Versuche für die Fortentwicklung des medizinischen Wissensstandes sicherlich unverzichtbar sind, wirft die Einbeziehung Einwilligungsunfähiger in Forschungsvorhaben in besonderem Maße rechtliche und ethische Fragen auf.

---

[749] Abgedruckt in Schell, Sterbebegleitung und Sterbehilfe, 258 ff.

[750] Der völkerrechtliche Vertrag des Europarates vom 4.4.1997 verpflichtet die Unterzeichnerstaaten dazu, seine Regeln in unmittelbar geltendes Recht zu überführen. Durch die Rahmenkonvention werden Mindeststandards gesetzt. Gleichwohl bleibt es den Beitrittsstaaten unbenommen, einen weiterreichenden Schutz durch nationales Recht zu gewährleisten. Vgl. hierzu auch Laufs, NJW 2000, S. 1764.

[751] Vgl. Spranger, MedR 2001, S. 244.

[752] Vgl. Höfling/ Demel, MedR 1999, S. 540.

[753] Vgl. hierzu auch Spranger, MedR 2001, S. 238.

In Deutschland bestehen starke und respektable Vorbehalte gegen das Übereinkommen.[754] Die Erfahrungen unserer jüngsten Geschichte mit klinischen Prüfungen am Menschen, die hiervon keinen Nutzen, sondern nur Schmerzen, Qualen und vielfach auch den Tod zu erwarten hatten[755], haben dazu geführt die Forschung an Einwilligungsunfähigen mit besonderem Argwohn zu betrachten. Die Angst vor dem Mißbrauch klinischer Prüfungen an Einwilligungsunfähigen wurde bei der Erstellung der Bioethikkonvention sehr ernst genommen. Im Verlauf der Entwicklung des Übereinkommens wurden die Schutzkriterien für Einwilligungsunfähige deshalb wesentlich erhöht.[756] Gleichwohl hat der Europarat der Forschung an Einwilligungsunfähigen keine klare Absage erteilt.

Zentraler Ansatzpunkt für den Schutz Einwilligungsunfähiger ist Art. 6 Abs. 1 Hs. 1 des Übereinkommens. Nach dieser Bestimmung darf eine Intervention bei einer einwilligungsunfähigen Person nur zu ihrem unmittelbaren Nutzen erfolgen. Danach ist die fremdnützige Forschung grundsätzlich unzulässig.[757] Unter welchen Voraussetzungen eigennützige Maßnahmen an nicht einwilligungsfähigen Geistigbehinderten durchgeführt werden dürfen, wird sodann in Art. 6 Abs. 3 EMRÜ-Biomedzin näher ausdifferenziert. Ist eine volljährige Person auf Grund einer geistigen Behinderung, einer Krankheit oder aus ähnlichen Gründen von Rechts wegen nicht fähig, in eine Intervention einzuwilligen, so darf diese nur mit Einwilligung des gesetzlichen Vertreters oder einer von der Rechtsordnung dafür vorgesehenen Behörde, Person oder Stelle erfolgen.
Die Artt. 5 bis 9 regeln die allgemeinen Anforderungen für jede Form der Intervention im Gesundheitsbereich. Für die wissenschaftliche Forschung finden sich weitergehende Voraussetzungen in den Artt. 15 ff. des Übereinkommens.
Art. 17 EMRÜ-Biomedizin regelt den „Schutz Einwilligungsunfähiger bei Forschungsvorhaben". Nach Art. 17 Abs. 1 EMRÜ-Biomedizin müssen die erwarteten Forschungsergebnisse für die Gesundheit der betroffenen Person von tatsächlichem und unmittelbarem Nutzen sein. Insoweit entsprechen die Regelungen des Übereinkommens den Anforderungen des geltenden deutschen Rechts beim therapeutischen Versuch. Problematisch hingegen ist die Regelung des Art. 17 Abs. 2 EMRÜ-Biomedizin, wonach Forschung in Ausnahmefällen und nach Maßgabe der gesetzlich vorgeschriebenen Schutzbestimmungen auch dann zulässig ist, wenn die zu erwartenden Forschungsergebnisse für die Gesundheit der betroffenen Person nicht von unmittelbarem Nutzen sind. Freilich erlaubt das Übereinkommen für Menschenrechte und Biomedizin nicht jede denkbare Form der Forschung an Einwilligungsunfähigen. Das EMRÜ-Biomedizin läßt klinische Prüfungen an Einwilligungsunfähigen, die diesen nicht von unmittelbarem Nutzen sind, nur unter den folgenden Voraussetzungen zu. Nach Art. 17 Abs. 2 Ziffer I) muß die Forschung zum Ziel haben, durch eine wesentliche Erweiterung des wissenschaftlichen Verständnisses des Zustands, der Krankheit oder Störung der Person letztlich zu Ergebnissen beizutragen, die der betroffenen Person selbst oder anderen Personen nutzen können, welche derselben Al-

[754] Vgl. auch Laufs, NJW 2000, S. 1764.

[755] Vgl. Elzer, MedR 1998, S. 123.

[756] Vgl. Elzer, MedR 1998, S. 122.

[757] So auch Elzer, MedR 1998, S. 122; Spranger, MedR 2001, S. 240.

tersgruppe angehören oder an derselben Krankheit oder Störung leiden oder sich in demselben Zustand befinden. Darüber hinaus darf die Forschung für die betroffene Person nur ein minimales Risiko und eine minimale Belastung mit sich bringen, Art. 17 Abs. 2 Ziffer II). Ausreichend ist damit auch ein mit der klinischen Prüfung verbundener gruppenspezifischer Nutzen. Es handelt sich also um nach der derzeitigen deutschen Rechtslage unzulässige fremdnützige Humanforschung an Einwilligungsunfähigen.

Obgleich das Übereinkommen über Menschenrechte und Biomedizin nicht jede denkbare Konstellation der Forschung an Einwilligungsunfähigen erlaubt, liegen die einschlägigen weiter gehenden Vorschriften der Biomedizinkonvention des Europarates deutlich unter dem Anforderungsniveau des geltenden deutschen Rechts. Als Hauptargument gegen eine Ratifizierung des Übereinkommens wird deshalb der zu befürchtende „Rutschbahneffekt“[758] angeführt. Im Falle der Ratifizierung des Übereinkommens über Menschenrechte und Biomedizin ist eine Absenkung des bundesdeutschen Schutzniveaus zu befürchten.[759] Die Ausgestaltung des Übereinkommens als Regelungsrahmen beschränkt sich auf die Garantie bestimmter Mindestvoraussetzungen, die auf eine „Harmonisierung des Rechts auf unterstem Niveau“ hindeutet.[760] Als Argumentationshilfe für eine Unterzeichnung des Übereinkommens wird immer wieder der Hinweis auf die „wider-protection“-Klausel[761] des Art. 27 EMRÜ-Biomedizin bemüht.[762] Art. 27 des Übereinkommens räumt den Vertragsparteien ausdrücklich die Möglichkeit ein, über das jeweilige nationale Recht ein höheres Schutzniveau zu gewähren. Jede bloße Möglichkeit zeichnet sich gerade dadurch aus, daß von ihr nicht zwingend Gebrauch gemacht werden muß. Der Verweis auf Art. 27 der Konvention könnte sich deshalb als trügerische Hoffnung erweisen.[763] Der Anpassungsdruck nach unten wäre zu groß. Wenn Deutschland im Falle der Ratifizierung des Übereinkommens die fortschreitende Entwicklung von Medizin und Biologie in Europa mitbestimmen will und sich in der Konkurrenz mit anderen Weltteilen behaupten soll, dann wird kein Weg daran vorbeiführen, eine Art. 17 Abs. 2 EMRÜ- Biomedizin entsprechende Forschungsmöglichkeit zu schaffen.
Als weiteres Argument gegen eine Ratifizierung des Übereinkommens wird genannt, daß das EMRÜ-Biomedizin fremdnützige Forschung an Einwilligungsunfähigen zuläßt, obwohl hierin ein unzulässiger Eingriff in die Würde Einwilligungsunfähiger zu sehen sei.[764] In diesem Zusammenhang wird immer wieder die Vereinbarkeit des Art. 17 EMRÜ- Biomedizin mit der über Art. 1 Abs. 1 S. 1 GG garantierten Menschenwürde in Frage gestellt.
Es kann nicht überzeugen, wenn pauschal von einer Vereinbarkeit oder Unvereinbarkeit des Art. 17 EMRÜ-Biomedizin mit der durch Art. 1 Abs. 1 GG ge-

[758] Spranger, MedR 2001, S. 241.

[759] *A.A.* Spranger, MedR 2001, S. 246.

[760] Vgl. Spranger, MedR 2001, S. 241.

[761] Höfling/ Demel MedR, 1999, S. 546.

[762] In diesem Sinn auch Freund/ Heubel, MedR 1999, S. 348.

[763] So zu Recht Höfling/ Demel, MedR 1999, S. 246.

[764] Vgl. Elzer, MedR 1998, S. 123 m.w.N.

schützten Menschenwürde die Rede ist. Zunächst bedarf es der Klarstellung, daß mit der Ratifizierung des Übereinkommens nicht automatisch ein Eingriff in die grundrechtlich geschützte Sphäre einhergeht. Vielmehr verhält es sich so, daß der Gesetzgeber nach der Ratifizierung des völkerrechtlichen Vertrages erst einmal legislative Maßnahmen ergreifen muß, um die Rahmenkonvention in unmittelbar geltendes Recht zu überführen. Völkerrechtliche Verträge können nur durch einen Transformationsakt des Gesetzgebers zum Bestandteil der nationalen Rechtsordnung werden.[765] Gemäß Art. 59 Abs. 2 S. 1 GG bedürfen Verträge, welche die politischen Beziehungen des Bundes regeln oder sich auf Gegenstände der Bundesgesetzgebung beziehen, der Zustimmung oder der Mitwirkung der jeweils für die Bundesgesetzgebung zuständigen Körperschaften in der Form eines Bundesgesetzes. Dieses Bundesgesetz wird auch Zustimmungsgesetz[766] genannt. Das Zustimmungsgesetz hat die Wirkung, daß es den Inhalt des Vertrages, soweit er geeignet ist, unmittelbar Rechte und Pflichten einzelner zu begründen, in nationales Recht transformiert. Die Rechtsgebote des Vertrages gelten als Normen des Bundesrechts mit dem Range eines Bundesgesetzes.[767] Mithin können nur diese neu geschaffenen nationalen Normen gegebenenfalls gegen Grundrechte verstoßen.

Schließlich ist auch die in diesem Kontext zu findende Vermischung der grundverschiedenen Konstellationen des Art. 17 EMRÜ-Biomedizin unbefriedigend. Die Bestimmung des Art. 17 EMRÜ-Biomedizin befaßt sich in Absatz eins mit dem therapeutischen Versuch und in Absatz zwei mit dem wissenschaftlichen Versuch, mithin der fremdnützigen Forschung an Einwilligungsunfähigen. Diese unterschiedlichen Konstellationen können nur getrennt bewertet werden.

Unproblematisch mit der Menschenwürde vereinbar ist der in Art. 17 Abs. 1 EMRÜ-Biomedizin geregelte therapeutische Versuch an Einwilligungsunfähigen. Der therapeutische Versuch zielt auf die Heilung, die Besserung des Gesundheitszustandes oder das individuelle Überleben des Betroffenen ab.[768] Die therapeutische Forschung ist nur zulässig, wenn für den Betroffenen ein tatsächlicher und unmittelbarer gesundheitlicher Nutzen zu erwarten ist. Der Betroffene steht zwar im Mittelpunkt des Forscherinteresses, dies aber ausschließlich zu seinem eigenen Wohl.[769] Der Einwilligungsunfähige wird also weder instrumentalisiert oder entindividualisiert noch in irgendeiner anderen Form zum bloßen Objekt der Forschung gemacht.[770] Ein Verstoß gegen Art. 1 Abs. 1 GG kommt daher unter keinem Gesichtspunkt in Betracht.

Gänzlich anders verhält es sich hingegen bei der rechtlichen Bewertung wissenschaftlicher Forschung an Einwilligungsunfähigen. Art. 17 Abs. 2 EMRÜ-

---

765 Vgl. hierzu auch Badura, Staatsrecht, D 120.

766 Dieses Bundesgesetz wird Zustimmungsgesetz genannt, weil es in der Form eines Gesetzes die parlamentarische Zustimmung zu der dem Bundespräsidenten zustehenden Ratifikation des Vertrages ausspricht. Badura, Staatsrecht, D 128.

767 Vgl. Badura, Staatsrecht, D 128.

768 Spranger, MedR 2001, S. 242.

769 Spranger, MedR 2001, S. 242.

770 Spranger, MedR 2001, S. 242.

Biomedizin betrifft die fremdnützige Forschung an Einwilligungsunfähigen. Die Anforderung des gruppenspezifischen Nutzens führt zum Wegfall der Voraussetzung der Eigennützigkeit, wodurch die verfassungsrechtlichen Probleme deutlicher zutage treten.
Ob die ausschließlich fremdnützige Forschung an Menschen, die selbst keine Willens- und Verteidigungsfähigkeiten besitzen, die Achtung der Menschenwürde wahrt, erscheint zweifelhaft. Einem verbreiteten Begriffsverständnis zufolge wird das Würdekonzept des Grundgesetzes durch die sogenannte Objektformel[771] konkretisiert: Die Menschenwürde ist betroffen, wenn der konkrete Mensch zum Objekt, zum bloßen Mittel, zur vertretbaren Größe herabgewürdigt wird.[772] Bei der rein wissenschaftlichen Forschung an Einwilligungsunfähigen ist der Mensch nur noch Gegenstand der medizinischen Forschung, so daß die Gefahr seiner „Verobjektivierung" besteht.[773] Letztlich kann nichts darüber hinwegtäuschen, daß der Betroffene zum verfügbaren „Testmaterial"[774] für die Forschung, mithin vom „Subjekt zum Objekt des forschenden Zugriffs"[775] gemacht wird. Die Instrumentalisierung des betroffenen Menschen als bloßes Forschungsobjekt ist bei der ausschließlich fremdnützigen Forschung offenkundig.[776] Geht man von der älteren Objektformel aus, indiziert bereits dieser Umstand einen Verfassungsverstoß.

Das BVerfG hat die von der Literatur[777] als zu unbestimmt kritisierte Objektformel zunächst in dem sogenannten „Abhörurteil"[778] zu präzisieren versucht. Danach setzt die Verletzung der Würde des Menschen voraus, daß er „einer Behandlung ausgesetzt wird, die seine Subjektqualität prinzipiell in Frage stellt, oder daß in der Behandlung im konkreten Fall eine willkürliche Mißachtung der Würde des Menschen liegt". Die fremdnützige Forschung an Einwilligungsunfähigen bedeutet schon für sich und als solche einen Akt der „Dienst- und Nutzbarmachung"[779] von Menschen, der geeignet ist, die Subjektqualität des Betroffenen prinzipiell in Frage zu stellen. Eine solche „Indienstnahme"[780] nicht willensfähiger Menschen zu fremdnützigen Forschungszwecken stellt zudem eine willkürliche Mißachtung der Würde des Menschen dar. Gibt man die Versuchspersonen unabhängig von ihrem Willen für das „Forschungsvorhaben frei"[781], so liegt darin eine „verächtliche Behandlung" i.S. des BVerfG[782], die

[771] BVerfGE 9, 89, 95.
[772] Grundlegend Dürig in Maunz/ Dürig, Art. 1 Abs. 1 GG, Rdn. 28, 34.
[773] So auch Höfling/ Demel, MedR 1999, S. 545.
[774] Vgl. Picker, JZ 2000, S. 694.
[775] Picker, JZ 2000, S. 695.
[776] So auch Picker, JZ 2000, S. 695.
[777] Pieroth/ Schlink, Rdn. 360.
[778] Vgl. BVerfGE 30, 1.
[779] Picker, JZ 2000, S. 700.
[780] Picker, JZ 2000, S. 694.
[781] Picker, JZ 2000, S. 700.
[782] BVerfGE 30, 1, 25 f.

Ausdruck der Verachtung des Wertes ist, welcher dem Menschen kraft seines Personenseins zukommt.

In jüngerer Zeit wurde für die Auslegung des Menschenwürdebegriffs auf bestimmte Fallgruppen abgestellt.[783] Zu den Eingriffen, bei denen typischerweise die Würde des Menschen verletzt sein kann, gehört auch die Fallgruppe der „heimlichen oder gewaltsamen medizinischen Manipulation zu Forschungszwecken".[784] Auch wenn man dem neueren Ansatz der fallgruppenartigen Zusammenfassung typischer Verletzungen der Menschenwürde[785] folgt, gelangt man zu dem Ergebnis, daß die fremdnützige Forschung konsequent den Schritt der Entindividualisierung vollzieht und somit die Menschenwürde verletzt.

Obgleich es unterschiedliche Ansätze zur Konkretisierung des Würdebegriffs gibt, gelangt man unabhängig davon, welchen Definitionsansatz man zu Grunde legt, zu dem einheitlichen Ergebnis, daß die Umsetzung der in Art. 17 Abs. 2 EMRÜ-Biomedizin normierten fremdnützigen Forschung an Einwilligungsunfähigen durch den nationalen Gesetzgeber einen Verstoß gegen die Menschenwürde beinhaltet.

Als Argument für die Rechtfertigung fremdnütziger Forschung an Einwilligungsunfähigen wird zunehmend die Gemeinschaftsgebundenheit des Individuums bemüht.[786] Die Duldung minimaler fremdnütziger Eingriffe sei im Hinblick auf die möglichen Heil- und Rettungschancen als zumutbarer Tribut des Einzelnen an die Gemeinschaft rechtlich legitimiert.[787]
Die Inpflichtnahme nicht einwilligungsfähiger Versuchspersonen für gesellschaftsnützige Forschungszwecke läßt sich indes nicht als Ausdruck der Gemeinschaftsgebundenheit und Gemeinschaftsbezogenheit des Individuums begreifen. Das BVerfG[788] hat immer wieder betont, daß es das Spannungsfeld Individuum–Gemeinschaft im Sinne der „Gemeinschaftsbezogenheit" und der „Gemeinschaftsgebundenheit" der Person löse, ohne dabei deren Eigenwert anzutasten. Der unantastbare Eigenwert des Menschen beinhaltet auch die Freiheit, sich selbst zu bestimmen und zu entfalten.[789] Gerade dieses charakteristische Merkmal des Menschenbildes fehlt jedoch bei nicht selbstbestimmungsfähigen Menschen. Der unantastbare Eigenwert als Anknüpfungspunkt einer gemeinschaftsbezogenen Pflichtigkeit scheidet bei zur Selbstbestimmung unfähigen Personen aufgrund des zuvor Gesagten grundsätzlich aus. Nach den vorstehenden Überlegungen sind selbstbestimmungsunfähige Personen zur Duldung von Maßnahmen zur Förderung des Gemeinwohls ohne jegliche Einschränkung ver-

---

[783] Vgl. Pieroth/ Schlink, Rdn. 361.

[784] Vgl. Pieroth/ Schlink, Rdn. 361.

[785] So etwa Kunig in Münch/ Kunig, Art. 1, Rdn. 36.

[786] Vgl. hierzu auch Picker, JZ 2000, S. 702.

[787] Vgl. Picker, JZ 2000, S. 702 und S. 705.

[788] BVerfGE 4, 7, 15 f.; 8, 274, 329; 12, 45, 51; 27, 1, 7; 30, 173, 193; 32, 98, 108; 33, 303, 334; 50, 166, 175.

[789] Vgl. auch v.Mangoldt/ Klein/ Starck, Das Bonner Grundgesetz, Art. 1, Rdn. 10.

pflichtet. Eine derartige „Zwangsrekrutierung“[790] willen- und deshalb wehrloser Menschen zu fremdnützigen Forschungszwecken ist mit dem Menschenbild des Grundgesetzes unvereinbar. Man muß sich an dieser Stelle auch vergegenwärtigen, daß Grundrechte verschiedene funktionale Inhalte haben. Über die klassische Abwehrfunktion hinaus, haben die Grundrechte auch Leistungs- und Schutzfunktion.[791] Der Staat muß nach Art. 1 Abs. 1 S. 2 GG die Menschenwürde nicht nur achten, sondern auch schützen. Der Staat ist verpflichtet, eigene rechtswidrige Eingriffe in die Menschenwürde zu unterlassen. Darüber hinaus folgt aus Art. 1 Abs. 1 GG die Pflicht, den Menschen vor Eingriffen Dritter in seine Würde zu schützen.[792] Angesichts der Schutzgebotsfunktion des Art. 1 Abs. 1 GG ist der nationale Gesetzgeber wegen des besonderen Schutzbedarfs einwilligungsunfähiger Menschen verpflichtet, ausschließlich fremdnützige Forschung an diesem Personenkreis abzulehnen.

Zwischenzeitlich wurden aufgrund der kontrovers geführten Diskussion über eine mögliche Unterzeichnung des Übereinkommens Zusatzprotokolle[793] zur Bioethikkonvention erarbeitet.
Der Entwurf des Zusatzprotokolls[794] über biomedizinische Forschung sowie des Erläuternden Berichts[795] soll u.a. die umstrittenen Bestimmungen zur fremdnützigen Forschung an nicht einwilligungsfähigen Personen konkretisieren und Mindeststandards sicherstellen.
Ob die Problematik mit der Erstellung des Zusatzprotokolls nebst erläuterndem Bericht wirklich entschärft ist, mag man bezweifeln. Im Ergebnis verbleibt es bei der Zulässigkeit gruppennütziger Forschung an Einwilligungsunfähigen, wie sie Art. 17 Abs. 2 EMRÜ-Biomedizin vorsieht und Art. 18 Abs. 2 des Zusatzprotokolls konkretisiert. Die in Art. 18 Abs. 2 des Protokollentwurfs terminologisch beibehaltene Beschränkung der Eingriffe auf ein „minimales Risiko“ und eine „minimale Belastung“ für den Betroffenen ist wenig präzise und läßt in diesem intrikaten und umstrittenen Problemfeld zuviel Interpretationsspielraum. Zudem ist höchst zweifelhaft, ob sich die einmal zugelassenen fremdnützigen Forschungseingriffe an einwilligungsunfähigen Menschen de facto auf einen „Eingriff mit minimalem Risiko und minimaler Belastung“ eindämmen lassen. Zu Recht wird in diesem Zusammenhang vor der Bedeutung des „ersten

[790] Picker, JZ 2000, S. 701.

[791] Jarass/ Pieroth, Grundgesetz, Vorb. vor Art. 1, Rdn 5 ff.

[792] Vgl. hierzu auch v.Mangoldt/ Klein/ Starck, Das Bonner Grundgesetz, Art. 1 Abs. 1, Rdn. 37.

[793] Bislang ist nur das Klonverbotsprotokoll von 1998 zum 1.03.2001 in Kraft getreten. Vgl. http://auswaertiges-amt.de/www/de/aussenpolitik/menschenrechte/mr_inhalte_ziele/ 19.08.03

[794] Entwurf eines Zusatzprotokolls zum Übereinkommen über Menschenrechte und Biomedizin über biomedizinische Forschung vom 18.07.2001; http://www.bmj.bund.de/images/10924.pdf.

[795] Entwurf eines erläuternden Berichts zum Zusatzprotokoll zum Übereinkommen über Menschenrechte und Biomedizin über biomedizinische Forschung; http://www.bmj.bund.de/images/10923.pdf.

Schritts" gewarnt.[796] Denn gestattet man auch nur minimale fremdnützige Forschungseingriffe, so hat man den ersten Schritt in Richtung fremdbegünstigender Exploration getan. Die Erfahrung aus der jüngeren Geschichte zeigt, daß der Gang der weiteren Entwicklung eine autonome Eigendynamik entfalten kann.[797]

Unabhängig davon wird auf wissenschaftliche Versuche an Einwilligungsunfähigen besonders sensibel reagiert, weil Einwilligungsunfähige hierfür am leichtesten verfügbar sind und sich in ihrer generellen Wehrlosigkeit geradezu als Forschungsobjekt anbieten.

Zusammenfassend ist somit festzuhalten, daß Art. 17 Abs. 1 EMRÜ-Biomedizin, der die therapeutische Forschung an Einwilligungsunfähigen betrifft, keine gravierenden verfassungsrechtlichen Probleme aufwirft. Hingegen verstößt der rein wissenschaftliche Versuch nach Art. 17 Abs. 2 EMRÜ-Biomedizin an einwilligungsunfähigen Betroffenen gegen die Menschenwürde. Sollte der Gesetzgeber im Falle der Ratifizierung des Übereinkommens eine Art. 17 Abs. 2 EMRÜ-Biomedizin entsprechende nationale Regelung schaffen, ließe sich der Konflikt zu Art. 1 Abs. 1 GG nicht vermeiden. Die Bundesrepublik Deutschland sollte deshalb das Übereinkommen zum Schutze der Menschenrechte und der Menschenwürde im Hinblick auf die Anwendung von Biologie und Medizin gerade im Interesse der Menschenwürde nicht ratifizieren.

Abschließend sei noch auf die bestehenden völkerrechtlichen Bindungen der Bundesrepublik hingewiesen. Aufmerksamkeit verdient in diesem Problemkontext auch Art. 7 Satz 2 des internationalen Pakts über bürgerliche und politische Rechte[798] vom 15.11.1973, der folgendes bestimmt: „Insbesondere darf niemand ohne seine freiwillige Zustimmung medizinischen oder wissenschaftlichen Versuchen unterworfen werden."[799] Bezogen auf die hier angesprochenen klinischen Prüfungen an Geistigbehinderten wird es regelmäßig an der Einwilligungsfähigkeit und demzufolge an der Möglichkeit einer freiwilligen Zustimmung fehlen.

---

[796] Picker, JZ 2000, S. 695.

[797] So auch Picker, JZ 2000, S. 695.

[798] BGBl. II S. 1533.

[799] Vgl. hierzu auch Höfling/ Demel, MedR 1999, S. 246.

§ 8 Organtransplantationen

Am 25.6.1997 wurde im Deutschen Bundestag das Transplantationsgesetz verabschiedet.[800] Die rechtlichen Voraussetzungen für die Spende, Entnahme und Übertragung von menschlichen Organen war in Deutschland bislang nicht spezialgesetzlich geregelt. Das Betreuungsgesetz enthält auch in der durch das BtÄndG geänderten Form keine Regelungen für die Organspende. Der Regierungsentwurf sah seinerzeit kein Bedürfnis, im Betreuungsgesetz besondere Regelungen zur Organspende zu treffen.[801] Die Frage der Zulässigkeit von Organverpflanzungen beurteilte sich daher vor Inkrafttreten des Transplantationsgesetzes am 1.12.1997 nach den allgemeinen Regelungen des Betreuungsrechts.

I. Die bisherige Rechtslage

Von zentraler Bedeutung für die vorliegende Untersuchung ist die Frage, unter welchen Voraussetzungen Organübertragungen bei geistig behinderten Betreuten zulässig sind. Zunächst gilt es bei der Organverpflanzung zwischen der Organimplantation, der Lebendspende und der postmortalen Organentnahme zu unterscheiden. Der Betreuer kann folglich in verschiedenster Weise mit der Frage der Organtransplantation konfrontiert werden. Der Betreute kommt zum einen als Empfänger eines von einem Dritten gespendeten Organs in Betracht. Zum anderen stellt sich in diesem Zusammenhang die Frage der Zulässigkeit von Lebendspenden und postmortaler Organentnahme bei unter Betreuung stehenden Organspendern.

1. Der Betreute als Lebendspender

Die Lebendspende eines einwilligungsfähigen Betreuten ist nach den eingangs entwickelten allgemeinen Grundsätzen zulässig.[802] Bei einwilligungsfähigen lebenden Personen ist daher für die Zulässigkeit der Organentnahme die Einwilligung des Organspenders nach vorangegangener Aufklärung erforderlich. Nichts anderes gilt für Menschen mit einer geistigen Behinderung. Zu berücksichtigen ist jedoch, daß an die Einwilligungsfähigkeit des Betreuten in Anbetracht der Schwere des Eingriffs und der damit für seine weitere Lebensführung möglicherweise verbundenen Belastungen hohe Anforderungen zu stellen sind.[803]

Ist der Betreute dagegen einwilligungsunfähig, so stellt sich die Frage, ob der entsprechend aufgeklärte Betreuer des Betroffenen die Einwilligung in eine Lebendspende wirksam erteilen kann.
Lebendspenden von Organen werden bei Nieren und Lebern praktiziert.[804] Durch die Lebendspende kann die Lebensqualität des Organempfängers ent-

---

[800] Deinert, BtPrax 1998, S. 60; Walter, FamRZ 1998, S. 201.

[801] BT-Drucks. 11/ 4528, S. 142.

[802] Vgl. Kern, MedR 1993, S. 250; Kern, MedR 1991, S. 70.

[803] Vgl. Kern, MedR 1993, S. 250; Kern, MedR 1991, S. 70; Mayer, S. 74.

[804] Seidenath, MedR 1998, S. 253.

scheidend verbessert werden. Während sich Nieren nicht wieder bilden können, gesunde Menschen aber auch mit nur einer funktionstüchtigen Niere keine Einschränkung ihrer Lebensqualität zu erwarten haben, können Lebern nach einer Leberteilspende zu ihrer Leistungsfähigkeit zurückfinden.[805] Gleichwohl muß man sich vor Augen führen, daß es sich bei der Organentnahme um einen erheblichen medizinischen Eingriff handelt, der mit gesundheitlichen Risiken für den Lebendspender verbunden ist. Der Organspender geht in jedem Fall das Narkose- und das Infektionsrisiko ein. Insoweit handelt es sich bei der Lebendspende um einen therapeutisch nicht gerechtfertigten ausschließlich fremdnützigen Eingriff.
Unabhängig davon, ob die in § 40 Abs. 2 AMG spezialgesetzlich verankerte Untersagung fremdnütziger Forschung an Einwilligungsunfähigen analogiefähig ist oder sogar einem allgemeinen Rechtsgrundsatz[806] entspricht, sind gegen die Einwilligungsbefugnis des Betreuers in eine Lebensspende schwerwiegende betreuungsrechtliche Bedenken anzumelden. Vordringliche Aufgabe des Betreuers ist gem. § 1901 Abs. 2 S. 1 BGB, das Wohl seines Schutzbefohlenen zu wahren. Die Lebendspende dient indes nicht dem Wohl des Organspenders, sondern ausschließlich dem Wohl des Organempfängers. Die Einwilligung des Betreuers in eine Organspende zu Lebzeiten wird daher regelmäßig gegen § 1901 Abs. 2 S. 1 BGB verstoßen. Etwas anderes mag gelten, wenn die Organspende in extremen Ausnahmefällen auch dem seelischen Wohl des Betreuten dient. Nach den Ausführungen in den Gesetzesmaterialien soll die Einwilligung des Betreuers in eine Organspende ausnahmsweise möglich sein, wenn etwa das Kind des Betreuten nur durch dessen Organspende gerettet werden kann.[807] Gleichwohl hielt der Gesetzgeber die allgemeinen Vorschriften über das Wohl des Betreuten für ausreichend, um in solch einem extremen Ausnahmefall zu einem sachgerechten Ergebnis zu gelangen.[808]

Zusammenfassend ist daher festzuhalten, daß der Betreuer eines einwilligungsunfähigen Betreuten nicht wirksam in dessen Namen in eine Lebendspende einwilligen kann.

2. Der Betreute als postmortaler Organspender

Weiterhin stellt sich die Frage, ob der Betreuer eine Organentnahme nach dem Tod des Betreuten gestatten kann.
Die einzigen bekannten Entscheidungen hierzu sind die des AG Mölln[809] und die hierauf ergangene Beschwerdeentscheidung des LG Lübeck.[810] Beide Instanzen lehnten letztlich die Möglichkeit, einem Betreuer die Erklärung zu gestatten,

---

805 Seidenath, MedR 1998, S. 253.

806 Vgl. Gaidzik/ Hiersche, MedR 1999, S. 62; Spranger, MedR 2001, S. 242.

807 BT-Drucks. 11/ 4528, S. 142.

808 BT-Drucks. 11/ 4528, S. 142.

809 AG Mölln, FamRZ 1995, 188 f.

810 LG Lübeck, FamRZ 1995, 1232 ff.

dem Betreuten dürften nach seinem Tode Organe zu Transplantationszwecken entnommen werden, ab.
Nach Ansicht des AG Mölln ist die Vertretung durch den Betreuer ausgeschlossen, da es sich bei der Organspendeerklärung um einen höchstpersönlichen Rechtsakt handele, bei dem eine Vertretung unzulässig sei.
Das Landgericht Lübeck hat die gegen die Entscheidung des AG Mölln gerichtete Beschwerde durch Beschluß zurückgewiesen und sich der Auffassung des Amtsgerichts angeschlossen, da die angestrebte Erweiterung der Betreuung für diesen Zweck aus Rechtsgründen nicht möglich und auch nicht erforderlich ist. Allerdings hat es das LG Lübeck als zweifelhaft angesehen, ob die Einwilligung ein so höchstpersönliches Gut ist, daß der Betroffene die Erklärung nur selbst abgegeben kann.

Dem Ergebnis der beiden Entscheidungen ist zuzustimmen. Indes kann die Begründung dieser Entscheidungen nicht überzeugen. Beide Instanzen verkennen offenbar, daß sich die Frage nach der Genehmigungsfähigkeit einer Betreuerentscheidung immer erst dann stellt, wenn sie in den Aufgabenkreis des Betreuers fällt. Mit Bienwald[811] ist davon auszugehen, daß die Organspendeerklärung nicht vom Aufgabenkreis der Gesundheitsfürsorge erfaßt wird. Der Betreuer ist nur im Rahmen des übertragenen Aufgabenkreises zur gesetzlichen Vertretung des Betreuten befugt. Demzufolge ist der Betreuer auch nicht zur Einwilligung in eine Organspende befugt, so daß sich die Frage der Genehmigungsbedürftigkeit der Einwilligung zwangsläufig nicht stellt.

Zu berücksichtigen ist jedoch auch stets, daß die Betreuung automatisch mit dem Tod des Betreuten endet.[812] Eine entsprechende Regelung hat der Gesetzgeber wegen der Selbstverständlichkeit nicht vorgenommen.
Somit ist die Anordnung eines entsprechenden Aufgabenkreises „Gestattung der Organentnahme nach dem Tod des Betreuten" schlechterdings nicht möglich. Die Anordnung eines derartigen Aufgabenkreises ginge ins Leere. Vielmehr ist die Entscheidung über die Organentnahme nach dem Tod des Betreuten Aufgabe des totensorgeberechtigten Angehörigen.[813]

Abschließend ist somit festzuhalten, daß der gesetzliche Betreuer nicht berechtigt ist, nach dem Tod des Betreuten die Entnahme von Organen zu gestatten.

3. Der Betreute als Organempfänger

Gänzlich anders verhält es sich hingegen bei den dem Wohl des Patienten dienenden Organimplantationen. Vielen schwerkranken Menschen kann heute durch eine Organtransplantation geholfen werden.[814] Neben der Verbesserung der Lebensqualität durch eine Augenhornhaut-Transplantation kann vor allem durch die Transplantation einer Niere, eines Herzens, einer Leber, einer Lunge

---

[811] Staudinger-Bienwald, § 1902 Rdn. 58; Staudinger-Bienwald, § 1904 Rdn. 40.

[812] Sonnenfeld, Rdn. 382.

[813] BGH, NJW 1990, S. 2313.

[814] Deinert, BtPrax 1998, S. 60.

oder einer Bauchspeicheldrüse das Leben eines schwerkranken Menschen erheblich verlängert oder sein Leiden vermindert werden.[815]

Ist der Betreute einwilligungsfähig, so entscheidet er ungeachtet der Betreuung über die Organverpflanzung. An die Einwilligungsfähigkeit sind jedoch in Anbetracht der Schwere des Eingriffs hohe Anforderungen zu stellen. Daher wird in den meisten Fällen die Einwilligungsfähigkeit zu verneinen sein.

Ist der Betreute in bezug auf die Übertragung des gespendeten Organs einwilligungsunfähig, so stellt sich die Frage der Einwilligung in den ärztlichen Eingriff durch den Betreuer. Kommt der Betreute als Empfänger eines von einem Dritten gespendeten Organs in Betracht, so dient die Organübertragung ausschließlich dem Wohl des Betreuten. Der Betreuer ist daher berechtigt, in die Organtransplantation einzuwilligen, um das Wohl des Betreuten zu wahren, § 1901 Abs. 2 BGB. Vielmehr ist er dazu nach § 1904 Abs. 4 BGB sogar verpflichtet.
Fraglich ist weiterhin, ob die Einwilligung des Betreuers der vormundschaftsgerichtlichen Genehmigung nach § 1904 Abs. 1 BGB bedarf. Die Übertragung von Organen und Geweben gehört heute aufgrund der Entwicklung der Medizin zum Standard der medizinischen Versorgung. Gleichwohl handelt es sich bei Organverpflanzungen um einen erheblichen medizinischen Eingriff. Ein besonderes Problem stellt nach der Transplantation von durchbluteten Organen die Abstoßungsreaktion des Körpers gegen das transplantierte Organ dar.[816] Die Überlebensrate bei Leber- und Herztransplantationen beträgt nur rund 70 %.[817] Mithin weisen Herz- und Leberverpflanzungen eine Mortalität von rund 30 % auf. Dies läßt den Schluß zu, daß bei Herz- und Lebertransplantationen die begründete Gefahr besteht, daß der Patient aufgrund der Maßnahme stirbt. Eine begründete Gefahr im Sinne des § 1904 Abs. 1 BGB ist bei einer konkreten und naheliegenden Möglichkeit des Schadenseintritts gegeben.[818] Teile der Literatur[819] fordern einen Wahrscheinlichkeitsgrad von etwa 20 %, während das LG Berlin[820] eine 8 bis 10 %ige Wahrscheinlichkeit ausreichen läßt. Nach beiden Ansichten gelangt man zu dem Ergebnis, daß bei Herz- und Lebertransplantationen mit einer Mortalität von rund 30 % die begründete Gefahr besteht, daß der Patient aufgrund des Eingriffs stirbt.
Zusammenfassend läßt sich also sagen, daß es sich bei der Organtransplantation um eine potentiell risikobehaftete ärztliche Maßnahme handelt, bei der die begründete Gefahr einer schwerwiegenden Folge i. S. des § 1904 Abs. 1 BGB besteht. Die Einwilligung des Betreuers in eine Organimplantation bedarf daher

[815] Vgl. Nickel/ Schmidt-Preisigke/ Sengler, Einführung Rdn. 1.
[816] Nickel/ Schmidt-Preisigke/ Sengler, Einführung Rdn. 3.
[817] Vgl. Deinert, BtPrax 1998, S. 62.
[818] Jürgens/ Kröger/ Marschner/ Winterstein, Rdn. 206.
[819] Wiebach/ Kreyßig/ Peters/ Wächter/ Winterstein, BtPrax 1997, S. 49.
[820] LG Berlin, FamRZ 1993, S. 598.

regelmäßig der Genehmigung durch das Vormundschaftsgericht.[821] Ausnahmen von der vormundschaftsgerichtlichen Genehmigung kommen allenfalls bei kleineren Eingriffen, wie z.B. der Hornhaut- oder der Gehörmuscheltransplantation, in Betracht.[822] Gleichwohl sind auch bei kleineren Eingriffen die Umstände des Einzelfalls entscheidend.

Das am 1.12.1997 in Kraft getretene Transplantationsgesetz normiert die rechtlichen Voraussetzungen der Spende und Entnahme von Organen. Demgegenüber sind die Voraussetzungen der Organtransplantation auf Seiten des Organempfängers spezialgesetzlich nicht geregelt worden. Verhält es sich also so, daß der Betreute als Empfänger eines von einem Dritten gespendeten Organs in Betracht kommt, beurteilt sich die Zulässigkeit der Organtransplantation weiterhin nach den oben dargelegten allgemeinen betreuungsrechtlichen Grundsätzen.

II. Die neue Rechtslage

Das Gesetz über die Spende, Entnahme und Übertragung von Organen (Transplantationsgesetz - TPG) vom 5.11.1997 bildet den vorläufigen Endpunkt einer seit Jahrzehnten kontrovers geführten Diskussion um die Normierung eines Bereichs, der bisher weitgehend gewohnheitsrechtlichen Regeln[823] und allgemeinen Grundsätzen[824] überlassen war und in dem es an Rechtsklarheit fehlte. Auf eine Darstellung der materialreichen Gesetzgebungsgeschichte kann im Folgenden verzichtet werden.[825]
Durch das Transplantationsgesetz wurde die bislang umstrittene Rechtsmaterie der Transplantationsmedizin auf eine gesicherte Grundlage gestellt.[826] Das Transplantationsgesetz hat einen klaren rechtlichen Handlungsrahmen für die Organspende und die Organentnahme zum Zwecke der Übertragung auf andere Menschen normiert. Durch das TPG wurde die Organübertragung zivil- und strafrechtlich sowie gesundheitsrechtlich abgesichert. Im Folgenden geht es nicht darum, das neue Recht der Organtransplantation abschließend darzustellen. Vielmehr soll unter dem Aspekt der medizinischen Eingriffe an Geistigbehinderten die rechtliche Zulässigkeit von Organentnahmen bei geistig behinderten Betreuten untersucht werden. Insbesondere stellt sich hierbei die Frage, wem die Entscheidungsbefugnis darüber zukommt, daß einem möglichen Organspender vom Arzt ein Transplantat entnommen werden darf.

---

[821] So auch Strätling/ Eisenbart/ Scharf, MedR 2000, S. 252. Nach Ansicht von Strätling u.a. gehören Organtransplantationen zu den speziellen Eingriffen, die grundsätzlich als genehmigungspflichtig gelten.

[822] So auch Deinert, BtPrax 1998, S. 62; Erman-Roth, § 1904 Rdn. 20.

[823] Vgl. hierzu Verhaltenskodex der Transplantationszentren von 1987 zitiert in Walter, FamRZ 1998, S. 201, Fn. 3; Vgl. auch Deinert, BtPrax 1998, S. 60.

[824] Vgl. Nickel/ Schmidt-Preisigke/ Sengler, Einführung Rdn. 17.

[825] Vgl. hierzu ausführlich Nickel/ Schmidt-Preisigke/ Sengler, Einführung Rdn. 18 ff.

[826] Vgl. auch Dufková, MedR 1998, S. 304.

Hierfür ist nach einem kurzen Überblick über den Regelungsgehalt des TPG zunächst auf die Organentnahme bei Lebenden einzugehen, bevor abschließend die postmortale Organspende zu behandeln ist.

1. Überblick zu den Regelungen des Transplantationsgesetzes

Das TPG gilt für die Spende und Übertragung von menschlichen Organen, Organteilen und Geweben, § 1 Abs. 1 S. 1 TPG. Ausgenommen sind Blut und Knochenmark sowie embryonale und fetale Organe und Gewebe, § 1 Abs. 2 TPG.
Im TPG geregelt werden die Organentnahme bei toten Organspendern (§§ 3 bis 7), die Organentnahme bei einem lebenden Organspender (§ 8), die Entnahme, Vermittlung und Übertragung bestimmter Organe (§§ 9 bis 12), Meldungen, Datenschutz, Fristen und Richtlinien zum Stand der Erkenntnisse der medizinischen Wissenschaft (§§ 13 bis 16) wie auch das Verbot des Organhandels einschließlich entsprechender Straf- und Bußgeldvorschriften (§§ 18 bis 20).

2. Die Regelung der Lebendspende im Transplantationsgesetz, § 8 TPG

Die Organentnahme bei lebenden Organspendern ist nur unter den in § 8 TPG normierten restriktiven Voraussetzungen zulässig. § 8 Abs. 1 S. 1 Nr. 3 TPG normiert die Subsidiarität der Lebendspende gegenüber der postmortalen Organspende.[827] Die Lebendspende ist demzufolge nur zulässig, wenn ein geeignetes Organ eines Verstorbenen zum Zeitpunkt der Organübertragung nicht zur Verfügung steht. Die bedeutendste Restriktion der Lebendspende enthält jedoch § 8 Abs. 1 S. 2 TPG.[828] Danach darf die Spende eines nicht regenerierungsfähigen Organs, beispielsweise einer Niere, nur zwischen Verwandten ersten oder zweiten Grades, Ehegatten, Verlobten oder anderen Personen, die sich offenkundig nahe stehen, erfolgen. Daneben ist die freiwillige Einwilligung des Spenders Grundvoraussetzung jeder Lebendspende. Ein rechtswirksame Einwilligung kann nach § 8 Abs. 1 S. 1 Nr. 1 lit. a TPG nur von einem Organspender abgegeben werden, der volljährig und einwilligungsfähig ist. Darüber hinaus muß der Spender umfassend über die Risiken aufgeklärt worden sein, § 8 Abs. 1 S. 1 Nr. 1 lit. b TPG.

Fraglich ist, ob ein entsprechend aufgeklärter gesetzlicher Vertreter des einwilligungsunfähigen Volljährigen, mithin sein Betreuer, die Einwilligung in dessen Namen wirksam erklären kann. Ein ausdrückliches Verbot der Stellvertretung enthält das TPG nicht. Nach der bisherigen Rechtslage war die stellvertretende Einwilligung des Betreuers in eine Lebendspende grundsätzlich ausgeschlossen. Etwas anderes sollte nach der amtlichen Begründung[829] des BtG nur in extremen Ausnahmefällen gelten, in denen die Spende einem nahen Angehörigen – wie etwa dem Kind des Betreuten - zugute kommen sollte.

---

[827] Vgl. Seidenath, MedR 1998, S. 253.

[828] Vgl. Seidenath, MedR 1998, S. 253.

[829] BT-Drucks. 11/ 4528, S. 142.

Es fragt sich daher, ob der Gesetzgeber es bei der bisherigen Rechtslage belassen wollte. Dagegen spricht die Gesetzesbegründung des TPG. Aus der Einzelbegründung des Regierungsentwurfs[830] zu dem damaligen § 7 (nunmehr § 8) geht hervor, daß Minderjährige und Personen, die wegen einer geistigen oder seelischen Behinderung sowie einer psychischen Krankheit nicht einwilligungsfähig sind, als Organspender ausgeschlossen sind. Die Andeutungen im RegE[831] des BtG, wonach in Ausnahmefällen die Organspende dem Wohl des Betreuten dienen kann, z.B. wenn das Leben eines Kindes der betreuten Person nur durch ihre Organspende gerettet werden kann, sind durch das TPG überholt.[832] Eine gesetzliche Stellvertretung bei der Einwilligung in eine Lebendspende ist im TPG nicht vorgesehen. Indem das TPG die Einwilligung in die Lebendspende nur dem Organspender vorbehält, scheidet die Möglichkeit gewillkürter Stellvertretung ebenfalls aus.[833] Nach dem TPG ist die Einwilligung in eine Lebendspende höchstpersönlich, so daß auch die Angehörigen nicht als Entscheidungsbefugte in Betracht kommen.[834]

Damit ist abschließend festzustellen, daß eine wirksame Einwilligung in eine Lebendspende durch den Betreuer des einwilligungsunfähigen Betreuten auf der Grundlage des TPG nicht erteilt werden kann.[835] Insoweit verankert § 8 Abs. 1 TPG als spezialgesetzliche Regelung den allgemeinen Rechtsgrundsatz, wonach fremdnützige Eingriffe an Einwilligungsunfähigen unzulässig sind.[836] Schließlich kommt die Organtransplantation ausschließlich dem Organempfänger zugute.

3. Die Regelung der postmortalen Organspende im Transplantationsgesetz, §§ 3 ff. TPG

Im zweiten Abschnitt legt das Gesetz die Voraussetzungen fest, unter denen Organentnahmen bei Verstorbenen zulässig sind. Diese Kriterien stellten die Hauptstreitpunkte im Ringen um das TPG dar. Die Regelungen der §§ 3 und 4 TPG bilden den vorläufigen Endpunkt einer seit Jahrzehnten kontrovers geführten Diskussion um die Voraussetzungen der Organentnahme bei Verstorbenen. Die noch bis zuletzt umstrittenen Fragen des sog. Hirntodkriteriums[837] und der Zustimmung der nächsten Angehörigen bei fehlender Erklärung des Verstorbe-

---

[830] BT-Drucks. 13/ 4355, S. 14 und S. 20.

[831] BT-Drucks. 11/ 4528, S. 142.

[832] So auch Staudinger-Bienwald, § 1904 Rdn. 40; *a.A.* Deinert, BtPrax 1998, S. 62.

[833] Bisher offen; ablehnend Walter, FamRZ 1998, S. 204.

[834] Vgl. Walter, FamRZ 1998, S. 204.

[835] So im Ergebnis auch MünchKomm-Schwab, § 1904 Rdn. 52.

[836] Vgl. Gaidzik/ Hiersche, MedR 1999, S. 62 ; Spranger, MedR 2001, S. 242.

[837] Obgleich zwischen allen Fraktionen Konsens darüber herrschte, daß eine Organentnahme erst nach der Feststellung des endgültigen, nicht behebbaren Ausfalls der gesamten Hirnfunktion, also des Großhirns, des Kleinhirns und des Hirnstamms (Hirntod) zulässig sein soll, bestanden unterschiedliche Auffassungen insbesondere darüber, ob der „Hirntote" als Toter oder

nen wurden dahingehend entschieden, daß der endgültige, nicht behebbare Ausfall der Gesamtfunktion des Großhirns, des Kleinhirns und des Hirnstamms nach dem Stand der medizinischen Wissenschaft ein Todeskriterium ist.[838] Damit ist der Gesetzgeber der medizinisch-wissenschaftlichen Erkenntnis gefolgt, daß der Hirntod ein sicheres Todeszeichen ist und ein unumstößliches Todeskriterium darstellt.[839]
Die Frage, ob und inwiefern Angehörigen bei der Entscheidung über die Zulässigkeit einer Organentnahme Entscheidungsbefugnisse zukommen, wurde zugunsten der sog. erweiterten Zustimmungslösung[840] entschieden, die Angehörige miteinbezieht. Mit der Regelung des § 4 Abs. 1 TPG ist - nach eingehender Diskussion im Gesetzgebungsverfahren[841] - die bereits seit langer Zeit in Deutschland praktizierte erweiterte Zustimmungsregelung gesetzlich verankert worden. Die Praxis der erweiterten Zustimmungslösung entspricht der überwiegenden Ansicht in der juristischen Literatur.[842]

§ 2 Abs. 2 TPG enthält eine Legaldefinition des Begriffs der „Erklärung zur Organspende". Wer eine Organspendeerklärung abgibt kann in eine postmortale Organspende einwilligen, ihr widersprechen oder die Entscheidung einer namentlich benannten Person seines Vertrauens übertragen. Die Entnahme von Organen bei einem Verstorbenen ist nach § 3 Abs. 1 Nr. 1 TPG zulässig, wenn der Verstorbene zu Lebzeiten in die Entnahme eingewilligt hat. Die Einwilligung kann ab dem 16. Lebensjahr erklärt werden, § 2 Abs. 2 S. 3 TPG. Darüber hinaus ist für die Rechtswirksamkeit der Einwilligung erforderlich, daß der potentielle Spender im Zeitpunkt der Abgabe der Erklärung einsichtsfähig gewesen ist. Die Anforderungen der Einsichtsfähigkeit im Einzelfall richten sich nach den allgemeinen Regeln. Ist der Betreute einwilligungsfähig, so kann er sich ungeachtet der Betreuung für oder gegen eine Organspende im Todesfall entscheiden. Auch Erklärungen, die der Betreute vor der Feststellung der Betreuungsbedürftigkeit getroffen hat, sind zu beachten.[843] Hier kommen insbesondere diejenigen Fälle in Betracht, in denen die geistige Behinderung auf einer postnatalen Ursache beruht. Steht beispielsweise der potentielle Organspender wegen eines unfallbedingten Schädel-Hirn-Traumas unter Betreuung, so ist eine in gesunden

---

als noch Lebender anzusehen ist. Vgl. zur Feststellung des Todes und den verfassungsrechtlichen Fragen des Hirntodkriteriums mit den Argumenten der Vertreter und der Opponenten des Hirntodkonzepts ausführlich Nickel/ Schmidt-Preisigke/ Sengler, Erl. § 3 Rdn. 6 ff.

[838] Nickel/ Schmidt-Preisigke/ Sengler, Einführung Rdn. 28; Dufková, MedR 1998, S. 305.

[839] Dufková, MedR 1998, S. 304.

[840] Die Divergenz zwischen der engen und der erweiterten Zustimmungslösung betrifft die Frage, ob allein dem potentiellen Organspender die Zustimmungsbefugnis zusteht (sogenannte enge Zustimmungslösung) oder ob Angehörige in den Fällen, in denen keine Erklärung des Spenders vorliegt, zur Zustimmung berufen sind (sogenannte erweiterte Zustimmungslösung). Vgl. auch Kühn, MedR 1998, S. 456.

[841] Vgl. hierzu ausführlich Nickel/ Schmidt-Preisigke/ Sengler, Einführung Rdn. 8, 17, 22 ff.

[842] Vgl. Nickel/ Schmidt-Preisigke/ Sengler, Einführung Rdn. 17 m.w.N.

[843] Vgl. Deinert, BtPrax 1998, S. 62.

Tagen abgefaßte Organspendeerklärung gem. § 2 Abs. 1 S. 1 TPG, in der der Betroffene in die Organspende eingewilligt hat, ungeachtet der aktuellen Betreuungsbedürftigkeit gleichwohl rechtsgültig. Ist der Betreute hingegen einwilligungsunfähig, so kann er nicht wirksam in eine postmortale Organspende einwilligen.
In § 2 Abs. 2 TPG bleibt zudem die Möglichkeit gewährleistet, eine Organspende abzulehnen. Der Widerspruch gegen die postmortale Entnahme eines oder mehrerer Organe kann vom vollendeten 14. Lebensjahr an erklärt werden, § 2 Abs. 2 S. 3 TPG. Liegt ein wirksamer Widerspruch vor, ist die Organentnahme nach § 3 Abs. 2 Nr. 1 TPG unzulässig.

Bezogen auf die hier angesprochenen medizinischen Eingriffe bei Geistigbehinderten ist davon auszugehen, daß in den meisten Fällen eine wirksame Organspendeerklärung durch den Betroffenen mangels Einwilligungsfähigkeit nicht in Betracht kommt. Jedenfalls für die Personengruppe der geistig schwer und schwerst Behinderten ist eine wirksame Einwilligung auszuschließen. Zweifelhaft erscheint die Einwilligungsfähigkeit auch bei Geistigbehinderten mit einer mittelgradigen Oligophrenie.

Hatte der Verstorbene zu Lebzeiten keine oder keine wirksame Erklärung zur postmortalen Organspende abgegeben, sind die nächsten Angehörigen in der in § 4 Abs. 2 S. 1 TPG bestimmten Reihenfolge zu einer Entscheidung berufen. Eine Entscheidungsbefugnis besteht jedoch nach § 4 Abs. 2 S. 2 TPG nur, wenn der nächste Angehörige in den letzten zwei Jahren vor dem Tod des möglichen Organspenders zu diesem persönlichen Kontakt hatte.

Dem nächsten Angehörigen steht eine volljährige Person gleich, die dem Verstorbenen bis zu seinem Tode in besonderer persönlicher Verbundenheit offenkundig nahegestanden hat, § 4 Abs. 2 S. 6 TPG. Steht der einwilligungsunfähige geistig Behinderte unter Betreuung, ist fraglich, ob dem Betreuer die Entscheidungsbefugnis über die Organentnahme bei dem Verstorbenen gem. § 4 Abs. 2 S. 6 TPG zukommen kann. Die Entscheidungsbefugnis des Betreuers an Stelle der nächsten Angehörigen nach § 4 Abs. 2 S. 6 TPG kommt nur in Betracht, wenn der Betreuer als Person in Frage kommt, die dem Verstorbenen in besonderer persönlicher Verbundenheit offenkundig nahegestanden hat. Zu prüfen ist daher, ob der gesetzliche Betreuer unter den Begriff „der offenkundig nahestehenden Person" zu subsumieren ist.
Nach einer Mindermeinung[844] ist der ehemalige Betreuer zur Entscheidung über die Organentnahme gem. § 4 Abs. 2 S. 6 TPG berufen. Diese Auffassung geht davon aus, daß bei vielen Menschen der Betreuer zum engsten Vertrauten werde. Insbesondere dann, wenn keine sozialen Kontakte zu den Familienmitgliedern mehr bestünden. Der Betreuer komme demzufolge als Person, die dem Verstorbenen in besonderer persönlicher Verbundenheit nahegestanden hat, in Betracht.

---

[844] Deinert, BtPrax 1998, S. 63.

Dem kann nicht zugestimmt werden. Entscheidend kommt es auf den Sinn und Zweck der Regelung des § 4 Abs. 2 S. 6 TPG an. Die Regelung trägt dem Umstand Rechnung, daß eine große Zahl von Menschen ihre wichtigsten persönlichen und sozialen Bindungen außerhalb der vom bürgerlichen Recht vorgegebenen traditionellen Modelle von Ehe und Familie sucht.[845] Der Gesetzgeber hat hierbei vor allem an Verlobte, aber auch an Personen gedacht, die mit dem möglichen Organspender in einer auf Dauer angelegten häuslichen Lebensgemeinschaft verbunden waren.[846] Als Grundlage für eine solche Verbindung wird eine gemeinsame Lebensplanung mit innerer Bindung angesehen, die auch bei in räumlicher Trennung lebenden Personen gegeben sein könne.[847] Die persönliche Verbundenheit wird in der Regel durch eine über einen längeren Zeitraum gewachsene gefühlsmäßige Bindung geprägt sein.[848] Der Betreuer mag in Ausübung seines Amtes dem Betreuten durchaus nahe gestanden haben. Eine innere Verbundenheit i. S. d. § 4 Abs. 2 S. 6 TPG zwischen dem ehemaligen Betreuer und dem Spender wird regelmäßig nicht bestanden haben. Gleichwohl ist eine derartige Verbundenheit in Ausnahmefällen denkbar. Die Beziehung zwischen dem Betreuer und dem Spender muß dann über die Betreuungstätigkeit hinaus in der Weise bestanden haben, daß das Amt selber keine Rolle mehr gespielt hat.[849] Es ist daher mit der überwiegenden Ansicht[850] davon auszugehen, daß der gesetzliche Betreuer nicht zu dem Kreis der Personen zu zählen ist, die dem möglichen Organspender in besonderer persönlicher Verbundenheit offenkundig nahegestanden haben.
Gegen eine Entscheidung durch den Betreuer über eine Organentnahme bei dem verstorbenen Betreuten spricht auch, daß die Betreuung kraft Gesetzes mit dem Tod des Betreuten endet.

Abschließend bleibt somit festzuhalten, daß der Betreuer nicht als Person in Betracht kommt, die dem Verstorbenen in besonderer persönlicher Verbundenheit offenkundig nahegestanden hat. Demzufolge kann dem Betreuer auch keine Entscheidungsbefugnis über die Organentnahme bei dem Verstorbenen an Stelle der Angehörigen nach § 4 Abs. 2 S. 6 TPG zukommen. Der gesetzliche Betreuer ist auch nach Inkrafttreten des TPG – ebenso wie nach bisherigem Recht – nicht berechtigt, die Entnahme von Organen nach dem Tod des Betreuten zu gestatten.

---

[845] Nickel/ Schmidt-Preisigke/ Sengler, Erl. § 4 Rdn. 17.

[846] Vgl. Walter, FamRZ 1998, S. 204; Nickel/ Schmidt-Preisigke/ Sengler, Erl. § 4 Rdn. 17.

[847] Vgl. Walter, FamRZ 1998, S. 204.

[848] Nickel/ Schmidt-Preisigke/ Sengler, Erl. § 4 Rdn. 17.

[849] Vgl. auch Staudinger-Bienwald, § 1904 Rdn. 40.

[850] Staudinger-Bienwald, § 1904 Rdn. 40; MünchKomm-Schwab, § 1904 Rdn. 52; Erman-Roth, § 1904 Rdn. 20.

III. Besondere Problemlage: Die Übertragung von Knochenmark

Vom Anwendungsbereich des Transplantationsgesetzes ist die Knochenmarkspende gem. § 1 Abs. 2 TPG ausdrücklich ausgenommen. Die Zulässigkeit der Knochenmarkspende richtet sich deshalb weiterhin nach den allgemeinen Grundsätzen für medizinische Eingriffe.[851] Im Rahmen der vorliegenden Untersuchung interessiert vor allem die Knochmarkübertragung bei geistig behinderten Betreuten. Wie bereits eingangs der Untersuchung erwähnt, können bei einer geistigen Behinderung unterschiedliche klinische Syndrome vorliegen. Als Trisomie 21 ist das Down-Syndrom am häufigsten unter den Chromosomenanomalien anzutreffen.[852] Bei der Trisomie 21 handelt es sich um ein Syndrom mit geistiger Behinderung unterschiedlichen Ausmaßes, sowie häufig auftretender innerer körperlicher Fehlbildungen. Seit längerem ist bekannt, daß Personen mit Down-Syndrom ein größeres Leukämie-Risiko haben als die übrige Bevölkerung.[853] Kinder mit Down-Syndrom haben ein 18mal höheres Risiko an Blutkrebs zu erkranken, wobei die meisten kindlichen Leukämien vor dem 5. Lebensjahr zum Ausbruch kommen.[854] Insbesondere mit zunehmendem Alter treten Leukämien überdurchschnittlich häufig auf.[855] Je nach Krankheitsverlauf werden akute und chronische Leukämie unterschieden. Die eigentliche Behandlung richtet sich nach der jeweiligen Form der Leukämie. Mögliche Behandlungsmethoden sind beispielsweise die Chemotherapie[856], die Strahlentherapie[857] oder die Knochenmarktransplantation.[858]

Fraglich ist, ob und unter welchen Voraussetzungen eine Knochenmarktransplantation bei geistig behinderten Personen mit Down-Syndrom vorgenommen werden darf. Wie bereits betont richtet sich die Zulässigkeit der Knochenmarkübertragung nach den allgemeinen Regeln und Grundsätzen für medizinische Eingriffe bei Geistigbehinderten.

Bei einwilligungsfähigen Personen ist demnach für die Knochenmarkentnahme die Einwilligung des Spenders nach vorangegangener Aufklärung erforderlich. Kommt der einwilligungsfähige Betreute als Empfänger des Knochenmarks in Betracht, so entscheidet er ungeachtet der Betreuung selbst über die Vornahme der Knochenmarkübertragung. Selbstredend sind an die Einwilligungsfähigkeit in eine Knochenmarktransplantation hohe Anforderungen zu stellen.

Ist der Betreute dagegen einwilligungsunfähig, so stellt sich die Frage, ob der entsprechend aufgeklärte Betreuer des Betroffenen die Einwilligung in eine

---

[851] Vgl. Nickel/ Schmidt-Preisigke/ Sengler, Erl. § 1 Rdn. 10.

[852] Vgl. Speck, Menschen mit geistiger Behinderung und ihre Erziehung, S. 46.

[853] Pschyrembel, S. 365.

[854] http://www.down-syndrom.org/ak554.htm.

[855] Pschyrembel, S. 365.

[856] Pschyrembel, S. 915.

[857] Pschyrembel, S. 915.

[858] Pschyrembel, S. 829.

Knochenmarktransplantation wirksam erteilen kann. Bei der Knochenmarkübertragung ist wiederum zu differenzieren, ob der Betreute als Knochenmarkspender oder als Knochenmarkempfänger in Betracht kommt. Die Einwilligung des Betreuers eines einwilligungsunfähigen Betreuten in eine Knochenmarkspende, die im wesentlichen auf einer Lebendspende aufbaut, ist grundsätzlich nicht möglich, weil die Knochenmarkübertragung ausschließlich auf das Wohl des Knochenmarkempfängers, nicht aber auf dasjenige des betreuten Spenders gerichtet ist. Insoweit verstößt die Einwilligung des Betreuers in eine Knochenmarkspende gegen § 1901 Abs. 2 S. 1 BGB. Ausnahmefälle, in denen die Entnahme von Knochenmark dem seelischen Wohl des Betreuten dient, weil die Knochenmarkspende beispielsweise einem schwerkranken Familienangehörigen des Betroffenen zugute kommt, sind auch hier denkbar. Nachdem die Knochenmarkübertragung explizit aus dem Anwendungsbereich des TPG - wonach eine wirksame Einwilligung des Betreuers in eine Lebendspende auch in diesen Fällen nicht möglich ist - ausgenommen ist, kommt die Einwilligung des Betreuers in eine Knochenmarkspende in solch extremen Ausnahmefällen in Betracht.

Verhält es sich hingegen so, daß der einwilligungsunfähige Betreute als Empfänger des Knochenmarks in Frage kommt, so dient die Knochenmarkübertragung ausschließlich dem Wohl des Betreuten. Der Betreuer ist in diesen Fällen gem. § 1901 Abs. 2 S. 1 BGB berechtigt und nach § 1904 Abs. 4 BGB sogar verpflichtet, in die Knochenmarkübertragung einzuwilligen.

Fraglich ist, ob die Einwilligung des Betreuers der Genehmigung durch das Vormundschaftsgericht nach § 1904 Abs. 1 BGB bedarf. Obgleich eine generelle Katalogisierung ärztlicher Maßnahmen in genehmigungspflichtige und nicht genehmigungspflichtige Eingriffe nicht in Betracht kommt, so stellt sich doch bei Knochenmarkübertragungen die Frage der Genehmigungsbedürftigkeit in besonderem Maße. Bei einer Knochenmarktransplantation können erhebliche Komplikationen auf Seiten des Knochenmarkempfängers auftreten. Ein besonderes Problem bei der Knochenmarkübertragung stellt die Abstoßungsreaktion des Körpers dar. Zur Eindämmung der Abstoßungsreaktion muß das Immunsystem langfristig durch Medikamente unterdrückt werden.[859] Dadurch können schwere Infektionen, sowie medikamentös bedingtes Leber- und Nierenversagen bei dem Knochenmarkempfänger auftreten. Möglich sind aber auch Rückfälle sowie bösartige Zweiterkrankungen, die durch die medikamentöse Behandlung ausgelöst werden.[860] Wie bereits mehrmals betont, kann die Beurteilung des Gefährdungsgrades einer ärztlichen Maßnahme immer nur konkret-individuell unter Berücksichtigung aller Umstände des Einzelfalls erfolgen. Gleichwohl ist zu bedenken, daß vor einer Knochenmarkübertragung das Empfängerknochenmark durch eine hoch dosierte Chemo- oder Radiochemotherapie zerstört wird.[861] Mithin ist davon auszugehen, daß durch diese vorbereitende Behandlung die gesundheitliche Konstitution des Patienten ohnehin schon einschlägig vorgeschädigt ist, so daß die spätere Transplantation ein erhöhtes Risikopotential für den Patienten birgt. Insoweit beinhaltet eine beabsichtigte Knochenmarkübertragung

[859] Pschyrembel, S. 1592.

[860] Pschyrembel, S. 1734 f.

[861] Pschyrembel, S. 829 und S. 1592.

im konkreten Fall ein signifikant hohes, das Durchschnittsrisiko medizinischer Behandlungen klar überschreitendes Risiko.[862]

Abschließend beibt somit festzuhalten, daß es sich bei der Knochenmarkübertragung um einen potentiell risikobehafteten Eingriff handelt, bei dem für den Knochenmarkempfänger die begründete Gefahr einer schwerwiegenden Folge i. S. d. § 1904 Abs. 1 BGB besteht.
Die Einwilligung des Betreuers in eine Knochenmarktransplantation bedarf daher stets der Genehmigung des Vormundschaftsgerichts nach § 1904 Abs. 1 BGB.[863]

[862] MünchKomm-Schwab, § 1904 Rdn. 28.
[863] So auch Strätling/ Eisenbart/ Scharf, MedR 2000, S. 252.

4. Teil: Abbruch lebenserhaltender Maßnahmen, § 1904 BGB analog?

Hoch umstritten ist in Rechtsprechung und Literatur die Frage, ob und inwieweit die Zustimmung eines gerichtlich bestellten Betreuers zu einem Behandlungsabbruch bei einem einwilligungsunfähigen Patienten mit infauster Prognose notwendig ist und ob diese gegebenenfalls einer vormundschaftsgerichtlichen Genehmigung bedarf.
Die Frage, ob die Entscheidung eines Betreuers, die künstliche Ernährung des Betroffenen abzubrechen, einer vormundschaftsgerichtlichen Genehmigung entsprechend § 1904 BGB unterliegt, ist seit langem streitig. Ausgelöst hatte die Debatte ein Beschluß des OLG Frankfurt a.M..[864] Das OLG Frankfurt a.M. hält die Einwilligung eines Betreuers in den Abbruch lebenserhaltender Maßnahmen bei einem unheilbar kranken Betreuten in analoger Anwendung des §1904 BGB für durch das Vormundschaftsgericht genehmigungspflichtig und genehmigungsfähig. Dieser Beschluß orientiert sich maßgeblich an einem obiter dictum des ersten Strafsenats des BGH.[865] In seinem Urteil vom 13.09.1994 hatte sich der BGH erstmals mit dem Fall des Abbruchs lebenserhaltender Maßnahmen bei einer irreversibel bewußtlosen Person zu beschäftigen. Der BGH hat in seinem Grundsatzurteil – vorsichtig und mit Vorbehalten – die Möglichkeit eines straflosen Abbruchs lebensverlängernder Maßnahmen beim entscheidungsunfähigen, schwerstkranken, aber noch nicht moribunden Patienten eröffnet, falls dessen mutmaßlicher Wille nach strenger Prüfung den ärztlichen Entschluß deckt.[866]

§ 9 Vorbemerkung

Der BGH und das OLG Frankfurt haben eine analoge Anwendung des § 1904 BGB in den Fällen bejaht, in denen es um die tätige Beendigung einer schon über längere Zeit durchgeführten lebenserhaltenden Behandlung bei irreversibel geschädigten, aber noch nicht im unmittelbaren Sterbeprozess befindlichen hochbetagten Patienten ging.
Die äußerst kontrovers geführte Diskussion um die beiden Entscheidungen bezieht sich daher vor allem auf den Abbruch der künstlichen Ernährung bei Vorliegen eines sogenannten apallischen Syndroms.[867] Ergänzend ist darauf hinzuweisen, daß das apallische Syndrom zu den bereits erörterten hirnchirurgischen Komplikationen zählt, die nach epilepsiechirurgischen Operationen auftreten können.[868]

---

[864] OLG Frankfurt a. M., NJW 1998, 2747 ff. = BtPrax 1998, 186 f.

[865] BGHSt 40, 257.

[866] Vgl. auch Laufs, NJW 1996, S. 1573.

[867] Apallisches Syndrom, sogenanntes Wachkoma. Ein solches Wachkoma beruht insbesondere bei älteren Menschen auf einem inkurablen, nicht rückbildungsfähigen Ausfall der Großhirnrinde. Die irreversibel bewußtlosen Apalliker sind auf Dauer von jeder Wahrnehmung sowie jeder passiven und aktiven Kommunikation mit der Umwelt ausgeschlossen. Vgl. hierzu auch Weißauer/ Opderbecke, MedR 1995, S. 457; Bernsmann, ZRP 1996, S. 88, Fn. 23.

[868] Vgl. hierzu auch § 4 IV. 2. e) cc).

Die Debatte um den Behandlungsabbruch steht in latentem Zusammenhang mit der demographischen Situation.[869] Obwohl in der zweiten Hälfte dieses Jahrhunderts die Geburtenziffern in fast allen Industrieländern drastisch zurückgegangen sind, ist die absolute Bevölkerungszahl wegen der ständig steigenden Lebenserwartung konstant geblieben.[870] Die durchschnittliche Lebenserwartung ist seit dem Jahre 1800 von 35 Jahren auf heute über 70 Jahre angestiegen, hat sich also mehr als verdoppelt.[871] Durch die moderne Medizin und die apparative Technik haben die Ärzte fast unumschränkte Möglichkeiten, Leben zu erhalten. Erst die demographischen Verschiebungen in der Altersstruktur, die verlängerte Lebenserwartung und die technische Entwicklung im Medizinbereich haben zu der ethisch und rechtlich intrikaten Problematik der Beendigung bzw. Nichtaufnahme lebenserhaltender Maßnahmen geführt.

Aus gerontologischen Befunden ergeben sich hinreichend Indizien dafür, daß der Alterungsprozeß bei Menschen mit einer geistigen Behinderung im allgemeinen nicht anders verläuft als bei alternden Menschen an sich.[872] Die Tatsache, daß die Zahl älterer Personen mit einer geistigen Behinderung hierzulande bisher relativ gering war, ist eine Spätfolge der Euthanasie-Aktionen des NS-Regimes.[873] Die Lebenserwartung von Menschen mit einer geistigen Behinderung ist ohnehin gestiegen. Sie erreichen inzwischen vergleichbare Altersstufen wie die übrige Bevölkerung.[874]

Bezogen auf die hier angesprochenen medizinischen Maßnahmen bei Geistigbehinderten stellt sich daher, wie bei jedem anderen Patienten auch, die Frage des Verzichts auf lebensverlängernde Maßnahmen, soweit es sich um einen langwierigen Sterbeprozeß bzw. das sogenannte apallische Syndrom handelt. Im übrigen können Menschen mit einer geistigen Behinderung – wie jeder andere Mensch auch - als Bewußtlose oder Einwilligungsunfähige in eine Situation kommen, in der Dritte über den Einsatz intensiv-medizinischer Maßnahmen entscheiden müssen.[875]

I. Das Entstehen des Problems

Noch vor einigen Jahren waren derartige Fälle kein Problem. Es gab sie schlechterdings nicht. Die dramatische Zunahme dieser Fälle ist die Folge des Fortschritts der Intensivmedizin. Keineswegs sollen hier die großen Fortschritte

---

[869] So auch Laufs, NJW 1998, S. 3399.

[870] Vgl. Uhlenbruck, Selbstbestimmtes Sterben, S. 24.

[871] Vgl. Uhlenbruck, Selbstbestimmtes Sterben, S. 24.

[872] Speck, Menschen mit geistiger Behinderung und ihre Erziehung, S. 350.

[873] Speck, a.a.O., S. 349.

[874] Speck, a.a.O., S. 349.

[875] Vgl. hierzu auch Stellungnahme der Bundesvereinigung Lebenshilfe für Menschen mit geistiger Behinderung e.V. vom 22.09.1997 zum Entwurf der BÄK „Richtlinie zur ärztlichen Sterbebegleitung...“, abgedruckt in Schell, Sterbebegleitung und Sterbehilfe, S. 139.

der Medizin in den letzten Jahrzehnten in Zweifel gezogen werden. Dank der heutigen Medizin ist die allgemeine Lebenserwartung enorm gestiegen. Dem technisch geschulten und hervorragend trainierten Ärzteteam gelingen heute Eingriffe, die noch vor wenigen Jahrzehnten unmöglich waren.[876]
Gleichwohl führt die Intensivmedizin heute nicht selten dazu, daß bei schwerkranken, noch nicht moribunden Patienten trotz infauster Prognose alle Behandlungsmöglichkeiten ausgeschöpft werden. Die intensivmedizinischen Möglichkeiten wurden entwickelt, um krisenbedingte Krankheitszustände zu überwinden. Heute dient die Intensivmedizin auch dazu, das Leben des schwerstkranken Patienten künstlich auf Dauer zu erhalten, indem Apparate die ausgefallenen Vitalfunktionen übernehmen. Wird ein Patient mit infauster Prognose und irreversiblen Ausfall der Spontanatmung maschinell beatmet, so kann sein Leben um Wochen und Monate verlängert werden.[877]
Zusätzlich hat die Pflegetechnik große Fortschritte gemacht.[878] Vor Einführung der künstlichen Ernährung verstarb ein Patient, der nicht mehr schlucken konnte alsbald an Entkräftung. Konnte er schlucken und verschluckte sich, so starb er in der Regel an einer Lungenentzündung. Durch künstliche Ernährung und Flüssigkeitszufuhr über PEG-Sonden können heute auch bewußtlose Patienten über mehrere Monate oder Jahre in einem chronisch - vegetativen Zustand gehalten werden.[879]
Der Tod dieser Patienten tritt heute oftmals nicht von selbst ein, sondern ist Folge einer bewußten Entscheidung, auf eine künstliche Lebenserhaltung zu verzichten.[880] Demzufolge ist nahezu jeder klinische Tod die Folge passiver Sterbehilfe oder eines Behandlungsabbruchs.[881]

Dem vom OLG Frankfurt zu entscheidenden Sachverhalt lag insoweit kein seltener Vorgang zugrunde. Um so eher sollte man erwarten, daß eine Vielzahl von Entscheidungen zu dieser Problematik vorliegt.[882] Gleichwohl werden die Gerichte mit diesen Fällen nur dann befaßt, wenn sich die Beteiligten über die zu treffende Entscheidung nicht einig sind. Es ist üblich, daß derartige Entscheidungen ärztlicherseits unter Einbeziehung der Angehörigen getroffen und umgesetzt werden, ohne daß die Justiz hiermit konfrontiert wird.[883] An dieser Stelle ist nochmals zu betonen, daß nach allgemeiner Meinung in der Rechtswissenschaft und nach ständiger Rechtsprechung den Angehörigen eines sterbenden Patienten ohne ausdrückliche Vollmacht kein Recht zur Entscheidung zusteht.[884]
Indes steht die Entscheidung der Ärzte, die nach Rücksprache mit den Angehö-

---

[876] Vgl. auch Uhlenbruck, Selbstbestimmtes Sterben, S. 13.

[877] Vgl. auch Weißauer/ Opderbecke, MedR 1995, S. 457.

[878] Vgl. hierzu ausführlich Coeppicus, S. 132.

[879] Coeppicus, S. 132.

[880] Heyers, Passive Sterbehilfe bei entscheidungsunfähigen Patienten und das Betreuungsrecht, S. 18.

[881] Coeppicus, NJW 1998, S. 3382.

[882] Vgl. Rehborn, MDR 1998, S. 1464.

[883] Vgl. Rehborn, MDR 1998, S. 1464.

[884] Vgl. auch Uhlenbruck, Selbstbestimmtes Sterben, S. 119.

rigen anordnen, „daß nichts mehr gemacht“ wird, in Übereinstimmung mit vereinzelten Literaturstimmen, die der Auffassung sind, daß der Behandlungsabbruch eine Angelegenheit zwischen Arzt und Patient bleiben und nicht verrechtlicht werden sollte.[885]

II. Klärung der Begrifflichkeiten

Bevor auf die rechtlichen Details der zu behandelnden Problematik eingegangen werden kann, bedürfen zur Vermeidung etwaiger Mißverständnisse zunächst einige Grundsatzfragen zur Sterbehilfe der Klärung. Der Begriff der Sterbehilfe ist angesichts der Vielfalt möglicher Fallgestaltungen einer allgemeinen Typisierung nicht zugänglich. Gleichwohl haben sich inzwischen gewisse Grundtatbestände verschiedener Formen von Sterbehilfe herausgebildet.[886] Gleichzeitig ist zu beachten, daß die Fallgruppenbildung nur eine grobe Einteilung vorgeben kann. Sie entlastet nicht davon, konkrete Wertungen im Einzelfall zu treffen.[887]

1. Sterbebegleitung

Unter Sterbebegleitung, auch „Hilfe im Sterben“ genannt, faßt man diejenigen ärztlichen und pflegerischen Maßnahmen zusammen, durch die Schmerzen gelindert und der Sterbevorgang erleichtert wird, ohne ein lebensverkürzendes Risiko auszulösen.[888] Von der Sterbebegleitung zu unterscheiden ist dagegen die Sterbehilfe. Der Bereich der Sterbehilfe umfaßt Fälle, bei denen eine Lebensverkürzung eintritt, sei es durch gezielte Tötung oder durch Abbruch oder Nichtaufnahme einer lebensverlängernden Behandlung.[889] Im Folgenden sollen die einzelnen Formen der Sterbehilfe abgegrenzt werden.

2. Aktive Sterbehilfe

Aktive Sterbehilfe ist in Deutschland verboten. Als sog. aktive Sterbehilfe bezeichnet man die absichtliche und aktive Beschleunigung des Todeseintritts. Geschieht dies auf ausdrückliches und ernstliches Verlangen des Patienten, so ist es de lege lata gemäß § 216 StGB strafbar. Wird aktive Sterbehilfe ohne Begehren des Patienten geleistet, kommt eine Strafbarkeit gemäß den §§ 211 ff. StGB in Betracht.[890]

---

885 So auch Coeppicus, S. 133; im Ergebnis auch Laufs, NJW 1996, S. 1573.

886 Vgl. Uhlenbruck, Selbstbestimmtes Sterben, S. 99.

887 Vgl. auch Trück, Mutmaßliche Einwilligung und Sterbehilfe durch den Arzt, S. 6.

888 Vgl. Kutzer, NStZ 1994, S. 110.

889 Vgl. auch Trück, Mutmaßliche Einwilligung und Sterbehilfe durch den Arzt, S. 6.

890 Siehe hierzu näher Heyers, Passive Sterbehilfe bei entscheidungsunfähigen Patienten und das Betreuungsrecht.

3. Indirekte Sterbehilfe

Wenn ein Sterbender unter solch erheblichen Schmerzen leidet, daß ihre Beseitigung oder Linderung derart hohe Dosen an Schmerzmitteln erfordert, daß sie als unbeabsichtigte Nebenwirkung den Sterbeprozeß des Patienten beschleunigt, spricht man von sog. indirekter Sterbehilfe. Die praktische Bedeutung dieser Problematik ist nicht unumstritten.[891] Im Ergebnis steht die rechtliche Zulässigkeit der indirekten Sterbehilfe außer Streit, wenn sie dem wirklichen oder dem mutmaßlichen Willen des Patienten entspricht.[892] Unter dieser Voraussetzung hat der Dritte Strafsenat des Bundesgerichtshofs die Zulässigkeit der indirekten Sterbehilfe in seinem Urteil vom 15.11.1996 anerkannt.[893]

4. Passive Sterbehilfe

Passive Sterbehilfe ist der Verzicht oder der Abbruch ärztlicher Behandlung oder lebensverlängernder Maßnahmen, wenn die Krankheit bei aussichtsloser Prognose unumkehrbar einen tödlichen Verlauf genommen hat und der Tod in kurzer Zeit eintreten wird.[894] Die sog. „passive Sterbehilfe im engeren Sinne"[895] ist nach gesicherter Rechtsmeinung[896] erlaubt und sogar ärztlich[897] geboten. Entscheidend kommt es hierbei auf den Willen des Patienten an. Die Ausschöpfung intensivmedizinischer Technik ist sogar rechtswidrig, wenn sie dem wirklichen oder dem mutmaßlichen Willen des Patienten widerspricht.[898] Gleichwohl darf nicht auf jede Form ärztlicher Behandlung verzichtet werden. Vielmehr ist der Arzt zu palliativ-medizinischen Behandlungsmaßnahmen[899] verpflichtet und muß für eine Basisbetreuung sorgen.[900]

5. Der Abbruch lebensverlängernder Maßnahmen

Entscheidend für die passive Sterbehilfe im engeren Sinne ist folglich das Merkmal der unmittelbaren Todesnähe. In den beiden vom BGH und vom OLG

---

[891] Vgl. Heyers, Passive Sterbehilfe bei entscheidungsunfähigen Patienten und das Betreuungsrecht, S. 21.

[892] Hufen, NJW 2001, S. 854; so auch Heyers a.a.O., S. 22.

[893] BGH, NJW 1997, 807 ff.

[894] Vgl. Coeppicus, S. 134; Kutzer, NStZ 1994, S. 113.

[895] Vgl. auch Heyers, Passive Sterbehilfe bei entscheidungsunfähigen Patienten und das Betreuungsrecht, S. 23.

[896] MünchKomm-Schwab, § 1904 Rdn. 34 m.w.N.

[897] Vgl. Grundsätze der Bundesärztekammer zur ärztlichen Sterbebegleitung, NJW 1998, S. 3406.

[898] Coeppicus, S. 134.

[899] Vgl. Grundsätze der Bundesärztekammer zur ärztlichen Sterbebegleitung, NJW 1998, S. 3406.

[900] Vgl. zur Palliativmedizin näher Heyers, Passive Sterbehilfe bei entscheidungsunfähigen Patienten und das Betreuungsrecht, 23 ff.

Frankfurt a.M. entschiedenen Fällen liegt jedoch mangels unmittelbarer Todesnähe keine passive Sterbehilfe i.e.S. vor. Man spricht in diesen Fällen von passiver Sterbehilfe im weiteren Sinne[901] oder „Hilfe zum Sterben" bzw. einem Verzicht auf lebenserhaltende Behandlungsmaßnahmen.[902] Fraglich ist demnach, ob und wenn ja unter welchen Voraussetzungen die Beendigung lebenserhaltender Maßnahmen bei noch nicht Moribunden zulässig ist. Gegenstand der vorliegenden Untersuchung ist der Abbruch lebenserhaltender Maßnahmen bei einwilligungsunfähigen geistig behinderten Patienten mit terminaler Erkrankung.

Der Behandlungsabbruch betrifft den Abbruch lebensverlängernder Maßnahmen bei einem Patienten, dessen Grundleiden mit infauster Prognose einen irreversiblen Verlauf genommen hat, der eigentliche Sterbevorgang aber noch nicht eingesetzt hat. Der Begriff der lebensverlängernden Maßnahmen umfaßt die künstliche Beatmung, die künstliche Ernährung sowie sonstige notwendige lebenserhaltende Maßnahmen.[903]
Die Zulässigkeit eines solchen Behandlungsabbruchs folgt aus der Anerkennung des Selbstbestimmungsrechts des Patienten bei der Entscheidung, ob, wie und wie lange er ärztlich behandelt werden will. Ausdruck der Selbstbestimmung ist nicht nur die Einwilligung in eine bestimmte Behandlung, sondern auch die Erklärung, von einer bestimmten Behandlung oder medizinischen Versorgung künftig verschont bzw. ausgenommen zu werden.[904] Die Entscheidung des Patienten über den Behandlungsabbruch als Ausdruck seiner allgemeinen Entscheidungsfreiheit und des Rechts auf körperliche Unversehrtheit ist grundsätzlich anzuerkennen.[905] Der Patient soll nicht zum Objekt eines – wenngleich wohlgemeinten – ärztlichen Paternalismus degradiert werden, sondern selbstverantwortlich entscheiden dürfen, ob er den mit der Heilbehandlung notwendig verbundenen Eingriff in seine körperliche Integrität dulden will. Die Entscheidung des Patienten ist auch dann beachtlich, wenn sie objektiv unvernünftig ist.[906] Der BGH[907] hat schon früh darauf verwiesen, daß der Arzt das Selbstbestimmungsrecht auch dann zu beachten hat, wenn der Wille des Patienten darauf gerichtet ist, eine aus medizinischen Gründen dringend erforderliche Behandlung zu verweigern. Demzufolge stehen im Verhältnis Arzt und Patient zwei rechtlich anerkannte Interessen im Widerstreit. Der Arzt folgt dem Heilungsauftrag, in dessen Rahmen ihm ein erhebliches Ermessen eingeräumt wird. Der Patient hingegen bleibt Herr über sich selbst und seine Gesundheit. Dieser Konflikt wird nach allgemeiner Auffassung zugunsten des Selbstbestimmungsrechts des Patienten

---

901 Vgl. auch Weißauer/ Opderbecke, MedR 1995, S. 457.

902 Vgl. auch Heyers, Passive Sterbehilfe bei entscheidungsunfähigen Patienten und das Betreuungsrecht, S. 26.

903 Vgl. Ankermann, MedR 1999, S. 389.

904 Vgl. auch Bernsmann, ZRP 1996, S. 90.

905 So auch Weißauer/ Opderbecke, MedR 1995, S. 457; Coeppicus, S. 135.

906 Coeppicus, S. 135.

907 BGHSt 11, 111 (114).

gelöst.[908] Der Grundsatz „voluntas aegroti suprema lex" genießt absoluten Vorrang vor dem ärztlichen Leitprinzip „salus aegroti suprema lex".[909]
Auch eine medizinisch indizierte Behandlung, die zwingend notwendig ist, um das Leben des Patienten zu erhalten oder zu verlängern, bedarf der Einwilligung des Patienten. Dieser bestimmt, was mit ihm in der Sterbephase geschehen soll. Die Entscheidung, eine lebensverlängernde bzw. lebenserhaltende Maßnahme abzulehnen, kann der Patient frei treffen.[910] Mit weiten Teilen der Literatur[911] ist daher daran festzuhalten, daß der Wille eines Patienten, der eine Weiterbehandlung ablehnt, stets zu respektieren ist. Verweigert der Patient seine Einwilligung, so darf eine lebenserhaltende Maßnahme trotz Indikation nicht durchgeführt werden, auch wenn dies unvernünftig erscheinen mag und den Tod des Patienten zur Folge hat.[912] Der Patient darf beispielsweise nicht gegen seinen Willen künstlich ernährt werden, wenn er die weitere Nahrungsaufnahme ablehnt, weil er ein Weiterleben nicht mehr für sinnvoll hält. Behandelt der Arzt den Patienten dennoch gegen seinen Willen, so haftet er gemäß den §§ 823 ff. BGB auf Schadenersatz und macht sich darüber hinaus gemäß den §§ 223 ff. StGB strafbar.

Damit ist insoweit im Ergebnis festzuhalten, daß jeder Patient mit terminaler Erkrankung, der entscheidungsfähig und über seine Situation aufgeklärt ist, das Recht hat, den Abbruch oder das Unterlassen weiterer lebensverlängernder Maßnahmen zu verlangen, unabhängig davon, ob der Sterbeprozeß bereits eingesetzt hat.[913]

Weit schwerer ist die Frage zu beantworten, wie es aus juristischer Sicht um die Behandlung von Patienten steht, die ihren Willen nicht mehr äußern können, weil sie irreversibel bewußtlos sind oder aus anderen Gründen zu keiner Kommunikation fähig sind und diese Kompetenz auch nie mehr erlangen werden. Ein ausdrücklicher, akuter Verzicht auf die Aufnahme oder Fortsetzung lebenserhaltender Maßnahmen ist in einem solchen Fall ebenso wenig möglich, wie der aktuelle Wunsch nach Aufnahme oder Fortsetzung von Maßnahmen, die den Sterbevorgang verlängern. Fraglich ist insoweit, ob der irreversibel Bewußtlose gegebenenfalls über Jahre hinweg vor dem Tode bewahrt werden soll oder ob durch Einstellung der Ernährung Sterbehilfe im weiteren Sinne geleistet werden darf.

---

[908] Vgl. auch Heyers, Passive Sterbehilfe bei entscheidungsunfähigen Patienten und das Betreuungsrecht, S. 34.

[909] Vgl. hierzu auch Uhlenbruck, Selbstbestimmtes Sterben, S. 52 m.w.N.

[910] Vgl. Heyers, Passive Sterbehilfe bei entscheidungsunfähigen Patienten und das Betreuungsrecht, S. 37.

[911] Vgl. Steffen, NJW 1996, S. 1581; Ankermann, MedR 1999, S. 388.

[912] Vgl. Heyers, Passive Sterbehilfe bei entscheidungsunfähigen Patienten und das Betreuungsrecht, S. 37.

[913] LG Ravensburg, NStZ 1987, S. 229; zuletzt bestätigt durch OLG Karlsruhe/ Freiburg, NJW 2002, S. 685; so auch Heyers, Passive Sterbehilfe bei entscheidungsunfähigen Patienten und das Betreuungsrecht, S. 39; vgl. auch Coeppicus, S. 135.

Strafrechtlich wird der Verzicht auf weitere lebensverlängernde Maßnahmen bei irreversibel bewußtlosen Patienten vom Institut der „mutmaßlichen Einwilligung“[914] gedeckt. Der BGH[915] hat in diesen Fällen den frei verantwortlichen gebildeten und geäußerten Patientenwillen und den mutmaßlichen Willen gleichgesetzt.[916] Dem BGH zufolge ist der Behandlungsabbruch auch dann gerechtfertigt, wenn er dem mutmaßlichen Willen des Patienten entspricht. Im Hinblick auf den Vorrang des Selbstbestimmungsrechts des Patienten ist der Inhalt des mutmaßlichen Willens in erster Linie aus den persönlichen Umständen des Betroffenen, aus seinen individuellen Interessen, Wünschen, Bedürfnissen und Wertvorstellungen zu ermitteln. Hierbei sind insbesondere frühere mündliche oder schriftliche Äußerungen des Kranken wie etwa in Patiententestamenten oder Betreuungsverfügungen zu berücksichtigen.[917] Ausnahmsweise kann auch auf allgemeine Wertvorstellungen zurückgegriffen werden, wenn sich konkrete Umstände für die Feststellung des individuellen mutmaßlichen Willens nicht finden lassen.[918]

Zutreffend geht der BGH davon aus, daß das Selbstbestimmungsrecht des Patienten nicht mit Eintritt der Einwilligungsunfähigkeit endet. Der aus der Sicht des nicht mehr äußerungsfähigen Patienten zu interpretierende Wille ist durch Art. 2 Abs. 1 GG verfassungsrechtlich geschützt. Träger des Grundrechts aus Art. 2 Abs. 1 GG ist neben dem – jedenfalls potentiell - Einwilligungsfähigen auch derjenige, der seinen Willen nicht mehr äußern kann.[919] Auch Schwerstkranke und Schwerstbehinderte haben insofern das Recht zur Selbstbestimmung.[920] Konflikte mit dem ebenfalls verfassungsrechtlich garantierten Schutz des Lebens aus Art. 2 Abs. 2 GG sind nach dem Grundsatz der praktischen Konkordanz unter Beachtung des Verhältnismäßigkeitsgrundsatzes zu lösen. Der Schutz des Lebens, darf nicht dazu führen, daß der verfassungsrechtliche Auftrag zur praktischen Konkordanz und die Selbstbestimmung des Patienten unterlaufen wird.[921] Der Vorrang des erklärten Patientenwillens ist daher auch verfassungsrechtlich verbürgt.[922]
Nicht gefolgt werden kann hingegen der Auffassung des BGH, soweit dieser es ausnahmsweise für zulässig erachtet, auf Kriterien zurückzugreifen, die allgemeinen Wertvorstellungen entsprechen. Der Rückgriff auf allgemeine Wertvorstellungen ist mit der hohen Bedeutung des Lebensschutzes nicht vereinbar. Abgesehen davon, daß allgemeine Wertvorstellungen nicht die Einstellung der künstlichen Ernährung gegenüber einem sonst lebensfähigen Menschen rechtfertigen, dient der Rückgriff auf allgemeine Wertvorstellungen ohne einen ent-

---

[914] Vgl. zur mutmaßlichen Einwilligung ausführlich § 2 IV. 1. b).
[915] BGH, NJW 1995, 204 f.
[916] Vgl. hierzu auch Kutzer, ZRP 1997, S. 118.
[917] Vgl. auch Kutzer, ZRP 1997, S. 118.
[918] BGH, NJW 1995, S. 205; vgl. auch Kutzer, ZRP 1997, S. 118.
[919] Vgl. Hufen, NJW 2001, S. 852.
[920] Vgl. Hufen, NJW 2001, S. 852.
[921] Vgl. Hufen, NJW 2001, S. 855.
[922] Vgl. Hufen, NJW 2001, S. 856.

sprechenden eindeutigen mutmaßlichen Willen nicht der Durchsetzung der Patientenautonomie, mithin dem aus der Verfassung ableitbaren Selbstbestimmungsrecht des Betroffenen. Ein solcher fremdbestimmter Behandlungsabbruch stellt daher einen Eingriff in das verfassungsrechtlich geschützte Rechtsgut Leben dar.[923]

Fraglich ist jedoch, ob die vom BGH postulierte mutmaßliche Einwilligung als selbständiger Rechtfertigungsgrund auch in denjenigen Fällen zum Tragen kommt, in denen der irreversibel Bewußtlose gar nicht von dem Recht Gebrauch machen konnte, über sein Leben im voraus zu verfügen, mithin sein Selbstbestimmungsrecht auszuüben. Zutreffend verweist Nickel auf diejenigen Personen, die aufgrund einer schon immer bestehenden geistigen Erkrankung nie einen rechtswirksamen Willen bekunden konnten.[924] Nur der urteils- und einsichtsfähige, mithin der einwilligungsfähige Patient kann eigenverantwortlich über den Abbruch lebenserhaltender Maßnahmen entscheiden und damit sein verfassungsrechtlich verbürgtes Selbstbestimmungsrecht ausüben. Geistig behinderte Menschen werden jedoch überwiegend nicht in der Lage sein, einen solchen Willen frei verantwortlich zu bilden und diesen auch mündlich zu äußern oder gar schriftlich niederzulegen. Menschen mit einer geistigen Behinderung werden oftmals gar nicht in der Lage sein, sich überhaupt mit der Frage des Behandlungsabbruchs zu befassen. Bei geistig schwer und schwerst behinderten Menschen ist dies gänzlich ausgeschlossen. Ergänzend kann hier auf die obenstehenden Ausführungen zum Patiententestament, der Betreuungsverfügung und der Vorsorgevollmacht Bezug genommen werden.[925] Folglich können geistig behinderte Menschen regelmäßig nicht eigenverantwortlich über die Frage des Behandlungsabbruchs entscheiden. Das bedeutet, daß ein mutmaßlicher Wille, nicht mehr leben zu wollen, nicht konstruiert werden kann. Denn wenn keine Willensbildung möglich ist, kann es auch keinen mutmaßlichen Willen geben. Ein Rückgriff auf den individuellen und eindeutigen mutmaßlichen Willen des Betroffenen scheidet somit aus.
Insbesondere verbietet sich ein Rückgriff auf allgemeine Wertvorstellungen, um den mutmaßlichen Willen des Patienten zu ermitteln. In der Literatur wird vereinzelt die Ansicht vertreten, daß im Falle der Nichterweislichkeit des individuellen Willens auf allgemeine Wertvorstellungen, mithin objektive Kriterien, zurückgegriffen werden könne.[926] Nach dieser Auffassung soll bei fehlenden Anhaltspunkten für eine andere Entscheidung des Patienten davon auszugehen sein, daß dessen hypothetischer Wille mit dem übereinstimme, was gemeinhin als vernünftig und normal angesehen werde.[927] Diese Argumentation überzeugt schon deshalb nicht, weil dadurch der Fremdbestimmung das Tor geöffnet würde. Diese Ansicht geht von einem verständigen Durchschnittsbetreuten aus, den es so unter geistig Behinderten nicht gibt. Es besteht daher die Gefahr, daß die-

---

[923] So auch OLG Karlsruhe/ Freiburg, NJW 2002, 685 ff.

[924] Nickel, MedR 1998, S. 522.

[925] Vgl. hierzu ausführlich § 4 II. 2. a) aa) und bb); § 4 IV. 5.

[926] Coeppicus, NJW 1998, S. 3385.

[927] Coeppicus, NJW 1998, S. 3385.

sen Menschen ein Wille untergeschoben wird, den sie nie gebildet haben. Im übrigen kann nicht mehr von Selbstbestimmung gesprochen werden, wenn im Zweifelsfalle die Entscheidung von Betreuern und Richtern nach objektiven Maßstäben gefällt wird.
Schließlich erscheint der Rekurs auf allgemeine Wertvorstellungen vor allem im Hinblick auf die historische Hypothek der Euthanasieprogramme des NS-Unrechtsregimes als ein nicht gangbarer Weg. Ließe man einen Rückgriff auf allgemeine Wertvorstellungen zu, so wäre zu befürchten, daß die Gefahr einer eigenmächtigen Beendigung „lebensunwerten“ und als unnütz angesehenen Lebens erneut heraufbeschworen wird.[928] In denjenigen Fällen, in denen das verfassungsrechtlich garantierte Selbstbestimmungsrecht nicht ausgeübt werden kann, weil der Patient aufgrund einer schon immer bestehenden geistigen Behinderung einwilligungsunfähig ist, muß der ebenfalls verfassungsrechtlich verankerten Lebensschutzverpflichtung gem. Art. 2 Abs. 2 GG der Vorrang eingeräumt werden. Dieses Ergebnis verstößt prinzipiell auch nicht gegen das Recht auf einen menschenwürdigen Tod. Am Leben zu sein, kann die Menschenwürde nicht verletzen.[929] Bewußtlosigkeit und dauerndes Angewiesensein auf medizinisch-technische oder sonstige Versorgung bestreiten die Würde des Menschen nicht. Die Menschenwürde ist allenfalls dann tangiert, wenn der Moribunde zum bloßen Objekt von Apparaten und künstlicher Versorgung gemacht wird.[930] Ergänzend bleibt an die dem Leben verpflichtete Verantwortlichkeit des Arztes zu erinnern. Für ihn gilt das Prinzip in dubio pro vita, wenn die Möglichkeit fehlt auf den wirklichen oder mutmaßlichen Willen des Patienten Bezug zu nehmen.[931]

Damit bleibt insoweit abschließend festzustellen, daß die mutmaßliche Einwilligung als selbstständiger Rechtfertigungsgrund für den Abbruch lebenserhaltender Maßnahmen nicht in Betracht kommt, wenn der irreversibel bewußtlose Patient aufgrund einer geistigen Behinderung seit jeher einwilligungsunfähig war. Der Vorrang des Selbstbestimmungsrechts kann nur in den Fällen zum Tragen kommen, in denen der Patient nicht nur das Recht, sondern auch die Fähigkeit zur Selbstbestimmung besitzt. Bei einwilligungsunfähigen Patienten, die niemals in der Lage waren, von ihrem Selbstbestimmungsrecht Gebrauch zu machen, muß daher der Grundsatz in dubio pro vita gelten.

[928] Vgl. nur § 1 I. 1.

[929] So auch Bernsmann, ZRP 1996, S. 91.

[930] Vgl. Bernsmann, ZRP 1996, S. 91.

[931] Vgl. auch Laufs, NJW 1996, S. 1573.

§ 10 Vormundschaftsgerichtliche Genehmigung des Abbruchs lebenserhaltender Maßnahmen

I. Die Ausgangsfälle

Nicht oft genügen nur zwei gerichtliche Entscheidungen über eine Gesetzesauslegung, um eine so vielfältige und kontroverse Diskussion auszulösen. In Literatur und Rechtsprechung ist die Frage, ob § 1904 Abs. 1 S. 1 BGB auf den Abbruch lebenserhaltender Maßnahmen entsprechend anwendbar ist, hoch umstritten.

Es dient dem besseren Verständnis der folgenden Ausführungen, sich noch einmal kurz zu vergegenwärtigen, welche Fakten den beiden Gerichtsentscheidungen zugrundegelegen haben. Die beiden Leitentscheidungen sollen deshalb im Folgenden näher dargestellt werden.

*1. Die Rechtsprechung des **BGH** als Ausgangspunkt*

Die wichtigste Entscheidung der 90er Jahre zur Sterbehilfe stellt zweifellos das Urteil des ersten Strafsenats des Bundesgerichtshofes (BGH) im sog. „Kemptener Fall" dar.[932]

In diesem viel beachteten Urteil vom 13.09.1994 hat der BGH die Straflosigkeit eines Behandlungsabbruchs vor dem Einsetzen des eigentlichen Sterbevorgangs aufgrund des mutmaßlichen Willens einer im Koma liegenden Patientin erstmals bejaht. Das Urteil wurde in der Presse überwiegend als vorsichtige Erweiterung zulässiger passiver Sterbehilfe gewürdigt.[933]

In dem Fall, den der BGH zu entscheiden hatte, ging es um die Frage, ob die von einem Betreuer erteilte Aufforderung an das Krankenhauspersonal zur Einstellung der künstlichen Ernährung als versuchter Totschlag zu qualifizieren war.

Das Landgericht Kempten hatte den als Betreuer bestellten Sohn und den behandelnden Arzt einer 72-jährigen Frau wegen versuchten Totschlags zu einer Geldstrafe verurteilt. Die beiden Angeklagten waren auf Vorschlag des Arztes übereingekommen, die künstliche Ernährung der nach einem Herzstillstand schwerst hirngeschädigten Frau einzustellen, in der Erwartung, daß daraufhin der Tod nach zwei bis drei Wochen schmerzlos eintreten werde. Nachdem der Pflegedienstleiter das zuständige Vormundschaftsgericht über den geplanten Behandlungsabbruch informiert hatte, verfügte dieses im Wege einer einstweiligen Anordnung die Fortsetzung der künstlichen Ernährung. Auch die vom Betreuer nachträglich beantragte Genehmigung zur Umstellung der Ernährung auf Tee ist von dem zuständigen Vormundschaftsgericht versagt worden.

Der BGH hat in dem Kemptener Urteil nur beiläufig, gestützt auf die analoge Anwendung von § 1904 BGB - ohne Auseinandersetzung mit vorangegangener Rechtsprechung und Literatur - die Forderung nach einer vormundschaftsgerichtlichen Genehmigung der Einwilligung des Betreuers in die Einstellung der

---

[932] BGH, NJW 1995, 204 ff.

[933] SZ v. 14.09.1994, S. 1, 4; FAZ v. 14.09.1994, S. 1.

künstlichen Ernährung einer langzeitlich komatösen Patientin aufgestellt.[934] Neben anderen Erwägungen hat der BGH die Einwilligung des Betreuers in die Einstellung der Ernährung schon deshalb für rechtswidrig gehalten, weil er nicht zuvor die nach § 1904 BGB analog erforderliche Genehmigung des Vormundschaftsgerichts eingeholt habe. Begründet wird die Analogie mit einem auf den Zweck von § 1904 BGB gestützten Erst-Recht-Schluß.[935] „Wenn schon bestimmte Heileingriffe wegen ihrer Gefährlichkeit der alleinigen Entscheidungsbefugnis des Betreuers entzogen sind, dann muß dies um so mehr für Maßnahmen gelten, die eine ärztliche Behandlung beenden sollen und mit Sicherheit binnen kurzem zum Tode des Kranken führen."[936]
Gleichwohl wurde die Verurteilung wegen versuchten Totschlags durch den BGH aufgehoben und die Sache zu neuer Verhandlung und Entscheidung zurückverwiesen, weil weitere Feststellungen sowohl zur mutmaßlichen Einwilligung als auch zur Vermeidbarkeit des Verbotsirrtums beider Angeklagten erforderlich seien. Aufgrund der erneuten Verhandlung des Landgerichts wurden beide Angeklagten freigesprochen, weil das Schwurgericht - nach den vom BGH gemachten Auflagen - das frühere Gesamtverhalten der Patientin nunmehr als mutmaßliche Einwilligung in den jetzt geforderten Abbruch der künstlichen Ernährung würdigte.[937]

Allerdings ist die angeführte Entscheidung des BGH in Strafsachen ergangen. Das Grundsatzurteil, in dem neben der zentralen Frage nach Grund und Grenzen des einverständlichen Behandlungsabbruchs zusätzlich schwierige dogmatische Probleme aus dem Allgemeinen Teil des Strafrechts zu entscheiden waren, nimmt zu dem betreuungsrechtlichen Aspekt nur am Rande Stellung.[938] Der BGH setzt stillschweigend voraus, daß ein vom Betreuer geregelter Sachverhalt vorliege, gelangt aber dennoch - auf dem Umweg über einen Irrtum der Täter - zu einer rein strafrechtlichen Erörterung der Voraussetzungen einer „mutmaßlichen Einwilligung" der bewußtlosen Patientin.[939]
Der erste Strafsenat des BGH hatte lediglich in einem obiter dictum zur Frage des Behandlungsabbruchs aufgrund des mutmaßlichen Einverständnisses des Patienten eine mögliche Entscheidung des Vormundschaftsgerichts in entsprechender Anwendung des § 1904 BGB nicht ausgeschlossen.[940] Nicht zu entscheiden brauchte der BGH indes die Frage, ob eine Genehmigung des Vormundschaftsgerichts nach §1904 BGB überhaupt hätte erteilt werden dürfen. Insbesondere hat der BGH das Verhältnis von mutmaßlicher Einwilligung und Betreuungsrecht unerörtert gelassen. Damit sind die zivilrechtlichen Fragen aber nicht vollständig bezeichnet und dementsprechend auch nicht befriedigend beantwortet. Das ist um so bedauerlicher, als der BGH auf das Betreuungsrecht

---

[934] Vgl. auch Müller-Freienfels, JZ 1998, S. 1124.

[935] So auch Saliger, JuS 1999, S. 17.

[936] BGHSt 40, 257 (262).

[937] LG Kempten, Schell, Sterbebegleitung und Sterbehilfe, S. 63.

[938] Vgl. auch Saliger, JuS 1999, S. 17.

[939] Vgl. auch Bernsmann, ZRP 1996, S. 89.

[940] Vgl. auch Nickel, MedR 1998, S. 520; so auch Kutzer, ZRP 2000, S. 403.

zwar durchaus zu sprechen kommt, der Reichweite bzw. der Bedeutung seiner Entscheidung aber nicht weiter nachgeht.[941]
Gleichwohl tut die Beantwortung dieser Fragen not, da es kaum vorstellbar ist, daß sich künftig Fälle des Versorgungsabbruchs, insbesondere bei schon länger irreversibel bewußtlosen Patienten, nicht in Betreuungsverhältnissen abspielen werden.

*2. Die zivilrechtliche Umsetzung durch den Beschluß des **OLG Frankfurt a.M.***

Das OLG Frankfurt a. M.[942] hat in einem Betreuungsverfahren entschieden, daß Vormundschaftsgerichte dazu berufen sind, eine Genehmigung für die Beendigung der künstlichen Ernährung bei einer unter Betreuung gestellten Patientin zu erteilen. Erstmals hat ein Zivilgericht entschieden, daß Vormundschaftsgerichte die Einstellung lebenserhaltender Maßnahmen genehmigen können.[943] Die bislang vor strafrechtlichem Hintergrund geführte Diskussion um die Sterbehilfe hat hiermit das Zivilrecht erreicht.[944]

In dem zu entscheidenden Fall ging es um eine 85-jährige Patientin, die sich seit Ende Dezember 1997 in einem komatösen Zustand mit vollständigem Verlust der Bewegungs- und Kommunikationsfähigkeit befand. Eine Besserung des Zustandes war aus ärztlicher Sicht nicht zu erwarten. Die zur Betreuerin bestellte Tochter der Patientin beantragte die vormundschaftsgerichtliche Genehmigung zur Einstellung der künstlichen Ernährung. Sie wies darauf hin, daß die Mutter früher geäußert habe, kein langes Sterben ertragen zu wollen. Sowohl das Amtsgericht als auch das Landgericht hatten es abgelehnt, die Genehmigung für den Abbruch der künstlichen Ernährung zu erteilen, weil es an einer ausdrücklichen gesetzlichen Ermächtigung für eine solche vormundschaftsgerichtliche Entscheidung fehle.

Das OLG Frankfurt a.M.[945] beruft sich in seiner die beiden vorangegangenen Beschlüsse aufhebenden Entscheidung ausschließlich auf das nicht unumstrittene „Kempten-Urteil"[946] des BGH. Nach Ansicht des OLG Frankfurt a.M. enthält die Entscheidung des BGH eine gesetzesimmanente richterliche Rechtsfortbildung, die anerkannter Methodenlehre entspricht. Sie schließe eine unbewußte Lücke, eine planwidrige Unvollständigkeit. Zwar erfasse § 1904 BGB nach seinem Wortlaut den Fall eines Behandlungsabbruchs nicht, jedoch sei diese Regelungslücke im Wege der Analogie mit Hilfe eines argumentum a maiore ad minus zu schließen. Wenn der Betreuer schon eine lebensgefährliche medizinische Behandlung nach dem Wortlaut des § 1904 BGB nicht ohne Genehmigung des Vormundschaftsgerichts erlauben darf, so muß dies erst recht – so wird ge-

941 Vgl. auch Bernsmann, ZRP 1996, S. 89.
942 OLG Frankfurt a.M., MedR 1998, 517 ff. = NJW 1998, 2747 ff.
943 Vgl. auch Knieper, NJW 1998, S. 2720.
944 Vgl. auch Alberts, NJW 1999, S. 835.
945 OLG Frankfurt a.M., NJW 1998, 2447 ff.
946 BGHSt 40, 257.

folgert – für den finalen Behandlungsabbruch mit der sicheren Folge des Todes gelten. Der Behandlungsabbruch bei einem unter Betreuung stehenden Patienten bedürfe daher der Einwilligung des Betreuers und zusätzlich der Genehmigung des Vormundschaftsgerichts. Dabei komme es auf den tatsächlich geäußerten oder wenigstens den mutmaßlichen Willen des betreuten Patienten an. Zu einer inhaltlichen Prüfung des Willens der 85-jährigen Patientin ist es nicht mehr gekommen. Nach Pressemeldungen hat die als Betreuerin eingesetzte Tochter den Antrag auf Genehmigung der Einwilligung in den Behandlungsabbruch zurückgenommen, resigniert unter dem Druck der öffentlichen Diskussion.[947]

II. Stellungnahme

Diese Entscheidungen haben heftige und kontroverse Reaktionen ausgelöst, die von deutlicher Zustimmung[948] bis zu heftigster Kritik[949] reichen.[950] Die Zahl der Publikationen zu diesem Bereich ist kaum noch zu überschauen, zumal sich die Diskussion nicht auf die Reihen der Juristen beschränkt, sondern naturgemäß auch Mediziner, Betreuer, Psychologen und Philosophen beschäftigt. In der oberlandesgerichtlichen Rechtsprechung scheint sich die Linie des OLG Frankfurt a.M. durchzusetzen, wonach der Abbruch einer lebenserhaltenden Maßnahme analog § 1904 BGB der vormundschaftsgerichtlichen Genehmigung bedarf.[951]

Bislang fehlt es an einem höchstrichterlichen Urteil in diesem umstrittenen und sehr aktuellen Fragenkomplex.[952] Der BGH in Zivilsachen konnte sich hierzu noch nicht äußern.

Die beiden Entscheidungen begegnen gravierenden methodischen, betreuungsrechtlichen und verfassungsrechtlichen Bedenken, denen im folgenden nachgegangen werden soll.

1. Methodische Problematik

Unbestritten läßt sich der Abbruch lebenserhaltender Maßnahmen unmittelbar unter keine der in § 1904 Abs. 1 BGB genannten ärztlichen Maßnahmen unmittelbar subsumieren. Ob eine entsprechende Anwendung mit Hilfe der „erst-recht-Argumentation“ zutreffend sein kann, soll im folgenden in methodischer Hinsicht kritisch durchleuchtet werden. Die Ausfüllung offener Gesetzeslücken

---

[947] Vgl. Ankermann, MedR 1999, S. 387.

[948] So vor allem Coeppicus, NJW 1998, S. 3383; Saliger, JuS 1999, S. 17; Gründel, NJW 1999, 3392 f. m.w.N.

[949] Strikt ablehnend äußert sich Jürgens, BtPrax 1998, 159 f.; ähnlich formuliert die Stellungnahme des VGT, BtPrax 1998, 161 f.; zuletzt statt vieler MünchKomm-Schwab, § 1904 Rdn. 38.

[950] Siehe zum Meinungsstand MünchKomm-Schwab, § 1904 Rdn. 37, Fn. 116 m.w.N.; sehr ausführlich hierzu auch Knittel, § 1904 Rdn. 9d und 9e.

[951] Zuletzt bestätigt durch OLG Frankfurt a. M., NJW 2002, S. 689; vgl. auch OLG Karlsruhe/Freiburg, NJW 2002, S. 685; offen gelassen OLG Düsseldorf, NJW 2001, S. 2807.

[952] Vgl. auch Müller-Freienfels, JZ 1998, S. 1123.

durch richterliche Rechtsfortbildung im Wege der Analogie entspricht anerkannter Methodenlehre.[953] Ein Sonderfall[954] des Analogieschlusses ist das sogenannte „argumentum a maiore ad minus“[955], also ein „erst-recht-Schluß“.[956] Demzufolge müssen die erforderlichen Voraussetzungen einer jeden Analogie vorliegen.

Dem zugrunde liegenden „erst-recht-Schluß“ begegnen schon im Ansatz methodische Bedenken. Das argumentum a maiore ad minus findet nach Larenz in den Worten „mindestens in dem gleichen Maße“ Ausdruck.[957] Ein „erst-recht-Schluß“ setzt demnach voraus, daß der nicht geregelte Tatbestand ein „Mehr“ ist als der geregelte.[958] Der Abbruch lebenserhaltender Maßnahmen ist jedoch im Vergleich zu lebensgefährlichen Heileingriffen kein „Mehr“, sondern ein „aliud“.[959] Der vom BGH und vom OLG Frankfurt a.M. gezogene „erst-recht-Schluß“ ist bereits aus diesem Grunde unstatthaft.

Darüber hinaus bestehen generell rechtsmethodische Zweifel an der Richtigkeit der ananlogen Anwendung des § 1904 Abs. 1 BGB. Diese Zweifel beruhen auf der Tatsache, daß § 1904 BGB einen Sondertatbestand darstellt. § 1904 BGB regelt gerade nicht den medizinischen Normalfall, sondern lediglich einen Sonderfall ärztlicher Maßnahmen an Betreuten. Der Betreuer bedarf nämlich im Bereich der Gesundheitsfürsorge grundsätzlich keiner Genehmigung. Teilweise wird die Ansicht vertreten, Ausnahmebestimmungen seien eng auszulegen und einer analogen Anwendung nicht fähig.[960] In dieser Allgemeinheit trifft das nicht zu.[961] Probleme bereitet schon die Feststellung, wann es sich um eine Ausnahmevorschrift handelt und ob auch § 1904 BGB eine solche darstellt. Bei einer Ausnahmebestimmung muß es sich der Sache nach um eine Ausnahme von der Regel handeln.[962] § 1904 BGB normiert der Sache nach eine Ausnahme, weil der Betreuer bei besonders gefahrgeneigten medizinischen Eingriffen einer Genehmigung des Vormundschaftsgerichts bedarf, er also hier ausnahmsweise nicht autonom entscheiden kann, ob ein ärztlicher Eingriff durchgeführt wird. Es

---

[953] Vgl. Larenz, S. 381; vgl. auch Bydlinski, 3. Teil, I.

[954] Zippelius, S. 62; ähnlich Bydlinski, 3. Teil, IV.

[955] Das „argumentum a maiore ad minus“ besagt, wenn nach einer gesetzlichen Bestimmung für den Tatbestand A die Rechtsfolge R gilt, dann muß sie „erst-recht“ für den ihm ähnlichen Tatbestand B gelten, wenn die ratio legis der gesetzlichen Regel auf den Tatbestand B sogar in einem noch höheren Maße zutrifft. Vgl. hierzu Larenz, S. 389; Larenz/ Canaris, S. 208.

[956] Vgl. Larenz, S. 389; Larenz/ Canaris, S. 208; *a.A.*: Zippelius ordnet den „erst-recht-Schluß" dem „argumentum a minore ad maius" zu, vgl. Zippelius, S. 62; ähnlich Bydlinski, 3. Teil. IV.

[957] Vgl. Larenz, S. 389.

[958] So auch LG München I, NJW 1999, S. 1789.

[959] So auch LG München I, NJW 1999, S. 1789.

[960] So LG München I, NJW 1999, S. 1789.

[961] Vgl. Larenz/ Canaris, S. 175; vgl. auch Zippelius, S. 64.

[962] Vgl. Larenz/ Canaris, S. 176.

handelt sich demzufolge bei der Norm des § 1904 BGB um eine Ausnahmevorschrift.[963] Ausnahmevorschriften sind einer Analogie nicht in gleicher Weise zugänglich wie Normen, die eine Regel postulieren.[964] Zu wehren ist der Gefahr, daß die Regelungsabsicht des Gesetzgebers durch eine allzu weite Auslegung der Ausnahmebestimmung oder durch deren analoge Anwendung in ihr Gegenteil verkehrt wird.[965] Die erkennbare Normvorstellung des Gesetzgebers[966] richtete sich lediglich auf die in § 1904 BGB geregelten Fallgruppen risikoreicher Heilbehandlungen. Eine Ausdehnung der Norm, sei es im Wege der Auslegung oder der Analogie, auf die Fälle des Behandlungsabbruchs oder –verzichts würde den Willen des Gesetzgebers schließlich in sein Gegenteil verkehren.[967]

Weiterhin setzt eine Analogie immer voraus, daß die Sachverhalte miteinander vergleichbar sind.[968] Dies erscheint vorliegend zweifelhaft, weil § 1904 BGB seinem Wortlaut nach allein auf ein ärztliches Tun abstellt. Der Schwerpunkt des finalen Behandlungsabbruchs besteht jedoch in einem Unterlassen.[969] Diese Unterscheidung ist von erheblicher Bedeutung, denn die Verweigerung der Einwilligung in eine ärztliche Behandlung ist für den Betreuer nach § 1904 BGB nicht genehmigungspflichtig.[970]
Darüber hinaus vermag auch eine Auslegung nach Sinn und Zweck die Analogie nicht zu stützen. Die Übertragung eines gesetzlich geregelten Tatbestandes auf einen nicht geregelten Sachverhalt ist nur möglich, wenn die ratio legis auch diesen nicht erwähnten, wertungsmäßig gleich zu beurteilenden Fall erfaßt.[971] Das Genehmigungsverfahren nach § 1904 BGB bezweckt den Schutz des Lebens. Dieser Normzweck müßte bei einer analogen Anwendung in sein Gegenteil verkehrt werden. Denn Ziel des finalen Behandlungsabbruchs ist nicht die Erhaltung des Lebens, sondern dessen Beendigung. Demzufolge macht es wertungsmäßig einen gravierenden Unterschied, ob ein ärztlicher Heileingriff mit dem Risiko des Todes durchgeführt werden soll oder ob die Weiterführung eines solchen mit dem Ziel des Todes unterlassen wird.

---

[963] So auch LG München I, NJW 1999, S. 1789; vgl. auch Mayer, S. 124.

[964] Vgl. zur Auslegung von Ausnahmevorschriften ausführlich Larenz/ Canaris, 174 ff.; vgl. hierzu auch LG Augsburg, NJW 2000, S. 2363.

[965] Larenz/ Canaris, S. 176.

[966] BT-Drucks. 11/ 4528, 140 ff.

[967] Vgl. hierzu auch Larenz/ Canaris, S. 176.

[968] Larenz/ Canaris, S. 202; vgl. auch Bydlinski, 3. Teil, II.

[969] Der BGH hat die Einstellung der künstlichen Ernährung durch Arzt und Betreuer in strafrechtlicher Hinsicht als Unterlassen gewertet; vgl. BGH, NJW 1995, S. 204; vgl. ausführlich zur Einordnung der Fälle des Abbruchs lebenserhaltender Maßnahmen als Unterlassen des Arztes, Trück, Mutmaßliche Einwilligung und passive Sterbehilfe durch den Arzt, 14 ff; vgl. auch Alberts, NJW 1999, S. 835.

[970] So auch Knittel, § 1904 Rdn. 9.

[971] Vgl. Larenz/ Canaris, S. 203.

Zudem fehlt es an einer für jede Analogie erforderlichen Gesetzeslücke, mithin an einer „planwidrigen Unvollständigkeit“ des Gesetzes.[972] Die vom OLG Frankfurt a.M.[973] gesehene vermeintliche Regelungslücke ist nicht planwidrig. Dem Gesetzgeber war der mögliche Wunsch schwerstkranker Menschen, „in der letzten Lebensphase nicht sämtliche denkbaren lebens-, aber auch leidensverlängernden medizinischen Möglichkeiten einzusetzen“ durchaus bekannt.[974] Gleichwohl hat der Gesetzgeber ein an diesem Willen ausgerichtetes Verhalten des Betreuers nicht dem Genehmigungserfordernis des § 1904 BGB unterworfen. Der Gesetzgeber hat die umstrittene Problematik auch nicht durch das Betreuungsänderungsgesetz vom 25.06.1998 geregelt, obwohl zu dieser Zeit die Diskussion um die „Kemptener Entscheidung“ des BGH schon in vollem Gange war. Zudem hatte der Vormundschaftsgerichtstag e.V. den Gesetzgeber angeregt zu prüfen, ob zum Zwecke der Klarstellung in § 1904 BGB ergänzend auch die Einwilligung über die Einstellung lebenserhaltender Maßnahmen vor Beginn des Sterbeprozesses aufgenommen oder eine entsprechende Mitteilungspflicht des Betreuers ausdrücklich normiert werden sollte.[975] Von einer planwidrigen Unvollständigkeit des betreuungsrechtlichen Regelungswerkes kann daher keine Rede sein.[976] Vielmehr hat der Gesetzgeber bisher bewußt darauf verzichtet, Fragen der Sterbehilfe gesetzlich zu regeln.[977] Dies spricht für ein qualifiziertes Schweigen des Gesetzgebers. Hat der Gesetzgeber das Problem gesehen und die Regelung dennoch nicht erweitert, so handelt es sich um das sogenannte beredte Schweigen des Gesetzgebers.[978] Eine „Lücke“ und das „Schweigen des Gesetzes“ sind nicht dasselbe.[979] Nach allgemeiner Meinung ist eine Analogie ausgeschlossen, wenn sich die vermeintlich planwidrige Regelungslücke als beredtes Schweigen des Gesetzgebers herausstellt.[980] Wenn der Gesetzgeber bewußt etwas, was er regeln könnte, ungeregelt läßt, kann es der Richter nicht als „Ersatzgesetzgeber“[981] regeln, weil dies einen Bruch mit dem Gewaltenteilungsgrundsatz gem. Art. 20 Abs. 3 GG bedeuten würde.[982] In diesen Fällen ist der Wille des Gesetzgebers zu respektieren und nur die im Gesetz genannten Fälle können der konkreten Regelung unterworfen werden. Vorliegend wollte der Gesetzge-

---

972 Vgl. Larenz, S. 373; Larenz/ Canaris, S. 194.

973 OLG Frankfurt a.M.; BtPrax 1998, S. 187.

974 BT-Drucks. 11/ 4528, S. 142.

975 Vgl. Stellungnahme des Vormundschaftsgerichtstag e.V. zu den Vorschlägen der Bundesregierung und des Bundesrats zur Änderung des Betreuungsrechts, BtPrax 1997, S. 147.

976 *A.A.* Knieper, NJW 1998, S. 2721; Rechtsanwältin Knieper war in dem Verfahren vor dem OLG Frankfurt a.M. als Verfahrenspflegerin tätig.

977 BT-Drucks. 11/ 4528, S. 142.

978 Larenz/ Canaris, S. 191.

979 Larenz/ Canaris, S. 191.

980 Larenz/ Canaris, S. 191; vgl. auch Alberts, NJW 1999, S. 835; Staliniski, BtPrax 1999, S. 87; Karliczek, FamRZ 2002, S. 579.

981 Karliczek, FamRZ 2002, S. 579.

982 Vgl. hierzu auch Heyers, Passive Sterbehilfe bei entscheidungsunfähigen Patienten und das Betreuungsrecht, S. 262.

ber[983] nur die in § 1904 BGB normierten Fälle der lebensgefährlichen Heilbehandlung der vormundschaftlichen Genehmigung unterwerfen. Die Mitwirkung des Betreuers beim Behandlungsabbruch hat der Gesetzgeber bewußt ungeregelt gelassen.[984] An diese Regelungsabsicht hat sich das OLG Frankfurt jedoch nicht gehalten, weil es unzulässigerweise die lex scripta durch seine eigenen Zweckmäßigkeits- und Praktikabilitätsanforderungen an das Zivilrecht substituiert hat.[985] Das OLG Frankfurt hätte prüfen müßen, ob die angebliche Regelungslükke nicht in Wirklichkeit einen die richterliche Rechtsfortbildung ausschließenden wirklichen oder vermeintlichen rechtspolitischen Fehler des Gesetzgebers darstellte.[986] Denn Fehler des Gesetzes in rechtspolitischer Sicht rechtfertigen keine Analogie.[987] Aus diesem Grunde kann auch der Auffassung von Saliger[988] nicht zugestimmt werden, wonach unter rechtspolitischen Gesichtspunkten eine analoge Anwendung des § 1904 BGB von Vorteil sei, da der strafrechtliche ex-post- durch einen zivilrechtlichen ex-ante Lebensschutz vorverlagert und ergänzt werde.

Abschließend bleibt daher festzuhalten, daß eine Analogie aus methodischen Gründen abzulehnen ist. Zum einen fehlt es an einer für jede Analogie erforderlichen Gesetzeslücke, die durch die Rechtsprechung durch analoge Anwendung anderer Vorschriften geschlossen werden könnte. Zum anderen sind die in § 1904 BGB geregelten Fallgruppen mit der hier vorliegenden Konstellation nicht vergleichbar.[989]

2. Betreuungsrechtliche Bedenken

Aus betreuungsrechtlicher Sicht stellen sich im Hinblick auf die Problematik des Behandlungsabbruchs zwei zentrale Fragen, die im Rahmen der vorliegenden Untersuchung der Klärung bedürfen. Fraglich ist zunächst, ob der Betreuer überhaupt in die Entscheidung über den Abbruch einer lebenserhaltenden Maßnahme einwilligen kann. Nimmt man letzteres an, schließt sich die Frage an, ob

---

[983] BT-Drucks. 11/ 4528, 140 ff.

[984] Die Materialien beweisen, daß der Gesetzgeber die Rolle des Betreuers bei infauster Prognose des Betreuten nicht regeln wollte; vgl. BT-Drucks. 11/ 4528, S. 142; „Der grundsätzliche Willensvorrang des Betreuten auch im Bereich der Heilbehandlung...hat z.B. zur Folge, daß der Betreuer den Wunsch eines nicht einwilligungsfähigen Patienten auch dann zu beachten hat, wenn dieser darauf gerichtet ist, in der letzten Lebensphase nicht sämtliche denkbaren lebens-, aber auch schmerzverlängernden medizinischen Möglichkeiten einzusetzen."

[985] Vgl. Karliczek, FamRZ 2002, S. 579.

[986] Vgl. Karliczek, Wille, Wohl und Wunsch des Betreuten und des Einwilligungsunfähigen in der Gesundheitsfürsorge, S. 127.

[987] Vgl. Larenz/ Canaris, 194 f.

[988] Saliger, JuS 1999, 20 f.

[989] *A.A.* Heyers, Passive Sterbehilfe bei entscheidungsunfähigen Patienten und das Betreuungsrecht, 256 ff.

die Einwilligung des Betreuers im Hinblick auf § 1904 BGB unter dem Genehmigungsvorbehalt des Vormundschaftsgerichts steht.

a) Vertretungsmacht des Betreuers

Zu untersuchen ist somit insbesondere, ob eine Vertretungsmacht des Betreuers in den Fällen des Behandlungsabbruchs in Betracht kommt. Der Betreuer ist zwar gem. § 1902 BGB der gesetzliche Vertreter des Betreuten. Gleichwohl ist seine Vertretungsmacht nicht unbeschränkt. Der Betreuer kann den Betreuten nur im Rahmen seines Aufgabenkreises vertreten. Fraglich ist insoweit, ob die Entscheidung über den Abbruch lebenserhaltender Maßnahmen überhaupt in den Aufgabenkreis eines Betreuers fallen kann.

In Rechtsprechung und rechtswissenschaftlicher Literatur ist bislang weitgehend ungeklärt, ob die Befugnis zur Entscheidung über die Beendigung lebenserhaltender Maßnahmen von den typischen Aufgabenkreisen eines medizinischen Betreuers umfaßt wird.[990]
Nach Ansicht des LG München I ist die Einwilligung in den Abbruch der künstlichen Ernährung von dem Aufgabenkreis der Gesundheitsfürsorge nicht gedeckt.[991] Der Aufgabenkreis der Sorge für die Gesundheit umfaßt die Gesundheitsfürsorge in allen Bereichen der Medizin i.w.S.[992] Zutreffend führt Bienwald[993] aus, daß die Entscheidung, einen Menschen sterben zu lassen, nicht der Erhaltung des Lebens oder der Gesundheit diene, weil keine „Gesundung" bezweckt werde und werden könne. Folglich könne es sich um keine Maßnahme handeln, die in den Bereich der „Gesundheitssorge" falle.
Bislang offengeblieben ist, ob der Aufgabenkreis „Heilbehandlung" dem Betreuer die Befugnis gibt, über eine Lebensverlängerung bzw. Lebenserhaltung des Betroffenen zu befinden. Der Aufgabenkreis der Heilbehandlung wird enger verstanden, als derjenige der Gesundheitssorge.[994] Rechtsprechung und medizinrechtliche Literatur verstehen unter einer Heilbehandlung Maßnahmen jeglicher Art, die auf Herstellung der Gesundheit, Linderung von Krankheit, Beseitigung oder Linderung von Krankheitsfolgen sowie Verhütung von Krankheiten und ihrer Verschlimmerung gerichtet sind.[995] Mithin muß das ärztliche Handeln einen therapeutischen bzw. kurativen Sinn haben. Unter Anwendung des Erforderlichkeitsprinzips und restriktiver Auslegung des Aufgabenkreises kann dies nur bedeuten, daß ein Betreuer mit dem Aufgabenkreis der „Heilbehandlung" zu

---

[990] Vgl. auch Heyers, Passive Sterbehilfe bei entscheidungsunfähigen Patienten und das Betreuungsrecht, 226 f. m.w.N.

[991] LG München I, NJW 1999, S. 1789; so auch LG Augsburg, NJW 2000, S. 2363; *a.A.* OLG Karlsruhe/ Freiburg, NJW 2002, S. 685; OLG Frankfurt a.M., FamRZ 2002, S. 576; Baumann/ Hartmann, DNotZ 2000, S. 600 m.w.N.

[992] Vgl. Bienwald, Betreuungsrecht, § 1896 Rdn. 215.

[993] Bienwald, FamRZ 1998, S. 1138.

[994] Vgl. hierzu näher, Bienwald, Betreuungsrecht, § 1896 Rdn. 215.

[995] Vgl. Heyers, Passive Sterbehilfe bei entscheidungsunfähigen Patienten und das Betreuungsrecht, S. 231 m.w.N.

einer Entscheidung über den Abbruch lebenserhaltender Maßnahmen nicht befugt ist, weil mit diesem keine kurativen Zwecke verfolgt werden. Es sei denn, man würde unter der Befreiung von Leiden auch den Verzicht auf lebensverlängernde bzw. lebenserhaltende Maßnahmen verstehen. Vielmehr ist davon auszugehen, daß zulässige Sterbehilfe in der Tat das Leiden, nicht aber den Mitmenschen selbst beseitigen soll.[996]
Aufgrund des zuvor Gesagten kann auch der von Heyers vertretenen Auffassung nicht gefolgt werden, wonach der Aufgabenkreis mit der Fassung „Zuführung zu ärztlichen Maßnahmen" bzw. „Erteilung einer Einwilligung in indizierte ärztliche Maßnahmen" die Entscheidung über den Einsatz vital indizierter Maßnahmen umfassen soll.[997] Nach überwiegender Ansicht umfaßt der Aufgabenkreis der „Gesundheitsfürsorge" die Zuführung zum Arzt, die Einwilligung in eine medizinische Maßnahme und den Abschluß des Behandlungsvertrages.[998] Der Aufgabenkreis „Zuführung zu ärztlichen Maßnahmen" konkretisiert daher lediglich den Aufgabenkreis der „Sorge für die Gesundheit".[999]

Wie bereits oben gezeigt unterfällt die Entscheidung über die Durchführung von lebenserhaltenden Maßnahmen nicht dem umfassenden Aufgabenkreis der Gesundheitssorge. Demzufolge kann sie auch nicht von den Aufgabenkreisen der „Zuführung zu ärztlichen Maßnahmen" oder „Erteilung einer Einwilligung in indizierte ärztliche Maßnahmen" erfaßt werden, weil diese wiederum im Aufgabenkreis der „Gesundheitssorge" enthalten sind. Im übrigen weist Sonnenfeld zu Recht darauf hin, daß Formulierungen wie „Zuführung zur Heilbehandlung" vermieden werden sollten, da diese den Eindruck erwecken, als könne der Arzt nach eigenem Ermessen mit der „zugeführten" Person verfahren.[1000] Im Ergebnis ist damit festzuhalten, daß einem Betreuer, dem der Aufgabenkreis „Gesundheitssorge" oder „Heilbehandlung" zugewiesen wurde, keine Kompetenz zur Entscheidung über einen Verzicht auf lebensverlängernde bzw. lebenserhaltende Behandlungsmaßnahmen zukommt.

Ferner vermag die Argumentation, daß der Abbruch, wenn schon nicht durch die Gesundheitssorge, so doch durch den Aufgabenkreis „alle Angelegenheiten" gedeckt ist, nicht zu überzeugen.[1001] Fraglich ist insbesondere, welche Angelegenheiten außer der Sorge um die Gesundheit von dem Aufgabenkreis „alle Angelegenheiten" gedeckt werden sollen. Mit dem Rückgriff auf die im Eltern-Kind-Verhältnis getroffene Zweiteilung in Personensorge und Vermögenssorge

---

[996] So auch Laufs, NJW 2000, S. 1765.

[997] Heyers, Passive Sterbehilfe bei entscheidungsunfähigen Patienten und das Betreuungsrecht, S. 230.

[998] Vgl. Erman-Holzhauer, § 1896 Rdn. 60.

[999] So Heyers, Passive Sterbehilfe bei entscheidungsunfähigen Patienten und das Betreuungsrecht, S. 229; *a.A.* Bienwald, der eine Betreuung mit dem Aufgabenkreis „Zustimmung und Zuführung zur Heilbehandlung" als nicht sinnvoll ansieht, vgl. Bienwald, Betreuungsrecht, § 1896 Rdn. 215.

[1000] Sonnenfeld, Rdn. 38.

[1001] So zuletzt OLG Frankfurt a.M., FamRZ 2002, S. 576.

kommt man zu dem Ergebnis, daß die Personensorge erwachsener Betreuter lediglich die Aufenthaltsbestimmung und die Gesundheitssorge umfaßt.[1002] Im übrigen würde dem Betreuer eine Angelegenheit als Aufgabe übertragen, die straffrei nur der Betroffene selbst besorgen kann.[1003]

Insgesamt bleibt daher festzuhalten, daß die Entscheidung über den Verzicht lebenserhaltender bzw. lebensverlängernder Maßnahmen keinem der Aufgabenkreise eines Betreuers als gesetzlichem Vertreter zuzuordnen ist. Einer Vertretungsmacht des Betreuers stehen demnach erhebliche rechtliche Bedenken entgegen.

Unabhängig davon sprechen auch andere Punkte gegen die Zuständigkeit des Betreuers, in seiner Funktion als gesetzlicher Vertreter des Betreuten über einen Behandlungsabbruch zu entscheiden.

b) Höchstpersönlichkeit der Entscheidung

Fraglich ist insbesondere, ob die Entscheidung über den Abbruch lebenserhaltender Maßnahmen überhaupt in den Aufgabenkreis eines Betreuers fallen kann, weil es sich um eine besonders persönlichkeitsrelevante Entscheidung handelt, die möglicherweise einer Entscheidung durch den Betreuer gänzlich unzugänglich ist.

Nach Ansicht des LG München I handelt es sich bei der Entscheidung, sterben zu wollen, um eine höchstpersönliche Entscheidung, die einem Betreuer ohnehin nicht übertragen werden kann.[1004] Demgegenüber vertritt das OLG Karlsruhe/ Freiburg die Auffassung, daß dem Betreuungsrecht die Wahrnehmung höchstpersönlicher Angelegenheiten durch den Betreuer nicht fremd sei. Schließlich treffe der Betreuer als gesetzlicher Vertreter höchstpersönliche Entscheidungen auch bei gewöhnlichen und bei gefährlichen Heilbehandlungen i. S. von § 1904 BGB.[1005]
Dieser Einwand ist schon vom Ansatz verfehlt, weil es sich bei einem Behandlungsabbruch um keine ärztliche Maßnahme im üblichen Sinne handelt. Deshalb muß die Vertretung bei der Einwilligung in ärztliche Eingriffe wegen ihres höchstpersönlichen Charakters nicht gänzlich ausgeschlossen werden. Das würde den Interessen des Betreuten nicht gerecht werden und zu einer Regelungslücke führen.[1006] Gleichwohl gibt es Entscheidungen, die dem Kernbereich der Persönlichkeit angehören und nicht fremdbestimmt erfolgen können. Schließlich gibt es Bereiche, auf die sich die Betreuung überhaupt nicht erstrecken kann. So sind die Angelegenheiten des § 1903 Abs. 2 BGB – Eheschließung, Testamentserrichtung - höchstpersönlicher Art und einer Vertretung nicht zugänglich. Da es

---

[1002] So auch Bienwald, FamRZ 2002, S. 577.

[1003] Vgl. Bienwald, FamRZ 1998, S. 1139.

[1004] LG München I, NJW 1999, S. 1789.

[1005] OLG Karlsruhe/ Freiburg, NJW 2002, S. 686.

[1006] Vgl. Trück, Mutmaßliche Einwilligung und passive Sterbehilfe durch den Arzt, S. 108.

sich bei der Entscheidung zu einem Verzicht auf lebensverlängernde Maßnahmen oder einem Abbruch lebenserhaltender Behandlung um eine zumindest ebenso höchstpersönliche Entscheidung handelt, muß die Entscheidungskompetenz des Betreuers in diesen Fällen ausgeschlossen werden. Vielmehr muß die konkrete Entscheidung über lebensverlängernde Behandlungsmaßnahmen am Ende des Lebens eines Menschen wie keine andere als „höchstpersönlich"[1007] angesehen werden, weil neben Persönlichkeitsrechten auch das Lebensrecht des Betroffenen berührt wird. Eine solch höchstpersönliche Entscheidung kann jedoch nach der bestehenden Gesetzeslage nicht auf den Betreuer übertragen werden.[1008] Es ist daher davon auszugehen, daß der Vertretungsmacht des Betreuers die „Höchstpersönlichkeit" der Entscheidung über Leben und Tod entgegensteht.[1009] Gegen dieses Ergebnis spricht - entgegen der Ansicht von Gründel[1010] – auch nicht, daß andere „höchstpersönliche Entscheidungen" vom Betreuer getroffen werden können.[1011] Schon aus § 1905 BGB oder auch aus § 1596 Abs. 1 S. 3 BGB wird deutlich, daß nur im gesetzlich geregelten Ausnahmefall höchstpersönliche Entscheidungen der Zuständigkeit des Betreuers unterfallen können. Ferner kann sich die hier vertretene Auffassung auch auf die in den spezialgesetzlichen Regelungen des TPG[1012] und des AMG[1013] getroffenen Wertungen stützen. Die Höchstpersönlichkeit der Entscheidung über den Abbruch lebensnotwendiger Behandlungsmaßnahmen ist zumindest vergleichbar mit der Abgabe einer Organspendeerklärung, die ein Betreuer nach § 8 TPG ebenfalls nicht für den einwilligungsunfähigen Betreuten abgeben kann. Ebenso verhält es sich mit der Einwilligung in ein wissenschaftliches Experiment, § 40 Abs. 2 AMG. Obgleich der Betreuer als gesetzlicher Vertreter bei gewöhnlichen Heilbehandlungen höchstpersönliche Entscheidungen trifft, hat der Gesetzgeber in den Regelungen des § 8 TPG und § 40 Abs. 2 AMG zum Ausdruck gebracht, daß es im Aufgabenbereich der Gesundheitsfürsorge auch höchstpersönliche Angelegenheiten gibt, die einem Betreuer gerade nicht übertragen werden können. Wenn also die Vertretungsmacht eines Betreuers, Organspendeerklärungen für den Betreuten abzugeben bzw. in ein wissenschaftliches Experiment einzuwilligen grundsätzlich ausgeschlossen ist, so läßt dies einen Schluß auf die fehlende Vertretungsmacht des Betreuers in den Fällen des Behandlungsabbruchs zu.[1014]

[1007] Vgl. auch Baumannn/ Hartmann, DNotZ 2000, S. 599.

[1008] So auch LG Augsburg, NJW 2000, S. 2363.

[1009] Deichmann, MDR 1995, S. 985; so auch Trück, Mutmaßliche Einwilligung und passive Sterbehilfe durch den Arzt, S. 108.

[1010] Vgl. Gründel, NJW 1999, S. 3391.

[1011] Vgl. § 1905 BGB für die Sterilisation und § 1596 Abs. 1 S. 3 BGB für die Vaterschaftsanerkennung.

[1012] Vgl. hierzu ausführlich § 8.

[1013] Vgl. hierzu ausführlich § 7.

[1014] *A.A.* Heyers, Passive Sterbehilfe bei entscheidungsunfähigen Patienten und das Betreuungsrecht, S. 217.

Im übrigen ist es nicht konsequent, wenn argumentiert wird[1015], die hier vertretene Ansicht, die in einem Behandlungsabbruch eine höchstpersönliche Angelegenheit sieht, die von der Wahrnehmung durch den Betreuer ausgeschlossen sei, lasse den Umstand außer Acht, daß schwerstkranke Menschen, die zu einer Willensäußerung nicht mehr in der Lage sind, zu einem unter Umständen jahrelangen qualvollen Dahinvegetieren unter Ausschöpfung sämtlicher medizinischer lebensverlängernder Maßnahmen verurteilt wären. Die Gegenansicht übersieht, daß der BGH[1016] bereits im Fall „Wittig“ entschieden hat, daß es keine Rechtsverpflichtung zur Erhaltung erlöschenden Lebens um jeden Preis gibt. Maßnahmen zur Lebensverlängerung seien nicht schon deshalb unerläßlich, weil sie technisch möglich sind. Angesichts des bisherigen grenzenüberschreitenden Fortschritts medizinischer Technologie bestimme nicht die Effizienz der Apparatur, sondern die an der Achtung der Menschenwürde ausgerichtete Einzelfallentscheidung die Grenze ärztlicher Behandlungspflicht. Darüber hinaus kann auch den Richtlinien der Bundesärztekammer[1017] entnommen werden, daß die ärztliche Behandlungspflicht nicht unbegrenzt ist. Sowohl mit Blick auf das Persönlichkeitsrecht des Einzelnen als auch darauf, daß nicht alles wirklich Machbare durchzuführen ist, kann ein Arzt nicht generell verpflichtet sein, das Leben der Patienten künstlich um jeden Preis zu verlängern.[1018] Demzufolge darf der Intensivarzt den Vorgang des Sterbens nicht künstlich verzögern.[1019]

Aus dem soeben Dargelegten ergibt sich, daß der Betreuer in seiner Funktion als gesetzlicher Vertreter des Betreuten, nicht in den Abbruch lebenserhaltender Maßnahmen einwilligen kann. Dieses Ergebnis steht auch nicht im Widerspruch mit der im Vordringen begriffenen Auffassung in Rechtsprechung und Literatur[1020], wonach der Bevollmächtigte gleichwohl berechtigt ist, in den Abbruch von lebensverlängernden Maßnahmen einzuwilligen. Denn insoweit sind die Wesensunterschiede zwischen den beiden Vertretungsformen zu beachten. Der Betreuer wird kraft hoheitlichen Aktes staatlich bestellt und vom Vormundschaftsgericht überwacht. Demgegenüber ist der Bevollmächtigte auf der Grundlage des dem Vollmachtgeber zustehenden Selbstbestimmungsrechts legitimiert. In der Regel wird der Vollmachtgeber eine selbstgewählte Person seines Vertrauens zum Bevollmächtigten in gesundheitlichen Angelegenheiten bestimmen. Die Vertretung ist Ausfluß des Selbstbestimmungsrechts, welches wiederum aus dem allgemeinen Persönlichkeitsrecht abgeleitet wird. Nach der höchstrichterlichen Rechtsprechung ist das Persönlichkeitsrecht grundsätzlich übertragbar.[1021] An dieser Stelle ist nochmals zu betonen, daß das Rechtsinstitut

---

[1015] So LG Duisburg, NJW 1999, S. 2744.

[1016] BGHSt 32, 367.

[1017] Grundsätze der Bundesärztekammer zur ärztlichen Sterbebegleitung, NJW 1998, S. 3406.

[1018] Vgl. auch Albrecht, MedR 2000, S. 432.

[1019] So auch Laufs, NJW 1999, S. 1761.

[1020] Vgl. Heyers, Passive Sterbehilfe bei entscheidungsunfähigen Patienten und das Betreuungsrecht, 151 ff. m.w.N., S. 175; vgl. auch Palandt-Diederichsen, Einf. v. § 1896, Rdn. 7, 9 und 10.

[1021] Vgl. BGH, NJW 1955, S. 260; BGH, NJW 1968, 1173 f.

der Vorsorgevollmacht aufgrund des Erfordernisses der Geschäftsfähigkeit seitens des Vollmachtgebers Geistigbehinderten regelmäßig nicht zugänglich sein wird.

c) Kriterium des Wohls des Betreuten

Des weiteren würde einer Entscheidung des Betreuers über den Abbruch lebenserhaltender Maßnahmen auch die Regelung des § 1901 BGB entgegenstehen. Der Betreuer ist nach § 1901 Abs. 2 S. 1 BGB verpflichtet, die Angelegenheiten des Betreuten so zu besorgen, wie es dessen Wohl entspricht. Folgerichtig müßte die Entscheidung über den Abbruch lebenserhaltender Maßnahmen dem Wohl des Betreuten dienen. Es ist kein Grund ersichtlich, warum die Beschleunigung des Todes des Betroffenen dessen Wohl dienen sollte. Der irreversibel Bewußtlose leidet, anders als der Sterbende weder unter Schmerzen noch unter psychischen Belastungen.[1022] Apalliker sind keine Sterbenden und können als Pflegefälle noch Monate und Jahre weiter leben.[1023] Irreversible Bewußtlosigkeit allein ist kein Grund, die davon betroffene Person durch einen Behandlungs- oder Versorgungsverzicht sterben zu lassen.[1024] Bei irreversibel bewußtlosen Patienten verbietet sich daher die Vermutung, daß der Tod im Verhältnis zum noch so minimalisierten Leben dem „Wohl" des Betreuten entspricht.[1025] Erteilt der Betreuer gleichwohl eine Einwilligung, ist diese Erklärung wegen Verstoßes gegen § 1901 BGB rechtswidrig.
Schließlich ist noch zu erörtern, ob es sich bei der Einwilligung in einen Behandlungsabbruch - unter Beachtung des mutmaßlichen Willens des Betroffenen - überhaupt um eine betreuungsrechtliche Angelegenheit handelt. Nach Ansicht des OLG Frankfurt a.M. dürfen sowohl der Betreuer als auch das Vormundschaftsgericht bei ihrer Entscheidungsfindung dem Behandlungsabbruch nur zustimmen, wenn er dem mutmaßlichen Willen des Patienten entspricht. Diese Argumentation überzeugt nicht, weil sie nicht ohne Ungenauigkeiten und Inkonsequenzen ist. Die mutmaßliche Einwilligung des Patienten und die stellvertretende Einwilligung des Betreuers werden „durcheinandergeworfen".[1026] Auf eine mutmaßliche Einwilligung kommt es nur dann entscheidend an, wenn die tatsächliche Einwilligung nicht zu bekommen ist. In betreuungsrechtlichen Fällen ist dies gerade nicht der Fall. Eine betreuungsrechtliche Angelegenheit setzt voraus, daß der Betreuer eine stellvertretende Einwilligung für den Betreuten abgeben kann. Obwohl der Wille des Betroffenen maßgebliches Entscheidungskriterium ist, trifft der Betreuer eine eigene Entscheidung. Mithin kann der Betreuer als gesetzlicher Vertreter die Einwilligung erklären oder verweigern. Ein Rückgriff auf das subsidiäre Institut der mutmaßlichen Einwilligung wäre demzufolge unzulässig. Unterstellt man hingegen mit der Konstruktion des mutmaßlichen Willens eine eigene Entscheidung, so ist wiederum für eine Fremdent-

---

[1022] Vgl. Weißauer/ Opderbecke, MedR 1995, S. 458.

[1023] Vgl. Weißauer/ Opderbecke, MedR 1995, S. 457.

[1024] So auch Bernsmann, ZRP 1996, S. 92.

[1025] So auch Bernsmann, ZRP 1996, S. 92.

[1026] Vgl. MünchKomm-Schwab, § 1904 Rdn. 38.

scheidung kein Raum. Es handelt sich daher insgesamt um keine betreuungsrechtliche Problematik.

d) Zwischenergebnis

Zusammenfassend läßt sich somit sagen, daß dem Betreuer die Kompetenz zur Entscheidung der Frage, ob lebenserhaltende bzw. lebensverlängernde Behandlungsmaßnahmen beim Betreuten aufgenommen respektive fortgeführt werden sollen, nicht zukommt. Folglich stellt sich nach der hier vertretenen Auffassung auch nicht die Frage, ob die Einwilligung des Betreuers in den Behandlungsabbruch beim einwilligungsunfähigen Patienten – wie von einem Teil der Literatur gefordert - der vormundschaftsgerichtlichen Genehmigung in analoger Anwendung des § 1904 BGB bedarf.[1027] Schließlich ist die Mitwirkung des Vormundschaftsgerichts abhängig vom Umfang der gesetzlich eingeräumten Vertretungsmacht. Eine Einwilligungsbefugnis, die über diejenige des Betreuers hinausgeht, steht dem Vormundschaftsrichter nicht zu. Er kann im Rahmen seiner Kontrollzuständigkeit nur eine gesetzlich vorgesehene Einwilligung ergänzen oder ersetzen. Da aber die existentielle Entscheidung über den Verzicht auf lebensverlängernde Maßnahmen oder den Abbruch lebenserhaltender Maßnahmen von der Vertretungsmacht des Betreuers nicht umfaßt ist, scheidet auch die Kompetenz des Vormundschaftsgerichts von vorneherein aus.[1028]

e) Erfordernis einer vormundschaftsgerichtlichen Genehmigung

Selbst wenn man - entgegen der hier vertretenen Ansicht - die Einwilligung des Betreuers in den Abbruch lebenserhaltender Maßnahmen als zulässig ansieht, bestehen gegen das Erfordernis einer vormundschaftsgerichtlichen Genehmigung analog § 1904 BGB erhebliche Zweifel.

Deichmann[1029] und Dodegge[1030] haben hervorgehoben, daß der Vormundschaftsrichter durch das Erfordernis einer vormundschaftsgerichtlichen Genehmigung in die Position eines „Herren über Leben und Tod" gerückt würde.[1031] Obgleich der Vormundschaftsrichter „nur" die Einwilligung des Betreuers in den Abbruch lebenserhaltender Maßnahmen genehmigt, entscheidet er zwar nicht de jure, gleichwohl aber de facto über Leben und Tod. Dies sei vor allem unzuträglich, wenn etwa ein Richter auf Probe im ersten Berufsjahr zur Entscheidung berufen

---

[1027] Vgl. auch Trück, Mutmaßliche Einwilligung und passive Sterbehilfe durch den Arzt, S. 112 m.w.N.

[1028] So auch Trück, Mutmaßliche Einwilligung und passive Sterbehilfe durch den Arzt, 112 f.

[1029] Deichmann, MDR 1995, S. 984.

[1030] Dodegge, NJW 1997, S. 2432.

[1031] Auch Adolf Laufs hat seine Rezension der Entscheidung des OLG Frankfurt nicht zu Unrecht und unpolemisch mit „Zivilrichter über Leben und Tod" überschrieben und hierbei das zugrundeliegende Urteil des ersten Strafsenats des BGH als „behutsam begründet, aber dennoch lebensgefährlich" bezeichnet; vgl. Laufs, NJW 1998, S. 3399.

sei.[1032] Zutreffend weist Kutzer[1033] darauf hin, wie schwierig es psychologisch ist, sowohl jungen als auch älteren Richtern zuzumuten, durch ihre Entscheidung nicht de jure, aber doch de facto das letzte Wort über Leben und Tod des Patienten zu sprechen. Mit dieser Aufgabe würde Richtern einfach kraft Amtes die Befähigung zugetraut, schwierigste, viele Bereiche berührende Entscheidungen „zwischen Leben und Tod" erfolgreich zu kontrollieren und zu beurteilen, ohne daß sie dafür ausgebildet sind.[1034] Die vormundschaftsgerichtliche Praxis lehnt es deshalb ab, durch die Erteilung oder Versagung der richterlichen Genehmigung die letzte Verantwortung für Leben oder Tod des Patienten zu tragen.[1035] Darüber hinaus ist es der deutschen Rechtsordnung fremd, im Vorfeld darüber zu entscheiden, ob es zulässig ist, einen Menschen sterben zu lassen.[1036] Die dritte Gewalt entscheidet bislang über die Folgen der Tötung eines Menschen, nicht aber darüber, ob der Tod eines Menschen durch den Abbruch von lebenserhaltenden Maßnahmen herbeigeführt werden darf.[1037] Wenn Vormundschaftsrichtern die Aufgabe übertragen werden soll, über die Zulässigkeit aktiver Sterbehilfe zu entscheiden, bedarf dies einer eindeutigen gesetzlichen Regelung mit besonderen Schutzgarantien.[1038] Dies folgt schon aus dem Gesetzesvorbehalt in Art. 2 Abs. 2 GG, wonach in das Recht auf Leben und körperliche Unversehrtheit nur aufgrund eines förmlichen Gesetzes eingegriffen werden darf.[1039] Es bedarf daher der Klärung durch den Gesetzgeber, ob § 1904 BGB analog auf den Behandlungsabbruch anzuwenden ist.[1040] Auf die verfassungsrechtlichen Bedenken gegen eine solche gesetzliche Regelung wird noch ausführlich einzugehen sein.

Des weiteren ist das Verlangen nach einer vormundschaftsgerichtlichen Genehmigung auch aus anderen Gründen fragwürdig. Für das Erfordernis einer vormundschaftsgerichtlichen Genehmigung, mithin für ein justizförmiges Verfahren wird oftmals das Argument „der amtlichen Kontrollinstanz" bemüht.[1041] Die Einschaltung des Vormundschaftsgerichts habe Kontrollwirkung und Kontrollfunktion.[1042] Die Einschaltung eines Gerichts als Kontrollinstanz übe einen Rechtfertigungsdruck in Bezug auf Entscheidungen von Betreuern und Ärzten aus. Dies betreffe zunächst den Arzt, der einem erhöhten Rechtfertigungsdruck ausgesetzt werde, weil er die gebotene Aufklärung nicht nur gegenüber dem

---

1032 Vgl. Alberts, NJW 1999, S. 836.

1033 Kutzer, ZRP 2000, S. 404.

1034 So auch Müller-Freienfels, JZ 1998, S. 1125.

1035 Vgl. Kutzer, MedR 2001, S. 79.

1036 So auch Deichmann, MDR 1995, S. 984.

1037 So auch Laufs, NJW 1998, S. 3401.

1038 Vgl. auch VGT, BtPrax 1998, S. 162.

1039 Vgl. auch Karliczek, FamRZ 2002, S. 579.

1040 So auch Spickhoff, NJW 2001, S. 1765.

1041 Vgl. hierzu näher Heyers, Passive Sterbehilfe bei entscheidungsunfähigen Patienten und das Betreuungsrecht, 284 f.

1042 Spickhoff, NJW 2001, S. 1763.

Betreuer, sondern auch gegenüber einem hoheitlich handelnden Organ erbringen müsse. Zudem stehe auch der Betreuer unter erhöhtem Rechtfertigungsdruck, weil er seine Entscheidung einer anderen Stelle glaubhaft und stichhaltig erläutern müsse.[1043] Darüber hinaus verfüge ein Gericht über die größere Distanz und Objektivität.[1044]

Die Argumentation ist nicht stichhaltig. Zwar könnte das Vormundschaftsgericht bei einer Entscheidung über den Behandlungsabbruch eine neutrale Instanz bilden, die nicht unmittelbar in das Geschehen involviert ist.[1045] Gleichwohl wird die Entscheidung letztlich einer Instanz zugeschoben, der man zwar Objektivität zutrauen darf, die aber in der Regel über keine bessere Sachkompetenz verfügen wird. Man muß sich zunächst vor Augen führen, daß der zur Entscheidung berufene Vormundschaftsrichter regelmäßig nicht kraft eigener Sachkunde zur Beurteilung des medizinischen Sachverhalts in der Lage ist. Entscheidungen in „Arztsachen"[1046] erfordern medizinische Fachkenntnisse und Erfahrungen, über die Juristen nicht verfügen. Die Gerichte sind daher in besonderem Maße auf die Gutachten von Sachverständigen angewiesen. Der Gesetzgeber hat dem Vormundschaftsrichter einen Sachverständigen zur Seite gestellt, dessen er sich zwingend zu bedienen hat. Nach § 69d Abs. 2 S. 1 FGG hat das Gericht vor Erteilung der Genehmigung das Gutachten eines Sachverständigen einzuholen. Gleichwohl „entscheidet" letztlich faktisch der Sachverständige über die Genehmigungserteilung, denn der Vormundschaftsrichter wird sich – mangels eigener Sachkompetenz – regelmäßig dessen Votum zu eigen machen. Bezeichnungen des medizinischen Sachverständigen als „Richter in Weiß" oder „heimlicher Urteilsschreiber" verdeutlichen dessen zentrale Stellung im Prozeß.[1047]
In diesem Zusammenhang ist unter anderem bedenklich, daß die mit dem Betreuungsrecht eingeführten Verfahrensgarantien zum Schutz des Betreuten mit dem zum 1.1.1999 in Kraft getretenen Betreuungsrechtsänderungsgesetz gelokkert worden sind. Während nach der ursprünglichen Fassung des Betreuungsgesetzes[1048] Sachverständiger und ausführender Arzt nicht personengleich sein durften, hat das BtÄndG das strenge Verbot gelockert. Nunmehr soll in der Regel keine Personenidentität bestehen, § 69d Abs. 2 S. 2 FGG. Dies läßt den Schluß zu, daß sich die Bewertungen von behandelndem Arzt einerseits und Gutachter andererseits in der weitaus überwiegenden Anzahl der Fälle decken werden. Wenn dem aber so ist, und dies kann auch dem Gesetzgeber nicht verborgen geblieben sein, so stellt sich die Frage, warum man die Entscheidung über den Abbruch lebenserhaltender Maßnahmen nicht gleich dem behandelnden Arzt überläßt. Die größere Sachnähe des behandelnden Arztes ist in Fällen

[1043] So Heyers, Passive Sterbehilfe bei entscheidungsunfähigen Patienten und das Betreuungsrecht, S. 285.

[1044] So Saliger, JuS 1999, S. 19.

[1045] So auch Trück, Mutmaßliche Einwilligung und passive Sterbehilfe durch den Arzt, S. 114.

[1046] Ankermann, MedR 1999, S. 391.

[1047] Vgl. Katzenmeier, § 7 III. 1. b).

[1048] Vgl. § 69d Abs. 2 S. 2 FGG a.F.

wie denen des Behandlungsabbruchs sogar unverzichtbar, weil es hierbei in besonders hohem Maße um die Erfassung der Persönlichkeit und der Lebenseinstellung des Patienten geht. Der Vormundschaftsrichter hingegen trifft diese schwerwiegende Entscheidung bezüglich eines Patienten, dessen Persönlichkeit er nur aus der Distanz vermuten kann.[1049] Aus diesem Grunde wird in der Literatur vereinzelt auf die Gefahr eines möglichen Justizirrtums hingewiesen.[1050] Verfahrensgegenstand des Genehmigungsverfahrens sei mit dem mutmaßlichen Willen das Innerste eines dem Richter fremden Menschen. Trotz des in § 12 FGG normierten Amtsermittlungsprinzips, bestehe die ernste und unübersehbare Gefahr, daß der Vormundschaftsrichter den mutmaßlichen Willen des Patienten nicht aufdeckt oder die Indizien eines mutmaßlichen Willens nicht zutreffend bewertet und einen dem wirklichen Willen des Patienten widersprechenden Behandlungsabbruch genehmigt.

Aus den obengenannten Gründen bietet ein Verfahren nach § 1904 BGB kaum hinreichende Verfahrensgarantien, um der Bedeutung der Entscheidung gerecht zu werden. Gerade bei unumkehrbaren Entscheidungen wie bei der Genehmigung der Sterbehilfe sind indes besondere Schutzregelungen notwendig. Wenn überhaupt eine vormundschaftsgerichtliche Genehmigung der Sterbehilfe zu diskutieren wäre, so käme allenfalls eine entsprechende Anwendung des § 1905 BGB in Betracht. Diese Vorschrift unterwirft die Sterilisation des Betroffenen aus guten Gründen den strengsten Verfahrensvorschriften, die das Betreuungsrecht kennt.[1051] Hierzu gehört unter anderem, daß ärztlicher Sachverständiger und ausführender Arzt nicht personengleich sein dürfen. Es sei noch einmal herausgestellt, daß auch eine entsprechende Anwendung des § 1905 BGB die grundsätzlichen Bedenken gegen eine vormundschaftsgerichtliche Genehmigung nicht ausräumen kann.
Zudem ist an dieser Stelle noch auf die strengen Verfahrensgarantien des Transplantationsgesetzes hinzuweisen. Vor der Organentnahme eines sogenannten vermittlungspflichtigen Organs, d.h. von Herz, Niere, Leber, Lunge, Bauchspeicheldrüse oder Darm, muß stets der Tod des Organspenders durch zwei dafür qualifizierte Ärzte - unabhängig voneinander - nach Regeln, die dem Stand der Erkenntnisse der medizinischen Wissenschaft entsprechen, nachgewiesen werden, § 5 Abs. 1 S. 1 TPG. Die an dieser Untersuchung beteiligten Ärzte dürfen weder an der Entnahme noch an der Übertragung der Organe des Organspenders beteiligt sein oder Weisungen eines Arztes unterstehen, der an diesen Maßnahmen beteiligt ist, § 5 Abs. 2 TPG. Konsequenterweise wird man in Anbetracht dieses Sicherungsmechanismus bei der postmortalen Organentnahme die Verfahrensgarantien des § 1904 BGB bei einem Eingriff in das elementarste Grundrechtsgut - das Leben - als völlig unzureichend ablehnen müssen.

[1049] So auch Trück, Mutmaßliche Einwilligung und passive Sterbehilfe durch den Arzt, S. 114.

[1050] So zu Recht Karliczek, Wille, Wohl und Wunsch des Betreuten und des Einwilligungsunfähigen in der Gesundheitsfürsorge, 133 f.

[1051] Vgl. hierzu ausführlich § 6 IV.

Lediglich ergänzend sei darauf hingewiesen, daß eine entsprechende Anwendung des § 1904 BGB auf Fälle des Behandlungsabbruchs auch aus anderen praktischen Gründen problematisch erscheint. Die Rechtspflegestatistiken offenbaren, daß derzeit insgesamt nur knapp 3000 Genehmigungsverfahren nach § 1904 BGB jährlich durchgeführt werden.[1052] Gleichwohl sind die Vormundschaftsgerichte schon heute derartig überlastet, daß es geradezu ausgeschlossen sein muß, daß sie die Ihnen zugedachten Aufsichts- und Kontrollfunktionen - zumindest wenn man diese ernst nimmt - tatsächlich im derzeit vorgesehenen Umfang jemals erfüllen werden. Die Kontrollwirkung des Vormundschaftsgerichts ist deshalb heute in der Realität zu einem fragwürdigen Formalakt degeneriert.[1053] Schließlich erscheint die Kontrollfunktion des Vormundschaftsgerichts schon deshalb zweifelhaft, wenn diese häufig nur noch in dem Austausch zweier Faxe zwischen Klinik und Amtsgericht besteht. Bedenken gegen eine Kontrollwirkung der vormundschaftsgerichtlichen Genehmigung bestehen auch im Hinblick auf die außergewöhnlich hohe Genehmigungsquote der gestellten Anträge. Bezogen auf die Gesamtzahl der Verfahren betragen die Genehmigungen erheblich mehr als 90 %.[1054] Bei einer analogen Anwendung des § 1904 BGB kämen zusätzlich rund 100.000 Verfahren mit genehmigungspflichtigen „Stellvertreterentscheidungen am Lebensende" hinzu.[1055] Angesichts einer solchen Verfahrensflut wäre ein weitgehender Stillstand der Rechtspflege zu befürchten.
Darüber hinaus ist das vormundschaftsgerichtliche Genehmigungsverfahren in den Fällen der Sterbehilfe bzw. des Behandlungsabbruchs auch deshalb ungeeignet, weil eine solche Entscheidung kein langwieriges und justizförmiges Verfahren verträgt.[1056] Durch die notwendige Dauer des vormundschaftsgerichtlichen Verfahrens wird das Leiden und Sterben des Patienten unnötig hinausgezögert. Das Genehmigungsverfahren vor dem Vormundschaftsgericht wird schon deshalb längere Zeit in Anspruch nehmen, weil die notwendigen medizinischen Gutachten meistens nicht ohne längere Vorbereitung erstellt werden können.[1057] Ein solches Verfahren ginge daher regelmäßig auf Kosten des leidenden Betreuten.[1058]
Unabhängig davon zeigt auch der Verfahrensgang in dem vom LG Duisburg[1059] entschiedenen Fall, daß der Weg über die Vormundschaftsgerichte nicht durchweg von Rechtssicherheit und Vertrauensschutz geprägt sein kann. Führt man sich vor Augen, daß die Betreuerin am 30.8.1998 die vormundschaftsgerichtliche Genehmigung ihrer Einwilligung in den Abbruch der künstlichen Ernährung beantragt hat, die Beschwerdeentscheidung des LG Duisburg jedoch erst am 9.6.1999 ergangen ist, so hat das Verfahren nahezu 1 Jahr gedauert. Vor diesem

---

[1052] Vgl. Strätling/ Scharf/ Wedel/ Oehmichen/ Eisenbart, MedR 2001, S. 388.
[1053] Vgl. auch Strätling/ Scharf/ Wedel/ Oehmichen/ Eisenbart, MedR 2001, S. 388.
[1054] Staudinger-Bienwald, § 1904 Rdn. 12; nach Strätling u. a. lag die Quote der erteilten Genehmigungen zwischen 80 und 90 %, vgl. Strätling/ Eisenbart/ Scharf, MedR 2000, S. 254.
[1055] Strätling/ Scharf/ Wedel/ Oehmichen/ Eisenbart, MedR 2001, S. 388.
[1056] So auch Uhlenbruck, Selbstbestimmtes Sterben, S. 118.
[1057] So auch Schreiber, FamRZ 1991, S. 1015.
[1058] So auch Eberbach, MedR 2000, S. 269.
[1059] LG Duisburg, NJW 1999, S. 2744.

Hintergrund darf bezweifelt werden, ob ein Genehmigungsvorbehalt der gesundheitlichen Konstitution des „leidenden Patienten“ zuträglich ist.

Damit ist insoweit abschließend festzustellen, daß auch aus betreuungsrechtlicher Sicht die Entscheidungsbefugnis des Betreuers in den Abbruch lebenserhaltender Maßnahmen ebenso wie deren Genehmigung durch das Vormundschaftsgericht in analoger Anwendung des § 1904 BGB abzulehnen ist.

3. Verfassungsrechtliche Dimension

Juristische Diskussionen über Sterbehilfe, auch wenn man diese vorsichtig „Sterbebegleitung“ oder „Hilfe zum Sterben“ nennt, müssen an den verfassungsrechtlichen Grundlagen ansetzen.[1060]

Das Grundrecht auf Leben gemäß Art. 2 Abs. 2 S. 1, 1. Alt GG stellt einen Höchstwert der Verfassung dar.[1061] Es ist eine unmittelbare Reaktion auf die national-sozialistische Zeit und hat in dieser Form keine Vorläufer im deutschen Verfassungsrecht.[1062] Alle Regelungen des Grundgesetzes sind daher auf den Erhalt und Schutz des Lebens ausgerichtet, nicht aber auf seine Beendigung oder gar Vernichtung.[1063] Erstmalig seit Inkrafttreten des Grundgesetzes soll - nach den Vorgaben des OLG Frankfurt a.M. - ein Gericht darüber befinden, ob ein Mensch stirbt oder weiterlebt.
Zutreffend wurde in der Literatur darauf hingewiesen, daß bei einer Genehmigungserteilung analog § 1904 BGB auch das Verfassungsrecht betroffen wäre.[1064] Der Staat würde durch eine Genehmigungserteilung nach dieser Vorschrift mitursächlich für den Tod des Betreuten und würde in Gestalt des Vormundschaftsrichters sogar die Letztverantwortung übernehmen.[1065]

Wie bereits ausgeführt, steht einer Analogie zu § 1904 BGB der Gesetzesvorbehalt des Art. 2 Abs. 2 GG entgegen. Nach Art. 2 Abs. 2 S. 3 GG darf in das Recht auf Leben und körperliche Unversehrtheit nur aufgrund eines förmlichen Gesetzes eingegriffen werden. Mit Recht weisen Literaturstimmen darauf hin, daß keine gesetzliche Grundlage ersichtlich sei, einen Menschen „verhungern“ zu lassen.[1066] Mithin fehlt es an einer ausdrücklichen gesetzlichen Ermächtigungsgrundlage im Sinne des Art. 2 Abs. 2 S. 3 GG. Ohne besondere gesetzliche Regelung stellt der vormundschaftsgerichtliche Genehmigungsbeschluß jedoch einen schwerwiegenden Verstoß gegen Art. 2 Abs. 2 GG dar. Der Schutzbereich dieses Grundrechts ist berührt, weil auch unheilbar krankes Leben, das durch den finalen Behandlungsabbruch zielgerichtet verkürzt wird, am Schutz

---

[1060] So zu Recht, Seitz, ZRP 1998, S. 417.

[1061] BVerfGE 39, 1, 42.

[1062] Vgl. auch Pieroth/ Schlink, Rdn. 390.

[1063] So Seitz, ZRP 1998, S. 417.

[1064] Vgl. Alberts, NJW 1999, S. 836.

[1065] So auch LG Augsburg, NJW 2000, S. 2364.

[1066] Jürgens, BtPrax 1998, S. 160.

des Art. 2 Abs. 2 S. 1 GG teilnimmt. Wie bereits eingangs der Untersuchung betont, partizipieren Menschen mit einer geistigen Behinderung selbstredend am allgemeinen Grundrechtsschutz.[1067] Geistig behinderte Menschen sind uneingeschränkt dem Schutz von Art. 2 Abs. 2 S. 1 GG unterstellt. Der gemäß § 69d FGG analog ergehende Beschluß des Vormundschaftsgerichts zur Genehmigung des Behandlungsabbruchs stellt demzufolge einen verfassungsrechtlich nicht gerechtfertigten staatlichen Eingriff in das Grundrecht auf Leben eines geistig behinderten Menschen dar.[1068]

Der Annahme eines staatlichen Eingriffs in das Grundrecht auf Leben kann nicht entgegengehalten werden, daß nur der subjektive Wille des Betreuten, der auf ein Unterlassen der weiteren Heilbehandlung gerichtet sei, vollzogen werde.[1069] Wie bereits dargelegt, geht es bei geistig behinderten Patienten regelmäßig nicht um die Durchsetzung des verfassungsrechtlich verbürgten Selbstbestimmungsrechts.[1070] Das Selbstbestimmungsrecht kann als verfassungsimmanente Schranke und somit als verfassungsrechtliche Rechtfertigung nur in Betracht kommen, wenn der Betroffene jemals in der Lage war, einen rechtswirksamen Willen zu bekunden und von seinem Selbstbestimmungsrecht Gebrauch zu machen. Es besteht vielmehr die Gefahr einer verfassungswidrigen Fremdbestimmung, wenn dem Betroffenen möglicherweise ein Wille untergeschoben wird, den er nie gebildet hat oder bilden konnte. Die latente Gefahr einer fremdbestimmten Entscheidung wird vor allem bei Personen deutlich, die aufgrund einer schon immer bestehenden geistigen Erkrankung nie einen rechtswirksamen Willen bekunden konnten.[1071] Wirft schon die Fremdentscheidung über das Sterben große Probleme auf, so ist die staatliche Fremdentscheidung auf keinen Fall zulässig.[1072]

Zusammenfassend läßt sich also sagen, daß dem vormundschaftsgerichtlichen Genehmigungsbeschluß die Bedeutung eines Eingriffs in das verfassungsrechtlich geschützte Recht auf Leben zukommt.[1073] Obgleich der Vormundschaftsrichter dieses Recht nicht final verletzen will oder darf, ist dieser Eingriff nicht gerechtfertigt, weil es an einer ausdrücklichen Ermächtigungsgrundlage im Sinne des Art. 2 Abs. 2 S. 3 GG fehlt. Solange es an einer gesetzlichen Regelung fehlt, hat der Vormundschaftsrichter nicht das Recht, über den Behandlungsabbruch, mithin über Leben und Tod des Patienten, zu entscheiden.[1074] Die gesetzliche Regelung kann insbesondere nicht durch richterliche Rechtsfortbildung ersetzt werden. Der Richter hat im Bereich des Gesetzesvorbehalts keine zum

---

[1067] Vgl. hierzu auch § 2 III.

[1068] So auch Karliczek, Wille, Wohl und Wunsch des Betreuten und des Einwilligungsunfähigen in der Gesundheitsfürsorge, S. 135.

[1069] So OLG Karlsruhe/ Freiburg, NJW 2002, S. 686.

[1070] Vgl. hierzu § 9 II. 5.

[1071] So auch Alberts, NJW 1999, S. 836; Nickel MedR 1998, S. 522.

[1072] So zu Recht Seitz, ZRP 1998, S. 420.

[1073] Vgl. auch Karliczek, FamRZ 2002, S. 579.

[1074] So auch VGT, BtPrax 1998, S. 162; vgl. auch Karliczek, FamRZ 1998, S. 579.

Parlament konkurrierende Rechtsetzungsbefugnis.[1075] Das BVerfG hat wiederholt betont, daß der richterlichen Rechtsfortbildung verfassungsrechtliche Grenzen gezogen sind.[1076] Diese Grenzen ergeben sich jeweils aus Art. 20 Abs. 3 GG in Verbindung mit dem jeweiligen Grundrecht. Diese sind überschritten, wenn im grundrechtsrelevanten Bereich ein methodisch nicht mehr vertretbarer Analogieschluß vorgenommen wird oder die richterliche Erweiterung des Normbereiches der Wertung der Verfassung, namentlich Grundrechten widerspricht.[1077]
An dieser Stelle kann auf die oben aufgezeigten methodischen Mängel des Analogieschlusses zu § 1904 BGB verwiesen werden.[1078] Die richterliche Ausweitung des Anwendungsbereichs von § 1904 BGB im Wege der Analogie widerspricht folglich Art. 20 Abs. 3 GG i.V.m. Art. 2 Abs. 2 GG und ist daher mit der Verfassung nicht zu vereinbaren.[1079]
Angesichts der Bedeutung des Lebensrechts und der fatalen Unumkehrbarkeit eines Eingriffs könnte eine verfassungsrechtliche Rechtfertigung im Hinblick auf die Wesentlichkeitslehre und die Lehre vom Parlamentsvorbehalt - wenn überhaupt - nur der Gesetzgeber schaffen.[1080]

Problematisch ist weiterhin, ob der Gesetzgeber überhaupt durch eine wie auch immer geartete Regelung der „Hilfe zum Sterben" die Entscheidungsbefugnis des Vormundschaftsgerichts begründen kann. Im nächsten Schritt ist daher zu fragen, ob der staatlichen Mitwirkung an der Beendigung menschlichen Lebens verfassungsrechtliche Grenzen gezogen sind.
Unstreitig schützt das Grundrecht aus Art. 2 Abs. 2 GG das Leben als „Höchstwert" der verfassungsrechtlichen Ordnung.[1081] Gleichwohl ist auch dieses Grundrecht durch Gesetz oder durch gleichrangiges Recht beschränkbar. Man muß nicht Fälle wie den gezielten Todesschuß, die medizinische Indikation beim Schwangerschaftsabbruch oder die schwierigen Fragen der „Zuerstbehandlung" bei Katastrophen zitieren, um zu verdeutlichen, daß es auch im Hinblick auf das Rechtsgut Leben zu Abwägungsprozessen kommen kann.[1082]
Fraglich ist jedoch, ob ein den Behandlungsabbruch legitimierendes Gesetz den Anforderungen einer verfassungsrechtlichen Rechtfertigung genügt.
Die Verfassungsmäßigkeit eines solchen Gesetzes ist zunächst im Hinblick auf die Wesensgehaltsgarantie des Art. 19 Abs. 2 GG problematisch. Nach Art. 19 Abs. 2 GG darf der „Wesensgehalt" eines Grundrechts auf keinen Fall angetastet werden. Gleichwohl läßt Art. 2 Abs. 2 S. 3 GG Eingriffe in das Leben zu. Zu den Eingriffen in das Leben zählt jedoch in erster Linie dessen Entzug. Folgerichtig kann daher das Leben nicht zugleich sein eigener Wesensgehalt sein. Obwohl durch den finalen Behandlungsabbruch das Leben des Einzelnen er-

[1075] Larenz/ Canaris, S. 247.
[1076] BVerfG, NJW 1985, S. 2402 m.w.N.
[1077] Vgl. Alberts, NJW 1999, S. 836.
[1078] Vgl. hierzu ausführlich § 10 II.1.
[1079] *A.A.* Hufen, NJW 2001, S. 857.
[1080] Vgl. Alberts, NJW 1999, S. 836; so auch Pieroth/ Schlink, Rdn. 397.
[1081] Vgl. Hufen, NJW 2001, S. 852.
[1082] Vgl. auch Hufen, NJW 2001, S. 855.

lischt, ist der Wesensgehalt des Art. 2 Abs. 2 S. 1 GG nicht angetastet. Wenn also Art. 19 Abs. 2 GG verlangt, daß „vom Grundrecht stets noch etwas übrig bleiben muß", kann dies nicht im individuellen, sondern nur im kollektiven und generellen Sinn gemeint sein.[1083] Der Wesensgehalt ist daher in der Gewährleistung für die Allgemeinheit zu suchen.[1084]
Des weiteren ist bei jedem grundrechtseingreifenden Gesetz der Grundsatz der Verhältnismäßigkeit zu beachten. In den oben genannten Fällen sind die Rechtfertigungsanforderungen des Verhältnismäßigkeitsgrundsatzes besonders sorgfältig zu beachten. Gänzlich anders verhält es sich hingegen bei der Beendigung lebenserhaltender Maßnahmen. Anders als beispielsweise beim finalen Rettungsschuß, geht es nicht um eine Abwägung der Schutzfunktion der Art. 2 Abs. 2 S. 1 GG zugunsten der Geisel und der Abwehrfunktion des Art. 2 Abs. 2 S. 1 GG zugunsten des Täters, mithin um das Spannungsverhältnis zweier Funktionen ein und desselben Grundrechts. Bei der vormundschaftsgerichtlichen Genehmigung des Abbruchs einer lebenserhaltenden Maßnahme geht es allein darum, über „Leben oder Nicht-mehr-leben"[1085] eines Menschen zu entscheiden. Mit einem Teil der Literatur ist davon auszugehen, daß nach der geltenden Rechtsordnung der Tod eines Menschen unter keinem vertretbaren Gesichtspunkt verhältnismäßig sein kann.[1086] Ein den Behandlungsabbruch legitimierendes Gesetz würde demzufolge gegen den Grundsatz der Verhältnismäßigkeit verstoßen.
Darüber hinaus spricht die zentrale Bedeutung der Garantie der Menschenwürde in Art. 1 Abs. 1 GG und des sie konkretisierenden Rechts auf Leben gegen eine staatliche Mitwirkung an der Beendigung lebenserhaltender Maßnahmen.[1087] Die Privatheit des Sterbens sollte deshalb nicht einem gerichtlichen Verfahren unterworfen werden. Es kann nicht Aufgabe des Staates sein, über Leben und Tod von Kranken zu entscheiden. Eine solche „Verstaatlichung des Sterbens" widerspräche der durch Art. 1 Abs. 1 GG geschützten Menschenwürde.[1088]

4. Fazit

Der Beschluß des OLG Frankfurt a.M. verdient im Ergebnis keine Zustimmung. Gegen die Entscheidung bestehen grundlegende verfassungsrechtliche, methodische und betreuungsrechtliche Bedenken. Wie die jüngst ergangene oberlandesgerichtliche Rechtsprechung[1089] zeigt, ist die Entscheidung des OLG Frankfurt a.M. kein einmaliger Fehlgriff der Rechtsprechung geblieben. Die unterinstanzliche Rechtsprechung ist dem BGH und dem OLG Franfurt a.M. überwiegend

---

[1083] Pieroth/ Schlink, Rdn. 404.

[1084] Vgl. hierzu auch Pieroth/ Schlink, Rdn. 304.

[1085] Bienwald, FamRZ 2002, S. 577.

[1086] Jürgens, BtPrax 1998, S. 159.

[1087] Vgl. hierzu auch Pieroth/ Schlink, Rdn. 351 f., Rdn. 391; vgl. auch Seitz, ZRP 1998, S. 418.

[1088] So auch Eberbach, MedR 2000, S. 269.

[1089] Vgl. OLG Karlsruhe/ Freiburg, NJW 2002, S. 685 ff.; OLG Frankfurt a.M., NJW 2002, S. 689.

nicht gefolgt.[1090] Es bleibt zu hoffen, daß mit Blick auf die sich widersprechenden Entscheidungen der BGH, nicht nur aus strafrechtlicher Sicht im Nebensatz, nach einer Divergenzvorlage substantiiert Stellung nehmen kann und wird.
Solange die Rechtsprechung des ersten Strafsenats des BGH und des OLG Frankfurt a.M. nicht überwunden ist, sind die rechtlichen Kriterien für einen Behandlungsabbruch keineswegs eindeutig. Aus Gründen der Rechtssicherheit und der Rechtsklarheit bedarf es des Eingreifens des Gesetzgebers. Selbst die Befürworter eines vormundschaftsgerichtlichen Genehmigungsvorbehalts haben die Notwendigkeit einer gesetzlichen Regelung gesehen.[1091] De lege ferenda bedarf es der Klärung durch den Gesetzgeber, ob § 1904 BGB analog auf den Fall des Behandlungsabbruchs anzuwenden ist, um die bestehende Rechtsunsicherheit zu beseitigen.
Angesichts der aufgezeigten gravierenden Bedenken gegen eine Entscheidung über den Abbruch lebenserhaltender Maßnahmen durch das Vormundschaftsgericht sollte der Gesetzgeber nach der hier vertretenen Auffassung im Wortlaut des § 1904 Abs. 1 BGB klarstellen, daß diese Vorschrift für eine entsprechende Anwendung auf Fälle des Behandlungsabbruchs nicht in Betracht kommt.[1092]
Bis dahin sollten Ärzte und Betreuer zu ihrer eigenen Sicherheit die Einstellung der medizinischen Versorgung außerhalb des Bereichs der passiven Sterbehilfe i.e.S. nur nach Einschaltung des Vormundschaftsgerichts vornehmen. Schließlich ist die Befürchtung begründet, sich haft- und strafbar zu machen.

III. Annex

Im Wege der richterlichen Rechtsfortbildung hat der BGH[1093] nunmehr in einer Grundsatzentscheidung zur Notwendigkeit der Einschaltung des Vormundschaftsgerichts beim Abbruch lebenserhaltender Maßnahmen Stellung genommen. In dem Beschluß vom 17.03.2003 hat der BGH entschieden, daß die Einwilligung des Betreuers in eine ärztlicherseits angebotene lebenserhaltende oder –verlängernde Behandlung nur mit Zustimmung des Vormundschaftsgerichts wirksam verweigert werden kann. Für eine Einwilligung des Betreuers und eine Zustimmung des Vormundschaftsgerichts bestehe hingegen kein Raum, wenn ärztlicherseits eine solche Behandlung nicht angeboten werde – sei es, daß sie von vorneherein medizinisch nicht indiziert, nicht mehr sinnvoll oder aus sonstigen Gründen nicht möglich sei.

Die Entscheidungszuständigkeit des Vormundschaftsgerichts folgt nach Ansicht des XII. Zivilsenats aus einem unabwendbaren Bedürfnis des Betreuungsrechts.

[1090] Vgl. LG München I, NJW 1999, S. 1788; LG Augsburg, NJW 2000, S. 2363; LG Frankfurt a.M., FamRZ 2000, S. 1184; AG Hanau, BtPrax 1997, S. 82; AG Frankfurt a.M., FamRZ 2000, S. 1183.

[1091] Vgl. Knieper, NJW 1998, S. 2721.

[1092] So auch Eberbach, MedR 2000, S. 269.

[1093] BGH, NJW 2003, 1588 ff. Die Entscheidung des BGH wurde erst nach Abschluß der vorliegenden Untersuchung veröffentlicht.

Die analoge Anwendung des § 1904 BGB hat der BGH ausdrücklich zurückgewiesen.
Auf die Einzelheiten des umfangreich begründeten Beschlußes soll an dieser Stelle nicht eingegangen werden, um den Rahmen der vorliegenden Untersuchung nicht zu sprengen.

Fraglich erscheint jedoch, ob mit dem Beschluß ein Beitrag zur Lösung des sich zuvor in den unterschiedlichen instanzgerichtlichen Entscheidungen widerspiegelnden Konflikts geleistet worden ist. Die Entscheidung des BGH betrifft nur den Fall, daß bei Vorliegen einer Patientenverfügung der Betreuer die ärztlicherseits angebotene lebenserhaltende Behandlung verweigert. Nach Auffassung des BGH[1094] muß das Vormundschaftsgericht die Einwilligung des Betreuers in den Abbruch lebenserhaltender Maßnahmen genehmigen, wenn feststeht, daß die Krankheit einen irreversiblen tödlichen Verlauf genommen hat und die ärztlicherseits angebotene Behandlung dem früher – wie hier in Form einer sogenannten Patientenverfügung - erklärten und fortgeltenden Willen des Betroffenen, hilfsweise dessen mutmaßlichen Willen widerspricht. Sollte jedoch die Pflegeeinrichtung respektive deren Pflegekräfte im Anschluß an eine vormundschaftsgerichtlich erteilte Genehmigung die Mitwirkung am Behandlungsabbruch ablehnen, so besteht nach Ansicht des OLG München[1095] weder ein vertraglicher noch ein deliktischer Anspruch des Betroffenen auf Durchsetzung des Patientenwillens.[1096]
Rechtlich ungeklärt bleibt weiterhin die Problematik des Ernährungsabbruchs bei Wach-Koma-Patienten, bei denen der Sterbeprozeß noch nicht begonnen hat.[1097] In Übereinstimmung mit den Äußerungen des 1. Strafsenats[1098] im sog. „Kemptener Fall" wird vom XII. Zivilsenat[1099] nochmals festgehalten, daß für das Verlangen des Betreuers, eine medizinische Behandlung einzustellen kein Raum sei, wenn das Grundleiden des Betroffenen noch keinen irreversiblen tödlichen Verlauf angenommen habe. Demzufolge kann - selbst bei Vorliegen einer wirksamen Patientenverfügung - der vor Eintritt der Entscheidungsunfähigkeit bekundete Patientenwille in denjenigen Fällen nicht durchgesetzt werden, in denen das Merkmal der unmittelbaren Todesnähe nicht gegeben ist.

Der Beschluß ist insoweit zu begrüßen, da er hinsichtlich der Bindungswirkung einer Patientenverfügung Rechtssicherheit geschaffen hat.[1100] Für den hier in Rede stehenden Behandlungsabbruch bei geistig behinderten Menschen wird der Beschluß in aller Regel keine Geltung beanspruchen können. Wie bereits ausge-

---

[1094] Vgl. BGH, NJW 2003, S. 1593.

[1095] OLG München, NJW 2003, 1743 ff.

[1096] Vgl. hierzu auch Dodegge, NJW 2003, S. 2648.

[1097] Vgl. hierzu auch Uhlenbruck, NJW 2003, S. 1710; kritisch hierzu auch Kutzer, ZRP 2003, S. 213.

[1098] BGH, NJW 1995, 204 ff.

[1099] BGH, NJW 2003, S. 1593.

[1100] Bedenken gegen eine strikte Bindung an Patientenverfügungen äußert Spickhoff, NJW 2003, S. 1709.

führt wird geistig behinderten Menschen die Errichtung einer wirksamen Patientenverfügung angesichts der Komplexität einer antizipierten Behandlungsverweigerung aufgrund fehlender Einwilligungsfähigkeit regelmäßig nicht möglich sein.[1101] Weiterhin kommt nach der hier vertretenen Auffassung ein Rückgriff auf den mutmaßlichen Willen des Betroffenen nicht in Betracht, wenn der irreversibel bewußtlose Patient aufgrund einer geistigen Behinderung seit jeher einwilligungsunfähig war.[1102]
Die Frage, wie zu verfahren ist, wenn sich ein entsprechender oder mutmaßlicher Wille des Betroffenen nicht feststellen läßt, hat der BGH[1103] ausdrücklich offen gelassen. Für den hier zu untersuchenden Abbruch lebenserhaltender Maßnahmen bei geistig behinderten Menschen spielt diese Frage indes eine zentrale Rolle. Folglich verbleibt es für den behandelnden Arzt in denjenigen Fällen, in denen die Möglichkeit fehlt, auf den wirklichen oder mutmaßlichen Willen des Patienten Bezug zu nehmen, bei dem Grundsatz in dubio pro vita.[1104]
Gleichwohl kann den Richtlinien der Bundesärztekammer[1105] entnommen werden, daß die ärztliche Behandlungspflicht nicht unbegrenzt ist. Zustimmung verdient deshalb die vom BGH im zweiten Leitsatz vorgenommene Einschränkung, wonach eine Behandlung oder Weiterbehandlung zu unterbleiben hat, wenn sie ärztlicherseits nicht angeboten wird, weil sie von vornherein medizinisch nicht indiziert, nicht mehr sinnvoll oder aus sonstigen Gründen nicht mehr möglich ist.
In einem obiter dictum hat der BGH[1106] angedeutet, daß es in diesen Fällen dem Betreuer obliege, welche Vorgehensweise zum Wohl des Betroffenen zu wählen sei. Als Richtschnur für die Betreuerentscheidung böte sich nach Ansicht des Senats ein Verständnis an, das einerseits eine ärztlich für sinnvoll erachtete lebenserhaltende Behandlung gebietet, andererseits aber nicht jede medizinisch-technisch mögliche Maßnahme verlangt. Nach Auffassung des BGH ist auch in diesem, vom Willen des Betroffenen nicht determinierten Grenzbereich des menschlichen Lebens eine vormundschaftsgerichtliche Nachprüfung der Betreuerentscheidung eröffnet.
Soweit dem Betreuer ermöglicht wird, über die Lebensbeendigung „zum Wohl" des Betroffenen ohne dessen wirklichen oder mutmaßlichen Willen zu befinden, dürfte die verfassungsrechtliche Grenze der richterlichen Rechtsfortbildung überschritten sein. Die Grenzen richterlicher Entscheidungsbefugnis ergeben sich aus Art. 20 Abs. 2 und Abs. 3 GG.[1107] Mit diesen Verfassungsgrundsätzen ist es nach Ansicht des BVerfG[1108] unvereinbar, wenn sich die Gerichte aus der Rolle des Normanwenders in die einer normsetzenden Instanz begeben und sich damit der Bindung an Recht und Gesetz entziehen würden. Wird nun dem Be-

---

[1101] Vgl. hierzu ausführlich § 4 II. 2.a).aa).

[1102] Vgl. hierzu ausführlich § 9 II. 5.

[1103] BGH, NJW 2003, S. 1591.

[1104] Vgl. hierzu § 9 II. 5.

[1105] Grundsätze der Bundesärztekammer zur ärztlichen Sterbebegleitung, NJW 1998, S. 3406.

[1106] BGH, NJW 2003, S. 1591.

[1107] Vgl. BVerfG, NJW 1998, S. 519.

[1108] BVerfG, NJW 1998, S. 520.

treuer eine - wenn auch vormundschaftsgerichtlich kontrollierte – nicht durch das „fortwirkende Selbstbestimmungsrecht“[1109] des einwilligungsunfähigen Patienten legitimierte Entscheidungsbefugnis über den Abbruch lebenserhaltender Maßnahmen eingeräumt, werden Befugnisse beansprucht, die von der Verfassung eindeutig dem Gesetzgeber übertragen wurden.[1110] Mehr denn je ist der Gesetzgeber aufgerufen, die Rechtslage endgültig zu klären.

[1109] Vgl. BGH, NJW 2003, S. 1591.

[1110] So im Ergebnis auch Stackmann, NJW 2003, S. 1569.

GESAMTERGEBNIS

1. Die Rechtsstellung geistig Behinderter wurde durch das Rechtsinstitut der „Betreuung“ grundlegend verbessert. Das starre „Entweder-Oder“ der bisherigen Entmündigung wurde durch die flexible, den Umständen des Einzelfalls und den verbleibenden Fähigkeiten zur Selbstbestimmung des Betreuten gerecht werdende Bestellung eines Betreuers für bestimmte Aufgabenkreise abgelöst. Die Eigenkompetenz des Betreuten soll soweit wie möglich erhalten bleiben und ein Entzug von Rechten nur insoweit erfolgen, wie es erforderlich erscheint. Neben der bisher im Vordergrund stehenden Vermögenssorge bekommt die Personensorge ein deutlich höheres Gewicht. Für geistig Behinderte kann im Rahmen des Betreuungsrechts ein Betreuer bestellt werden, der sie in Gesundheitsfragen vertritt. Der Aufgabenbereich ist entsprechend dem in § 1896 Abs. 2 BGB verankerten betreuungsrechtlichen Erforderlichkeitsprinzip auf das Notwendige zu begrenzen.

2. Die Vorschrift des § 1904 BGB regelt lediglich die Zulässigkeitsvoraussetzungen für die Durchführung besonders gefahrgeneigter medizinischer Maßnahmen. Durch die Bezugnahme auf den Begriff der Einwilligung bringt der Gesetzgeber zum Ausdruck, daß es im Hinblick auf die Zulässigkeit sonstiger medizinischer Eingriffe bei den allgemeinen, durch die Rechtsprechung entwikkelten Grundsätzen verbleiben soll. Wesentlich ist deshalb die Feststellung, daß jeder ärztliche Eingriff in die körperliche Integrität des Patienten tatbestandsmäßig eine Körperverletzung darstellt. Mithin greift jede ärztliche Behandlung in den grundrechtlichen Schutzbereich der körperlichen Integrität ein. Menschen mit einer geistigen Behinderung partizipieren uneingeschränkt am allgemeinen Grundrechtsschutz. Selbst die indizierte und lege artis durchgeführte ärztliche Heilmaßnahme ist nach der hier vertretenen Auffassung zivilrechtlich eine tatbestandsmäßige Körper- und Gesundheitsverletzung im Sinne der §§ 823 ff. BGB, die zu ihrer Rechtfertigung grundsätzlich einer wirksamen vorherigen Einwilligung bedarf.

3. Wirksam ist die Einwilligung nur dann, wenn ihr eine angemessene Aufklärung des Patienten vorausging. Die ordnungsgemäße Aufklärung geistig behinderter Menschen hat in einer dem Patienten verständlichen Sprache und Wortwahl zu erfolgen. Hat der Arzt den Patienten bzw. seinen Betreuer nicht hinreichend aufgeklärt, so ist die nachfolgend erteilte Einwilligung unwirksam und die vorgenommene Behandlung rechtswidrig.
Eine wirksame Einwilligung setzt zudem die Einwilligungsfähigkeit des Betroffenen voraus.
Die Einwilligungsfähigkeit ist nicht mit der Geschäftsfähigkeit im Sinne des Bürgerlichen Rechts gleichzusetzen. Maßgebend für die Einwilligungsfähigkeit des Betreuten ist die Einsichtsfähigkeit in Art, Bedeutung und Tragweite des Eingriffs. Geistig Behinderte sind nicht von vorneherein einwilligungsunfähig. Vielmehr beurteilt sich die Einwilligungsfähigkeit bei geistig behinderten Patienten, wie bei jedem anderen auch, nach der konkret in Rede stehenden medizi-

nischen Maßnahme und der individuellen Urteilsfähigkeit. Für jede medizinische Maßnahme ist daher die Einwilligungsfähigkeit gesondert zu beurteilen, so daß insoweit von einer „relativen“ Einsichtsfähigkeit auszugehen ist.

4. Dem Begriff der Einwilligungsfähigkeit kommt im Rahmen des Betreuungsrechts eine ganz zentrale, weichenstellende Rolle zu. Der Betreuer ist zur Einwilligung in medizinische Eingriffe nur befugt, wenn der Betreute einwilligungsunfähig ist. Verfügt der Betreute über die erforderliche Einwilligungsfähigkeit, so steht die Einwilligungskompetenz ausschließlich dem Betreuten zu. Für die Annahme einer sogenannten Doppelkompetenz ist kein Raum.
Ist die Einsichtsfähigkeit des Betreuten hingegen zweifelhaft, so ist es die Aufgabe des behandelnden Arztes über die Einwilligungsfähigkeit des Betreuten zu entscheiden. Bei Ausschöpfung aller verfügbaren Erkenntnisquellen wird es in den meisten Fällen möglich sein, ein hinreichend sicheres Urteil über die Einsichtsfähigkeit des Patienten zu fällen. In den seltenen Fällen letztlich nicht aufklärbarer Zweifel an der Einsichtsfähigkeit darf die Konfliktlösung keinesfalls zum Nachteil des Selbstbestimmungsrechts des möglicherweise unerkannt einwilligungsfähigen Patienten erfolgen. In den wirklich unaufklärbaren Zweifelsfällen hat folglich der Respekt vor dem unantastbaren Willensbereich des Betreuten zu gelten.

5. Der Betreuer kann in den medizinischen Eingriff nur wirksam einwilligen, wenn ihm der Aufgabenkreis der „Heilbehandlung bzw. der Gesundheitssorge“ übertragen wurde. Die maßgeblichen Entscheidungskriterien für die Einwilligung in den medizinischen Eingriff ergeben sich aus § 1901 BGB. Das Wohl des Betreuten ist Leitlinie jeglichen Handelns des Betreuers. Zum Wohl des Betreuten gehört auch die Berücksichtigung der Wünsche des Betreuten. Nach § 1901 Abs. 3 S. 1 BGB ist der Betreuer bei der Einwilligung in medizinische Maßnahmen verpflichtet, den Wünschen des Betreuten zu entsprechen, soweit diese dem Wohl des Betreuten nicht entgegenstehen. Gleichwohl kann der Betreuer nicht entgegen dem natürlichen Willen des Betreuten in eine Heilbehandlung einwilligen. Die Zwangsbehandlung geistig Behinderter ist nach der hier vertretenen Auffassung schon aus verfassungsrechtlichen Gründen unzulässig.

6. Bei besonders gefahrgeneigten ärztlichen Maßnahmen an einwilligungsunfähigen Betreuten ist die Einwilligung des Betreuers allein nicht ausreichend. Vielmehr bedarf die zur Vornahme der Behandlung erforderliche Einwilligung des Betreuers zusätzlich der Genehmigung durch das Vormundschaftsgericht. Nach § 1904 Abs. 1 BGB hat der Betreuer die richterliche Genehmigung einzuholen, wenn die begründete Gefahr besteht, daß der Betreute aufgrund der Maßnahme stirbt oder einen schweren und länger andauernden Schaden erleidet. Die Beurteilung des Risikos kann nur konkret-individuell unter Berücksichtigung der Umstände des Einzelfalls erfolgen. Eine verbindliche Katalogisierung ärztlicher Maßnahmen in genehmigungspflichtige und genehmigungsfreie Eingriffe kommt daher grundsätzlich nicht in Betracht. Gleichwohl stellt sich bei besonders gefahrgeneigten medizinischen Eingriffen, wie beispielsweise der epilepsiechirurgischen Operation, die Frage der Genehmigungspflicht nach § 1904

Abs. 1 BGB in erhöhtem Maße. Fehlt es an der nach § 1904 Abs. 1 BGB erforderlichen Genehmigung des Vormundschaftsgerichts, so darf der Arzt die in Aussicht genommene Behandlung trotz einer seitens des Betreuers vorliegenden Einwilligung nicht vornehmen.

7. § 1905 BGB regelt den speziellen ärztlichen Eingriff der Sterilisation, der ohne die Sonderregelung von der Bestimmung des § 1904 BGB erfaßt werden würde. Die Regelung des § 1905 BGB hat gerade für die Personengruppe der geistig Behinderten besondere Relevanz. Schließlich wird die Sterilisation an einwilligungsunfähigen Betreuten praktisch ausschließlich an geistig Behinderten durchgeführt. Das für alle betreuungsrechtlichen Fragen definierte „Wohl des Betreuten" wird in § 1905 BGB für die Sterilisation konkretisiert. Die engen materiellen Voraussetzungen der Sterilisation sind mithin ausschließlich an den Interessen der Betreuten orientiert. Zu berücksichtigen ist stets, daß keine Sterilisation entgegen dem natürlichen Willen der Betroffenen erfolgen darf. § 1905 Abs. 1 S. 1 Nr. 1 BGB verbietet Zwangssterilisationen jeder Art. Die Einhaltung der materiellen Voraussetzungen, insbesondere die Orientierung der Entscheidung an den Interessen der Betroffenen, wird durch die Bestellung eines zusätzlichen, ausschließlich für den Aufgabenkreis der Sterilisation zuständigen Betreuers gesichert, dessen Einwilligung zusätzlich der Genehmigung durch das Vormundschaftsgericht bedarf. Obgleich § 1905 BGB hinsichtlich seines personalen Anwendungsbereichs geschlechtsneutral gefaßt ist, kommt nach der hier vertretenen Auffassung die Sterilisation eines einwilligungsunfähigen, geistig behinderten Mannes zum Zwecke der Abwendung der Gefahr des Eintritts einer mit einer Schwangerschaft verbundenen Notlage bei seiner Partnerin nicht in Betracht.

8. Die wissenschaftliche Erprobung von Arzneimitteln und Medizinprodukten ist außerhalb des Betreuungsrechts spezialgesetzlich geregelt. Im übrigen gelten die allgemeinen Grundsätze für ärztliche Eingriffe. Der rein wissenschaftliche Versuch gemäß § 40 AMG, § 17 MPG wird aufgrund des zusätzlichen Erfordernisses der Geschäftsfähigkeit des Probanden bei geistig Behinderten nur in seltenen Ausnahmefällen zulässig sein. Der Betreuer ist zu einer stellvertretenden Einwilligung in die klinische Prüfung nicht befugt. Demgegenüber kann beim sogenannten therapeutischen Versuch gem. § 41 AMG, § 18 MPG die erforderliche Einwilligung des nicht einsichtsfähigen Patienten durch die Einwilligung des Betreuers ersetzt werden. Der ausschließlich dem Wohl des Betreuten dienende Heilversuch unterliegt nicht den Regelungen der §§ 40, 41 AMG. Die Einwilligungskompetenz des Betreuers richtet sich folglich nach den allgemeinen betreuungsrechtlichen Bestimmungen. Die klinische Prüfung in Form der randomisierten Studie an nicht einwilligungsfähigen Personen mit einer geistigen Behinderung ist nach der hier vertretenen Ansicht unzulässig.

9. Bei der Organverpflanzung gilt es zwischen der Organimplantation, der Lebendspende und der postmortalen Organentnahme zu unterscheiden. Nach § 8 TPG kann eine rechtswirksame Einwilligung in die Lebendspende nur von einem volljährigen und einwilligungsfähigen Organspender erklärt werden. An die Einwilligungsfähigkeit des geistig Behinderten sind in Anbetracht der Schwere

des Eingriffs und der damit für die weitere Lebensführung möglicherweise verbundenen Belastungen hohe Anforderungen zu stellen. Eine stellvertretende Einwilligung in die Lebendspende durch den Betreuer ist auf der Grundlage des TPG nicht möglich. Der Betreuer ist ferner auch nicht berechtigt, die Entnahme von Organen nach dem Tod des Betreuten gemäß §§ 3, 4 TPG zu gestatten. Die Voraussetzungen der Organtransplantation auf Seiten des Organempfängers sind durch das am 1.12.1997 in Kraft getretene Transplantationsgesetz spezialgesetzlich nicht geregelt worden. Kommt der Betreute folglich als Empfänger eines von einem Dritten gespendeten Organs in Betracht, beurteilt sich die Zulässigkeit der Organverpflanzung nach den allgemeinen betreuungsrechtlichen Grundsätzen. Die Knochenmarkspende ist gemäß § 1 Abs. 2 TPG ausdrücklich vom Anwendungsbereich des Transplantationsgesetzes ausgenommen. Die Zulässigkeit der Übertragung von Knochenmark bestimmt sich daher nach den allgemeinen Grundsätzen für medizinische Eingriffe bei geistig behinderten Betreuten.

10. Die Frage, ob und inwieweit die Zustimmung eines gerichtlich bestellten Betreuers zu einem Behandlungsabbruch bei einem einwilligungsunfähigen Patienten notwendig ist und ob diese gegebenenfalls einer vormundschaftsgerichtlichen Genehmigung nach § 1904 BGB analog bedarf, ist in Rechtsprechung und Lehre hoch umstritten. Die Arbeit zeigt vor allem, daß gegen die Verlagerung der Entscheidungskompetenz über die Durchführung von lebenserhaltenden oder lebensverlängernden Behandlungsmaßnahmen von dem Arzt auf den Betreuer und das Vormundschaftsgericht erhebliche rechtliche Bedenken bestehen. Als Ergebnis der Untersuchung bleibt daher festzuhalten, daß die Entscheidungsbefugnis des Betreuers in den Abbruch lebenserhaltender Maßnahmen ebenso wie deren Genehmigung durch das Vormundschaftsgericht in analoger Anwendung des § 1904 BGB aufgrund verfassungsrechtlicher, methodischer und betreuungsrechtlicher Bedenken abzulehnen ist.

Literaturverzeichnis

Alberts, Hermann : Sterbehilfe, Vormundschaftsgericht und Verfassung, NJW 1999, 835 ff.

Albrecht, Dietlinde : Vormundschaftsgerichtliche Genehmigung eines Behandlungsabbruchs, MedR 2000, 431 ff.

Ankermann, Ernst : Verlängerung sinnlos gewordenen Lebens ?, MedR 1999, 387 ff.

Aristoteles : Nikomachische Ethik, Universalbibliothek Nr. 8586, Stuttgart 2001.

Badura, Peter : Staatsrecht, Systematische Erläuterungen des Grundgesetzes für die Bundesrepublik Deutschland, 2. Auflage, München 1996.

Bauer, A./ *Mahr,* W. : „Humanes Leiden und Sterben im Geltungsbereich des Betreuungsgesetzes?", BtPrax 1996, 20 ff.

Bauer, A./ *Rink,* J. : Kritik des Entwurfs eines Gesetzes zur Änderung des Betreuungsrechts sowie weiterer Vorschriften, BtPrax 1996, 130 ff.

Baumann, W./ *Hartmann,* C. : Die zivilrechtliche Absicherung der Patientenautonomie am Ende des Lebens aus der Sicht der notariellen Praxis, DNotZ 2000, 594 ff.

Benda, Ernst : Verständigungsversuche über die Würde des Menschen, NJW 2001, 2147 ff.

Bernsmann, Klaus : Der Umgang mit irreversibel bewußtlosen Personen und das Strafrecht, ZRP 1996, 87 ff.

Bienwald, Werner : Anmerkung zum Beschluß des OLG Frankfurt a.M. vom 15.7.1998 – 20 W 224/ 98, FamRZ 1998, 1138 f.

ders. : Betreuungsrecht, Kommentar zum BtG/ BtBG, 3. Auflage, Bielefeld 1999.

ders. : Anmerkung zum Beschluß des OLG Frankfurt a.M. vom 20.11.2001 – 20 W 419/ 01, FamRZ 2002, 577 f.

Binding, K./ *Hoche,* A. : Die Freigabe der Vernichtung lebensunwerten Lebens, Leipzig 1920.

Bydlinski, Franz : Juristische Methodenlehre und Rechtsbegriff, 2. Auflage, Wien, New York 1991.

Casper, Matthias : Geschäfte des täglichen Lebens – kritische Anmerkungen zum neuen § 105a BGB, NJW 2002, 3425 ff.

Coeppicus, Rolf : Behandlungsabbruch, mutmaßlicher Wille und Betreuungsrecht, NJW 1998, 3381 ff.

ders. : Freiheit zur Krankheit ?, BtPrax 1999, 130 ff.

ders. : Sachfragen des Betreuungs- und Unterbringungsrechts, Stuttgart 2000.

Deichmann, Marco : Vormundschaftsgerichtlich genehmigtes Töten durch Unterlassen ?, MDR 1995, 983 ff.

Deinert, Horst : Organspende und Betreuung, BtPrax 1998, 60 ff.

Deutsch, Erwin : Klinische Prüfung von Arzneimitteln: Eine Europäische Richtlinie setzt Standards und vereinheitlicht Verfahren, NJW 2001, 3361 ff.

Deutsch, E./ *Ahrens*, H.-J. : Deliktsrecht, 4. Auflage, Köln, Berlin, Bonn, München 2002.
Dodegge, Georg : Warum bestellen die Gerichte so viele Betreuer?, BtPrax 1996, 8 ff.
ders. : Die Entwicklung des Betreuungsrechts bis Anfang Juni 1997, NJW 1997, 2425 ff.
ders. : Die Vorsorgevollmacht im Lichte des Betreuungsrechtsänderungsgesetzes, BtPrax 2000, 99 ff.
ders. : Die Entwicklung des Betreuungsrechts bis Anfang Juni 2001, NJW 2001, 2758 ff.
ders. : Die Entwicklung des Betreuungsrechts bis Anfang Juni 2003, NJW 2003, 2645 ff.
Dose, Matthias : Medikamentöse Versorgung als Heilbehandlung, FamRZ 1993, 1032 f.
Dröge, Michael J.W. : Patientenverfügung und Erforderlichkeit einer Betreuungsmaßnahme, BtPrax 1998, 199 ff.
Dufková, Jarmila : Die Zulässigkeit und Strafbarkeit der Organentnahme zu Transplantationszwecken im Vergleich zu klinischen Sektionen, MedR 1998, 304 ff.

Eberbach , Wolfram H. : Staatliche Genehmigung zum Sterben, MedR 2000, 267 ff.
Elzer, Oliver : Die Grundrechte Einwilligungsunfähiger in klinischen Prüfungen - ein Beitrag zum EMRÜ-Biomedizin, MedR 1998, 122 ff.
Enders, Christoph : Die Menschenwürde in der Verfassungsordnung, Habil.-Schrift Freiburg 1995/ 96, Tübingen 1997.
Erman, Walter : Handkommentar zum Bürgerlichen Gesetzbuch, Band 1, 9. Auflage, 1993; Band 2, 10. Auflage, Köln 2000.

Freund, G./ *Heubel*, F. : Forschung mit einwilligungsunfähigen und beschränkt einwilligungsfähigen Personen, MedR 1999, 347 ff.

Gaidzik, P.-W./ *Hiersche*, H.-D. : Historische, rechtstatsächliche und rechtspolitische Aspekte der Sterilisation Einwilligungsunfähiger, MedR 1999, 58 ff.
Gründel, Mirko : Einwilligung des Betreuers in den Abbruch lebenserhaltender Maßnahmen, NJW 1999, 3391 ff.

Heide, Jochen : Medizinische Zwangsmaßnahmen, Diss. Köln 2000, Berlin 2001.
Helle, J./ *Frölich*, J./ *Haindl*, H. : Der Heilversuch in der klinischen Prüfung von Arzneimitteln und Medizinprodukten, NJW 2002, 857 ff.
Hellmann, Ulrich : Rechtsprechungsübersicht zu ausgewählten materiell- und verfahrensrechtlichen Fragen des Betreuungsrechts, BtPrax 1997, 170 ff.
Hennies, Günter : Risikoreiche ärztliche Maßnahmen – betreuungsrechtliche Eingriffe, MedR 1999, 341 ff.
Heß, R./ *Jahnke*, J. : Das neue Schadensrecht, München 2002.
Heyers, Johannes : Passive Sterbehilfe bei entscheidungsunfähigen Patienten und das Betreuungsrecht, Diss. Göttingen 2000, Berlin 2001.

Hirsch, G./ *Hiersche*, H.-D. : Sterilisation geistig Behinderter, MedR 1987, 135 ff.
Hoffmann, Birgit : Anmerkungen zum Beschluß des OLG Hamm vom 28.2.2000, BtPrax 2000, 168 ff., BtPrax 2000, 235 ff.
Höfling, W./ *Demel*, M. : Zur Forschung an Nichteinwilligungsfähigen, MedR 1999, 540 ff.
Holzhauer, Heinz : Zur klinischen Prüfung von Medikamenten an Betreuten, NJW 1992, 2325 ff.
Hubert-Fehler, A./ *Hollmann*, A. : Entscheidung des Betreuers für oder gegen PEG, BtPrax 1996, 210 ff.
Hufen, Friedhelm : In dubio pro dignitate, NJW 2001, 849 ff.

Jarass, H./ *Pieroth*, B. : Grundgesetz für die Bundesrepublik Deutschland, Kommentar, 4. Auflage, München 1997.
Jürgens, Andreas : Ist der Tod genehmigungsfähig ?, BtPrax 1998, 159 ff.
ders. : Betreuungsrecht, Kommentar, 2. Auflage, München 2001.
Jürgens, A./ *Kröger*, D./ *Marschner*, R./ *Winterstein*, P. : Das neue Betreuungsrecht, 4. Auflage, München 1999.

Katzenmeier, Christian : Ein Sondertatbestand der eigenmächtigen Heilbehandlung, ZRP 1997, 156 ff.
ders . : Arzthaftung, Habil.-Schrift Heidelberg 2000/2001, Tübingen 2002.
Karliczek, Ernst : Wille, Wohl und Wunsch des Betreuten und des Einwilligungsunfähigen in der Gesundheitsfürsorge, Diss. Regensburg 2001.
ders. : Anmerkung zum Beschluß des OLG Frankfurt a.M. vom 20.11.2001 – 20 W 419/ 01, FamRZ 2002, 578 f.
Kern, Bernd-Rüdiger : Die Bedeutung des Betreuungsgesetzes für das Arztrecht, MedR 1991, 66 ff.
ders. : Arzt und Betreuungsrecht, MedR 1993, 245 ff.
ders. : Fremdbestimmung bei der Einwilligung in ärztliche Eingriffe, NJW 1994, 753 ff.
Kern, B.-R./ *Hiersche*, H.-D. : Zur Sterilisation geistig Behinderter, MedR 1995, 463 ff.
Klie, Thomas : Das Behandlungsrecht als Fallstrick für das Betreuungsrecht, BtPrax 1996, 38 ff.
Klösel/ Cyran : Arzneimittelrecht, Kommentar, Band II, Stand September 2000, Stuttgart.
Knieper, Judith : Vormundschaftsgerichtliche Genehmigung des Abbruchs lebenserhaltender Maßnahmen, NJW 1998, 2727 f.
Knittel, Bernhard : Betreuungsgesetz, Kommentar, Band I, Stand 1. Januar 2002, Starnberg.
Köhler, Michael : Medizinische Forschung in der Behandlung des Notfallpatienten, NJW 2002, 853 ff.
Kohte, Wolfhard : Die rechtfertigende Einwilligung, AcP 185, Heft 2, 105 ff.
Kühn, Hermann Christoph : Das neue deutsche Transplantationsgesetz, MedR 1998, 455 ff.
Kutzer, Klaus : Strafrechtliche Grenzen der Sterbehilfe, NStZ 1994, 110 ff.
ders. : Wir brauchen keine neuen Gesetze zur Sterbehilfe, ZRP 1997, 177 ff.

ders. : Keine Halbgötter in schwarz, ZRP 2000, 402 ff.
ders. : Der Vormundschafsrichter als „Schicksalsbeamter"?, ZRP 2003, 213 ff.

Lachwitz, Klaus : Menschen mit geistiger Behinderung im Spannungsfeld zwischen Selbst- und Fremdbestimmung, BtPrax 1995, 114 ff.
Lackner, K./ *Kühl*, K.: Kommentar zum Strafgesetzbuch, 23. Auflage, München 1999.
Larenz, Karl : Methodenlehre der Rechtswissenschaft, 6. Auflage, Berlin, Heidelberg, New York 1991.
Larenz, K./ *Canaris,* C.-W. : Methodenlehre der Rechtswissenschaft, 3. Auflage, Berlin, Heidelberg, New York u.a. 1995.
Laufs, Adolf : Medizinrecht im Wandel, NJW 1996, 1571 ff.
ders. : Zivilrichter über Leben und Tod ?, NJW 1998, 3399 ff.
ders. : Arzt, Patient und Recht am Ende des Jahrhunderts, NJW 1999, 1758 ff.
ders. : Nicht der Arzt allein muß bereit sein, das Notwendige zu tun, NJW 2000, 1757 ff.
ders. : Arzneimittelprüfung, NJW 2001, 3381 ff.
Lipp, Volker : Freiheit und Fürsorge: Der Mensch als Rechtsperson, Habil.-Schrift Mannheim 1999, Tübingen 2000.
Looz, Carola von : „Der blaue Reiter präsentiert Eurer Hoheit sein Blaues Pferd" oder: Wie höre ich an ?, BtPrax 1997, 86 ff.
Luther, Martin : D. Martin Luthers Werke, Kritische Gesamtausgabe, Tischreden, 5. Band, Hrsg. Hermann Böhlaus Nachfolger, Weimar 1912.

Mangoldt, H. von/ *Klein,* F./ *Starck,* Ch. : Das Bonner Grundgesetz, Kommentar, 4. Auflage, München 1999.
Maunz, Th./ *Dürig,* G. u.a. : Grundgesetz, Kommentar, Stand Juni 2002, München.
Mayer, Karl-Georg : Medizinische Maßnahmen an Betreuten : §§ 1904, 1905 BGB, Diss. Würzburg 1995.
Meier, Sybille M. : Änderungen durch das Betreuungsrechtsänderungsgesetz, BtPrax 1998, 214 ff.
Müller-Bohlen, Lutz : Leserbrief zum Bericht „Entscheidung des Betreuers für oder gegen PEG", BtPrax 6/ 96, S. 210 ff., BtPrax 1997, 22 ff.
Müller-Bohlen, L./ *Paape,* I. : PEG – Über die Notwendigkeit einer künstlichen Ernährung als Entscheidungshilfe für die betreuungsrechtliche Praxis, BtPrax 2000, 183 ff.
Müller-Freienfels, Wolfram : Anmerkung zum Beschluß des OLG Frankfurt a.M. vom 15.7.1998 - 20 W 224/ 98, JZ 1998, 1122 ff.
Münch, I. von / *Kunig*, P. : Grundgesetz – Kommentar, 4. Auflage, München 1992.
Münchener Kommentar zum Bürgerlichen Gesetzbuch : Band 5: Schuldrecht - Besonderer Teil III, §§ 705-853 , 3. Auflage, München 1997; Band 8: Familienrecht , §§ 1589 –1921, 4. Auflage, München 2002.

Nedopil, N. : Erwiderung auf den Beitrag von Schreiber, FamRZ 1991, 1014 ff., FamRZ 1993, 24 ff.

Neuner, Jörg : Privatrecht und Sozialstaat, Habil.-Schrift München 1997, München 1999.
ders. : Die Stellung Körperbehinderter im Privatrecht, NJW 2000, 1822 ff.
Nickel, Lars Christoph : Genehmigung eines Behandlungsabbruchs durch das Vormundschaftsgericht, MedR 1998, 519 ff.
Nickel, L. C./ *Schmidt-Preisigke*, A./ *Sengler*, H. : Transplantationsgesetz, Kommentar, Stuttgart 2001.

Palandt, Otto : Bürgerliches Gesetzbuch, Kommentar, 62. Auflage, München 2003.
Pannek, H.W./ *Oppel*, F./ *Wolf*, P. : Die Patientenaufklärung vor epilepsiechirurgischen Eingriffen, ArztR 8/ 2001, 200 ff.
Picker, Eduard : Menschenrettung durch Menschennutzung?, JZ 2000, 693 ff.
Pieroth, Bodo : Die Verfassungsmäßigkeit der Sterilisation Einwilligungsunfähiger, FamRZ 1990, 117 ff.
Pieroth, B./ *Schlink,* B. : Grundrechte Staatsrecht II, 18. Auflage, Heidelberg 2002.
Pietzcker, Jost : Die Rechtsfigur des Grundrechtsverzichts, Der Staat 1978, 527 ff.
Pöld-Krämer, S. : Sterilisation gegen den Willen der Betroffenen - das falsche Signal !, BtPrax 2000, 237 f.
Pschyrembel : Klinisches Wörterbuch, 258. Auflage, Berlin, New York 1998.

Quambusch, Erwin : Das Recht der Geistigbehinderten, 3. Auflage, Stuttgart, Jena, New York 1995.

Rehborn, Martin : Passive Sterbehilfe und Patiententestament, MDR 1998, 1464 ff.
Rehmann, Wolfgang : Arzneimittelgesetz, Kommentar, München 1999.
Reis, Hans : Sterilisation bei mangelnder Einwilligungsfähigkeit, ZRP 1988, 318 ff.
Rudolphi, H.J./ *Horn*, E./ *Samson*, H.L./ *Günther*, E./ *Hoyer*, A. : Systematischer Kommentar zum Strafgesetzbuch, 44. Lfg., 7. Auflage, Neuwied, Kriftel, Berlin, Mai 1998.

Sachsen Gessaphe, Karl August Prinz von : Der Betreuer als gesetzlicher Vertreter für eingeschränkt Selbstbestimmungsfähige, Habil.-Schrift München 1998, Tübingen 1999.
Saliger, Frank: Sterbehilfe mit staatlicher Genehmigung – OLG Frankfurt a.M., NJW 1998, 2747 – JuS 1999, 16 ff.
Sander, A./ *May,* O. : Arzneimittelrecht, Kommentar, Band I, Stand Februar 1996, Stuttgart, Berlin, Köln.
Seidenath, Bernhard : Lebendspende von Organen - Zur Auslegung des § 8 Abs. 1 S. 2 TPG, MedR 1998, 253 ff.
Seitz, Walter : Das OLG Frankfurt a.M. und die Sterbehilfe, ZRP 1998, 417 ff.
ders. : Betreuungsrecht auf dem Weg ins Jahr 2001, BtPrax 1999, 215 ff.
Singer, Peter : Praktische Ethik, 2. Auflage 1994, Universal-Bibliothek Nr. 8033, Stuttgart 2002.

Soergel, Hs. Th. : Kommentar zum Bürgerlichen Gesetzbuch: Band 5/2 Schuldrecht, §§ 823- 853, 12. Auflage, Stuttgart 1998.

Sonnenfeld, Susanne : Betreuungs- und Pflegschaftsrecht, 2. Auflage, Bielefeld 2001.

Speck, Otto : Menschen mit geistiger Behinderung und ihre Erziehung, 9. Auflage, München, Basel 1999.

Spickhoff, Andreas : Die Patientenautonomie am Lebensende: Ende der Patientenautonomie?, NJW 2000, 2297 ff.

ders. : Medizin und Recht zu Beginn des neuen Jahrhunderts, NJW 2001, 1757 ff.

ders. : Die Entwicklung des Arztrechts 2002/ 2003, NJW 2003, 1701 ff.

Spranger, Tade Mathias : Fremdnützige Forschung an Einwilligungsunfähigen, Bioethik und klinische Arzneimittelprüfung, MedR 2001, 238 ff.

Springorum, Hans : Das Selbstbestimmungsrecht des geistig Behinderten in der medizinischen Behandlung, Diss. Potsdam 2000.

Schell, Werner : Sterbebegleitung und Sterbehilfe, 2. Auflage, Hagen 2000.

Schmidt, G./ *Böcker*, F. : Betreuungsrecht. Eine systematische Einführung aus juristischer und psychiatrischer Sicht, 2. Auflage, München 1993.

Schnorbus, York : Schmerzensgeld wegen schuldhafter Vernichtung von Sperma - BGH, NJW 1994, 127 , JuS 1994, 830 ff.

Schönke, A./ *Schröder*, H. : Kommentar zum Strafgesetzbuch, 26. Auflage, München 2001.

Schreiber, Lothar Hans : Die medikamentöse Versorgung als Heilbehandlung gem. § 1904 BGB n.F. im zukünftigen Betreuungsgesetz, FamRZ 1991, 1014 ff.

Stackmann, Nikolaus : Keine richterliche Anordnung von Sterbehilfe, NJW 2003, 1568 ff.

Stalinski, Dirk : Gerichtlich genehmigte Sterbehilfe, BtPrax 1999, 86 ff.

Staudinger, Julius v. : Kommentar zum Bürgerlichen Gesetzbuch, Zweites Buch, Recht der Schuldverhältnisse, §§ 823- 832, 12. Auflage, Berlin 1986 und 13. Auflage, Berlin 1999; Viertes Buch, Familienrecht, §§ 1896-1921, 13. Auflage, Berlin 1999.

Steffen, Erich : Noch einmal : Selbstverantwortetes Sterben ?, NJW 1996, S. 1581.

Stern, Klaus : Staatsrecht III- Allgemeine Grundrechtslehren Bd. 2: Grundrechtsbestand, -beeinträchtigungen und -begrenzungen, Grundrechtsverluste und Grundpflichten, Schutz der Grundrechte, München, 1994.

Strätling, M./ *Eisenbart*, B./ *Scharf*, V.E. : Stellvertreterentscheidungen in Gesundheitsfragen unter epidemiologisch-demographischen Gesichtspunkten: Wie realistisch sind die Vorgaben des Betreuungsrechts?, MedR 2000, 251 ff.

Strätling, M./ *Scharf*, V.E./ *Wedel C./ Oehmichen*, F./ *Eisenbart*, B. : Möglichkeiten zur Verminderung rechtlicher und ethischer Probleme bei der Behandlung nicht einwilligungsfähiger oder von Entscheidungsunfähigkeit bedrohter Patienten, MedR 2001, 385 ff.

Tröndle, H./ *Fischer*, T. : Kommentar zum Strafgesetzbuch, 49. Auflage, München 1999.
Trück, Thomas : Mutmaßliche Einwilligung und passive Sterbehilfe durch den Arzt, Diss. Tübingen 2000.

Uhlenbruck, Wilhelm : Vorab-Einwilligung und Stellvertretung bei der Einwilligung in einen Heileingriff, MedR 1992, 134 ff.
ders. : Selbstbestimmtes Sterben durch Patienten-Testament, Vorsorgevollmacht, Betreuungsverfügung, 1. Auflage, Berlin 1997.
ders. : Bedenkliche Aushöhlung der Patientenrechte durch die Gerichte, NJW 2003, 1710 ff.

Verrel, Torsten : Zivilrechtliche Vorsorge ist besser als strafrechtliche Kontrolle, MedR 1999, 547 ff.

Wagner, Gerhard : Das Zweite Schadensersatzrechtsänderungsgesetz, NJW 2002, 2049 ff.
Walter, Ute : Organentnahme nach dem Transplantationsgesetz : Befugnisse der Angehörigen, FamRZ 1998, 201 ff.
Walther, Guy : Ambulante Zwangsbehandlung und Fürsorglicher Zwang, BtPrax 2001, 96 ff.
Wassermann, Rudolf : Das Recht auf den eigenen Tod, DRiZ 1986, 291 ff.
Weißauer, W./ *Opderbecke*, H.W. : Behandlungsabbruch bei unheilbarer Krankheit aus medikolegaler Sicht, MedR 1995, 456 ff.
Welti, Felix : Das neue SGB IX – Recht der Rehabilitation und Teilhabe behinderter Menschen, NJW 2001, 2210 ff.
Wiebach, K./ *Kreyßig*, M./ *Peters*, H./ *Wächter*, C./ *Winterstein*, P. : Was ist „gefährlich"? – Ärztliche und juristische Aspekte bei der Anwendung des § 1904 BGB, BtPrax 1997, 48 ff.
Wölk, Florian : Der minderjährige Patient in der ärztlichen Behandlung, MedR 2001, 80 ff.

Zimmermann, Walter : Das neue Verfahren in Betreuungssachen, FamRZ 1991, 270 ff.
Zimmermann, W. / *Damrau*, J. : Das neue Betreuungs- und Unterbringungsrecht, NJW 1991, 538 ff.
Zippelius, Reinhold : Juristische Methodenlehre, 6. Auflage, München 1994.

Sonstige Materialien:

Die Aufklärung von Tumorpatienten, Wiesing U./ Braunwald. H. u.a., Hrsg.: Bezirksärztekammer Südwürttemberg, Haldenhaustr.11, 72279 Reutlingen und Interdisziplinäres Tumorzentrum Tübingen am Klinikum der Eberhard-Karls-Universität, Herrenbergerstr. 23, 72070 Tübingen.

Grundsätze der Bundesärztekammer zur ärztlichen Sterbebegleitung, NJW 1998, 3406 ff.

Familienentlastender Dienst, Informationsbroschüre, Hrsg. : Lebenshilfe für Menschen mit geistiger Behinderung e.V. Augsburg.
Liebe Mutter, lieber Vater ..., Ein Ratgeber von Eltern für Eltern geistig behinderter Kinder, Hrsg. : Bundesvereinigung Lebenshilfe für geistig Behinderte e.V. Marburg.
Lebenshilfe, Informationsbroschüre, Hrsg. : Lebenshilfe für Menschen mit geistiger Behinderung e.V. Augsburg.

Stellungnahme des Vormundschaftsgerichtstag e.V. zu den Vorschlägen der Bundesregierung und des Bundesrats zur Änderung des Betreuungsrechts, BtPrax 1997, 144 ff.
Stellungnahme des Vormundschaftsgerichtstag e.V. zum Beschluß des Frankfurter OLG, BtPrax 1998, 161 ff.

Glossar

Anamnese: Bericht über die Krankheitsvorgeschichte.

Anenzephalie: Angeborene, schwerste Fehlbildung, wobei wesentliche Gehirnteile und das Schädeldach fehlen.

Angiographie: Untersuchungsmethode zur Darstellung der Blut- oder Lymphgefäße mit Kontrastmittel unter Durchleuchtung mit Röntgenstrahlen.

Antiepileptika, Antikonvulsiva: Epilepsiemedikamente.

Apallisches Syndrom: Krankheitsbild mit Funktionsausfall der Großhirnrinde bei erhaltener Funktion der lebenswichtigen Zentren des Gehirns; sogenanntes Wachkoma.

Appendektomie: Entfernung des Blinddarms.

Arthroskopie: Gelenkspiegelung.

Bronchoskopie: Bronchienspiegelung.

Down-Syndrom, Trisomie 21: Syndrom mit geistiger Behinderung unterschiedlichen Ausmaßes und einer Reihe charakteristischer äußerer Merkmale, sowie häufig auftretende innere körperliche Fehlbildungen. Der früher wegen der schrägen Augenstellung verwendete Begriff „ Mongolismus“ wird heute als diskriminierend empfunden und ist deshalb nicht mehr üblich.

Cerebral: Das Gehirn betreffend.

Eisenmenger- Reaktion: Umkehr des Blutflusses in einer krankhaften Kurzschlußverbindung zwischen linkem und rechtem Herzen, die nach einigen Jahren bei angeborenen Herzfehlern auftritt.

Empyem: Eiteransammlung in einer präformierten Körperhöhle durch direkte oder fortgeleitete Infektion.

Enzephalitis: Entzündung des Gehirns.

Enzephalophatie: Oberbegriff für nichtentzündliche Erkrankungen des Gehirns, die vielfältige Ursachen haben können.

Epilepsie: Oberbegriff für Funktionsstörungen des Gehirns mit anfallsweise auftretenden Muskelkrämpfen.

Epilepsiechirurgischer Eingriff: Operative Behandlung bei pharmakoresistenter Epilepsie.

Herzkatheteruntersuchung, Angiokardiographie: Röntgenkontrastdarstellung der Herzinnenräume, der großen Gefäßstämme und der Herzkranzgefäße mittels eines über ein Blutgefäß in das Herz vorgeschobenen dünnen Schlauches.

Hydrozephalus: Erweiterung der mit Nervenwasser gefüllten Hohlräume des Gehirns. Oftmals besteht gleichzeitig eine geistige Behinderung.

Idiopathische Formen geistiger Behinderung: Cerebrale Funktionsstörungen ohne körperliche Symptome und ohne erkennbare Ursache; vermutlich erbbedingt.

Infaust: Aussichtslos, hoffnungslos.

Inkurabel: Unheilbar.

Intraartikuläre Injektion: Injektion in ein Gelenk hinein.

Intrakranieller Eingriff: Eingriff in den Schädel bzw. die Schädelhöhle.

Leukämie: Bösartige Erkrankung der weißen Blutkörperchen.

Liquor: Gehirn-Rückenmark-Flüssigkeit.

Meningitis: Entzündung der Hirnhäute.

Moribunder: Sterbender.

Oligophrenien: Zusammenfassende Bezeichnung für alle Formen geistiger Behinderungen, gleichviel auf welcher Ursache sie beruhen.

Palliativmedizin: Palliativ-medizinische Maßnahmen sind nicht auf die Beseitigung einer Krankheit, sondern auf die Linderung der Beschwerden gerichtet.

PEG–Sonde: Perkutane, endoskopisch gelegte Gastrostomie. Über die PEG-Sonde erfolgt die Zufuhr von künstlicher Nahrung, Flüssigkeit und Medikamenten.

Pneumenzephalographie: Röntgendarstellung der Liquorräume des Gehirns durch Füllung mit Luft bzw. Gas.

Psychopharmaka: Medikamente, die zur Behandlung von psychischen Erkrankungen eingesetzt werden.

Rezidiver Tumor: Wiederauftreten eines histologisch gleichartigen Tumors am gleichen Ort oder im gleichen Organ nach vorausgegangener radikaler Behandlung.

Sedativa: Beruhigungsmittel.

Sedierung: Müdemachende Beruhigung mit Sedativa.

Sepsis: Blutvergiftung.

Spina bifida: Angeborene Spaltbildung der Wirbelsäule. Das Spektrum reicht von harmlosen Formen bis zu Spaltbildungen, die immer zum Tod führen. Spaltbildungen können auch am kopfseitigen Ende des Wirbelkanals auftreten. Eine Fehlbildung, die häufig mit spina bifida auftritt, ist als Hydrozephalus bekannt.

Thorax: Der Brustkorb.

Trisomie: Chromosomenfehlverteilung.

Vasektomie: Durchtrennung der Samenleiter.

Vitale Indikation: Indikation bei Lebensgefahr.

Vitalfunktionen: Funktionen, von denen das Leben abhängt. Dazu zählen in erster Linie die Atmung und die Herz-Kreislauf Tätigkeit sowie die Hirnaktivität.

Sachwortverzeichnis

Peter Lang · Europäischer Verlag der Wissenschaften

Wolfgang Popp

Zwangsbehandlung von psychisch Kranken im Betreuungsrecht

Frankfurt am Main, Berlin, Bern, Bruxelles, New York, Oxford, Wien, 2003.
280 S.
Europäische Hochschulschriften: Reihe 2, Rechtswissenschaft. Bd. 3622
ISBN 3-631-50597-3 · br. € 45.50*

Die Zwangsbehandlung psychisch Kranker im Rahmen des Betreuungsrechts ist eine rechtlich schwierige Materie. Der Betreuer muss hierbei zum einen den Schutz des Betreuten vor sich selbst im notwendigen Maße gewährleisten, zugleich aber auch dessen Selbstbestimmungsrecht soweit wie möglich wahren. Ausgehend von diesem Dilemma stellt die Arbeit die rechtlichen Rahmenbedingungen dar. Insoweit werden neben allgemeinen Fragen der Behandlung psychisch Kranker insbesondere die Grenzen für das Betreuerhandeln dargestellt. Einen Schwerpunkt bildet die strittige Frage, ob der Betreuer die Behandlung derzeit zwangsweise durchsetzen kann, was der Verfasser ablehnt. Darüber hinaus werden besondere Behandlungssituationen und antizipierte Vorsorgemöglichkeiten für den Betroffenen erörtert.

Aus dem Inhalt: Allgemeine Grundsätze bei der Behandlung psychisch Kranker · Grundrechtliche Aspekte der Zwangsbehandlung · Die Bedeutung von Wohl und Wunsch des Betreuten bei der Zwangsbehandlung · Die Grenze der Einwilligungsbefugnisse des Betreuers · Die gerichtliche Kontrolle des Betreuers nach § 1904 BGB · Die strittige Frage der zwangsweisen Durchsetzung der Einwilligung · Sonderfälle der Zwangsbehandlung (Sterbehilfe, Zwangsernährung, Sterilisation, Schwangerschaftsabbruch) · Vorsorgemöglichkeiten des Betroffenen

Kolibri 360 GmbH
Ferdinand-Jühlke-Straße 7
99095 Erfurt, Deutschland
produktsicherheit@kolibri360.de

Druck:
CPI Druckdienstleistungen GmbH
im Auftrag der
Kolibri 360 GmbH
Ferdinand-Jühlke-Str. 7
99095 Erfurt